新闻策划：理论与实务

张 霆 主编

人民交通出版社股份有限公司
北京

内 容 提 要

本书根据新闻策划活动的基本规律，将新闻策划理论与实务细分为科学认识新闻策划、新闻策划的运作、突发事件报道策划、典型报道策划、会议报道策划、节假纪念日报道策划、介入式报道策划、新闻摄影与图片运用策划、新闻策划书9个知识单元进行表述，章节设置新颖合理，知识点的安排与组配富有条理，便于阅读和学习。

本书可作为高等院校新闻传播学科大类的新闻学、传播学、广播电视学、广告学、编辑出版学、网络与新媒体、国际新闻与传播等专业的教学与学习用书，也可作为新闻传媒从业人员、相关研究者、兴趣爱好者工作与学习的参考用书。

图书在版编目(CIP)数据

新闻策划：理论与实务/张霆主编. —北京：人民交通出版社股份有限公司，2021.8（2024.12重印）

ISBN 978-7-114-17307-3

Ⅰ.①新… Ⅱ.①张… Ⅲ.①新闻工作—策划—研究 Ⅳ.①G21

中国版本图书馆CIP数据核字(2021)第085615号

Xinwen Cehua：Lilun yu Shiwu

书　　名：新闻策划：理论与实务
著 作 者：张　霆
责任编辑：郭红蕊　齐黄柏盈
责任校对：孙国靖　扈　婕
责任印制：刘高彤
出版发行：人民交通出版社股份有限公司
地　　址：(100011)北京市朝阳区安定门外外馆斜街3号
网　　址：http://www.ccpcl.com.cn
销售电话：(010)85285911
总 经 销：人民交通出版社股份有限公司发行部
经　　销：各地新华书店
印　　刷：北京建宏印刷有限公司
开　　本：787×1092　1/16
印　　张：21.75
字　　数：445千
版　　次：2021年8月　第1版
印　　次：2024年12月　第3次印刷
书　　号：ISBN 978-7-114-17307-3
定　　价：68.00元

前言

时光飞逝，转眼间，人类已经迎来21世纪的第三个10年，中国及世界各国的新闻传播行业也正经历着翻天覆地的变化。信息传播技术的发展突飞猛进，新旧媒体的更新迭代日趋加速，传媒业的竞争不断加剧，新闻大战此起彼伏，移动传播渐成主流。在这种空前变化中，新闻策划的重要性日益突出，新闻策划人的作用也日益显要。这要求新闻传播学界、业界对新闻策划理论与实务问题的探讨走向深入。然而，环顾国内，现有的新闻策划类书籍数量十分有限，且多数不同程度地存在着理论探讨相对滞后于业界的实践步伐，内容架构不方便学习者汲取和掌握关键知识，材料运用亟待更新、充实等问题；特别是对当前传统媒体与新兴媒体融合发展下新闻策划领域出现的新情况、新形势、新动向，关注不多，触及偏少。这一局面与新闻策划著作本该具有的应用性、指导性、实践性强的内在属性和要求不太匹配。

鉴于上述情况，笔者历时两年撰写了这部《新闻策划：理论与实务》，以期能够给相关学习者提供掌握和更新这方面知识与技能的方便；同时，也供学界、业界的广大同行交流、探讨之用。当然，由于时间、精力、能力以及受相关条件所限，本书难免存在一些瑕疵和纰漏，不足之处，还请广大读者予以批评、指正。

本书能够在预定的时间内顺利出版，离不开人民交通出版社股份有限公司的大力支持，在此特表示诚挚谢意！

张　霆

2021年6月于重庆南岸寓所

目录

第一章 科学认识新闻策划

本章要点

· 新闻策划的历史

· 新闻策划的界定

· 新闻策划的类别

· 新闻策划的特点

· 新闻策划的主要作用

· 新闻策划中的常见问题及其应对

《礼记·中庸》中言:“凡事预则立,不预则废。”说的是任何事情,事前有准备就可以成功,没有准备就要失败。这一道理,在人们的实际生活中得到了广泛确证。毫无疑问,凡事预先打算、进行相应谋划,进而做出一定的安排、部署,就能大大提高成功的概率,不然就很容易遭受挫折和失败。从居家生活琐事到民族兴亡、国家盛衰大事,概莫能外。正因为如此,古往今来,不同时代、不同社会、不同行业领域中都存在着人们自觉或不自觉地利用“策划”这一“利器”来帮助自己解决面临的棘手问题或实现某一特定目标的情况。由此,策划被广泛应用于社会生活的各个领域,出现了政治活动策划、军事行动策划、经贸交往策划、新闻报道策划、文艺演出策划、市场营销策划等诸多策划活动类型。

第一节 策划的渊源与新闻策划的历史

策划之于生活在现代社会的人而言,是一个经常会接触到的词语。当前,各种类型的策划活动,可谓“我方唱罢你登场”,此起彼伏地不断上演。“策划”并不是一个在现代社会才出现的词语。策划作为一种实践活动,也并不是现代人的发明,而是很早就有了的。

一、策划的渊源

与人类的许多其他实践活动相一致,策划也是先有了实践活动,而后才有了关于这种实践活动的命名。

(一)"策划"的来源

1.作为人类一种重要实践活动的策划

有人认为,原始人狩猎时打埋伏、挖陷阱的行为,就已经闪烁着策划思想和实践的光芒。《史记》中记载的荆轲刺秦王、陈胜吴广起义事件,《三国志》中记载的火烧赤壁、吕蒙计夺荆州事件,《资治通鉴》中记载的淝水之战、甘露之变事件……之所以发生并成为后人所知晓的那般状态,都离不开"策划"的作用。

毫无疑问,"策划"是一种以思维创新为核心元素的、谋划未来行动的行为。这一点在古籍中所记载的各种精彩策划案例中就可以看出。《史记》中记载的田忌赛马的故事中,孙膑就是通过思维创新,运用"以君之下驷与彼上驷,取君上驷与彼中驷,取君中驷与彼下驷"的赛马策略,取得了胜利。三国时期的诸葛亮,也是在基于思维创新的前提下,出色地谋划了一系列"智胜"对手的政治、军事行动,进而辅佐刘备取得了"三分天下有其一"的成果,堪称当时的一位"策划大师"。

2."策划"一词的来源

"策划"一词,在我国古已有之,亦作"策画",乃计划、谋划之意。[1]《后汉书·隗嚣列传》中有言:"夫智者睹危思变,贤者泥而不滓,是以功名终申,策画复得。"[2]这是我国历史文献中有关"策划"一词的较早记载。

(二)"策划"的含义

根据《辞海》和《现代汉语词典》(第7版)的解释,策划就是筹划、谋划的意思。而"谋划",《辞海》解释为"制订工作计划",《现代汉语词典》(第7版)则解释为"想办法"。

本质上看,"策划"是为实现特定的目标提出新颖的思路对策,并制订出具体实施计划方案的思维活动。基本上,所有策划都是具有明确的针对性和一定的创新性的有关未来某类事项的一种有意识的谋划过程,通常都要付诸行动,并在具体实践中实现自身价值。

美国哈佛企业管理丛书编者曾对策划做过这样的表述:"策划是一种程序。在本质上是

[1] 在古汉语中,"画"与"划"相通,"策划"与"策画"可以互相替代。

[2] 〔南朝宋〕范晔.后汉书[M].北京:中华书局,2007:157。

一种运用脑力的理性行为。基本上所有的策划都是关于未来事物的。也就是说,策划是针对未来要发生的事情做当前的决策。换言之,策划是找出事物的因果关系,衡量未来可采取之途径,作为目前决策之依据。即策划是预先决定做什么,何时做,如何做,谁来做。策划如同一座桥,它连接着我们目前之地与未来我们要往之地。"

由此可见,可以将策划理解为一个谋划达成目标或事业成功的先发设想及其思维的过程,也是一项计划活动决策之前的构思、探索和设计的过程。策划是一种程序,是依据有关信息,判断事物变化的趋势,确定可能出现的目标,以此来设计、选择能产生最佳效果的资源配置与行动方式,进而形成正确决策和实施方案,并努力保障目标实现的过程。

二、新闻策划的历史

与其他诸多领域类似,新闻策划(涵盖新闻报道策划)的兴起,是"策划理念""策划意识"在新闻传播领域具体实践的表征与产物。

(一)新闻策划的萌生

新闻策划的出现,是人类新闻传播活动的一种较高程度的意识自觉,是人类新闻传播事业走向成熟的产物。不过,在人类早期的新闻传播活动中就已经存在策划意识的萌芽了。

公元前59年,古罗马执政官尤利乌斯·恺撒出于政治需要,决定发布《元老院纪闻》。他出人意料地拒绝了安东尼让出的王位,并利用《元老院纪闻》传播这一精心策划的行动。[1]在中国,东汉至魏晋时期的"露布",唐代出现的"邸报",已经对皇帝、大臣及朝廷动态信息进行有意识的和较为系统的采集、编撰和传布。北宋年间,为满足士绅官员、各地民众知晓国事信息的需要,邸吏们还创办了类似"新闻纸"的"小报"。小报的内容为未经发布的官吏任免和臣僚奏章,一般为邸吏、使臣、各机构的下级官员等借工作方便探听到的消息。因此,时人称这些人为内探、省探、衙探。15世纪,欧洲统治者开始有意识地采用"手抄新闻"形式传播战争胜利的"确切信息"。16世纪,在意大利港口威尼斯,商人对外界信息的依赖催生了专门服务于其商业经营活动的商业新闻的诞生。一些手抄新闻机构及其人员,有意识地采集、汇编船期信息、商品价格信息乃至军事活动信息,将它们出售给商人以盈利。

17—18世纪,随着资产阶级的兴起、资产阶级与封建势力的激烈斗争及印刷技术的进一步发展,各种性质、类型和形态的政治小册子、政论报刊、政党报刊,经人为策划先后在一些西方国家被有目的地创办起来。部分新旧思想的知识分子、少数封建权贵以及一些资产阶

---

[1] 〔美〕米切尔·斯蒂芬斯.新闻的历史[M].陈静,译.北京:北京大学出版社,2014:43。

级思想家、社会活动家、革命者相继以这类报刊为阵地，或策划撰文，或主持编发业务，进行政治思想宣传和政治信息的传播。与此同时，时事新闻，政治新闻和政治、社会评论在激烈的政党斗争的洗礼中日益成熟。

（二）新闻策划的兴起

从19世纪30年代起，随着资产阶级廉价报刊（便士报）在英国、美国、法国等国家的逐渐兴起，在新闻报道中有意识地运用策划手段已经成为新闻竞争、报业竞争的重要方式。

1833年9月3日，由本杰明·H. 戴（Benjamin H.Day）创办的一张新颖小报与读者见面，开创了新闻事业的新纪元。这张小报就是《纽约太阳报》（*New York Sun*）。《纽约太阳报》报道的内容主要是当地发生的事情及暴力新闻，取材大多是无足轻重的琐事，但读来却饶有趣味。该报获得成功的部分原因是雇请了一些善于采写地方新闻、社会新闻、犯罪新闻及种种有“人情味”故事的记者，如雇用乔治·威斯纳（George Wisner）采写法庭新闻。《纽约太阳报》面世时并未让人觉得它的发行量会超过竞争对手，但全新的办报方针（售价低廉、普及大众，注意刊登有趣的新闻来吸引读者以及使用街头叫卖等销售方式），使该报一炮打响。“在短短6个月里，《纽约太阳报》的发行量便达到了8000份左右，几乎是与之最接近的报纸的两倍。”[1]《纽约太阳报》在办报过程中为了招徕读者，不惜弄虚作假，任意编造新闻。其中，关于“月球人”的“科学新闻”，就是一组精心策划的虚假报道，虽然起初引起一时轰动，报纸销量大增，但没过多久骗局就被戳穿，同业群起指责。

1889年，普利策的《世界报》派遣女记者伊丽莎白·科克伦［Elizabeth Cochrane，笔名娜丽·布莱（Nellie Bly）］周游世界，看她能否用少于儒勒·凡尔纳（Jules Gabbiel Verne）在他的小说《八十天环游地球》中建议的时间进行一次环球旅行。当科克伦乘船、乘火车、骑马、坐舢板周游世界各地时，报纸配发了大量报道，还举办有奖竞猜活动，猜测她到达各地所需的时间。活动吸引了近100万人参加，产生了轰动效应，提高了报纸的发行量。

19世纪末，美国和西班牙为争夺殖民地古巴的战争箭在弦上。美国新闻报业大王威廉·赫斯特的《纽约新闻报》为战争推波助澜，做了许多新闻策划。正是依靠博人眼球的新闻策划，报纸日销量直线上升，一度突破150万份。实际上，这些策划大部分都是为了猎奇，不择手段地吸引受众，有的干脆就是造假，造成了极坏的影响。

也许正是由于这样的策划，人们才对策划有了偏见。其实策划也有其目的和手段的区别。在一些重大新闻的采访和组织上，策划所能够起到的积极、正向作用亦是十分突出的。例如，1912年4月15日《纽约时报》编辑主任卡尔·范安达（Carr Van Anda）对“泰坦尼克”

---

[1] ［美］迈克尔·埃默里，埃德温·埃默里，南希·L.罗伯茨.美国新闻史［M］.9版，展江，译.北京：中国人民大学出版社，2009：105。

号班轮沉没事件所组织的报道，就堪称新闻史上的一个杰作。

1912年4月15日1时20分（星期一），《纽约时报》新闻编辑室收到美联社的一份新闻简报，说豪华班轮"泰坦尼克"号在从英国到美国的首航途中撞上了冰山。鉴于"泰坦尼克"号被认为是不会沉没的邮轮，范安达立即与《纽约时报》在哈利法克斯和蒙特利尔的记者以及"泰坦尼克"号的拥有者白星航运公司的办事处取得了联系，了解到自收到第一个求救信号起半小时后就没有收到"泰坦尼克"号的无线电报。范安达由此确信，"泰坦尼克"号已经沉没。3时30分之前，范安达和其下属已经组织好了这次报道。他们根据乘客名单（2200名乘客，其中有许多名人）准备了一则背景报道，并且为《纽约时报》的头版准备了一张"泰坦尼克"号的照片。其间，他们获知另有两艘船报告说，曾在北大西洋与冰山擦肩而过，这与已经得到的关于"泰坦尼克"号的消息是吻合的。当天上午，《纽约时报》以多栏大字报道说"泰坦尼克"号已经沉没，而其他报纸的报道则既不完整又没有结论。星期二、星期三和星期四，随着"卡帕西亚239"号班轮载着幸存者驶向纽约，这则报道引起了全世界的关注。星期二，范安达在与"卡帕西亚239"号即将停靠的码头相隔一个街区的一家旅馆里包了一层楼，并架设了4条直通《纽约时报》新闻编辑室的电话线。所有人员都被动员起来，在本地新闻主编阿瑟·格里夫斯（Arthur Greaves）的领导下，报道星期四晚上救援船只的到达。此间，范安达还说服了无线电报的发明人伽利尔摩·马可尼（Guglielmo Marconi）亲自上船采访无线电报务员。《纽约时报》的一名记者随马可尼一起溜过了警方的封锁线。他获得了一则关于"泰坦尼克"号最后发出的信息的独家报道。在营救船只到达后3小时内，《纽约时报》第一批报纸就印好了，一共24版，其中有15版报道了1500人在此次"泰坦尼克"号惨祸中丧生的情况。

在两次世界大战期间，英国、美国、法国、德国等西方资本主义国家的新闻业都不同程度地存在着接受战时新闻管制、为战争服务的现象，出于提升新闻报道效果、提高媒体影响力和市场竞争力的新闻策划明显减少。不过，解释性报道在20世纪30—40年代的兴起，一定程度上改变了新闻从业者们对老式的客观性报道"坚持对说过的话或做过的事作纯事实报道"的理念，确立了一种新的信念：如果实在要讲真实性的话，必须把一件事件的来龙去脉交代清楚。在此背景下，劳资关系新闻、科学新闻、医学新闻经过记者们的努力得到了很大改进。

近代中国，新闻界也不乏开展新闻策划活动的典型案例。在华外国人办的报刊、国人自办报刊中都出现了在具体的新闻采编实践中运用"策划"的做法。1861年，由北华捷报馆创办的上海最早的中文商业报纸《上海新报》（*The Chinese Shipping List & Advertiser*），在其创刊号发刊词中宣称其编辑方针是："大凡商贾贸易，贵乎信息流通。本行印此新报，所有一切国政军情，世俗利弊，生意价值，船货往来，无所不载。"《上海新报》初创时，正值太平天国农民起义席卷江南、波及上海之际。为了满足上海市民，特别是慑于太平军声势而纷纷逃入上海租界避难的江南财主、乡绅了解太平天国农民起义最新动态的需求，该报刊登了许多有关太平天国农民起义的报道。还经常通过外国侨民及教会团体，探得官军与太平军双方的消息。1872 年，作为《上海新闻》一个强有力的竞争对手的《申报》创刊（创办人为英国商人安纳斯托・美查，图 1-1）。《申报》在其发刊词中宣称："凡国家之政治、风俗之变迁，中外交涉之要务，商贾贸易之利弊，与夫一切可惊可愕可喜之事，足以新人听闻者，靡不毕载。"在新闻业务上，《申报》将新闻报道放在首位。为了丰富报道内容，吸引读者，《申报》不断拓宽新闻报道面，大量报道社会新闻。其中，从 1874 年 4 月 18 日至 1877 年 4 月 11 日，《申报》连续报道杨乃武被诬与葛华氏通奸并唆使后者谋杀亲夫一案（"杨乃武与小白菜"冤案）的有关消息，使之成为当时家喻户晓的一大社会新闻。

a)《申报》报馆（今上海汉口路309号）

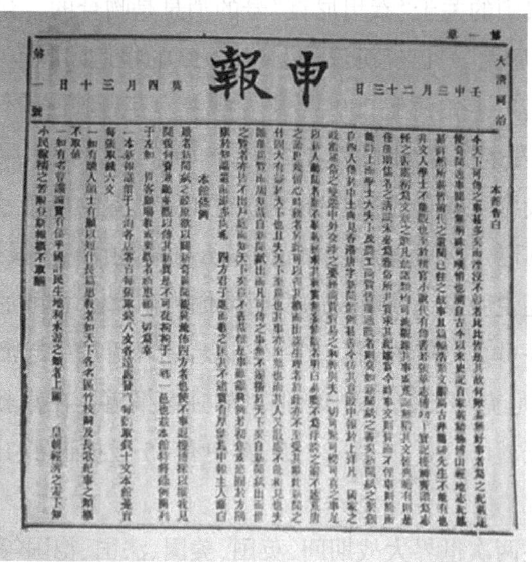

第一張

大清同治壬申三月二十三日

申報

英四月三十日

第一號

本館告白

本館條例

b)《申报》创刊号

图 1-1 《申报》报馆和《申报》创刊号

民国初年至五四运动期间，受特定的政治、社会环境的影响，政党报刊在中国异常活跃。许多政治团体、社会组织、政党纷纷以报刊为阵地，进行思想宣传，开展政治斗争。不少宣传策划和报道活动都充满了政治动机，与政治活动紧密相连。

20 世纪 30 年代，中国的社会形势日趋复杂，给当时的新闻业带来了较大影响。在上海，老牌报纸《申报》在被史量才购得后，开始按企业的方式经营，在市场竞争中求发展。1931 年起，史量才经与宋庆龄、黄炎培、陶行知等进步人士密切接触后，受他们的影响，在政治思想和办报方针上开始发生转变，由此开启了对《申报》的改革工作。《申报》的改革以"时评"起头，其特点是：紧密联系形势，指出时局发展趋势，反映民众的感情和要求。九一八事变发生后，《申报》于 9 月 20 日、21 日、22 日、23 日、28 日连续发表《日军突然占据沈阳》《迫害世界之日军暴行》《世界列国共注意日本人之大暴行》《国人乎速猛醒奋起》《国人勿徒倚赖国联》等时评文章。[1] 1931 年 10 月 5 日，《申报》发表时评《一致对外究待何时》，号召国人团结起来，一致对外。这些时评，改变了过去《申报》时评既不应“时”，又不敢“评”的报章八股体，给人以耳目一新之感，受到读者的欢迎和拥护。《申报》对其副刊《自由谈》的改革在当时也产生了很大的社会影响。为了吸引读者，扩大发行量，争取广告份额，《申报》还多次增设专刊、增刊，扩展内容。新闻记者、报刊活动家、出版人邹韬奋主办《生活》周刊和《大众生活》时，不仅多次革新刊物版面、充实刊发内容，还多次发起社会公益活动，如为东北抗日义勇军募捐等。在北平，著名报人成舍我麾下的《世界日报》在日本侵华局势紧迫的时节，着力经营教育新闻。自 1935 年 1 月起，《世界日报》在“教育界”新闻版增辟《学人访问记》专栏，由记者贺逸文专访京城各科的知名学者，撰写访问记，借学者们艰苦奋斗的求学经历激励青年学生。到抗日战争全面爆发停刊时止，采访对象包括李达、许地山、钱玄同、黎锦熙、顾颉刚、杨仲子等 56 位经济学、文学、史学、植物学、哲学学者。在天津，作为“文人论政”报刊典型的《大公报》，不仅密切关注时局，安排记者采写了一系列关心民情、民瘼的独家报道，如 1935 年秋萧乾在鲁西、苏北采写的《鲁西流民图》《山东之赈务》《苏北灾区流民图》《从兖州到济宁》等系列水灾报道，1942 年冬记者张高峰采写的通讯《饥饿的河南》（1943 年 2 月《大公报》以《豫灾实录》为题刊出）等，并且，为支持中国军人的抗战，多次发起和筹划了劳军、募捐、义演之类的媒体活动。

20 世纪 40 年代，《解放日报》《晋察冀日报》等中国共产党党报，认真贯彻毛泽东“全党办报”思想，将“宣传党的政策，贯彻党的政策，反映党的工作，反映群众生活”作为报纸的主要任务，积极配合党的中心工作，进行宣传报道。在延安整风运动期间，《解放日报》刊发了大量带指导性的文章和社论，并辟出专栏宣传整风运动。1943 年前后，大生产运动期间，《解放日报》用很多篇幅宣传党的“自力更生、奋发图强”和“自己动手、丰衣足食”等方针，而且大力宣传大生产运动中的先进典型，推广他们的经验，对发动广大军民投入到大生产运动中产生了良好效果，较好地实现了“利用报纸来推动工作开展”。

（三）新闻策划的发展

广播、电视的问世，宣告人类社会迎来了以声音、图像为传播载体的电子媒介传播时代。不过，广播、电视媒介在其成长阶段恰逢第一、第二次世界大战先后爆发，因而它们的发展受到了一定程度的干扰和阻滞。20 世纪 40 年代中期以后，随着世界各国政局的逐步稳定和经济的逐渐恢复发展，广播、电视也进入了快速发展时期。广播、电视无远弗届、迅速及时和低门槛接受的传播优势，使其社会影响不断提升，并将人类社会推进到真正的大众传播时代。报纸、期刊、广播、电视四类传播媒介并存共生且相互竞争、角力的局面逐

---

[1] 刘家林．中国新闻史［M］．武汉：武汉大学出版社，2012：575。

渐形成。在此过程中，新闻媒体种类的不断增多和传媒机构数量的快速增长，促使新闻竞争、传媒竞争日趋激烈，在客观上为新闻策划提供了更多的运用契机和更大的操作空间。由此，新闻策划也在媒体人频繁的新闻采编实践所赋予的锤打、研磨、操演机会中逐渐走向成熟。

20 世纪 60 年代，美国电视业崛起，美国全国广播公司（NBC）、哥伦比亚广播公司（CBS）和美国广播公司（ABC）三大广播公司形成了三足鼎立的格局，推动了美国电视新闻业的繁荣。在此过程中，一批知名新闻节目如 NBC 的《今日》、CBS 的《60 分钟》、ABC 的《20/20》等，策划推出了包括尼克松访华等一系列重大事件的新闻报道，产生了深远的社会影响。同时，在美国新闻界，调查性报道[1]受到了极大关注。1971 年 3 月，《纽约时报》获得了一份长达 7000 页的研究报告，题为《关于越南政策的美国决策过程史》。它是根据前任国防部长罗伯特·麦克纳马拉（Robert McNamara）的命令为五角大楼编制的。其内容均系史料，而且是非军事性的，但从政治和外交上看却具有爆炸性。《纽约时报》编辑部主任艾贝·罗森塔尔（Abraham Michael Rosenthal）指派几名采编人员躲在一家饭店的客房里，埋头苦干了几个星期，于当年 6 月 13 日起开始系统披露这份涉及越战内幕的绝密文件，引起极大反响。1972 年，《华盛顿邮报》的两名记者鲍勃·伍德沃德（Bob Woodward）和卡尔·伯恩斯坦（Carl Bernstein），根据掌握的一些线索，冒着极大的危险，坚持不懈地展开深入调查，最终剖开了“水门事件”的真相，致使尼克松总统辞职。“水门事件”的成功报道使《华盛顿邮报》获得了 1973 年普利策公共服务奖，并享誉世界。

在我国，随着改革开放新时期的开启，新闻策划也步入了自己的发展阶段。其中，深度报道的兴起具有标志性意义。深度报道以媒体披露“渤海二号”钻井船沉船事故为开端。1979 年 11 月 25 日，海洋石油勘探局“渤海二号”钻井船在迁往新井位的拖航途中翻沉，船上 74 名职工死亡 72 人，直接损失达 3700 多万元。事故发生后，该局领导把“丧事当作喜事办”：隆重召开遇难者追悼大会，提出追认英雄烈士，并命名“渤海二号”钻井队为“英雄钻井队”，以此来掩饰自己的错误。在当时的宣传环境下，重大事故是新闻报道的禁区。新闻媒体不敢随便报道事故，加之消息封锁严密，采访很困难。直到 1980 年 3 月 25 日，海洋石油勘探局党委在向国家劳动总局负责人的汇报中，第一次承认“渤海二号”钻井船翻沉是违章作业造成的责任事故，但是回避了违章指挥。1980 年 7 月 22 日，《人民日报》和《工人日报》同时刊发了关于“渤海二号”钻井船翻沉的消息。《工人日报》的文章《渤海二号钻井船翻沉事故说明了什么？》深入报道了海洋石油勘探局领导的不当作风。这篇新闻引发了一场

---

[1] 调查性报道（Investigative Reporting）是指利用长时间的深入调查所积累的消息来源、文件及所掌握的第一手材料、证据，以揭露某一新闻事件被刻意隐瞒、不欲为人所知的内幕和真相为主的较为系统的报道形式。

全国上下反官僚主义的浪潮,成为改革开放后首篇具有"轰动效应"的新闻舆论监督的典范之作,也被视为我国深度报道的开端。

1985 年,《中国青年报》策划推出了系列报道"大学生毕业成才追踪记",探讨了青年知识分子成才道路上的诸多值得关注的问题,如是逆境成才还是顺境成才,应当适应环境还是反抗环境,生活与事业的关系对成才者的制约力有多大,以及成才与体制、成才与改革、成才与领导者、成才者与未成才者、青年知识分子与中老年知识分子的关系等。这一组专题系列报道,在当时产生了较大社会影响。

1987 年 5 月 6 日至 25 日,大兴安岭发生特大火灾,引起社会广泛关注。《中国青年报》的 4 位记者前去采访,写出了《红色的警告》《黑色的咏叹》《绿色的悲哀》3 篇深度报道的经典之作,称为"三色报道"。《红色的警告》记录了灾难中人与社会的关系,写了在熊熊大火中仍然热衷于开会、讨论、扯皮的官僚主义者们,"大火不报、支持不要"的那个泼辣果敢却又缺乏科学知识的女县长,废墟中矗立如耻辱柱般的县长家的红瓦房。《黑色的咏叹》叙述了火灾背景下的人物命运和人在极端场合下的表现。《绿色的悲哀》则前瞻性地探讨了人与自然的关系,揭示了这场灾难的生态原因。"三色报道"获得了读者和新闻界同行的高度肯定,不仅获评当年的全国好新闻特别奖,中国新闻学会还为此召开了专题研讨会。

(四)新闻策划的成熟

20 世纪 90 年代是我国经济社会市场化转型的时期,也是我国新闻媒体大胆摆脱传统计划经济体制、计划经济思维束缚,主动走向市场、走近民众、回归新闻本位的重要历史阶段。众多新闻媒体在企业化管理的运行机制下,已不满足于依靠指令进行报道的方式,而是积极把握时机,生产更多更好的信息产品、精神文化产品,以满足受众日益增长的要求。由此,新闻策划开始走向自己的成熟阶段。

20 世纪 90 年代被公认为是新闻策划的"立名"时期。"有一个词从显山露水到蔚然成风,几乎贯穿了整个 20 世纪 90 年代媒介之始终,这个词便是'新闻策划'。"[1] 从 1993 年开始,策划的概念被越来越多的新闻媒介所推行。在新闻报道工作中,传播者增强了策划意识,过去那种配合式、被动式的报道组织方式被主动式、整体化的运作方式所取代。

1992 年邓小平南方谈话之后,改革开放的潮流席卷中国。尽管新一轮的改革主要发生在经济领域,但是改革的气氛和精神也影响到了其他领域,其中也包括新闻领域。

1992 年 11 月,中央电视台筹划启动电视新闻改革,并明确了改革的主要设想和时间表。1993 年 5 月 1 日,中央电视台策划、创办的大型电视新闻节目暨新闻杂志型节目《东方时空》顺利开播,拉开了中央电视台乃至全国电视台新闻改革的大幕。随后,中央电视台相继

[1] 刘海贵.中国现当代新闻业务史论[M].上海:复旦大学出版社,2002:125。

推出了《焦点访谈》《实话实说》《新闻调查》等新创节目，在社会上引起极大反响。

1993年，中国报业出现了划时代的变化，主要体现在：全国8家报纸亿元大户诞生，报业发展形成新格局；全国兴起晚报热；房地产广告和商贸广告崛起，使广告结构发生巨大变化，一批报纸的广告收入超过了当地同级的电视广告收入；地市晚报受市民喜爱，党报则受到普通读者的冷落；为了争夺广告，报纸出现扩版趋势和办系列报风潮。这些变化，使得不同媒体间的新闻竞争加剧。由此，各媒体出于生存和竞争的需要有目标地推出新闻策划的情况越来越多。

1993年起，在新闻业界策划动作频现的同时，新闻理论界探讨新闻策划的文章纷纷出现在新闻学术刊物上。1993年11月，《新闻战线》（人民日报社主办）、《中国记者》（新华通讯社主办）分别刊载题为《搞好新时期的报道策划》《报纸策划：当代新闻学新课题》的论文，对新闻策划进行探讨。

1994年5月14日至18日，中国地市报研究会在河南平顶山召开了首届全国地市报"报纸策划"研讨会。这是新闻界第一次公开研讨新闻策划问题的学术会议。来自中国地市报研究会及新华社、人民日报社等单位的50多位代表参加了这次研讨会。研讨会就地市党报的总体策划、编辑策划、采访策划、重点报道策划、专版专栏策划、版式版面策划以及地市党报走向市场的策划等进行了研讨。大会对报纸策划中的一些主要问题达成了共识：作为党报，策划时要把社会效益放在第一位；报纸策划必须处理好总体策划与局部策划的关系；报纸策划必须贴近实际、贴近群众、贴近生活，要融指导性、知识性、趣味性、可读性、服务性于一体，为经济建设服务，为人民服务；报纸策划必须增强整体策划意识和参与意识，发挥集体智慧，努力提高报纸质量，办出自己的特色，办出自己的风格。

1995年1月，中国第一张都市报《华西都市报》（四川日报报业集团主管主办）创刊，时任总编辑席文举旗帜鲜明地将新闻策划奉为"报纸灵魂"，并带领团队积极践行，推出了一系列引发强烈关注的新闻策划，如"解救孩子回家行动""整治府南河"等。自此，中国新闻界开始自觉关注和重视实施新闻策划。随着传媒业市场竞争的加剧，"策划制胜"逐渐成为中国新闻界流行的新闻理念。新闻策划在新闻报道中的重要性就此更加凸显，有关新闻策划方面的研究、探讨也随之深入展开。

1995年，《新闻窗》第5期刊发《关于新闻报道策划行为的思考》，《新闻与写作》第12期刊发《重点报道的策划》。1995年，四川人民出版社出版的"高等学校新闻传播专业基础课程教材"之一——《现代新闻编辑学》，专门设有"策划"一编，是我国高等学校最早讲授"新闻策划"内容的新闻学教科书。1996年8月，中国人民大学新闻学院组织了"96新闻业务编辑策划高级研讨班"。研讨班邀请了部分中央级新闻单位的负责人和专家学者介绍经验、阐释理论，部分省、地、市新闻单位的负责人、部门主任150多人参加了研讨。本次研讨会形成了以下一些意见：报纸策划是总编的任务之一，重点报道策划是报纸的有力武器，策划是编辑面临的挑战，策划使评论充满个性，记者调查是新闻策划的基础等。《新闻大学》也在当年的秋季号上刊载题为《报道策划:编辑工作应有之义》的文章。

1997 年,《新闻记者》《新闻界》《声屏世界》等多家刊物开辟专栏,就新闻策划刊发不同观点的讨论文章。一时间,新闻策划成为新闻学界与新闻业界广泛关注的共同话题。其间,无论是持赞同观点的人,还是持反对意见的人,“走近新闻策划”成了他们共同的要求。

1997 年香港回归和 1999 年澳门回归之际,中央电视台和《人民日报》《光明日报》《经济日报》等国内各大媒体都大张旗鼓地进行了充分、细密的策划和采访报道部署,推出了一系列有影响力的报道,使得新闻媒体对重大事件的报道策划能力提升到了一个新水平。

可以看出,20 世纪 90 年代后,随着新闻传媒在全社会的猛烈扩张及相关竞争的不断加剧,新闻策划在传媒人士的有意识运用和大力提倡下,在我国已经发展为一类很受关注和重视的新闻传播实务活动。从印刷媒体到电子媒体,从全国性媒体到地方性媒体,新闻策划相关理念已经被越来越多的媒体人所接受,新闻策划意识越来越深入地影响到媒体人的日常工作,新闻策划在新闻传播实务中的运用也越来越盛行。

(五)新闻策划的鼎盛

进入 21 世纪以来,新闻业界、学界人士经过多年探讨已就新闻策划相关问题达成了一些具有积极意义的共识,新闻策划也在一定程度上得到了“正名”,并在媒体人日益活跃的实践中迈入了自己的鼎盛阶段。这一时期,随着社会开放度的提高以及互联网新技术、新媒体的出现和快速发展,新闻信息传播主体日益多元化,既有专业机构、专业人士,也有经技术赋权而拥有了相应的传播手段、传播能力的普通公民,还有智能机器人。新闻信息传播手段与传播渠道也更加丰富和多样(报纸、广播、电视、网络、自媒体、各种形式的 App 等),加速了整个社会的新闻信息流动,也推动了新闻信息资源在全社会的高度共享,为新闻策划新局面的形成创造了条件。新闻策划不仅广泛介入各类新闻传播实践之中,而且成为新闻媒体高度自觉的行动。许多媒体不仅强调策划的重要性、必要性,还把新闻策划作为新闻竞争的关键手段来抓。越来越多的媒体成立了专门的新闻策划部门,以具体的组织措施使策划行为制度化、规范化。本时期,越来越多新闻策划的选题来自互联网,如社交媒体上网民的帖文、发声、留言,网络新闻报道策划崛起,融合新闻报道策划成为热点,机器人新闻写作和算法推荐新闻展现魅力,成为新闻策划领域中值得关注的动向。

1.互联网助力传统媒体提升其新闻报道的社会影响

20 世纪 90 年代以后,计算机网络进入飞速发展时期。1994 年,我国正式接入互联网。1995 年 1 月,由国家教育委员会主管主办的《神州学人》杂志开始通过互联网向广大在外留学人员及时传递新闻和信息,成为中国第一份中文电子杂志。同年 10 月,《中国贸易报》上网,标志着中国报纸开始了网络发展之路。此后,许多报纸、广播、电视机构纷纷上网,探索通过网络来发展自己的形式。网络技术的蓬勃发展,使得依托于网络平台的网络媒体得以很快成长并迅速走向市场,走进大众的生活。

作为一种新兴传播工具,网络媒体具有不同于传统媒体的诸多特点:传播符号多元化,表现形式多种多样;信息量极大,资源丰富,并且可以共享;网上信息更新率高,时效性强;能够实现信息双向传播,开创了一种传受平等的新型传播模式;信息选取由“推”到“拉”,便于搜索查询;网上信息以超级链接方式发布,信息之间关联性高。随着时间推移,网络媒体在新闻传播活动中的强大作用日益为人们所深切认识。在国内,尽管许多网络媒体尚不能够直接从事新闻采写活动,但互联网具备的实时沟通、开放、汇聚大量信息、海纳百川的特点,成就了传统媒体向其借力以提升自身影响力的契机。2003年前后,传统媒体的众多报道均在网上引发了大范围的热议。《华商报》对夫妻看黄碟事件的报道(2002年),将一则普通的社会新闻引向有关国家公权和公民私权界限的深度讨论,在网上激起热议。《中国经济时报》对北京出租车行业垄断黑幕的报道(2002年),《中国青年报》对山西繁峙矿难瞒报事件的报道(2002年),新华社对龙胆泄肝丸引发尿毒症事件的报道(2003年),《南方都市报》对孙志刚事件的报道(2003年)等,也都不同程度地引发了网民的热烈讨论。在这一时期,从互联网上网民的帖文、发声和留言中寻找和发现新闻线索,遴选较有价值的报道选题,而后策划并推出相关报道,逐渐成为新闻工作者的一种职业风尚。“孙志刚事件”的报道就是如此,此外,这一事件还具有开启性的意义,彰显了网络舆论监督的力量。“孙志刚事件”引发的关注,最终让收容遣送制度成为历史。此后,凡发生重大的新闻事件,各大媒体以深度信息挖掘为着眼点的新闻竞争就会激烈展开,其间免不了各式“脑洞大开”的新闻策划。

2.网络与新媒体新闻报道策划崛起

1998年5月9日,为表达广大网友对以美国为首的北约轰炸南联盟期间空袭中国驻南斯拉夫大使馆的野蛮行径的强烈愤慨,人民网开通“强烈抗议北约暴行BBS论坛”。论坛开通一个多月即在海内外产生了重大影响。该论坛于同年6月19日更名为“强国论坛”。

作为中国网络媒体创办的第一个时政论坛,强国论坛以主题鲜明、言论活跃而著称,不仅是人民网很有影响力的精品栏目,也是我国互联网新闻传播事业中知名度非常高的互动栏目。2005年,强国论坛当选“中国互联网站品牌栏目”。在论坛编辑人员的策划下,诸多国际政要和知名人物,如俄罗斯前总统梅德韦杰夫,法国前总理米歇尔·罗卡尔,美国财政部前部长保尔森和诺贝尔经济学奖获得者、“欧元之父”罗伯特·蒙代尔等都曾以嘉宾身份做客强国论坛,与网友在线交流。

网络在处理突发新闻事件时具有得天独厚的优势。迅速报道突发新闻是网络新闻最出彩的地方,也最能考验网络编辑的能力。

2004年,新华网对印度洋地震海啸灾害的专题报道就是一个突发新闻议题做得及时、比较成功的例子。海啸发生后,网站迅速成立突发新闻小组,包括新闻采编人员、网页设计人员、技术支持人员等。采编人员负责新闻的采写、编辑、整理、核实,网页设计人员负责网页的设计、图片的修整、专题结构的设计等，技术支持人员则确保该专题的各种表现形式在技术方面的可行性。网站全力聚焦“海啸地震”这一重大灾难事故及灾后的各国援助（尤其是中国政府和民众）和印度尼西亚的灾后重建工作，通过多个层面的联动，同时推进，以最快的速度对突发事件做出反应，报道力度和报道速度都获得了网民的肯定。“其间平均每天更新700多条新闻消息、直播图片近200幅，70%以上的快讯领先国内网站。结果访问量以每天翻几番的速度增长，点击率时段性的增加300多倍。”❶

网络新闻区别于传统媒体新闻的一个突出优势是，它能够将文字、图片、声音、视频、动画，甚至论坛等几种表现形式融合在一个专题新闻中。网站在做新闻策划时可充分利用这一点，以带给网民最大的感染力和冲击力。2005年7月，围绕“美国发现号航天飞机发射成功”这一事件，新浪网策划推出了网络专题报道，采用文字描述发射的背景知识，图片展示航天飞机的外观和宇航员的情况，视频播放发射的全过程，Flash动画模拟进入太空后的状态，电话采访前方记者，并开通论坛供爱好者交流等多种形式进行全面报道，极大地满足了网民的信息需求，让人感觉到“解渴”。

2006年，在纪念红军长征胜利70周年这一重大活动报道中，很多网站都策划推出了自己的专题报道。其中，“四川在线”网站推出的专题——四川省纪念红军长征70周年“网上重走长征路”则显得别开生面。“它以‘网上重走长征路’为题，以Flash形式，再现红军长征的路线，并让网民在模拟重走长征路的过程中，了解相关知识与历史事件。”❷ 该专题报道获得首次设立“网络新闻奖”的第十六届中国新闻奖中的“网络专题”二等奖。

2006年，由大河网发轫、在网上一炮而红的“中国最美女记者”曹爱文报道的案例，可以让人们清楚地发现：从一个不起眼的论坛帖子到全国各大主流媒体纷纷加入“合唱”，从一个地方性普通社会新闻到全国范围的舆论热潮，从一个救人的年轻记者到“中国最美女记者”，策划越来越显示出让网络新闻脱颖而出的作用。策划在为网络新闻创造价值增值之际，也成为网络媒体争夺市场份额、提高自身影响力的利器。

【案例链接】

2006年7月13日下午3点多，大河网大河论坛《网闻天下》栏目中，一位网友发出的河南电视台女记者曹爱文在黄河边上勇救落水女童的帖子引起大河网负责人的注意。当时那个帖子很不起眼，已经在论坛里挂出好几天了，但没有引起网友的重视，看者不多，跟帖寥寥。大河网负责人立刻意识到，这是一个很有传播价值同时传播要素齐备的信息。女记者救人、职业要求和生命价值的冲突、富有冲击力的照片，都使整个新闻具有强烈的传播上的张力。于是，大河网迅速行动起来，在大河论坛里把帖子置顶。通过核实，又把这条信息作

---

❶ 李亚敏.如何实现网络新闻的有效策划[J].新闻与写作，2005(10)：24-25。

❷ 彭兰.网络新闻编辑教程[M].武汉：武汉大学出版社，2007：253。

为新闻发到网站首页焦点图的位置，予以重点推荐。随后，大河网又以最快的速度推出专题——“女记者救人引发热议”，进行追踪报道。大河网推出这一系列报道后，新浪网、搜狐网、网易网、新华网、人民网等中国各大商业门户网站和中央新闻网站在第一时间转发，并设置了专题讨论区，推出大型专题报道。几家主要的商业网站还专程邀请曹爱文赴京与网友做在线交流。主流传统媒体也迅速跟进：中央电视台、北京电视台为曹爱文推出了专题节目，凤凰卫视在《风范大国民》栏目全面报道了这个来自河南的年轻女记者的救人义举。全国重要的平面媒体都在重要位置报道了曹爱文的事迹，同时配发评论。曹爱文救人的事迹在各种媒体上迅速以几何级数复制传播开。众多网友交口称赞，褒奖曹爱文是“中国最美女记者”。由网友最先冠名，而后被主流媒体采纳推广，“中国最美女记者”被最终定格。

2007年4月16日7时15分(北京时间19时15分)，美国弗吉尼亚理工大学发生恶性校园枪击案，33人在枪击中死亡，另有数十人受伤，枪手开枪自尽。枪击案发生后，弗吉尼亚当地网站 Roanoke.com 迅速投入报道，制作了网络专题，以报道师生近况和各方反应为线索，以人物特写为节点，展现事件全貌，组合运用幻灯片(由来自现场的一组新闻照片组成)、音频、视频手段，并配以互动专区(设置留言平台)，方便人们寄托哀思，也丰富了报道范围。该专题无论是在内容策划上还是在形式设计上都别具一格，给人留下了深刻印象，并获得了较高的专业评价。

2008年5月12日，四川省汶川县发生里氏8.0级地震，6万多人不幸遇难。社会各界纷纷向灾区捐款捐物，以支援灾区救援和重建工作。截至2018年6月15日，社会各界捐赠的款物总计达456亿元。与此同时，这些救灾款物是否被及时、合理地使用成为人们关注的焦点。适逢审计署6月12日刚发布过《审计署关于汶川地震抗震救灾资金物资审计情况公告(第1号)》，并对发现的3起违法违规事件进行了曝光。腾讯网《今日话题》板块针对上述新闻事件推出了“善款：多少双眼睛盯着你”这一专题，对各种媒体信息进行整合、集纳，并根据报道主题给予全新配置，引导网民评论，重视互动，引起了巨大的社会反响。

2009年7月，深圳新闻网策划推出了原创新闻栏目《直播车在行动》，扎根深圳，以“直面深圳热点、关注网民关切、深入舆情现场、还原事实真相”为宗旨，是深圳第一档以网络舆情为主要跟进报道对象的新闻栏目。《直播车在行动》跟进的网络舆情事件中，超过90%的事件在记者的不断报道及跟进下获得相关部门的回应，促成了问题的解决。该栏目进而成为深圳各级政府了解民意、积极答政的重要渠道与平台。

2011年7月23日20时30分，甬温线温州段发生动车追尾事故。在这起举国震惊的特大交通事故中，最先传递出事故消息的不是报纸，也不是电视，甚至不是网络，而是微博。作为新媒体的代表之一，微博信息更新迅速，现场感强，将温州动车事故由惊心动魄的现场拉到了众人伸出双手的温暖场面。其在突发事件报道中发挥的作用让受众耳目一新。

当今社会，互联网在深度报道中的巨大作用日益凸显。网络报道除了能够随着时间的推移随时向公众公布事实外，其巨大的反馈机制也对深度报道起着巨大的作用。随着互联网的普及和发展，公民也越来越多地参与到报道中，发表自己的意见，形成民意和舆论。

3.融合新闻报道使策划渐成热点

1983年，美国马萨诸塞州理工大学教授伊契尔·索勒·浦尔提出“传播形态融合”（the convergence of modes），意指各种媒介呈现出多功能一体化的发展趋势。1994年，《纽约时报》报道《圣荷西水星报》与美国在线共同推出名为《水星中心新闻》的电子报服务时，用了一个小标题“一次媒体融合”（A Media Convergence）。世纪之交，随着网络媒体与传统媒体的进一步融合、渗透，Convergence一词已经成为新闻信息传播领域中的常用语了。

媒体融合起先表现为报网融合，接着出现台网融合，后又表现为融媒体（全媒体）的建设与发展。与媒体融合相伴随，则相应地出现了融合新闻、全媒体新闻报道。媒体融合发展与融合新闻的兴起，对新闻策划产生了极为深远的影响。

在国外，美国论坛公司（The Tribune Company）和媒介综合集团（Media General Inc.）都是较早开始媒体融合试验、尝试推出融合新闻报道的媒体集团。特别是美国媒介综合集团在佛罗里达州坦帕市建立的“坦帕新闻中心”（Tampa's News Center，2000年），是美国新闻界公认的进行媒体融合试验比较成功的典范。在我国，2005年成立的佛山传媒集团，是国内较早实践媒体融合的传媒机构。2008年烟台日报传媒集团“全媒体新闻中心”的组建、2009年宁波日报报业集团“全媒体新闻部”的成立，使地方媒体的全媒体新闻实践走向前台。随着媒体融合的深入推进，在日常新闻报道中尝试策划推出集文字、图片、音视频多种信息形态为一体的“融合新闻”“全媒体报道”，以期产生立体化的传播效果，越来越成为各传媒机构的重要业务选项。

融媒体时代，信息传播生态与受众（用户）信息消费习惯改变了，新闻信息的产品形态和传播策略也都需要重新筹谋。2012年12月20日，《纽约时报》网站出现了一则有关雪崩的报道——*Snow Fall*。该报道是个多媒体项目，包括六部分扣人心弦的故事，其报道灵感来自对滑雪场上高死亡率的高度关注。这组报道包括16位滑雪者在美国卡斯卡德山遭遇雪崩惨剧的特稿，并非简单将文字、图片、视频拼凑在一起的“报网融合”，而是充分融汇了文字、图片、视频、动漫和交互式图形等新媒体形式，通过流畅的连接和叙事，将事故发生的背景、过程、后续处理及每个当事人的故事娓娓道来。专题吸引了大量读者，创造了350万的浏览量，为沉寂已久的传统媒体圈掀起了一轮高潮，被美国新闻主编协会（ASNE）称为“为在线报道树立了新标准”。

移动互联网的发展和社交媒体的崛起，重塑了人们的信息接收方式和习惯，也倒逼传统媒体调整和改变新闻报道理念与传播方式。在此形势下，政策层面的顺势推动所产生的影响堪称深远。2014年8月，中央全面深化改革领导小组第四次会议审议通过了《关于推动传统媒体和新兴媒体融合发展的指导意见》，对新形势下如何推动媒体融合发展提出了明确要求，做出了具体部署。意见提出，推动传统媒体和新兴媒体融合发展，要遵循新闻传播规律和新兴媒体发展规律，强化互联网思维，坚持传统媒体和新兴媒体优势互补、一体发展，坚持以先进技术为支撑、内容建设为根本，推动传统媒体和新兴媒体在内容、渠道、平台、经营、管理等方面的深度融合，着力打造一批形态多样、手段先进、具有竞争力的新型主流媒体，建成几家拥有强大实力和传播力、公信力、影响力的新型媒体集团，形成立体多样、融合发展的现代传播体系。这为国内媒体的融合发展提供了坚实的政策支持。在这一背景下，推动传统媒体与新兴媒体在内容、渠道、平台、经营、管理等方面的融合，推动报业、广电业转型升级，实现巩固阵地与占领市场共赢，社会效益与经济效益互促，事业发展与产业繁荣并进，努力打造具有强大实力和传播力、公信力、影响力的新型主流媒体，成为国内新闻媒体发展的风向标。

2012年起，中央电视台“央视新闻”迈出融合发展步伐，微博、微信、客户端陆续上线运营。2014年，在APEC（亚太经合组织）北京会议、G20峰会等系列时政活动中，“央视新闻”首次大规模应用微视频的形式报道时政新闻，获得相关方面的肯定。2014年3月1日，昆明火车站严重暴力恐怖事件发生后，“央视新闻”先于电视屏幕发稿，在客户端首发消息。2014年3月8日，马航MH370客机失联，“央视新闻”在微博中首发消息，分别领先CNN和美联社推特消息11分钟和20分钟，领先《人民日报》和新华视点微博12分钟。为了更好地适应融媒体环境下的传播需求，央视加强了对大数据、云计算、可视化等新技术的运用，大力推进数据新闻、精准新闻等新闻类型在主题宣传报道中的应用，《数据说春运》《两会大数据》等数据新闻特别报道均获得了较大影响和较好口碑。“一带一路”特别报道《数说命运共同体》，实现了新媒体融合新闻产品从静态到动态、从一维到多维的升级，成功完成重大主题宣传报道的创新和突破，在大数据与可视化技术等方面创下全国数据新闻行业的多个第一，引发业界的极大关注和观众的强烈反响。除了央视网、央视新闻客户端之外，自2017年2月起，中央电视台还大力建设央视新闻移动网，推出“央视新闻+”移动融媒体新闻产品。央视新闻移动网对内可与常规的新闻生产平台打通，实现电视与新媒体内容的一体化生产，对外可吸纳机构账号入驻，形成规模化和平台化的融合传播矩阵。在香港回归20周年直播报道中，央视新闻移动网推出的36小时不间断移动直播《香港香港》，同时收看人数突破600万人，累计阅读量破亿。

新华社的融合新闻实践探索也紧跟时代步伐。2014年3月，新华社策划推出“面向未来的赶考”大型多媒体融合报道，“以历史纵深感、恢宏视角、全媒体形式展示习近平总书记指导河北省开展党的群众路线教育实践活动的过程，通过集成化展示和新闻媒体传播渠道，实现了高端政治新闻的新媒体化和网络碎片化阅读，开创了重大政治性主题报道的新模式。"[1] 由此,一次采集、多种生成、多元传播、多渠道发布的格局真正形成。在移动互联网飞速发展所形成的重压下,传统媒体纷纷加大了对微博、微信、客户端的建设,以期转战移动端口,赢得用户,留住受众。2014 年 6 月 11 日,"新华社发布"总客户端正式上线,标志着新华社集全社之力打造的全国最大的"党政客户端"集群首次亮相。"新华社发布"客户端上线当日单条稿件最高点击量超过 1130 万人次,页面浏览量超过 5000 万。注重运用互联网思维,适应用户需求,推出融合新闻产品,是新华社在专注做好内容、讲好故事的同时积极尝试的新探索。2016 年,新华社推出面向网络和手机用户的可视化报道《四个全面》,以动漫说唱 MV 为特征,用网友们熟悉的网络语言,对我国"四个全面"战略布局的宏大内涵进行阐释。视频播出后迅速成为"爆款"。此外,新华社还综合利用 H5、VR、AR、3D 等技术,融合视频技术,并与相关内容融合融通,策划、打造出一系列新形态新闻产品,如微纪录片《国家相册》等,获得了极好的反响。

2014 年 6 月,"人民日报"客户端正式上线。以此为标志,《人民日报》已经形成了基于移动互联网的微博、微信、客户端的移动传播新布局,并依托这一布局建立起了适应"两微一端"特点的采编机制。在原有人民网的报网互动供稿机制的基础上,人民日报法人微博、微信公号、客户端与报社各部门、各分社、各所属媒体记者建立 24 小时无缝对接的供稿渠道,确立了矩阵式、扁平化的采编沟通机制,鼓励记者第一时间向新媒体供稿,逐步实现一次投稿、多平台选用。在各类重要时政新闻、突发新闻中,人民日报社依托"两微一端"和人民网,多次推出独家报道、首发报道,提升了人民日报社在舆论场上的传播力和影响力。2015 年两会报道期间,人民日报社试行全媒体平台"中央厨房"工作机制,通过运行新流程、探索新机制、引入新技术、制作新产品,逐步推进内容生产流程的融合。此次两会报道,"中央厨房"打通全社采编资源,初步实现了记者一次采集,编辑多次生产,渠道多元传播。"中央厨房"形成了记者与报纸、网站、"两微一端"之间的对接枢纽,及时传递需求信息,及时发布定制产品,助力实现资源整合。"中央厨房"不仅对人民日报社内的特色新闻产品进行内部分发,还推广给全国百余家合作媒体和海外媒体,实现资源的有效利用,大幅度提升了人民日报的传播力和影响力,拓展了报道的海外影响。在融合发展中,人民日报社统筹传统媒体、桌面互联网和移动互联网,从传统的报纸形态转变为全媒体的"人民媒体方阵",拥有《人民日报》《人民日报》(海外版)、人民网、"人民日报"客户端以及微博机构账号、微信公众账号,覆盖总用户数超过 3 亿人。2016 年 2 月 19 日,人民日报全媒体平台"中央厨房"正式上线,开设有麻辣财经、学习大国、一本政经、国策说等 40 多个工作室,涉及时政、文化、教育、社会、国际等领域,近 60 名来自"报、网、端、微"的编辑记者参与其中,并有设计师、动画师、前端开发、运营推广人员提供技术支持,形成了新媒体发布、报纸深度挖掘、全媒体覆盖的工作模

[1] 中共中央宣传部新闻局.中国媒体融合发展的实践与探索[M].北京:学习出版社,2015:24。

式，可提供18个语种的新闻产品，向全球500家主流媒体和新闻网站供稿，实现了对新闻事件报道的一体策划、多种生产、多元传播、全天滚动、全球覆盖。其中，麻辣财经工作室推出的深度新闻《汽车维修有多黑？暴利打住》、新地平线工作室推出的H5产品《青山有幸 万里忠魂——长征路上红军墓》、一本政经工作室制作的微动画《外逃贪官哪里跑》等文字、音视频、H5融媒体作品，都产生了一定影响。2018年全国两会期间，人民日报社新媒体中心策划推出的3集国家形象系列宣传片《中国一分钟》微视频（通过人民日报客户端、微博、微信公众号发布），跳出40年"大成就""大历史"的宏观视角，从"一分钟"小切口进入，记录中国在这个时间刻度内发生的变化，让"有意义的内容"更"有意思"，在与用户实现情感共鸣的同时，传递出"改革开放40年的成就，源自每一分钟的积累，建成社会主义现代化强国，需要每一个人的努力"的价值共识。[1] 该系列微视频还着力进行传播模式创新，融通线上与线下、全国与地方、传统媒体与新媒体，线上阅读播放量超24亿，线下覆盖用户超2.5亿，达到海量传播和广泛好评的双重效果，成为2018年的标杆性爆款融媒体产品，在全国引发竞相模仿，影响延续至今。详见下面的链接二维码。

中国一分钟 · 瞬息万象

中国一分钟 · 跬步致远

中国一分钟 · 美美与共

与此同时，地方媒体的融合新闻实践也紧随其后。2013年8月，江苏广播电视总台推出"荔枝新闻"手机客户端。2014年12月13日国家公祭日，江苏广播电视总台"荔枝新闻"围绕公祭活动，推出了《在神圣的国家仪式中凝聚民族精神》《让历史的伤痛成为前进的动力》《读懂习近平讲话 就读懂了公祭》《复兴之路上，勿忘警钟长鸣》等系列评论，激发人们的爱国情怀，凝聚团结奋斗的力量，具有良好的引导效果。

浙江日报报业集团的融合实践也十分有特色。2014年6月，浙江日报报业集团在推出"浙江新闻"移动客户端后，构建了"三圈环流"新媒体矩阵：一是核心圈，包括"浙江新闻"移动客户端、《浙江手机报》、"浙江在线"新闻网站及"浙江视界"移动视频客户端；二是紧密圈，主要包括边锋网络平台新闻专区和新闻弹窗、云端悦读Pad客户端、边锋互联网电视盒子、大浙网新闻板块、各县市区域门户；三是协同圈，包括集团媒体法人微博、微信公众号和专业App等。集团数字采编中心经常围绕同一重大主题，对稿件进行统一策划，给予可视

[1] 中国新闻奖评选委员会办公室.中国新闻奖作品选（2018年度 · 第二十九届）[M].北京：新华出版社，2020：30-31。

化、图表化处理后输出三个版本，即平面媒体版本（《浙江日报》《钱江晚报》）、PC版本（“浙江在线”新闻网站、大浙网）、手机版本（“浙江新闻”客户端和《浙江手机报》），以全媒体方式立体化传播。

2014年6月29日，湖北卫视与微信合作推出全国首发的“微信摇电视”开始上线。微信摇电视，是微信增添的新功能，是微信“摇一摇”从“摇附近的人”到“摇听到的歌”，再到“摇所看的电视”逐步演进而来的。观众在观看电视时摇动手机，通过录制数秒的电视声音进入数据库匹配，可以确定观众所看的频道和节目，进而通过微信浏览器打开手机页面。在页面中，电视台可以自由配置互动内容：延伸新闻、线索征集、新闻调查、话题投票。通过微信摇电视，电视台从屏幕到人的单向传播发展为从人到屏幕、人到人的互动传播。观众的手机成为连接屏幕的“键盘与鼠标”，实现了传统电视的“互联网化”。

2014年7月22日，“澎湃新闻”正式上线。它是一个专注于时政与思想的媒体平台，是上海报业集团改革后推出的传统媒体转型新媒体的典范之作。“澎湃新闻”创建几年来，在新闻内容生产和运营管理的创新性以及提高舆论传播力、引导力、影响力、公信力等方面都积累了一定的成功经验。其采编团队在媒体加速迭代的形势下，沉下心来做好“坚守社会的观察者、事实的报道者、信息流通的把关人”，进而策划采写了一系列产生较大社会影响的新闻佳作。2015年3月，“澎湃新闻”的山东非法经营疫苗案系列报道，揭露出人用二类疫苗流通领域存在的行业潜规则和监管盲区，引起中央媒体和诸多地方媒体的跟进报道，促成了《疫苗流通和预防接种管理条例》的紧急修改。2016年12月2日，最高人民法院第二巡回法庭改判聂树斌无罪。聂树斌的父亲和姐姐闻知此结果后，相拥放声大哭。“澎湃新闻”记者及时抓拍这一瞬间，所拍摄照片《无罪之后》荣获第二十七届中国新闻奖二等奖（新闻摄影类）。2017年10月28日，澎湃新闻的“原创新闻客户端的移动化运营”被评为“2017中国应用新闻传播领域十大创新案例”之一。

2015年上海两会期间，上海报业集团的“上海观察”（2014年1月1日上线，2016年10月更名为“上观”）制作推出《图解“上海市政府工作报告”》《图解2015上海市政府“账本”》《“政府工作报告”高频词图解》等一系列H5图解产品，对上海预算草案报道、政府工作报告内容去粗取精，将热点、亮点、难点进行梳理，进行有针对性的解读，并用形象、生动的视觉手段呈现，取得了不错的效果。2017年，十九大开幕当天，“上观”新闻推出《H5 | 这一刻，还记得你的入党介绍人吗?》，闭幕之际又推出《为你定制入党纪念海报！还记得吗，入党那年发生了什么大事?》。两者均以“入党记忆”为核心创意，分别采取用户回忆入党介绍人、入党年份的方式生成相关产品，供用户在社交媒体分享，既具有良好的互动性，又契合了十九大“不忘初心、牢记使命”的主题，是对严肃政治题材的一次个人化、生活化的演绎，在微信平台上点击量均超过10万。

在广州，相关实践探索也紧跟前沿。2015年12月，广州日报报业集团推出的“广州参考”客户端，主打“广州新闻+政务+服务”内容，核心定位是“广州权威信息第一发布平台”，融新闻资讯、本地服务、高端人群政情交流等功能为一体，重点体现新闻、政务、服务三大特色。南方报业传媒集团的改革与实践也十分具有建设性，其深入实施“1+X”采编策划联动机制的做法也很见成效。“1”是指广东省委机关报《南方日报》，“X”为集团旗下各报刊网，“1+X”采编策划联动机制有效整合集团优势媒体资源，共同策划，兵团作战，坚持“三贴近”，深入“走转改”，打造具有多样传播形态、多元传播渠道、多种平台终端的立体传播体系，推出了多组获得中宣部阅评表扬的报道，舆论引导水平显著提升。

在西南地区，重庆媒体的实践探索也有不少亮点。2000年成立的华龙网（国务院新闻办公室批准组建的首批省级重点新闻网站，由重庆日报报业集团主办），作为重庆市的重要门户网站，近年来在融合发展中，牢牢抓住“内容”之根本，坚持创造高品质的新闻内容，连续多年获得中国新闻奖。2016年，华龙网策划推出的专题作品《穿越直播 重返70年前英雄之城》（图1-2）获得中国新闻奖网页设计一等奖。（详见华龙网2015年8月15日页面，http://special.cqnews.net/html/node_322209.htm）

图1-2 华龙网策划推出的专题作品《穿越直播 重返70年前英雄之城》

2017年11月，华龙网策划推出的网络专题《绝壁上的“天路”》，在第二十八届中国新闻奖（2018年）评选中获得一等奖。该专题由视频、H5、高清图片、VR全景、原声再现、深度稿件组成，讲述下庄村民在党组织的带领下，不怕困难，在悬崖峭壁下用双手向天问路的故事。该全媒体性质的作品一经推出，便取得了巨量的传播效果，总阅读量达到1.25亿人次。（详见华龙网2017年11月1日页面，http://cq.cqnews.net/cqztlm/node_409029.htm）

2015年11月，由重庆日报报业集团着力打造的移动新闻客户端“上游新闻”正式上线。“上游新闻”以“汇聚向上的力量”为主旨，依托都市报《重庆晨报》的采编力量，为用户提供时政、财经深度报道，跟踪解剖社会热点，及时推送重大新闻事件信息，并围绕用户的生活需求提供多样化的生活信息。与此同时，用户还可以参与互动，发表自己的见解评论。“上游新闻”在创办3个月之内开发了视频栏目,每日固定播出的视频栏目有《上游早上好》《上游脱口秀》《财经早知道》。2017年9月,在整合了《重庆晚报》《重庆晨报》《重庆商报》三家都市类报刊的相应资源的基础上,重报都市传媒集团宣布成立,以“上游新闻”为转型主平台,布局多元化新闻产品生产和多渠道传播体系建设。2018年,重报都市传媒集团开通“上游新闻号”直升机,同时成立了视听中心和数据新闻中心。随着视频、数据、VR等基于移动端的内容质量不断提升,其融合发展速度加快、力度加大、广度拓宽。

与此同时,重庆广播电视集团(总台)以“平台网络化、内容产业化、渠道生态化”为引领,以“台网融合”为突破口,以物联网、互联网化改造、融合新闻中心建设及拓展新媒体业务为抓手,推进融合建设新进程。2017年6月18日,重庆广电集团正式上线运营新闻视频App“第1眼”。“该App以重庆本土新闻为切入点,充分挖掘和利用新闻频道的采访资源,着力于新闻类短视频与网络互动直播,意将本土新闻做到极致,进而最终成为电视新闻在移动端传播的主要阵地,以及重庆本地市民获取本土新闻的主要渠道。”[1]

为避免新闻报道的同质化竞争,注重对原始新闻信息的深度加工和增值开发,为受众(用户)提供对新闻信息恰到好处的解读,帮助他们理解眼前不断发生变化的世界,成为新闻媒体争取主动、赢得市场的重要生存策略。由此,新闻同业间的竞争重心日益向采编人员的新闻策划能力偏移。在媒体融合发展的背景下,记者、编辑们尤其需要具备出众的融媒体新闻策划能力,善于依托已掌握的各类信息资源“沙里淘金”,发掘同质信息素质中所包含的“独特面”,创造性地生产和制作出与众不同的、出色的、以不同介质形态为载体的信息产品,并提供给广大受众,这样才能使其所属的新闻媒体在激烈的新闻大战中占据优势。记者、编辑们善于推出出色的融媒体新闻策划,才能使媒体以较低的成本实现对原有信息的增值利用,丰富报道内容,扩展报道形态,且有助于媒体扩大社会影响力、打造品牌。

4.机器人新闻写作和算法推荐新闻展现魅力并开始影响新闻策划

自1956年首次出现人工智能概念开始,经过60多年的发展,时下人工智能(AI)已成为全球新一轮科技革命和产业变革的着力点,引发各行业的高度关注。随着技术迭代,当前人工智能也已经应用于传媒领域。不少世界知名媒体的新闻编辑室,都在积极试验这方面的新技术,以完善和创新新闻内容的生产模式,推动自动化新闻的发展,提升新闻制作效率。

在国外,早在2006年初,美国的汤姆森公司就已经开始将人工智能运用到金融方面的新闻报道中。2014年,美国洛杉矶时报网站的一条关于地震事件的新闻报道者也是一个机器人——Quakebot。2017年底,英国路透社研发团队发布了“路透社追踪器”(Reuters Tracer),以推动自动化新闻的发展。《华盛顿邮报》则通过自动新闻写作工具Heliograf报道

---

[1] 北京市新闻工作者协会.中国媒体融合发展报告(2019)[M].北京:社会科学文献出版社,2019:206。

大选的相关新闻。智能音箱（如亚马逊的Echo和谷歌的Home等）越来越受到新闻内容生产机构的欢迎，美联社、《华尔街日报》、国家公共广播电台、《经济学人》杂志等众多新闻机构纷纷进行音频接口实验。

在国内，2015年9月，腾讯财经网启用机器人Dream writer撰写财经新闻——《8月CPI同比上涨2.0%创12个月新高》，引发各方关注。2015年11月，名为"快笔小新"的机器人入驻新华社。2016年1月，东方卫视早新闻《看东方》栏目首次采用人工智能机器人"小冰"进行天气播报，被称为科技史上首个真正的人工智能新闻节目。同年2月，阿尔法智能机器人出现在中央电视台春节联欢晚会和元宵晚会上，与主持人现场互动，配合默契。2016年1月至2月的湖北两会期间，湖北广播电视台长江云新闻客户端派出一位名叫"云朵"的机器人记者，与参加两会的代表委员进行对话，并将代表委员的回答自动收录，进行全媒体传播。2018年，新华社与阿里巴巴合作推出国内第一个媒体人工智能平台——"媒体大脑"。"基于云计算、物联网、大数据、人工智能（AI）等技术，'媒体大脑'提供了2410（智能媒体生产平台）、新闻分发、采蜜、版权监测、人脸核查、用户画像、智能会话、语言合成等八大功能，覆盖报道线索、策划、采访、生产、分发、反馈等全新闻链路。"[1] 2018年的两会报道中，"媒体大脑"从5亿网页中梳理出两会热词并仅用15秒时间生产出第一条两会MGC视频新闻《2018两会MGC舆情热点》。2018年俄罗斯世界杯期间，MAGIC平台生产了超过3万条短视频新闻，占主要视频网站世界杯中文短视频总产量的一半多，且一条短视频的生产最快耗时仅需要6秒。

以上这些，仅仅是人工智能技术运用于新闻传播活动的初步尝试。人工智能使记者从烦琐的任务中解放出来，利于增强记者对新闻事件的理解分析能力和职业素养。运用AI技术可以收集统计数据，并将数据自动生成信息图（数据可视化）以及自动生成短视频内容。随着AI技术的广泛应用，媒介生产方式将发生巨大变化。借助人工智能，用大数据和云计算等技术手段，可以实现信息和受众需求之间的智能化匹配。同时，也可以围绕用户、找准定位，为受众提供精准化、智能化、个性化的产品。

随着大数据、云计算等技术的精进，人工智能底层的算法技术逐渐成为媒体融合产品的标配。智慧机器采写与编辑、智能机器交互、智慧机器的内容审核、智能播报与分发，与传媒业的融合都在不断深入。人工智能技术介入传媒领域，带来的不仅是新闻信息生产流程的革新、产品形态的丰富、商业模式的升级，更是传媒业与互联网、人工智能技术的深度融合。比如，利用物联网，可以形成一种全新的信息采集手段，拓展感知能力，开辟信息采集维度。未来，物联网的数据将是重要的公共信息资源。利用VR/AR技术，可以催生新的内容产品。

---

[1] 上海社会科学院新闻研究所媒体融合发展创新团队.上海媒体融合发展研究五年报告（2013—2018）[M].上海：上海社会科学院出版社，2018：129。

VR/AR+交互的信息产品，能够刷新用户体验，并成为赛事、突发事件报道的标配。利用 5G 通信技术，将协同万物互联，为用户提供超高流量密度、超高连接密度和超高移动性等多场景的一致服务。

毫无疑问，人工智能的扩张对新闻业既是机遇也是挑战。随着人工智能技术的进一步突破，今后人类社会的新闻传播格局还会出现令人难以预料的新形态，这些都给新闻策划带来了多方面的影响。当然，对于新闻人而言，主动参与人工智能技术带来的变革会具有更加积极的现实意义，而不是等人工智能的发展来促使新闻业的改变。

第二节　新闻策划相关理解和认识

本质上看，新闻策划是新闻媒体、新闻传播人员为充分挖掘、利用所面对的或已获得的新闻资源，进而更有效地开展新闻报道、进行新闻传播而开展的有意识、有目的的前置性的谋划、筹划活动。现如今，新闻策划已经是广大新闻工作者、众多新闻媒体开展新闻传播活动的重要工作环节和重要程序。不过，对于怎么理解“新闻策划”及新闻策划的价值和作用，学界和业界不少专家、学者还存在着一些认识上的分歧和争议。

一、新闻策划的界定

尽管传媒业界开展新闻策划已经有了较长的历史，但直到现在，对于“新闻策划”这一概念，学界和业界尚无一个完全统一的认识和界定。

（一）“新闻策划”能否成立

对于“新闻策划”这一提法能否成立，曾一度存在比较激烈的争论。

赞同的观点主要有：

①新闻策划是对一个单体新闻事实或一组新闻，符合新闻规律的一种谋划。它的目的是针对已经发生、正在发生或可预见性的新闻，采用最合适的新闻手段，以获得最好的宣传效果。

②所谓新闻策划，就是指视角新、立意高、开拓深、介入及时的战役性、系列性、话题性，并能形成新闻强势的新闻报道的谋划和组织过程。

③所谓新闻策划，就是指新闻传播者，为了使受众接受传播信息，取得宣传的最佳效果，对某一特定的新闻事件，有组织、有计划地实施报道。

反对的观点主要有：

①所谓策划者，计划、打算之意也。新闻的本源是客观发生的事实，怎么可以通过新闻

传媒的主观策划，实行主题先行，自编自演而“制造”出来呢？

②我们所谈论的“新闻策划”，恰恰专指那些所谓的在新闻事件发生之前，由记者参与策划与规划、设计促成事件发生并予以报道的一种行为。这是一种先有记者行为、后有事实报道的模式，是与新闻传播观念背道而驰的。

③“策划新闻”与“造假新闻”是同义语。新闻是不可以策划的，不能把确定报道重点说成是“策划新闻”，那是两回事。

从以上各类观点可以看出，人们对“新闻策划”认识上的差异，是造成理论上出现分歧的渊薮。持赞同观点者，认为新闻策划指的是媒介机构对报道新闻或组织新闻宣传所做的规划、安排。不言而喻，这还是先有事实后有报道，只不过在报道之前应合理规划、周密安排，所以又有人认为称“报道策划”更确切。持反对观点者，认为新闻策划是对新闻事件的策划（将“新闻策划”与“策划新闻”等同），有悖于事实第一性、新闻第二性的原理或至少有不符合这一原理之嫌，给人以“制造新闻”的观感。因此，必须厘清概念理解上的差异，才能够弥合人们立场、态度及见解方面的分歧。

（二）新闻策划的含义

新闻策划是一个相对含混的概念。仔细梳理起来，新闻业界和学界人士对新闻策划含义的理解大致可以归纳为以下几类：

一是认为新闻策划实质上就是指“新闻报道策划”，是对“新闻报道策划”的一种凝练化、简约化的称谓，即指以新闻事实为基础，对新闻报道时机、报道手段、报道艺术等所做的规划设计。这一概念可以界定为：新闻策划是媒介依据客观存在的新闻事实而对报道活动进行统筹安排、周密部署，提炼报道主题，确定报道重点、角度，选择报道方式、途径的能动性、创造性的劳动过程。

二是认为新闻策划，即“新闻媒体运作策划”，是对新闻传媒生存发展的战略规划，包括对传媒的受众定位、经营方针、产品设计、制作与营销、广告经营、员工构成、内部管理、资产资金、技术设备以及传媒的其他类经营活动和社会活动等进行统筹和规划。

三是认为新闻策划是广告策划、公关策划、经营策划等的集合。这种看法实质上将新闻策划看作了对信息传播活动的策划。

四是认为新闻策划即“新闻事件策划”，是“媒介不满足于守株待兔式地捕捉新闻，而是利用自身的影响，围绕某一主题进行一系列活动，从而制造新闻，取得轰动效应”。或是“在新闻事件发生之前，由记者参与规划设计，促成事件发生并予以报道的一种行为”。

从我国新闻传播学界关于“新闻策划”这一问题的相关讨论可以发现，大多数学者不同意使用该词语，主要是认为此提法有“造假新闻”之嫌。但在实务界，广泛地对这一概念表现出了高度认同并积极进行实践，如媒介机构建立的“新闻策划中心”“新闻策划小组”“新闻策划机制”，以及设立的“新闻策划奖”等。对此，有两种解释：一是使用的隐含前提是指实施的“新闻策划”是关于新闻报道的策划；二是“新闻策划”只是新闻界对新闻报道宣传活动策划的一种简明扼要的提法。例如，2008 年是《新闻联播》开播 30 周年。为改进提高《新闻联播》，中央电视台成立新闻联播编辑部，提出要着力从以下五个方面加大力度：一是策划，由过去的被动接受转变为现在的主动策划；二是组织，发挥统筹功能，以“订单作业”方式积极向各供稿部门组织稿件；三是编辑，强化编辑功能，重点体现“三贴近”，符合新闻规律和大众化原则，改进节目语态，增强节目亲和力；四是编排，对时政新闻、主题报道、一般新闻、国际新闻等，根据新闻价值进行整体编排，突出《新闻联播》的新闻性、信息量；五是言论，形成并突出节目自身的言论和观点，讲述老百姓的心里话。由此可见，策划在主流新闻媒体的新闻报道工作中已然跃升为非常重要的程序和环节。

从新闻传播学的学理角度来看，新闻（新闻事实）是不能策划的。但是，新闻报道活动、新闻传播活动是可以策划的。为避免对概念内涵理解上的分歧所带来的不必要的麻烦，减少因概念认同问题而引起的争论，有部分专家尝试以“新闻报道策划”来取代“新闻策划”，也有人认为应该以“新闻传播策划”来代替“新闻策划”，亦有人主张应该将“新闻策划”界定为“新闻媒体运作策划”。

综合国内相关专家、学者的各类观点并结合业界的习惯用法和实践惯例，本书认为将“新闻策划”的内涵理解为“新闻报道策划”偏窄，而理解为“新闻媒体运作策划”则显得相对宽泛，理解为“新闻业务运作策划”比较适宜，与这一术语所实际反映的对象最为接近。不过，所谓“习惯成自然”，考虑到业界沿袭日久的使用习惯以及表达简洁的需要，本书主张仍然采用“新闻策划”这一称谓。

本质上说，策划是一种意识的高级形式。意识不是消极被动的，它对物质有着积极的能动作用。意识的能动作用不仅表现在人的认识活动中，而且表现在人的实践活动中，即意识对实践的指导上。从意识对物质的反映看，它不是消极地、被动地反映，而是积极地、能动地反映，是有目的、有计划的活动；它不仅能够反映事物的现象，而且能够反映事物的本质和规律。从意识的反作用看，它表现为：正确的思想、意识，可以指导人们采取正确的行动，从而对事物的发展起促进作用；错误的思想、意识，引导人们采取错误的行动，对事物的发展起阻碍作用。在一定条件下，意识的反作用具有决定性的意义。意识对于客观世界的两种不同性质的反作用，都是通过人类改造世界的社会实践而实现的。在新闻策划中，意识的能动作用主要表现在以下三个方面：传播的事实是不变的，事实的传播是可变的；传播的事实是发展的，事实的传播是可测的；传播的事实是客观的，事实的传播是能动的。

由此，可以给“新闻策划”做一个简单界定：所谓新闻策划，是指新闻传播主体在遵循事物发展规律和新闻传播规律的前提下，对新闻业务活动进行具有目的性的设计和规划，并加以组织实施，以寻求最佳传播效果的创造性策划行为。这里必须明确，新闻策划的对象不是新闻事实,而是新闻传播业务活动。

当然,必须指出,在业界,将新闻策划理解为新闻报道策划更加具有普遍性。新闻策划即指新闻工作者在新闻传播活动中围绕一定的主题或目标对传播全过程进行决策和谋划,从而制订报道计划,作为指导传播活动有效开展的依据的过程,本书中所论及的新闻策划,多数情况下也都是指这一层面。目的在于把报道安排得更合理、更能影响受众。

二、新闻策划与新闻炒作、策划新闻的关系

在实际生活中,新闻策划与新闻炒作、策划新闻通常较容易被大众混为一谈,因此有必要区分它们之间的区别与联系。

(一)新闻策划与新闻炒作

新闻策划不同于新闻炒作。新闻策划的本质,是在新闻媒体的新闻传播业务活动实际运作之前及运作过程中,根据对相关信息的占有与分析,通过创造性的思维活动,周密地设计与谋划行动方案。新闻策划是一种由传媒和新闻从业人员依据新闻规律所进行的创造性活动。而新闻炒作则是新闻实务中的一种畸形现象,尽管它也需要一定的创造性,但与新闻策划存在着诸多区别。

区别一:所关注题材的新闻价值有差别。新闻策划所依据的具体题材大都意义较大,新闻价值含量高,能在较大程度上满足广大受众的正常认知需要和新闻需要。新闻炒作则偏好于新闻价值不高的、可望给某些人带来商业利益或其他利益的题材。

区别二:对"度"的把握有差别。精心策划过的报道,对事实的揭示是恰到好处的。一篇能解决问题就绝不多言,如需要整版资源、多名记者联合出动也不吝出手,一切视实际需要而定,力求准确、全面,且善于提炼或是升华主题。新闻炒作则不然,媒体一哄而上,无秩序、无章法,重复渲染一些边角碎料、鸡毛蒜皮,对"度"的把握不准,常常导致过火。

区别三:社会效果不同。要让没有多少新闻价值的事实引起受众的注意,某些媒体经常的做法只能是捕风捉影,添油加醋。最常见的是对明星隐私、电影电视等娱乐界新闻的炒作。过度的新闻炒作只能在短时期内吸引受众注意,长期下去,要么败坏受众的胃口,要么培养受众不健康的需求,势必形成恶性循环,对整个新闻事业造成不良影响。而合理的新闻策划则能够使新闻报道出新出彩,取得良好的社会传播效果,有益于新闻事业的发展。

简而言之,新闻炒作实质上是新闻策划的一种异化。它是策划过度,强行策划、编造新闻事件,是对传播活动不恰当的谋划和设计。程度上的把握如果不好,新闻策划异化为新闻炒作的可能性自然存在。

(二)新闻策划与策划新闻

新闻策划不能与策划新闻混为一谈。策划新闻通常是为了宣传某企图或者制造某种社会效果,人为地策划一起可供媒体报道的"新闻"事件。该"新闻"事件的发生、发展和最终结果,全在策划人的主观预想和操作之中。两者的区别是:策划新闻是将新闻事件本身视作策划客体的产物;新闻策划是对客观发生的新闻事件的有效和充分利用。

新闻事件本身能不能策划,业界和学界人士存在着争议。香港回归前夕,《福建日报》记者通过掌握的信息,积极参与策划,使林则徐后裔200多人在故乡福州隆重举行家祭,以香港回归祖国的大喜讯祭告老祖。对此,各方人士反应不一,有赞成,也有反对。

2003年初,《南方都市报》在半个月里连续推出大型报道《深圳,你被抛弃了吗》,引起了巨大反响,堪称媒体全程参与的事件性策划的典型个案。该事件起源于一篇1.8万字的论坛帖子《深圳,你被谁抛弃》。作者呙中校,以"我为伊狂"为网名,分别在人民网强国论坛和新华网发展论坛上贴出了这篇文章。该文很快引起《南方都市报》领导层的关注。借着不久后深圳市市长在市委会议上正面回应《深圳,你被谁抛弃》的契机,《南方都市报》在统一刊发会议通稿的第二天,以7个版的篇幅刊登了题为《深圳,你被抛弃了吗》的专题报道。如果到此为止,《南方都市报》紧紧抓住新闻线索,重新包装呙中校的文章,只能算是报道策划,但此后的发展就越来越具有事实策划的色彩。报道刊发次日,《南方都市报》根据读者来电反映的情况,推出了第二轮报道《深圳人诉说十大期盼》。随着报道的继续深入,时任《南方都市报》主编的程益中有了一个大胆的设想,即设法促成作者与深圳市市长见面,将讨论本身和文章作者追踪两条线索重新融合,使事件达到高潮。2003年1月19日,深圳市市长终于与"我为伊狂"正式对话。这场特殊的对话引起了各媒体的极大关注,《深圳,你被抛弃了吗》大型报道也有了圆满的结局。

与上述情况对应的反面事件也存在。2003年6月,南京某报记者钱某因与他人合作策划"砸空调、泄民愤"事件而被逮捕。他收受1.2万元贿赂,指定砸空调的地点,招徕其他记者进行报道,最终将自己卷入旋涡,成为损害商品名誉罪的共同犯罪人。

新闻媒体究竟能不能运用策划手段推动、促成新闻事件的发生并加以报道,关键在于对报道主体与客体之间相互关系的判定,即确定报道内容是否客观存在、确切而真实,以及新闻报道是否反映了事物本质及其发展变化的自然规律。

事实表明,凡是以客观存在的社会问题或者新闻线索(如窃车现象、小孩失踪、寻母来信、市民对政府服务的客观需求等)为基础,新闻媒体顺应社会的客观需要,发起行动并组织报道,促使事物向积极的方向转变,使其达到预期效果,然后给予报道的策划,既符合党和国家的政策,又顺乎国情和民意,并不违背事物的发展规律。即便促成事件向前发展的外界力量是报道者自身,有"制造新闻"之嫌,但仍可为大众、为社会所理解和接受。但是,媒体对新闻事件的策划，应是顺应舆情发展趋势的策划，是遵循新闻规律的策划，不允许为所欲为。任意捏造事实的行为只会让媒体失去受众的信任，从而失去在传媒市场上的竞争力，甚至受到法律的严惩。

三、新闻策划的类别

新闻策划属于新闻实务的范畴。从其本质来看，新闻策划是“策划主体的主观思维与客观存在的事实相结合、策划的创造性思维与策划实施实践相统一的产物”[1]。所谓新闻策划的主体，即新闻策划的发起者和组织实施者，通常由单位主体和个人主体两部分组成。新闻策划的单位主体是指新闻媒体（新闻机构），新闻策划的个人主体则是指新闻媒体的新闻从业人员。从具体实践来看，新闻策划包含有多种多样的类型。

（一）新闻策划的类别划分

在具体的新闻实践中，新闻策划实务可以在三个层面上展开：

一是宏观层面，主要指新闻媒体（报刊、广播电视频率频道、新闻网站、微媒体等）的创办策划，涉及媒体的具体定位与整体报道方针（或办报方针、办台方针、办网方针、办微信公众号方针）的确立。

二是中观层面，主要是指新闻媒体下设的以传播新闻信息为主要职能的媒介单元的筹办、设计与管理，如报纸版面、广播电视栏目、网站专栏、微信公众号菜单的规划与设计等。

三是微观层面，指新闻媒介针对某一时期某一热点问题和事件的报道所进行的有创意的设计、指挥和调控，即新闻报道策划。

从本质上讲，以上三类新闻策划都是为确保相关新闻传播活动能够达到预期效果、提高新闻媒体的传播效益（社会效益和经济效益）服务的。

（二）新闻报道策划的主要类型

新闻报道策划作为微观层面的具体操作，是新闻策划的重头戏。新闻报道策划，是新闻采编人员依托新闻事实，遵循新闻传播规律，对如何展开报道活动所进行的富有创意的设计。新闻报道策划的产物是策划式报道，具有明显的目的性、计划性，是主动介入生活、挖掘有一定轰动效应的新闻事件和对突发事件所进行的快速反应。新闻报道策划的内容具体包括对报道选题的决策、对报道方案的规划、对报道形式的设计，以及报道实施过程中接受反馈信息，不断调整先前决策，进行新的规划和设计。

---

[1] 礼桂华.广播新闻策划[M].沈阳：东北大学出版社，2006：14。

新闻报道策划因策划主体、策划客体(策划对象)及策划的目的等因素的不同,具有不同的形态。我们可以根据不同的标准,把新闻报道策划划分为不同的类型。

1.从新闻报道策划客体的角度来划分

(1)按新闻报道策划客体的性质来划分

以新闻报道策划客体的性质作为分类标准,可以将新闻报道策划分为突发事件报道策划、典型报道策划、会议新闻报道策划、节假纪念日报道策划等。

(2)按新闻报道策划客体发生的状态来划分

以新闻报道策划客体发生的状态作为分类标准,可以将新闻报道策划分为可预见性新闻报道策划和非可预见性新闻报道策划。

可预见性新闻报道策划,是指对能够提前获知的事件性新闻和非事件性新闻的报道策划。事件性新闻如卫星发射成功,香港、澳门回归,奥运会等;非事件性新闻如纪念中国人民抗日战争暨世界反法西斯战争胜利 70 周年、庆祝改革开放 40 周年等。对这类新闻的报道策划可以提前进行。从报道主题看,可预见性新闻报道的内容,以庆典、活动、比赛、会议等居多,一般是正面信息,往往涉及成就性的宣传报道、方针政策的宣传报道等。长期以来,我国新闻媒介在可预见性报道策划方面积累了丰富的经验。

非可预见性新闻报道策划,是指对无法预见的突发性事件的报道策划,如地震、火灾、飞机失事、战争爆发等。对这类新闻的报道策划一般无法提前进行,通常是在事件发生之后立即策划报道活动。非可预见性新闻报道的主题和内容,一般以灾难事件、负面新闻信息居多。这类报道的内容通常具有强烈的冲突性,容易引发受众关注。但由于负面新闻信息表现的新闻事实往往比较复杂,加之人们看问题的角度不一、认识水平不同,对负面新闻事实的看法难以统一,这就使得此类新闻报道策划时常要面临相对复杂的舆论环境。

2.从新闻报道策划的运行时态来划分

以新闻报道策划的运行时态作为分类标准,可以将新闻报道策划分为周期性新闻报道策划和非周期性新闻报道策划。

周期性新闻报道策划,是指媒体的新闻采编部门对日常新闻报道的一种常规性策划,策划的时间具有周期性特点,如按季度、月、周等进行的报道策划。

非周期性新闻报道策划,是指媒体根据报道需要临时进行的报道策划,如对突发性新闻事件的报道,一般不可能提前纳入常规性的报道策划,只能在事件发生之后立即进行策划报道。这种策划是周期性策划之外的一种应变策划。还有一些重要活动、会议的报道,虽然可以提前准备,纳入周期性报道策划,但由于报道内容非常重要,需要以长时间、大规模的报道"战役"来完成,有时也在周期性策划之外专门进行报道策划。

3.从新闻报道策划的运行方式来划分

以新闻报道策划的运行方式作为分类标准,可以将新闻报道策划分为独立型新闻报道策划和非独立型新闻报道策划。

独立型新闻报道策划，是指新闻报道策划独立存在，与其他策划活动无关。报道策划者单纯策划对新闻事件的报道活动，并不介入报道客体。

非独立型新闻报道策划，是指新闻媒体的报道策划与其他策划有关联，并相互发生作用。例如，新闻媒体策划救助贫困学生的公益活动、策划宣传媒介的公关活动等，并且使这些活动成为报道客体，报道者身兼“报道者”与“当事人”双重角色，新闻报道的策划与活动的策划、组织相互配合进行。显然，在非独立型新闻报道策划中，报道的客体有可能是因新闻媒体介入而诱发的新闻事实。本书第七章介入式报道策划中的体验式报道策划、促成式报道策划等，都属于非独立型新闻报道策划。此外，还存在一种可能情况：策划的结果导致报道者对报道客体的干预，与新闻报道的客观公正原则相违背。如此一来，新闻策划与策划新闻、新闻炒作甚至“新闻造假”的区分就变得复杂化了。学界和业界人士对这类现象也不可避免地产生争议。

除以上分类外，还可以根据新闻报道策划的目的和动机的不同，将其划分为满足受众需求的策划、战胜竞争对手的策划和展现自家所长的策划。

新闻报道策划类型不同，其具体的要求自然也就不同。把握每种策划类型的特点，有利于合理策划、策划到位。

四、新闻策划的特点

综观国内外诸多成功的新闻策划范例，可以看出它们普遍具有以下一些特点。

1.预见性

所谓策划，本身就包含计划、谋划之义。因此，凡策划都必然带有一定的预见性，新闻策划也同样如此。这就要求新闻传播主体提前介入新闻事件，深入了解事件的背景，准确把握事件发展变化的脉络和规律，对整个新闻传播活动进行全面考虑。而且，也要对在报道过程中可能出现的现场突发情况做预案。所以，新闻策划没有预见性是不可想象的。有经验的策划者在新闻策划中常常会准备两套甚至多套策划方案，以确保新闻报道的成功。

2.动态性

新闻策划作为新闻报道活动中的一个重要的前置环节，通常要根据新闻报道对象的具体情况提出适宜的报道思路，并时常要紧随事态的发展变化与报道进程的动态展开做出相应的改变和调整，以保证取得最佳成效，一般不会一成不变，否则将很难发挥相应的指导作用。因此，动态性是新闻策划的一个重要特点。

3.系统性

新闻策划的系统性，一是指在筹划、部署、安排某一新闻报道时，需要考虑到与其他相关报道的关系，要有系统性思维；二是在选择传播手段时具有系统性，通常需要统筹考虑文、图、音、视频运用上的组合搭配，乃至纸质媒体、广电媒体、网络媒体、手机媒体等的协力传播。同样的新闻素材，如果策划做得好、做得到位，就能使其利用价值被充分发掘出来。一般来说，值得精心策划的新闻报道往往题材重大，从调查、研究到计划有一个较长的过程，报道思路的总体设计往往考虑全面，涉及的领域也比较广。遇到大型报道，需要多人发挥协同效应，人员安排的系统性也会凸显出来。

4.创新性

新闻策划需要具备创新意识与创新思维，创新性是新闻策划成功的关键。在新闻竞争、传媒竞争日趋激烈的当下，只有锐意创新，不断进取，不断求变，通过富有创新性的新闻策划推出有质量的新闻报道，才能在争夺受众和广告的竞争中赢得胜利。当然，创新性可以是多方面的，角度新、立意新、方式新、手法新等都可以。

五、新闻策划的主要作用

新闻媒体开展新闻策划的目的是更充分地开发和利用有限的新闻资源，以期最大限度地发挥传播效力，增强宣传效果，提高媒体影响力。总的来看，新闻策划的主要作用具体表现在以下几方面。

1.有利于更好地发掘和利用新闻资源，增强媒体的竞争力

当今世界已经进入高度信息化的阶段，作为信息载体的传播媒介在人们社会生活中的重要性日益突出。与此同时，随着传媒业的发展，大众传播间的竞争也越来越激烈和残酷。在新闻报道活动中，等到事件发生后再去做新闻的传统做法已经远远不能适应现代媒体竞争的需要。为了抓取独家新闻，在竞争中获取“第一时间”进行报道的眼球优势，媒体必须发挥主观能动性与创造性思维，通过运作新闻策划，使自己能够更好地发掘和利用新闻资源，乃至在新闻竞争中控制新闻源，或者控制新闻进度，达到做独家报道或者以独特视角报道新闻的目的。这样，才能在激烈的新闻大战中保持竞争优势。

2.有利于提升媒体的社会影响力，彰显其社会价值

毫无疑问，新闻媒体需要通过为社会、为公众提供一系列有质量的新闻报道，从而树立自身社会影响，实现自身社会价值。尽管各类媒体上每天都有大量的新闻报道刊发、刊播，但是这些新闻报道的传播效果并不都尽如人意。有的新闻报道“谁写谁看”“写谁谁看”，阅读量、收看量、浏览量很低。好的新闻策划则可以体现一家媒体的价值观与社会价值取向，在成就高质量的新闻报道之际，提升媒体的影响力。不论何种类别的新闻媒体都具有社会公益性质。在恶性事件发生后，它既要守望社会正义，又要维护社会稳定；在灾难面前，它既

要凝聚人心，又要通过报道在全社会形成“众志成城”的精神状态。而对于社会上的流言蜚语，新闻媒体还需要引导舆论，在大是大非问题上更要促进共识和统一。新闻策划使这些目标的取得更有针对性和有效性。

3.有利于更好地满足受众(用户)的信息需求

在生活和工作中，人们常常需要各方面的信息做参考，如消费性信息、娱乐性信息、审美性信息等。而媒介的高度发达又常使人们处于海量信息的包围之中，不知所措。要让人们能快速地找到所需信息，并尽可能提供有效信息，就需要媒体用心策划。

不同的人习惯不同的话语方式。许多时候，人们不能对新闻事件进行选择，但能够对观察新闻事件的角度与呈现新闻信息的方式进行变革。因此，创新新闻报道思路、报道手法和报道方式，最大限度地为民众提供独特的既新且优并与其接收习惯匹配的新闻产品，理所当然地成为媒体人日常工作中应有的价值追求。这要求新闻工作者在平日的新闻策划实践中，时刻把追求新闻报道的出新出彩作为一种职业理念来践行，将“求新”作为新闻策划活动的基本价值诉求。当然，新闻策划以真实性为基本原则，以出新出彩为制胜的目标，二者要恰当地交融在一起，保持彼此协调。从新闻价值的角度来看，真实性是新闻吸引受众的最本质元素，而新异性、鲜活性与感染力则是使新闻增值的重要砝码。因此，对于新闻工作者而言，在具体实践中，把握好“求真”与“求新”的关系，有利于推出成功的新闻策划，并使自家媒体的新闻报道体现亮点与特色，更能吸引受众，进而在激烈的新闻竞争中出奇制胜。当媒体能够更好地满足受众信息需求时，便可以显示出其独特的个性魅力，从而创造效益。

4.有利于媒体吸引广告客户，增加广告创收

媒体拥有的受众数量和媒体的声誉与影响力密切关联。其中，媒体的权威性、影响力是拥有受众数量的关键，进而又决定了媒体的声誉，而媒体的声誉产生了其真正具有经济意义的产品——广告服务的价值。这就要求媒体通过业务上的出色表现树立品牌，从而占有市场，即通过报道内容和节目的精品化与特色化来吸引受众和广告主。而有特色的、吸引人的报道和节目大多需要通过做好新闻策划才能更好地生产、制作出来。

通过新闻策划，媒体可以最大限度地开发新闻资源，从而最大限度地满足受众的需要，这对于提高媒体的知名度、树立媒体的形象、提高媒体的社会认同度都有着不可小视的作用。因此，在竞争日趋激烈的形势下，媒体必须善于运作新闻策划，这样才能在竞争中脱颖而出。

第三节　新闻策划中的常见问题及其应对

新闻贵在“新”，新闻媒体提供给受众的新闻产品越是新异、独特、感染力强，往往就越具有价值，也越能吸引受众的关注。

不过,为了吸引眼球、引起轰动效应,有些新闻媒体在新闻报道活动中不惜大胆"出位",猎奇逐异,做出了一些格调不高,甚至是令人不齿的"策划",产生了很不好的社会影响。那么,当前新闻策划中存在哪些误区呢?应怎样做好新闻策划呢?在新闻策划中,有哪些应该遵守的原则和要求?对这些问题的解答,十分具有现实意义。

一、当前新闻策划中的常见问题

自20世纪90年代以来,新闻策划作为新闻产品生产链中的一个重要前置环节,越来越为我国新闻业界所重视。尤其是在当前新技术、新媒体所带来的全新传播环境下,曾经的新闻资源人垄断信息及独占、专享信息传播渠道的局面已经基本成为历史。面对新闻资源的日益同构化及越来越多的同题竞争,新闻媒体普遍需要借助新闻策划这一"利器",提升新闻报道质量,扩大新闻报道影响力,强化自身在新闻界的地位。就此,新闻策划水平的比拼成为新闻媒体之间角力的一个焦点。

新闻策划通常是指新闻传播工作者在一定时期内,为了达到某种传播效果,对已经发生或将要发生的新闻事件进行报道所做的设计与规划。在这个过程中,策划者往往要对策划对象进行深入分析,并在反复酝酿、精心构思和不断调整的基础上从多个报道设计方案中优选出最佳方案并加以实施,以实现报道目的,达到预期的传播效果。从中可以看出,新闻策划活动所依托的对象是新近发生或即将发生的新闻事件,而策划的宗旨则是创新、出色地完成新闻报道并取得最佳传播效果。因此,新闻策划是一项讲究"求真"与"求新"的新闻业务活动。然而,在具体的新闻实践中,新闻策划的"求真"与"求新"之间并不总是能保持和谐统一,有时也会出现相悖的情形,导致新闻报道的真实性、客观性与出新出彩产生冲突。在日趋激烈的竞争压力下,新闻策划做到兼顾"求真"与"求新"双重诉求显得十分重要。同时,"求真"与"求新"的协调发展也经受着越来越复杂的考验。当前新闻策划中的常见问题主要有以下几种。

(一)为出新出彩,不惜背离新闻真实性原则人为策划新闻

在新闻媒体上,有些报道内容不是自然发生的,而是事先由某些组织或个人安排好的,以便造成轰动效应,这被称作"策划新闻"。2007年3月杭州发生的"茶水发炎"事件就是典型个案。两名记者去医院,故意以茶水代替尿液送检,结果茶水"发炎"了。记者据此对医院的医德医风做了批评性报道。这种自导自演策划"事件"并加以报道的做法,背离了新闻真实性原则。类似"茶水发炎"这样的"假事件",近些年并不少见。2007年7月,北京电视台生活频道播出的轰动一时的"纸做的包子"的新闻,亦属于此。2020年7月26—27日,国内多家媒体抖音号发布短视频"高考分数出来后,民政局又排起了等着离婚的长队……""高

考分数出来后民政局扎堆……”“高考后的离婚热……”等，声称高考结束后“多地民政局迎来离婚潮”。实际上，这些媒体使用的均是往年其他报道中的图片，拼凑制作成短视频后，再配上“高考后离婚潮”的文字说明进行发布。一些地方民政部门表示，当地并没有出现所谓高考后的离婚高潮。[1] 显然，在此不实报道中，涉事媒体有为追逐流量而“制造新闻”之嫌。上述传媒假事件的频繁涌现，折射出部分新闻人为了眼前利益而罔顾新闻真实性原则，不惜炮制“假新闻事件”以供报道的浮躁作风。新闻报道固然可以进行策划，以取得出色的传播效果，但必须以真实性为前提。“坚持新闻的真实是报道的首要原则，因为它是构成新闻的基础。”[2] 在新闻实践中，如果盲目追求“卖点”，随意策划“新闻事件”并加以报道，其结果不仅会误导社会舆论，损害公众利益，最终也会毁坏媒体人自身的形象和声誉。

（二）为吸引关注，借新闻策划之名行新闻炒作之实

新闻策划中，经常会出现的另外一种偏差就是借新闻策划之名行新闻炒作之实。与策划新闻不同，新闻炒作是新闻传播者有意识地通过主观预设或者引导，强化新闻事件中的部分新闻要素，以达到吸引受众注意、实现其商业企图的一种传媒运作手段。小题大做、添油加醋、捕风捉影等报道方式及肆意炒作，都是其常见的手法。

2007 年国内轰动一时的“兰州女孩杨某追星”事件就是典型例子。从一定程度上讲，杨某的追星悲剧与部分媒体的肆意炒作不无干系。实践表明，在新闻报道活动中，为吸引关注、赚取眼球，借新闻策划之名行新闻炒作之实，肆意放大部分新闻素材，对一个并不值得张扬的事件进行轰炸式报道以获取一时的经济利益，这意味着媒体放弃了所应承担的社会责任和应遵守的社会道德底线。这种做法虽然一开始的确会吸引部分受众，但由于它不合理地配置新闻资源，背离了新闻价值规律，将极大地损害媒介的长远利益。而且，新闻炒作背离了新闻策划“求真”的本质追求，一味择取能带来轰动效应的部分元素作为“卖点”，短时间内固然能带来令人耳目一新的效果，但它为违背新闻职业操守开了“绿灯”，会给社会造成不可估量的负面影响。

2007 年 7 月，新浪杂谈的一篇网帖披露，江西女童小慧被后妈虐待、狂吐鲜血、身上一片片青紫血斑，立即引起了全国网民的关注和议论。一些都市类媒体也纷纷跟踪报道此事。网民迅速掀起了批判小慧后妈的怒潮，称其为“史上最毒后妈”，并发起对小慧的援救行动。7 月 20 日，小慧后妈跪求媒体洗冤。7 月 24 日，公安机关调查后未发现任何虐童证据，医院会诊没有外力致伤。后来有人称，此事是某网友为帮助小慧治病（血友病）而有意进行的炒作。事实渐趋明朗后，网络上又由一边倒地谴责后妈转为谴责假新闻

---

[1] 年度虚假新闻研究课题组.2020 年虚假新闻研究报告[J].新闻记者，2021(01)：23-37。

[2] 刘建明.当代新闻学原理[M].北京：清华大学出版社，2005：115。

和“网络暴力”。

另外，新闻报道不是文学创作，不允许有任何编撰与虚构的成分。但在实际工作中，个别媒体为了增强传播内容的吸引力、感染力，以提升阅读率、收视率、浏览量，不惜人为地为所报道的某些人物、事件“加料”，增加煽情成分。2014 年 5 月，广西某电视媒体一档公益节目播出了“孤儿杨六斤”的故事。节目中对杨六斤“孤苦无助”生活的渲染、强化，后被人指出与真实情况并不相符，存在编撰成分。显然，这类做法是不可取的，也是需要人们警惕的。

（三）新闻策划“求真”思路因袭老套、“求新”乏力，导致新闻报道同质化

生活中有些新闻事件会周期性发生，使相关报道活动随之反复开展。虽然这种情况在一定程度上有利于新闻人积累策划经验、增进策划能力、提高报道水平，但是固定的程序也会对后来的新闻策划活动形成一种束缚，造成新闻策划人在固定的思路和模式上打转转，导致新闻报道走向模式化乃至同质化。

例如，每年的全国两会和国庆、五一、春节等节假日，媒体都会策划一些主题报道。面对这些年复一年的“热门”话题，凭借已经累积的许多案例和经验，不少新闻策划人在思维惯性的影响下，往往偏好“依样画葫芦”地做策划，按照固有的套路去做“求真”报道，而不是用心考虑在报道中“求新”。或者，有些新闻策划人有心“求新”，可又无法跳出报道常规，只能在与过往或他人相似的思路中推出同质化的报道。在媒体竞争激烈的今天，这样做的结果只能使自家的新闻报道很快淹没在其他媒体的同题报道中，无法有效赢得受众的关注，更谈不上自家媒体的长远发展。

（四）审查程序不到位、考虑不周，致使策划失败

2014 年 5 月中旬，一篇名为《朱自清〈背影〉因“违反交规”被逐出教材》的网文称，教材编写者认为这篇散文中，父亲为儿子买橘子，跨过铁路，爬上月台，可能会造成火车无法正常行驶，破坏火车站的秩序，所以已将《背影》一文从教材中删去。这一“消息”当即引来国内众多媒体的争相报道。然而真相是：该消息是几年前的旧闻，以讹传讹重新进入公众视野。课本出版单位人民教育出版社相关负责人证实此报道确为误传，并且说：“删不删与违反交通规则是两码事。从来没有哪个出版社说过要以这个理由来删除这篇文章。一本教科书选用什么文章，有很多考量因素，为什么非要以交通规则来解读这样一篇经典之作。”显然，在策划推出相关报道之前，倘若媒体都能够严格履行相关审查程序，先向相关方面进行查证，就不会出现这样的不实报道。

另外，因考虑不周导致无法按照预期目标完成新闻报道，致使策划归于失败的情况也同样存在。2007 年 9 月 3 日，俄罗斯中国年“湖北日”活动在莫斯科举行，这是我国当年在俄罗斯的 200 余项友好活动中的重头戏之一。湖北日报社的随行记者在现场采访了这次

活动。遗憾的是,次日《湖北日报》刊发的不是本报记者的报道,而是新华社的电讯稿。其实,当日的“湖北日”开幕式活动在莫斯科总统大饭店举行后,《湖北日报》记者顾不上吃晚饭,立即赶往下榻的莫斯科大都会饭店写稿。此时是当地时间下午5时多,北京时间夜里10时多,离截稿时间还有2个多小时。照说,这时写稿、发稿以供编排、付印以在新的一天与读者见面,完全来得及。于是,记者们按事先的策划,争分夺秒,迅速完成了主消息稿《江汉涛声激荡在莫斯科河畔 俄罗斯中国年“湖北日”盛大启幕》,意在向读者报道这一重大新闻;采写了《我省在俄隆重推介“好运湖北”》,介绍湖北省政府代表团及各分团在远赴俄罗斯后所做的方方面面的工作,特别是大张旗鼓地宣传推介湖北省经济政治文化大变化、大发展的工作;还特意采写了一则小消息《我驻俄使馆谈扩大中俄地方合作 湖北迎来新的发展机遇》,旨在以我驻俄使馆官员的目光、口气,谈湖北省在风云际会的中部崛起战略中发展对俄罗斯经贸、文化、教育、旅游等合作与交流的巨大潜力。3条稿件,有主有次,分层次报道了相关的各项工作,揭示了俄罗斯中国年“湖北日”对湖北省开放发展的现实意义和历史意义。然而,成稿的喜悦不久就被着急、困惑、烦恼、沮丧所取代。因所入住宾馆互联网传输条件的限制(未启用宽带系统,只能电话拨号上网,流量很小,且计算机系统与中国的计算机系统不兼容),在传输稿件时卡了壳。最后,报社只能选用、刊发新华社不到400字的电讯稿。[1] 这其中的教训,值得同业人员铭记。

上述这些都是当前新闻策划中的常见问题。需要注意的是,运用正确的思维方式和适当的操作方法进行新闻策划,对于扩大新闻报道的效果是大有裨益的。但是不能无限夸大新闻策划的作用,因为新闻策划毕竟只是新闻报道工作的一种手段,而不是新闻报道工作的目的,更不是全部的新闻工作。

二、应对原则及要求

毫无疑问,出新出彩是新闻策划的核心要义,而遵循新闻报道的真实性原则是新闻策划的基本“底线”。在新闻策划实践中,在严守“底线”的前提下,最大程度谋求新闻报道的出新出彩,是新闻工作者在新闻策划活动中需要审慎思考的命题。

(一)应对原则

1.提高责任意识

所谓责任意识,就是指记者在新闻报道过程中应具有责任感、使命感,对整个社会负责。

[1] 蔡华东,张晓峰.重视采访的全方位准备——从一次技术性失误中得到的教训[J].新闻前哨,2007(11):16-17。

新闻工作者是传播信息、传播思想的特殊人群，他们所从事的工作能够促进人类社会的发展和文明的进步。因此，他们应该是人类社会基本道德的维护者和监督者，应该具有献身维护人类社会的公平、正义和推动社会进步的使命感，不盲从社会潮流，不迎合低级趣味，能以高尚的品质、独立的精神和正确的思想使社会公众受益于他们所从事的事业。他们应深入生活、体察生活，但绝不能沉溺于生活，而是要永远保持着超越于生活的理念和思索。他们应该让新闻工作成为一个守望与捍卫人民利益的神圣岗位，而不是谋一己私利的平台。

在我国，新闻媒体的一切报道都是为人民群众服务的，不允许有个人或小团体的私利。虽然也有媒体在报道中时常声称自己是为了"公共利益"，但决不能只由新闻工作者说了算，而是要由全社会来监督、来评价。媒介的社会责任要求记者摆正自己的位置，承担起新闻工作者应尽的职责，同时又不滥用手中的权利。新闻记者必须具有较高的道德水准和社会责任感，努力避免新闻策划在道德层面上产生负面效应。

(1)坚持全心全意为人民服务的原则

新闻工作者的职业特殊性决定了他们特殊的活动方式和特殊的社会地位。新闻工作者作为搜集与报道新闻信息的社会活动家，应该以为人民服务为根本宗旨。在新闻策划的过程中也必须遵循这一根本宗旨。一些看似老生常谈的问题却在很多新闻媒体负责人和采编人员身上屡次出现，说到底，还是他们对新闻工作职责的认识不够清晰。

(2)追求新闻最大值不能以损害公共利益为代价

近些年来，国内的新闻媒体为了应对日趋激烈的市场竞争，纷纷扯起改革的大旗，把追求新闻的最大值放在了重要的位置，并将其视为媒体的生命线。当然，这一举措本身并没有错，因为没有新闻的最大值就没有阅读率或收视率，也就必然会影响到媒体的生存与发展。但是，在高阅读率或高收视率的刺激下，一些新闻工作者认为市场经济条件下就得追求经济利益的最大化，却忽视了市场经济客观上是要求把追求自身利益与对方的利益结合起来。在新闻策划过程中，任何人在实现自身价值时都不能忘记，追求新闻最大值应以不损害公共利益为代价，否则必然要吞下最终的苦果。

(3)新闻策划要体现人文关怀

人文关怀是一种文化角度上对人的观照，而对人的生存状况及历史境遇的关注、对人的尊严与价值及符合人性的生活条件的肯定和对人类的解放与自由的追求等是其核心。从受众的心理角度来说，人文关怀是现代受众的深层次需求。美国传播学者施拉姆认为，受众收看、收视新闻"是为了获得新闻所提供的或早或迟的补偿"，这种补偿分为即时性补偿和延时性补偿。前者主要满足受众对信息的需求和好奇心理，而后者是一些关系个人生存、发展的重要内容。对于受众来说，后者对其心理的作用更持久、体验更深刻，更显得弥足珍贵。

现代文明丰富了受众的视野，提升了受众的文化品位和境界。与此同时，社会的变革、生活节奏的加快及竞争的加剧给人们带来了前所未有的精神紧张、焦虑与压抑。与之相应的是“受众本位”观念的崛起，受众不再是信息的被动接受者，也不再满足于媒体所提供的满足物质生活方面的服务信息，而是希望媒体从受众的长远需求、长远利益出发，拓展信息文化的人文内涵，关心人类心智的成长，注重人的价值，以满足人的精神需求。尤其是当社会处于剧烈变动、不同文化形态发生碰撞和嬗变的时候，处于彷徨、困惑境遇中的受众渴望从新闻报道的人文关怀中找回迷失的自我，寄希望于媒体引导舆论，建构新的符合时代精神的道德、伦理、价值体系，使“人”真正成为社会和命运的主宰。这就要求新闻报道不能停留在简单地见证、记录社会历史发展进程的层面，而是要实现缔造人类精神文化的根本任务。因此，善于从文化的角度肯定人的主体性、人的意义和存在的价值，注重体现新闻报道的人文关怀，是新闻报道的“大道”。

在具体的新闻策划活动中，为普通百姓说话，反映弱势群体的生存状况，倾听广大群众的心声，是最基本的思想和思路，也是人文关怀在新闻策划中的具体表现。

2.遵循新闻规律

新闻策划者的社会责任一定要体现在遵循新闻规律上，只有这样才能制定和实施相应的政策和策略，以求最佳效果。

(1)真实性与新闻策划

新闻报道的真实性决定了新闻策划必须以新闻的真实为第一原则。真实性，即指新闻报道必须反映事物原貌。从根本上来说，新闻的本源是事实，事实是第一性的，反映事实的新闻报道是第二性的，有了真实，才有新闻。也就是说，事实在先，新闻在后。新闻策划必须以客观事实存在为前提条件。虽然在具体的新闻报道中可以发挥主观能动性，但总体上应该是一种应激性的、第二性的行为。

(2)客观性与新闻策划

新闻的客观性是指新闻事实不依照人的主观意志而改变的基本特性。报道者在从事新闻报道时，要尊重事实，如实地反映事实的本来面目。新闻报道的客观性，不仅要求新闻的内容要客观，对客观事物的报道要符合事物的本来面目，而且要求新闻报道的表达形式客观，力戒主观臆断。这也要求新闻策划应该以新闻的客观性为基础。

(3)新闻价值与新闻策划

一般而言，新闻策划选题的题材意义比较重大，也讲究时机，不做则已，要做就要做到淋漓尽致，使选题中的新闻价值、社会价值得以充分显现，提高新闻的效果。新闻价值一般表现为“社会关心程度强、社会影响程度深、对社会的贡献程度大”，而新闻策划则是对这类具有重大新闻价值的素材进行更深入、更大规模的加工，以求达到更佳的报道效果。

新闻策划是把新闻报道过程中的某个元素和现实中其他与新闻报道密切相关的元素连接组合起来，形成更有效的报道结构的创造性智力劳动。它包含这样几个要点：新闻策划是围绕新闻报道过程而进行的策划；现实中的其他元素必须与新闻报道过程“密切相关”，只有它们之间的连接才能进入新闻策划的视域；策划出来的结果是一个“更有效的报道结构”，即通过策划，新闻报道过程中的某个元素和现实中其他与新闻报道密切相关的元素连接组合起来以后，这个新的组合能够使媒介的新闻报道效果更好，新的组合是一种“更有效的报道结构”；这种策划在本质上也必须体现创造性思维的特点。

3.讲求科学方法

新闻策划是实践工作，但是它又是以深刻的理论指导为前提的。新闻业的发展变化，要求新闻策划人不断开阔视野、发展新观念、进入新境界，这一切都离不开深厚的理论根底。

(1)由表及里，剖析新闻背后的变化与趋势

新闻工作者不应只满足于简单地报道新闻事实本身，还应努力剖析新闻背后的相关变化与趋势。2007年6月初，贯彻实施《中共中央纪委关于严格禁止利用职务上的便利谋取不正当利益的若干规定》会议在北京召开。此前，中纪委印发了《中共中央纪委关于严格禁止利用职务上的便利谋取不正当利益的若干规定》，对国家工作人员中的共产党员提出八项严格禁止性规定。对于这样的党政要闻，作为地方党报的《解放日报》应该怎么报道呢？是按一般惯例只发通稿，还是在发通稿的同时进一步策划，安排记者深入采访？在当天下午的编前会上，报社领导同有关采访部门负责人一起策划商议，决定做一篇“解放分析”，从“为何在此时出台，都有哪些新规定，作用意义何在”三方面解析该规定出台的深刻内涵。为此，有关记者连夜采访上海市纪委负责人。第二天，2000多字的《党纪新规新在哪里》便在头版见报，受到读者好评。

(2)随着事物的变化而相应地调整策划方案

事物总是在不断变化的，新闻策划也应伴随事物的变化而调整。策划不是可以一次到位的，在报道过程中策划者必须随时接受实施中的信息反馈，据此调整原来的策划方案。所以，新闻报道策划实施之前应先期运作，形成设计方案；在报道实施过程中，报道策划仍然要与报道同步推进，一方面接受反馈，一方面修正方案，直至报道结束。

在报道进行过程中，常常会出现前期策划中没有预料到的情况，如报道个体发生变化、报道的外部条件发生变化、受众对报道的态度发生变化等。在这种情况下，就特别需要策划者在报道实施过程中适时调整、修正报道方案。

(3)在事物发展过程中抓住典型

任何事件的发生都不是孤立的，而是与之相关的方方面面发生这样或那样的联系。在纷繁的线索中，策划者应该保持清醒理智的头脑，从众多线索中的关键下手，以典型为突破口进行策划报道。

2007年6月20日晚10时左右，《河南日报》值班编辑在新华社电稿中发现了一篇题为《九江大桥断桥后10分钟 两位老人舍命拦住了8辆车》的通稿，讲述了九江大桥坍塌时，两位在广东打工的河南老人舍命拦车救人的义举。九江大桥坍塌是一个热点，《河南

日报》也一直在关注，但没想到这一事件中还闪烁着河南人舍命救人的身影。大家敏锐地意识到这条消息在树立河南人形象方面所具有的深层次的新闻价值。当班负责人马上召集会议，进行策划，并向总编辑做了汇报。当天晚上，《河南日报》以特殊的规格将一条社会新闻在一版头条位置刊发，而且配发了今日社评《向正直善良的心灵致敬》，以及通过多种渠道找到两位老人的照片。与此同时，当天14版的《焦点网谈》专版刊发互联网上有关此事的报道及评论，形成了舆论强势，进一步挖掘、拓展了此消息的现实意义和社会影响力。

(4)掌握科学技术，增强应对能力

在当今社会，信息的传播高度依赖现代科学技术，特别是数字技术、网络技术和移动通信技术，以及视音频制作技术、数字化图文处理技术等。掌握这些科学技术，能够大大提升新闻工作者对新闻事件的反应速度，提高实施采编活动的效率，增强对各种突发状况的应对能力，进而为更好地做好新闻策划创造更为机动、灵活而宽松的行动空间。

4.发挥创造精神

新闻策划是一项创造性的智力活动。新闻策划人需要有创造精神。首先，没有创意，没有卓越的构思，就只能提出常规、平庸的计划。其次，人们对新闻报道活动进行种种策划，基本目的之一在于谋求新闻资源的最优配置，从而使新闻事实中蕴含的新闻价值得到更充分的展示，而没有创造精神是不可能发挥新闻价值的最大值的。最后，新闻报道策划的另一个基本目的是对隐性新闻资源进行积极主动而富有价值的开发。这种对隐性新闻资源的开发至少必须具备两个前提条件：一是要有超越一般人的新闻眼光，在未被别人关注的领域发现新闻线索抑或潜在的新闻生长点，并能准确地判断出它的新闻价值；二是能别出心裁、别具匠心，采用新的形式、新的手段、新的途径开展报道活动，以激发受众的接受兴趣，形成较大的冲击力和影响力。这两个前提条件的实现需要创造精神的驱动。

新闻策划，主要是从新闻报道的内容、形式和方式三个方面来策划。新闻策划人要有创造精神，并不意味着为了谋求报道内容的新鲜深刻而凭空臆想，无中生有地创造或“导演”事实，而是用新的视角观察和透视新闻事实，发掘蕴含在这一事实之中的新闻价值，或是通过新的整合使新闻事实中的价值得到更充分、更全面的展示。

创造精神是新闻人特别是策划者需要精心培育、刻苦锻炼的。新闻无处不在，关键在于有人去发现它。有新意的策划不是随意就可以采撷的，而是需要有创意的新闻人时时处处精心留意，在不经意处策划出不同凡响的新闻报道。

(二)应对要求

新闻策划需要在遵循新闻真实性原则的基础上追求新闻报道的出新出彩，是一项既要讲究“求真”本质，又要讲究“求新”效果的新闻业务活动。因此，在实践中应力求做到以下几点。

首先，要对新闻线索进行多源求证，在确保真实的前提下，方能着手开展新闻策划。所谓多源求证，即要通过两个以上的独立消息来源对新闻事实进行核实。一般情况下，为了保证新闻报道的真实、无误，新闻媒体不能在仅有一个消息来源能够证实某起新闻事件的情况下就发布相关新闻报道，而必须进行多方求证，以确保所报道内容的确凿无疑。否则，很容易因“偏听偏信”导致报道失实。例如，2003 年 3 月 29 日上午，中国日报网站发布一条消息，称“微软总裁比尔·盖茨被刺杀”，且消息来源于美国有线电视新闻网（CNN）网站。国内知名门户网站新浪、搜狐等纷纷转载，并发布了手机短信。后经证实，该消息是 2002 年愚人节的恶作剧内容。上述一些中国新闻网站在处理这个假新闻时，没有进行多源求证、多方核实，而轻率地发布出来，致使自身声誉受到一定程度的影响。2020 年 2 月 27 日，《宁波晚报》刊发有关“浙江 10 万只鸭子出征巴基斯坦灭蝗”的报道，同样也是由于没有进行多源求证、多方核实却急于抢发而催生的失实新闻。其中的教训，值得深思。

其次，要以提高新闻报道质量为最终诉求，不可简单地追求眼球效应。这些年来，随着新闻媒体竞争的日趋白热化，求新、求异被不少媒体视为博取眼球效应、提高新闻产品竞争力的有效“抓手”。但是求新求异必须有边界，不能太出格，不能背离新闻报道的真实性、客观性要求，陷入哗众取宠、跟风炒作、散布虚假新闻的深渊。诚然，追求新闻报道的新异性、鲜活性和感染力是新闻策划的一个出发点，但是对“求新”要把握一个度，要警惕穿着“求新”的外衣而传播不良内容的现象发生。那种为追求轰动效应，罔顾他人利益、社会影响，放弃社会道德底线的新闻策划活动，理应受到整个社会的谴责。以前的“毒香蕉”事件、“红药水”西瓜事件、柑橘生蛆事件等，无不是部分新闻媒体为谋求一时的利益，漠视自身责任的捕风捉影或跟风炒作报道的结果，最终丧失的是媒体的公信力。深刻的事实教训告诫人们：新闻策划人要时刻恪守新闻职业操守，不要被一时利益诱惑，漠视应有的社会责任。时下，大数据技术的运用，大大方便了媒体对一些与新闻当事人相关的“新鲜事实”的发掘和报道。但是，新闻媒体利用大数据技术对公民个人信息进行不当、过度的挖掘，有可能导致一些当事人或与当事人有关的人员的个人隐私被过多“展示”出来，对相关人员造成伤害，产生不良社会影响。例如，2014 年 12 月 31 日，上海外滩发生严重踩踏事件后，个别媒体对事件中遇难的复旦大学女生生活情况的过度披露，就有侵犯隐私之嫌。这种情况也是需要警惕的。

再次，尊重事物本身的发展规律，不肆意干预、摆布新闻事件。新闻策划不得违背事物发展规律，肆意干预和介入新闻事件，否则就很容易跌入“策划新闻”的误区。“任何新闻传播活动的策划都应建立在尊重客观事实的基础上，策划者对于规模、形式、结构、手段等的决策和谋划，都应该以全面准确地表现事物原貌为主旨，这也正是新闻传播的策划与‘新闻造假’‘新闻炒作’的根本区别。”[1] 在现实生活中，有些媒体为了一时利益，采取肆意干预和介

---

[1] 蔡雯.新闻报道策划与新闻资源开发[M].北京：中国人民大学出版社，2004：181。

入新闻事件的方式开展新闻策划活动。这样做不仅不能取得预想的效果,还会丢失媒体的权威性和公信力,引发社会对媒体的信任危机。“新闻策划必须无损于公众的利益,有利于社会的发展。”[1]从前述“茶水发炎”事件、“杨某追星”事件等案例中,不难看到违背事物发展规律,肆意干预和介入新闻事件所导致的恶果。新闻策划中出现此类现象,既会给“肇事”媒体的声誉带来严重损害,也会给整个媒体行业的公信力带来消极影响。因此,作为新闻人,在新闻策划实践中一定要尊重事物本身的发展规律,保证策划所依托的对象必须是完整、准确的新闻事实,严禁扭曲、肢解或捏造“事实”,更不得出于商业目的,炮制或摆布新闻事件朝着背离其自身本质的方向发展。

最后,要以“三贴近”精神为依归,走精品策划之路。时代的发展进步,催生了新事物的产生和新现象的出现,这是新闻报道不竭的源泉。社会生活的丰富多样、千变万化,为新闻人的新闻报道活动提供了无限的前行动力,需要新闻人认真地去感知、去捕获。新闻实践表明,只有以贴近时代、贴近生活、贴近群众的“三贴近”精神为依归,走精品策划之路,才能推出好报道,才能提升新闻报道的质量和水准,体现新闻报道应有的价值。新闻人应从时代生活、从基层一线、从人民群众中细心发掘新闻资源,并以精品意识策划出既符合“求真”品格,又满足“求新”诉求的报道方案,努力推出新颖、鲜活,并富有吸引力和感染力的报道,以飨公众,彰显新闻人的职业精神。

当前,面对快速变化的社会,新闻人一方面要紧跟时代步伐,及时关注社会热点问题、热点事件,善于抓取具有时代特征的新人、新事、新物和新变化,深入挖掘,使其成为有价值的新闻策划对象,从中提取具有时代意义和时代内涵的主题;另一方面,在新闻报道思路、报道方式的选取上,要从贴近百姓生活、关心人民群众利益的角度设计报道方案,规划报道内容,努力将报道视角对准普通百姓,通过基层人透视时代精神、传递时代强音。此外,面对越来越多的同题报道,新闻人要摆脱因循守旧的思想束缚,要敢于突破固有的思路框架,大胆创新,探寻新的报道方式和方法,以实现新闻报道的出新出彩。特别是要善于变换视角看问题,这是解决模式化、同质化的新闻事件的报道策划的捷径。总之,搞好新闻策划需要新闻人发挥求真务实、开拓创新的精神,在把握准选题、规划好报道方案的基础上,推陈出新,打造既让群众满意又能提升媒体影响力的新闻报道精品。

毫无疑问,新闻策划的理论探究是一个不断摸索、总结和提高的生动过程,它会紧随人类新闻传播活动的不断发展、变化而不断向前迈进,这个过程将是永无止境的。

本章思考题

1.新闻策划活动是如何兴起的?它是经历了怎样的发展与成熟阶段而走向鼎盛的?

---

[1] 包国强.传媒策划与营销——基于市场整合与竞争的观点[M].北京:清华大学出版社,2007:148。

2.新闻策划的含义是什么？谈谈新闻策划与新闻炒作、策划新闻之间的关系。

3.新闻策划可以怎样分类？新闻策划主要有哪几种类型？它们各自具有哪些特点？

4.联系实际谈谈新闻策划的主要作用。

5.辨析新闻报道策划与新闻报道思路的差异。

6.当前，新闻策划活动中主要存在哪些常见问题？评点一两个你所知道的成功的新闻策划案例。

第二章 新闻策划的运作

本章要点

· 新闻媒体创办策划的基本流程和相关要求

· 报刊/广播频率/电视频道/网络媒体/微媒体创办策划案例

· 专栏、专版的策划与网页设计

· 新闻报道策划的前提和原则

· 新闻报道策划的基本流程和相关要求

在新闻实践中,新闻策划实务可以在三个层面上展开,即宏观层面的新闻媒体(报刊、广播频率、电视频道、新闻网站、微媒体)的创办策划,中观层面的媒介产品单元的设计策划(报纸版面、专栏的设计策划,广播与电视栏目的创办策划,网络专栏、专版的策划等),以及微观层面的新闻报道策划,它们实际上构成了三种范畴的新闻策划运作类别。本章拟针对以上种类的新闻策划实务活动所涉及的基本内容及相关要求逐一进行阐述。

第一节 新闻媒体创办策划的运作

一、新闻媒体创办策划的基本流程和相关要求

宏观层面的新闻媒体的创办策划,是一个系统性的工程,涉及一系列具体的流程和环节,并且有着相应的要求。

(一)基本流程

一个完善的新闻媒体策划流程主要包括确立媒体定位、厘定编辑方针与筹谋内容设置、进行形象包装、运作实施、反馈完善等多个步骤。每一个步骤都是策划成功的重要保障,缺一不可。

1.确立媒体定位

在激烈的市场竞争下,每个媒体都应该有自己的定位,成功的定位通常是媒体创办成功的第一步。

所谓媒体定位,是借鉴市场营销学领域中的“市场定位”理论生发出来的一个概念。20世纪70年代,美国营销大师阿尔·里斯(Al Ries)和杰克·特劳特(Jack Trout)最早提出市场定位观点。他们认为,企业应根据消费者对某种产品属性的重视程度,给产品确定一定的市场地位,即为产品制造一定特色,树立一定的形象,以满足消费者的某种需求和偏好。这一思想在企业界得到了广泛的采用和践行,并逐步形成了一整套完善的理论体系。

定位理论帮助企业赋予自己生产的产品以特色,使其在消费者心目中树立某种特殊形象,从而和竞争者的产品有所区别,有利于在竞争中胜出。

新闻媒体定位可以借鉴市场定位理论中一些适用的内容,但不能完全照搬。毕竟媒体产品与普通产品不同,媒体具有意识形态属性,能够影响人们的精神世界,因此,必须确保它始终将社会效益放在第一位。而市场定位理论本质上是为企业获取最大利润服务的,其经济效益第一的取向是不言而喻的。市场定位理论强调“消费者导向”原则,即成功的定位取决于两个方面:一是企业如何将定位信息有效地传达到消费者脑中,二是定位信息是否与消费者需要相吻合。新闻媒体作为一种信息传播载体,固然要以满足新闻信息消费者的需求为己任,但它同时是一种能够产生舆论影响效果的平台,绝不能完全被动地迎合受众,在传递信息的同时,还要担负起正确引导舆论的责任,要能够给受众一定的引领。

简单来看,媒体定位要解决的问题主要有三个方面:一是媒体的服务对象是谁,二是媒体为这些服务对象做什么,三是媒体要在服务对象心目中树立怎样的形象。这使得媒体定位实际上又可以细化为受众定位、功能定位和形象定位。

媒体的受众定位,指确定媒体的目标受众,是在对媒介市场进行分析的基础上,对媒介产品的市场占位做出的决策。众所周知,随着经济发展和科技进步,大众传播已经由先前的面向混沌的“大众”转变为面向日益分明的“分众”“小众”进行传播的时代,“广播”也走向了“窄播”(综合性频率频道越来越少,专业性频率频道越来越多)。在这种形势下,一家媒体想要覆盖全体受众,已经不大可能实现,必须有所选择、有所放弃,确定最适合自己的目标受众。

媒体的功能定位,指确定媒体所要担负的职能和所要发挥的功用,是立足于受众需求和传播目的对媒介产品的决策。功能定位是媒体实现传播效益(包括社会效益与经济效益)的指向性规定。

媒体的形象定位,指确定媒体在社会中的位置、在同行中的位置及在公众心目中的位置。媒体的形象定位,是对媒体面世运作及其功能发挥带给社会、同行及目标受众的直观感受的预设。媒体形象定位的成败,最终决定于媒体所呈现出的社会价值作用于公众的心理而产生的感性效应。

媒体的受众定位、功能定位和形象定位是紧密相连的。功能定位是在受众定位的基础上,考察受众的信息需求,结合媒体主办者对媒体的角色期待而确定的,它通常是受众的客观需求与媒体主办者的主观愿望相结合的产物。媒体的受众定位则需要借助于媒体的功能定位才能对媒体产品的设计与生产具有指导意义,因为受众定位只是决定了媒体为谁而办,功能定位才能决定媒体给受众什么。当然,受众定位相同的媒体,可以有功能定位的差异,如同样面对城市市民的晚报与都市报就是如此。而媒体的形象定位,则是以媒体的受众定位与功能定位为基础,对媒体运作后的价值呈现与社会影响效应的符号化建构。比如,中央广播电视总台财经频道(CCTV-2)受众定位为高端商务人士、渠道经销商、企业投资者、白领,功能定位是为受众提供能够创造价值的信息——"让价值无处不在",形象定位则是"以财经、资讯、生活服务节目为主的经济类信息专业传播品牌平台"。媒体的受众定位、功能定位改变了,媒体的形象定位必然要改变;而媒体形象定位的改变,则意味着必然对受众定位、功能定位进行适当的调整。例如,《南方周末》创刊初期的"娱乐小报"的媒体形象,就是由它主要靠刊载文摘稿和一些争抢眼球的娱乐新闻吸引市民读者的受众定位与功能定位所决定的;而20世纪90年代中期以后,《南方周末》媒体形象的颠覆性变化,也正是缘于它对自身的受众定位和功能定位的变革——向具备一定文化层次的社会人士提供激浊扬清的调查性报道,"让无力者有力,让悲观者前行"。

确立媒体定位,需要从多方面进行考察、分析和研判,这样才能获得可靠的结果。总体而言,主要涉及以下方面:

一是宏观的社会环境。对宏观的社会环境进行分析与把握,是任何媒体进行定位时都回避不了的。它具体包括国家现行的基本制度、经济条件、文化传统、主要社会问题、法律规范、民情民俗等。宏观环境决定着某一定位的媒体是否能够成立或得到允许。比如,开办带有法西斯主义宣传内容的新闻媒体在世界大多数国家和地区都是不被允许的;在我国开办成人色情网站属于非法行为,而在部分西方国家则是允许的。

二是具体的媒体生态环境。确立媒体定位时要对当时、当地的媒体生态环境进行相应的考察、分析和研判。具体的媒体生态环境(当时当地的信息资源、广告客户、传通中介、同业竞争情况等)直接影响着媒体定位的适恰性。

三是目标受众。媒体定位的关键,在于能够在普通人群当中区分出自己的目标受众,并根据目标受众的需要创造出(或提供)比竞争对手更能让受众满意的产品和服务来。显然,媒体的目标受众或受众对象,须依据媒体的性质、办报(办台、办网)宗旨以及传媒市场竞争的实际需要来确定。媒体的目标受众,也会因媒体办刊(办台、办网)理念的变化而发生调整。例如,《南方周末》的读者定位,就经历了20世纪80年代中期至90年代中期以一般市民为对象的阶段和20世纪90代后期至21世纪以知识阶层为主要对象的阶段。

当然,媒体定位的确立,是以上几方面因素综合考虑的结果。通常情况下,在确立媒体定位之前,进行相关的社会调查、市场调研是十分必要的。

在国外,1889年创刊的美国《华尔街日报》(*The Wall Street Journal*),是一份以财经报道为特色的综合性报纸,一直坚持高端定位,以深度报道见长,侧重金融、商业领域的报道,风格严肃,注重内容的高品质,其读者绝大多数属高收入、高学历、高职位人群,覆盖企业主管、金融专业人士、学界人士、政府官员等。《华尔街日报》一直坚持相对较高的报价定价,适应了"成功人士"追求"身份感"的阅读心理。《华尔街日报》的上述定位使它与有着"档案记录报"之称的《纽约时报》(1851年创刊)和面向美国普通民众、全美发行量最大的"时尚快餐大报"《今日美国》(1982年创办)等美国其他主流大报形成了显著的差异。

在国内,1995年1月,我国第一张以"都市报"命名的综合性日报——《华西都市报》创刊,其定位是面向成都本地市民的"市民生活报",就是在深入分析成都市乃至四川省的整体社会环境、媒体生态环境的前提下,在充分的社会调查和市场调研的基础上做出的。而事实证明,这一定位是十分成功的。2004年11月创刊的《第一财经日报》(由上海广播电视台、广州日报报业集团、北京青年报社联合主办),定位为"一张全国性、市场化、权威、主流的财经商业报纸",致力于"密切关注全球化背景下中国经济的发展和社会的进步,反映中国制度变迁和经济转型的整体图景,追踪世界经济和金融投资动态,提供财经新闻和政策解读,报道产业最新资讯,做出市场深度分析,传递管理经验,把握科技趋势,塑造财富伦理,普及商业文化",将目标受众锁定在中国"最具决策力、最具消费力、最具影响力"的"三最"人群。《第一财经日报》的定位,亦是在进行深入分析和研判的基础上做出的。

2.厘定编辑方针与筹谋内容设置

经过前一阶段确立媒体定位之后,接下来就需要着手厘定媒体的编辑方针和筹谋媒体的内容设置,这是新闻媒体创办策划过程中不可或缺的一项步骤,也是实施新闻媒体创办策划的核心环节。当然,不同新闻媒体具有各自不同的资源禀赋,这是厘定编辑方针和筹谋内容设置时必须考虑的客观因素。

所谓编辑方针,指的是新闻媒体根据自己的定位与发展策略所制定的编辑工作准则。编辑方针涉及新闻传播的服务对象、传播内容、传播水准与风格特色等。新闻媒体的编辑方针与其办刊(办台、办网)理念有时并不能严格区分开,《新民晚报》的十六字编辑方针"宣传政策、传播知识、移风易俗、丰富生活"就是如此。

诚然，每一家新闻媒体的编辑方针通常是各自不同的。即便是目标受众与功能定位都比较接近的媒体，也不大可能采取相同的编辑方针。

《第一财经日报》坚持权威、独立、责任、专业的编辑方针：传播权威的信息和声音；恪守新闻的真实与独立原则；怀抱理性和责任感，以全球化视角关注时代的核心问题，在时代演进变革的大视野中透视丰富的财经世界；专业化的知识和技能是报道的前提。

《华尔街日报》的报道风格严肃。报纸上绝大部分为文字报道，图片新闻较少，和以活泼著称的《今日美国》形成鲜明对照。该报以深度报道见长，对题材的选择也非常谨慎，其记者选题的平均周期为6周。

《今日美国》在创办后为了应对报纸读者不断流向电视媒体、报纸发行量下降的趋势，确定了短新闻、大图片、快餐化的编辑定位，这使其被同行称为“电视报”。[1]

筹谋内容设置，即按照媒体的编辑方针对所创办的媒体刊发、刊播、刊载的内容进行具体的规划、设计和安排。新闻媒体的内容设置，按媒体类别的不同而不同，总的来看涉及：报刊的具体版面设置与文稿安排、广播频率与电视频道的栏目设置和节目安排、网络媒体（新闻网站）的网页设计与图文安排等。当然，这其中也包括确定报纸出版频率和文稿刊载的具体时间与版面位置，广播电视新闻栏目播出的具体时段和播出频率，网络媒体（新闻网站）新闻网页的文稿排序与图文更新的时频等。新闻媒体的内容设置，受到媒体的性质、办报（办台、办网）宗旨和受众的需要等因素的影响，在进行筹谋时通常要与时代背景紧密结合，应注重体现媒体的水准和特色，更应发挥媒体自身的优势。

先来看一下CCTV-2的情况。1987年2月1日，CCTV-2正式开播时定性为经济综合频道，专门进行经济报道。1996年7月，CCTV-2进行了一次较大的调整，调整后的CCTV-2保留了《经济半小时》一类它所特有的与经济相关的节目，并推出《中国财经报道》《世界经济报道》《企业家》《金土地》《商务电视》《生活》等栏目，突出频道的经济特色。1998年底，中央电视台开始整体实施“频道专业化、栏目个性化、节目精品化”的发展战略。在此战略指导下，2000年7月，CCTV-2第二次大变身，打出“经济·生活·服务”的频道定位，以经济资讯、生活服务、益智娱乐三大节目版块为支撑，频道特色为经济政策的宣传窗口、经济成就的展示平台和经济生活的联系纽带。这期间，CCTV-2成功推出了《幸运52》和《开心辞典》等娱乐节目。2003年5月，CCTV-2以“大众、综合、实用”的“大经济观”作为频道定位的核心观念，呼号变为“CCTV经济频道”，精心打造资讯、服务、财经、深度资讯、益智娱乐五大节目版块。2009年8月24日，CCTV经济频道再次进行频道改版，更名为财经频道，专注于制作专业财经栏目，频道专业化程度进一步提升，节目调置以专业财经信息为核心内容，以生活服务和消费时尚为辅助内容，频道原来一些已拥有一定知名度的娱乐节目如《幸运52》《非

---

[1] 辜晓进.走进美国大报[M].广州：南方日报出版社，2004：144。

常 6+1》等悉数被调整到其他频道。这次调整后,CCTV-2 的节目设置与播出安排情况,如图 2-1 所示。

CCTV-2财经节目表

星期二	星期三	星期四	星期五	星期六	星期日
03-03	03-04	**03-05**	03-06	03-07	03-08

时间	节目	时间	节目
00:08	一槌定音-2020-8	13:11	美丽中国-2019-3
01:10	创业英雄汇-2020-7	13:41	美丽中国-2019-4
02:10	2020厨王争霸-3	14:13	创业英雄汇--2019-45
03:12	周末特供2020-121	15:11	周末特供-航拍中国第二季4-15..
03:25	周末特供2020-17	15:27	消费主张
03:35	对话-2020-8	15:58	生财有道-2020-3-4
04:31	回家吃饭-2019-303	16:27	2020厨王争霸-5
05:00	消费主张	17:31	一槌定音-2019-8
05:32	经济信息联播	18:30	回家吃饭-2019-296
06:33	生财有道-2020-3-4	19:00	生财有道-2020-3-5
07:00	第一时间	19:30	消费主张
09:03	职场健康课-2020-1	20:00	经济半小时
10:00	经济半小时	20:30	经济信息联播
10:30	回家吃饭-2019-303	21:30	中国粮的奇迹--3
10:59	周末特供2020-123	22:00	中国粮的奇迹--4
11:17	2019秘密大改造-1（重）	22:31	对话-2020-8
12:08	是真的吗-2020-9	23:32	经济半小时

图 2-1　CCTV-2 财经频道 2020 年 3 月 5 日节目单

再看《南方周末》的情况。作为南方报业传媒集团旗下的一份新闻综合类周报,《南方周末》秉持"以服务改革、贴近生活、激浊扬清为特点,以正义、爱心、良知为诉求,坚持讲真话,坚持公信力"的办报理念,将其内容设置为新闻、时局、经济、文化、评论、绿色六个版块。其中,新闻版的体裁一般为独家深度报道,以近期发生的热点话题为主,涉及政治、法治、军事、社会民生等方面的内容。评论版的文章以思想的纵深、新颖、独到为特点,对时下具有争议的事件或政策发表看法。经济版一般以重大经济事件为主要报道内容,既为读者普及经济领域的知识,又注意穿插政策的解读和影响,努力将中国的经济形势呈现给读者,供读者在规划自己的经济活动时参考和借鉴。文化版兼顾对传统文化和西方文化的展现,其中有对传统文化的弘扬和反思,也有对西方文化的选择性引入;文化版既有娱乐新闻的报道,亦有作家美文。绿色版主要报道近期的环境热点问题或长期受关注的环境问题。此外,《南方周末》版面上广告的刊登主要以大品牌高端产品为主。

任何一家新闻媒体的内容设置都是动态变化的,不可能永远保持不变,这是媒体适应社会发展和时代变革的逻辑必然。当然,具体变化的幅度和频次则各有不同。同时,有些新闻媒体也会有意识地将自己已经办出知名度的品牌栏目或版块长期保留、接承办下来,仅根据时代的发展和社会的变化做出相应调整。这种情况也不乏典型例子。图 2-2 所示为中央广播电视总台新闻频道(CCTV-13)的节目设置与播出安排情况。事实上,尽管 CCTV-13 自 2003 年 5 月 1 日开播以来,经历了无数次大大小小的改版,但其中所设置的不少栏目一直开办至今,从未撤换,且已经形成了一定的品牌影响力。

CCTV-13新闻节目表

星期二 03-03	星期三 03-04	星期四 03-05	星期五 03-06	星期六 03-07	**星期日 03-08**

时间	节目	时间	节目
00:00	午夜新闻	10:00	新闻直播间
00:15	新闻调查	12:00	新闻30分
01:00	新闻直播间	12:35	每周质量报告
01:15	新闻周刊	13:00	新闻直播间
02:00	新闻直播间	14:00	新闻直播间
02:15	新闻调查	14:10	新闻调查
03:00	新闻直播间	15:00	新闻直播间
03:20	焦点访谈	17:00	新闻直播间
03:36	军情时间到	18:00	共同关注
04:00	新闻直播间	19:00	新闻联播
04:15	新闻周刊	19:40	焦点访谈
05:00	新闻直播间	20:00	东方时空
05:12	新闻调查	21:00	新闻联播
06:00	朝闻天下	21:30	面对面
09:00	新闻直播间	22:15	世界周刊
09:10	新闻周刊	23:00	24小时

图 2-2　CCTV-13 新闻频道 2020 年 3 月 8 日节目单

3.进行形象包装

进行形象包装是媒体用来相互识别的重要手段，出色和适位的形象包装，不仅有助于提升媒体的辨识度，吸引注意力，强化目标受众的印象，而且可以助力内容的传播，对打造和树立媒体品牌能够产生良好的作用。比如，《今日美国》在报纸的色彩运用与彩色版面的设计上，在美国报纸中可谓起到过引领潮流的作用。它能够跻身美国发行量最大的报纸，显然离不开对报纸所进行的种种形象包装。

进行形象包装，可以通过设计体现办报（刊、台、网、端、微）理念的宣传口号，构建特色鲜明、富有内涵的视觉标识，以及适当运用现代营销手段塑造媒体品牌形象等来实现。

（1）设计体现媒体价值理念的宣传口号

比如，《南方日报》的“高度决定影响力”“在这里，读懂中国”；《21 世纪经济报道》的“新闻创造价值”；《经济观察报》的“理性，建设性”；CCTV-2 的“价值无处不在”；澎湃新闻的“专注时政与思想的平台”；新华网的“让新闻离你更近”（图 2-3）；等等。

图 2-3　新华网“让新闻离你更近”口号

（2）构建特色鲜明、富有内涵的视觉标识

构建特色鲜明、富有内涵的视觉标识包括设计独特而醒目的媒体徽标（如上海东方卫视“五角星覆盖的鲜橙”台标；香港凤凰卫视“凤凰”台标；人民网的徽标犹如旋转的地球，又寓意两个“人”字相互通连，加上毛体的“人民网”汉字与英文域名“people.cn”，特色鲜明而富有内涵，令人过目难忘，如图 2-4 所示）；使用特别的色调等（如《经济观察报》的橙色新闻纸、CCTV-2 所使用的象征高贵与财富的金黄色，新华网的蓝色调网页风格等）。

图 2-4 上海东方卫视台标和人民网徽标

(3)运用现代营销手段塑造媒体品牌形象

运用现代营销手段塑造媒体品牌形象的方法主要有制作媒体形象广告海报，摄制媒体形象宣传片，发起或参与举办大型公益活动等。

4.运作实施

运作实施，即将经前期策划环节形成的策划方案付诸实施的过程。运作实施是策划步骤中极其重要的一环，涉及采编队伍的组建、人员分配、设备调度、部门协调及相关的资源配置等。

5.反馈完善

新闻媒体创办策划不是一次性就能完成的，它一般需要在正式“面市”前的试刊（试播或试运行）过程中（具体实施策划方案）查找问题、发现问题、处理问题，并根据受众及相关专业人士的信息反馈，不断修改策划方案，直至完善。因此，建立有效的反馈机制是使媒体策划臻于完善的必要途径。

（二）相关要求

新闻媒体创办策划不能闭门造车，若仅凭借策划人的有限观察和体悟，思路会流于狭窄。成功的策划方案的出炉，离不开对各种信息来源的有效利用，并加以深入分析和提炼。同时，策划人或策划团队在做策划时，必须依托相关的知识积累（新闻学、传播学、媒介管理学、市场营销学、广告学、公共关系学等）、信息占有和市场调查，才能确保策划方案的可行性。

1.充分地占有信息，准确地分析形势，保证策划的合理性和可行性

新闻媒体创办之初，需要通过详尽地搜集相关资料、深入开展相关调查和调研等充分地占有信息，并准确地分析形势，保证策划的合理性和可行性。

在瞬息万变的市场经济时代，信息是宝贵的资产，是一切决策的重要依据。新闻媒体一方面作为一种信息载体，为社会提供最新信息。另一方面，它本身也要靠信息来帮助自己决策。古人云：知己知彼，百战不殆。新闻媒体的创办也同样如此。策划人应保持清醒的政治头脑，要吃透党和国家的大政方针，掌握实际工作情况和人民群众的愿望与要求，在政治制

度、国家法律、政策原则和社会伦理允许的前提下进行策划，既要考虑满足受众的需要，也要注意给受众提供正确的舆论引导。在策划过程中，应当根据对目标市场的调查和预测，进行总体定位和设计。无论何种类型的新闻媒体创办策划，其效果都首先取决于策划者对外在客观形势的变化和自身条件的正确认识与合理把控，这种认识与把控越全面、越准确，策划才越具合理性和可行性。因而，策划前要做好充分的信息收集、分析工作，广泛收集各方面信息，并能够从信息的收集、分析中获取灵感。当然，如果仅靠团队内部人士无法将此项工作做好，还可以适当借助“外脑”。

2.必须在可行性与超前性之间找到平衡点

新闻媒体创办策划强调要有可行性、可操作性，这就要求根据特定时期的社会发展需要、受众的兴趣爱好和现实关切来规划媒体的定位，并设计其传播内容和形式。然而，它同时也会引出一个问题，那就是只顾迎合当前，缺乏长远考量。学者蔡雯就曾指出，20 世纪 90 年代初期，周末版、星期刊兴起，扩版浪潮随之席卷报界。当时报纸设计中出现一种引人注意的倾向，有许多报纸把新闻性不强的长稿视为吸引读者的关键，“大特写”“大视野”“大扫描”之类铺满版面，而真正意义上的新闻却数量有限、质量不佳。应该说，当时这类长稿的确拉回了不少读者，为报纸增添了光彩。然而，认真分析一下就会发现，报纸在与其他各类大众传媒的竞争中，要想克敌制胜，还是要靠高品质的新闻，而新闻的品质与稿件长短没有必然的联系，没有实质内容而且时效性差的长稿及其专版，不可能长久地拥有读者。事实也证明了这个道理，到 21 世纪初，我国报纸在改版时纷纷增加了时效性强的新闻版，砍掉一些不受读者欢迎的专刊专版。[1] 因此，新闻媒体的创办策划不能只考虑眼前效应，不考虑长远发展。如果在初创时缺乏前瞻性和超前意识，将难以在竞争中脱颖而出、胜人一筹。

3.正确处理借鉴与创新、变革与稳定的关系

媒体创办策划是一项创造性的劳动，但这种创造与借鉴有着不可分割的联系。前面列举的案例中，就有既借鉴其他成功媒体又根据自身条件进行创造和变通而取得成功的媒体，如《华西都市报》《第一财经日报》等。但在实践中，经常有盲目仿效或者拒绝学习别人的成功经验，导致媒体创办出现问题的反面事例。现在，创新与变革是新闻媒体的发展方向，媒体产品设计也越来越难，倘若只满足于机械地吸取某些媒体的某些“叫座”的做法，便有东施效颦之患。因为各家媒体的资源条件与所处环境不同，受众(用户)群及其接受水平各有差异，在甲媒体行之有效的做法，挪到乙媒体未必行得通。因此，媒体创办策划中不能没有借鉴，但也不能缺乏创造，也就是说，要善于根据自己的客观条件寻找具有自己特色的办报(刊、台、网、端、微)路子，要敢为天下先，做别人没有想到或没有做到的事。其实，创造性和前面所说的超前性也是很有关联的，也要讲求高瞻远瞩，深谋远虑，能不断有新点子、新举措

[1] 蔡雯.新闻编辑学[M].2 版.北京：中国人民大学出版社，2010：94。

出现。恰如传媒界的一句流行语——“人无我有，人有我优，人优我特”。当一种优秀设计成为众人共有的东西时，要有更优秀的设计去取代它，唯有这样，才能保持出类拔萃的媒介形象，在竞争中立于不败之地。当然，在新闻媒体创办策划中，还要处理好变革与稳定的关系，要充分研究读者（听众、观众、用户）的心理，了解他们接触、使用新闻媒介的规律，分析他们业已形成的阅读、视听习惯，了解他们的偏好，找到媒体可以利用或打造的优势，在避免给受众带来不适的同时，寻求变化和建构特色。而且，一旦确立了明晰的定位和突出的特色，在以后的改版设计中，就要注意保留其最具有特点和优势的方面，否则，将很难维持其特色形象的稳定，难以拥有忠实的受众。所以，在此过程中，媒体的创新、改版不宜过度频繁，要讲究转变与承续艺术，以免破坏特色形象，流失受众。

4.策划完成后要注意追踪效果反馈，以便做出相应的改进和调整

从本质上讲，新闻媒体创办策划是针对受众的需求而策划，为使受众满意而筹谋、设计的。因此，策划完成后，应当根据试刊（试播、试运行）的具体情况，及时收集受众的反馈信息，了解和追踪试刊（试播、试运行）效果，进而做出相应的改进和调整，以便保证媒体正式面世后能够获得比较理想的受众满意度。这其实也是对受众本位传播理念的一种践行。

这里所说的受众满意度，是指受众个人对一种新闻媒体接触与使用后可感知的效果（或结果）与他的期望比较后所形成的愉悦或者失望的感觉。当受众对这种媒体的效果的“感知”超过他事先的“期望”就会产生满意的评价，相反，若低于他事先的“期望”，就会产生不满意的评价。从某种意义上说，成功的媒体创办策划的一项关键抓手就在于正确确定目标受众的需要和欲望，并且比竞争对手更有效、更有利地传送目标受众所期望满足的东西。这也是市场经济社会中新闻媒体能够生存下去并获得理想的社会效益与经济效益的重要保障。试想，一家民众不需要接触的媒体，或者是满足不了民众的需要和欲求的媒体，何以能够立足于社会呢？因此，追踪效果反馈，也是媒体创办策划很重要的一环。

二、报刊创办策划案例解析

（一）报刊媒体概况

报刊，包括报纸和期刊，是典型的传统媒体，迄今已经有 400 多年的历史。报刊的信息载体是纸张，技术支撑是印刷术，信息符号主要为文字（有时有一些图片）。报刊是按相对固定周期出版的、借助文字传播信息、诉诸受众的文字阅读与理解能力的印刷媒体。它通常要求受众具有一定的文化知识和受教育水平，才能进行正常的浏览、阅读，具有传播的单向度、受众接受方式较随意、能传播抽象信息、方便留存，但传播范围有限等特点。

(二)《华西都市报》及“封面新闻”创办策划

1.《华西都市报》简介

《华西都市报》1995 年 1 月 1 日创刊于成都,由四川日报社主办,是我国第一张以“都市报”命名的综合性日报。

报纸定位:市民生活报

发展战略:区域组合城市报

核心读者:四川城市的广大市民

办报理念与内容调置:突破过去报纸过分强调宣传取向,强调以服务性、实用性为主,根据市场经济的发展和现代都市生活的变化,全面反映市民生活,满足市民对各种信息的需求。内容风格上,强调要用市民的语言来反映市民的生活,用市民的话语来讲市民的故事,做面对普通阶层市民的“通俗报”而不是“精英报”,讲究报纸的通俗化,但绝对不能“媚俗”;质量上要体现“一流报纸”的水平,努力满足市民需要,但不忽视舆论导向。

发行状况:倡行“敲门发行学”,创刊 3 年,发行量超过 50 万份,广告收入过亿元,被誉为“中国西部报林的一匹黑马”。2003 年广告额超过 4 亿元。

2.《华西都市报》创刊历程

1994 年,四川日报社决策层果断决定停办原有子报《棋牌报》,利用其刊号创办一张综合性的市民生活报。1995 年 1 月 1 日,《华西都市报》正式亮相,在中国最早打出了“都市报”的旗帜,并进行了一系列的创新。从此,《华西都市报》步入快速成长通道,改变了成都报业市场竞争格局。在发行量上,第一年发行 10 万份,第二年达到 24 万份,第三年突破 50 万份。在广告收入上,第一年 1000 万元,第二年 2000 万元,第三年达到了 9000 万元。创办头 9 个月便还清了起家时借支的 210 万元,第一年盈利 60 万元,第二年盈利 950 万元,第三年盈利 1800 万元。版面上,第一年出四开 8 版,第二年增至四开 16 版,第三年达到了四开 24 版。发行量、收入和版面数量同步上升,走上了办好报纸—增加发行量—增加广告收入—增加利润,实现社会效益和经济效益的良性循环之路。经营上,《华西都市报》以当时处于萌芽状态中的城市区域组合为发行范围,做“区域组合报纸”,除了成都、重庆两个大城市以外,四川省内 20 多个中等城市和 200 多个县城也是《华西都市报》的覆盖目标。

3.《华西都市报》的创刊经验

在创办中,《华西都市报》综合移植了多家报纸的优势特点,具有明显的模仿痕迹,如大量信息和天天文摘移植自《扬子晚报》,服务系列报道移植自《钱江晚报》,文化新闻版移植自《今晚报》,体育报道移植自《成都晚报》,社会新闻和热点报道有《北京青年报》的风格,法制版的报道则借鉴了《南方周末》的经验。不过,借鉴了多家报纸特点的《华西都市报》并不像任何一家报纸，而是形成了自己的特点。《华西都市报》创刊的成功经验(原创都市报的操作模式)主要有以下几个方面：

一是突出实用性。《华西都市报》最初创刊时，就在8个版面中辟出了“生活服务版”。扩版后更将“实用”“服务”灌注到其他版面中，为市民服务到位。它的实用信息大致有两类：一类是服务性新闻。为读者提供最新信息，帮助读者决定是否做某事，或者如何做某事。另一类是实用的服务性知识，如开通“服务热线”“消费指南”，解答“买家电吃亏咋投诉”“气表进水何处修”等问题。《华西都市报》几次扩版，主要就是增加新闻版面和实用性信息，如房地产、汽车、家电、收藏、人才劳务、医疗保健、影音世界等。

二是提供大容量的信息，全方位覆盖市民生活。《华西都市报》创刊时就提出，要改变“日报的补充”“茶余饭后”等传统晚报观念，满足市民多方面的信息需要。《华西都市报》的持续扩版，就是为了给信息量提供版面保证。打开《华西都市报》如同进了信息“超级市场”，从政治、经济到文化、科技、教育、卫生、法制，从社会生活事件到国际风云变幻，从党的方针政策到天气变化、市场行情……凡读者关心的内容，都有所反映。

三是增强可读性，改变过去日报硬邦邦的语气。这点从《华西都市报》版面和栏目的名称可以看出，副刊版定名为“街坊”，打破传统副刊“名人写，写名人”的思路；小杂文、小言论栏目定名为“街谈巷议”，介绍成都历史沿革、市政街道、民俗民风；逸闻趣事的“盖碗茶”；对夫妻关系、婆媳关系、妯娌关系、邻里关系进行报道的“家经难念”。此外，“凡人心态”“说成都道重庆”“成语口头禅”等栏目名称也都体现了通俗化、可读性强的特点。

四是凸显新闻策划地位。新闻策划是《华西都市报》制胜市场的重要“法宝”。特别报道、新闻追踪和批评报道，是《华西都市报》的策划重点。《华西都市报》策划推出的“孩子回家行动”“府南河大合唱”等报道活动，都产生了很大的社会反响。

五是报道方式灵活多样，不拘一格。《华西都市报》在创办时，整体的报道风格要求以“短”为主，以增加报纸的信息量，但对于重要的新闻也会做全景式的深度报道。《华西都市报》的新闻报道中可窥见对《故事会》《今古传奇》等杂志以情节曲折、生动活泼的故事取胜的手法的挪用。另外，当时该报纸的周末报、星期刊中出现的“大特写”形式，以全息式的扫描和深度报道满足了很多读者的要求。

4.《华西都市报》的智媒转型——“封面传媒”创办

随着信息传播技术的加速迭代，用户触媒习惯快速变迁，都市报的发展呈现断崖式下滑。2015年10月28日，四川日报报业集团党委本着“拥抱变化，拥抱未来”的理念，决定成立“封面传媒”，以《华西都市报》为实施主体，打造机器推送、用户聚合、专业生产“三核驱动”的新型主流媒体。封面传媒以前沿科技为核心驱动，以原创为显著特征，确立“移动优先、视频优先、故事优先”的方针，创新移动新闻产品，构建移动传播矩阵。2016年5月4日，“封面新闻”客户端和封面新闻网“青春”上线，标志着封面传媒的正式启航。封面传媒，不是做一个单纯的新闻客户端,也不是做一个简单的新闻内容制作与分发平台,而是致力于打造人工智能时代跨媒体、电商和文娱的泛内容生态平台,成为媒体融合转型的示范标杆。作为封面传媒核心产品的封面新闻,面向全体网民,重点服务网络原住民,致力于为年轻人提供正能量、年轻态、视频化的精神食粮,成为年轻人探索未知世界的窗口。

三、广播电视频率频道创办策划案析解析

(一)环球资讯广播创办策划

1.环球资讯广播简介

环球资讯广播(CRI News Radio),是国广(中国国际广播电台)旗下的对内资讯广播,2005年9月28日在北京地区(FM 90.5)正式开播,是中国第一家也是唯一一家以国际资讯传播为主要方向的国家级新闻广播。

作为国家级媒体,环球资讯广播借鉴国际流行趋势,并凭借中国国际广播电台的独特优势,实现了新闻的滚动播出,为听众提供来自世界各地的最新报道。中国国际广播电台在全世界主要国家和地区共建有8个总站和32个记者站,常驻记者60余人。环球资讯广播依托中国国际广播电台的资源,使用53种语言播送。该频率成立以来,吸引了一群高品质的听众,且收听状态日益稳定。

环球资讯广播首页

环球资讯广播实行全天24小时播音,集合早中晚三大新闻版块,贯穿整点、半点快递,辅以涵盖时政财经、文体娱乐各个领域的多档资讯和专题节目,充分体现"资讯第一、第一资讯"的频率特色。以中外双语节目的形态,针对国内广大关心国际新闻、环球资讯、中外文化交流的受众以及在华工作、学习的外国人,用轻松、时尚的语言播报,用丰富、多样的节目占据中国新闻资讯报道的最前沿,打造中国广播第一资讯品牌。

2.环球资讯广播的创办策划

环球资讯广播的创办策划,可谓起点高、站位高、基础好、实力强。中国国际广播电台的办台宗旨虽是"向世界介绍中国,向中国介绍世界,向世界报道世界",但多年来主要工作是"向世界介绍中国"和"向世界报道世界","向中国介绍世界"比较薄弱,开播环球资讯广播在一定程度上弥补了这一缺憾。

频率宣传口号:环球资讯广播　世界在你耳边

频率的播出时长:全天24小时

频率定位:及时迅捷的新闻资讯频道

频率的价值诉求：致力于和受众“分享世界每一刻”

环球资讯广播在创办过程中，主要推出了以下做法：

(1)“无障碍通道”理念

环球资讯广播以纯资讯、持续滚动更新为节目基本形态，在全天每个时间段对国际国内的重大新闻事件进行细分化编排，轮盘式播出。这样的节目形态永远处于运动中、变化中、更新中，因此就打破了黄金与非黄金时段的区别，使听众可以随时、随意地收听最新的新闻播报，完全打破了传统意义上的“固定时空”概念，形成了广播信息传递的“无障碍通道”。

(2)“想听就听”“听到想听的”理念

环球资讯广播节目形式短小精悍、极为灵活，最小的资讯单元为1分钟，最常见的资讯单元为3分钟。这样的形式最大限度地保证了听众收听节目的自由度，使他们在打开收音机后不再需要长时间忍受自己并不感兴趣的新闻，而是能够很快地直奔主题、听到自己最需要、最喜欢的资讯。

(3)新闻点播理念

新闻点播，即News on Demand，缩写为NOD。为听众提供纯粹个性化的资讯组合，是现代大众传媒发展的趋势，也是信息社会发展的极致，是任何新闻媒体都想达到的境界，而环球资讯广播完全能为听众提供这样的时尚资讯服务模式。由于环球资讯广播的节目内容高度浓缩、节目形式极为精悍，能很轻易适应除收音机之外的网络、手机等各种接收平台，这就使受众定制个性化的新闻成为可能。

(4)“互动广播”和多媒体的理念

互动，是现代新闻传媒的生命线，而多媒体互动则是未来传媒的发展方向。环球资讯广播将利用国际台的广播、互联网站(国际在线)以及专业报刊——《世界新闻报》和《国际广播影视》杂志实现多媒体的互动优势。灵活的节目形式、多种多样的载体和手段使环球资讯广播的互动环节能拥有更长的时间段，能提供更宽广的平台让听众发表自己的独到观点。

3.环球资讯广播节目设置与播出安排情况

环球资讯广播的节目设置，涉及时事要闻、国际政治、财经、军事、历史、教育、体育、文化娱乐、旅游、天气等。

(1)第一资讯

环球资讯广播的早、中、晚、夜四档《第一资讯》是频率的强档新闻节目，构成了环球资讯广播的骨架，是最能体现频率定位和特点的节目。《第一资讯》涵括国际时政、财经、文化、体育、科技等方面的新闻，坚持为听众提供海量信息，以新闻快讯、记者口播、连线报道、录音报道、评论解读等报道方式，强化对新闻的报道、跟踪、解读能力。

(2)环球媒体浏览

与国内其他同类节目重点关注国内媒体不同，该节目在关注国内热点问题的同时，视角对准全球,注重摘取各国媒体上重要、新鲜的报道和观点(评论)。节目在充分发挥中国国际广播电台近30个驻外记者站、38种外语的报道资源优势的基础上,力争成为涉及媒体数量最多、内容最丰富、转述观点最准确和公正、编播手法最生动的媒体浏览类广播节目。

(3)老外看点

节目用中国人的语言、外国人的视角,在脑力的震荡、思想的交锋、观点的碰撞、文化的差异中分析中国和世界的社会热点新闻,力图提供不一样的观察视角和理性而真诚的谈话氛围。听众也因此能够从一个全新的角度来反观中国、反观自己。节目中设中方主持人1名,另有2位特约外籍嘉宾担任外方主持人。

(4)新财富时间

播送全球主要国家和地区(主要是美国、日本、欧盟、英国、澳大利亚、加拿大)主要市场的财经金融信息,包括各国主要经济数据、财经政策、经济表现、股市汇市、黄金石油金属等市场的实时动态以及中国的宏观经济表现、政策信息和股市动态信息。

(5)档案揭秘

立足国际及中外关系中有影响的新闻事件和历史事实,娓娓讲述轰动一时的新闻、悬而未决的事件、人物背后的故事……对国际关系中尘封已久、鲜为人知的故事进行揭秘。

4.环球资讯广播的受众情况

环球资讯广播的受众具有这样一些特点:关心政治、经济、文化,并对该类信息有较大需求;热爱生活,追求品质,受教育程度较好,具有一定的国际视野,具备良好的价值观;具有较高的消费能力,能够为社会创造财富,是社会的中坚分子。

(二)CCTV-13创办策划

回溯历史,1928年9月美国开始电视试验,1936年11月2日,英国广播公司(BBC)正式播出,标志着世界电视业的诞生。1980年6月,美国有线电视新闻网(CNN)开播,这是世界上第一个24小时播出的新闻频道。

在CNN出现之后,其他一些国家和地区也纷纷成立了专业的新闻频道。1993年1月1日,总部设在法国里昂的欧洲新闻频道(Euro News)开播,它是第一家泛欧多语种电视新闻频道,用英、法、德、意、俄、葡、西7种语言同时播出节目。1996年7月15日,美国微软公司与全国广播公司合资成立的“微软全国广播公司节目”(MSNBC)开播。MSNBC从一开始就“两条腿走路”:一方面是电视新闻频道,另一方面是新闻网站。同年,新闻集团旗下的美国福克斯公司开播了福克斯新闻频道(FOX News)。1997年11月,老牌的英国广播公司也不甘落下风,开播了对内的英国广播公司新闻24频道(BBC News 24),此前的1995年它已经推出了对外的新闻与信息频道——英国广播公司世界频道(BBC World)。新闻频道的纷纷开播,意味着世界电视界看到了电视新闻频道的价值,这种价值不仅表现为市场新、门槛高、竞争者少且盈利潜力巨大,而且表现在新闻对政治经济社会日益突显的影响上。至此,创办新闻频道成为国际电视新闻传播发展的潮流。日本、印度、新加坡等国家都相继开办了新闻频道。尤其值得一提的是中东国家卡塔尔的半岛电视台1996年成立后,曾因独家报道了本·拉登的录像讲话而一举成名。

1999年5月23日,福建电视台新闻频道正式开播,成为“中国内地第一家真正意义上的新闻频道”。2001年1月,香港凤凰卫视资讯台成立,是全球第一个覆盖海峡两岸,香港、澳门的全天候华语资讯频道。2003年1月6日,凤凰卫视资讯台在内地按境外媒体管理方式有限度落地,成为第一个落地内地的24小时新闻频道。此前落地的凤凰卫视中文台通过“9·11”等重大新闻事件报道(特别是直播),已经树立了自己的国际品牌。央视新闻频道在2003年5月1日试播,7月1日正式播出,可以说诞生于新闻激烈竞争之际。CCTV-13运转初期,基本实现了24小时不间断播出,建立了一个“整点新闻+现场直播+字幕新闻”的模式,开播2个月现场直播的时长就超过了2002年全年电视新闻直播的总量。

1.CCTV-13简介

2003年5月1日,CCTV-13(现中央广播电视总台新闻频道,即原中央电视台新闻频道;中央电视台,前身为北京电视台,1958年5月1日开播,1978年改名中央电视台)开播。作为一个专业化的新闻频道,CCTV-13采取“动态综合新闻+分类新闻+专题节目”的结构模式,全天24小时播出。

CCTV-13每逢整点即有整点新闻,全天24档整点新闻以最快的速度向观众提供第一手的国内国际新闻资讯,突出时效性和信息量,实现滚动、递进、更新式报道。

CCTV-13以“与世界同步”为宗旨,以“贴近实际、贴近生活、贴近群众”为方针,以“第一时间、第一地点”为追求。自开播以来,CCTV-13已成功地对“神舟五号顺利升空”等诸多重大新闻实施了直播报道。开播一年多,在不断根据收视情况和观众反应对节目构成和节目形态进行调整下,CCTV-13已逐渐赢得了越来越多的观众的认可。而后,《面对面》《共同关注》《每周质量报告》《中国周刊》等栏目也已经成长为在业界和观众之中深有影响的名牌栏目。中央电视台综合频道(CCTV-1)节目中的《新闻联播》《焦点访谈》《新闻30分》《晚间新闻报道》等在新闻频道中并机播出。

2.CCTV-13创办策划思路

CCTV-13在最早的设计过程中有两种选择:一种是纯新闻频道,另一种是广义的新闻频道。纯新闻频道的特点基本上是非栏目化的、去栏目化的,整点和半点播出新闻。当需要时,可以随时插进深度分析,包括有关背景性的介绍。在纯新闻频道里可能也会有少数其他栏目,但这些栏目多数是针对名人,或者是著名主持人的深度访谈。周末可能还会有一些背景性的专题。广义的新闻频道,既有基本的新闻滚动模态,如每逢整点会有滚动新闻,但同时又提供了相对独立的、比较丰富的、品牌化的栏目，当然这些栏目都是与新闻有关联的，基本上是在半点的时候播出。

从新闻的时效性要求来讲，纯新闻频道是最好的，因为它可以以最快的速度对新闻进行播报。当然它对新闻现场的要求也特别高，要求必须有快速采集的能力，否则是不太可能的。也就是说，这类新闻频道如果没有大量的直播作为支撑，没有快速反应的能力作为支撑，或者说记者没有深度报道的能力和现场观察的能力，最终只会变成大量新闻的重复和堆积。此外，这类新闻频道最大的弊端是，在没有重大新闻事件的时候，或者在新闻采集能力没有达到一个相当高的水准的时候，会显得特别枯燥。因为在没有重大新闻发生的时候，观众没有收看它的绝对需要。与此同时，因为是一种滚动式的播报，这类新闻频道里也不太会体现出不同时段的针对性。因为它更强调快，所以必然会给观众的收视带来某些困难。一般而言，这种新闻频道在有突发事件的时候收视率会很高，但是在没有突发事件的时候收视率就会比较低，这会给整个频道的运营带来很大困扰。

广义新闻频道的好处是，从新闻到新闻性的专题、到人物、到故事、到现场、到访谈，它具有非常丰富的新闻品类。此外，它还能提供非常丰富的分类新闻，如文化、财经、体育新闻等。在新闻的时效方面它也很快，但它又会有十几分钟的误差。比如，当频道正在播放一个专题的时候，如果要中断播出，播发新闻讯息，就需要一个考虑的过程。在这种情况下，一些新闻报道的时效就会比纯新闻频道滞后十几分钟，这是一个客观现实。

央视设计新闻频道时最终选择了广义的新闻频道。广义新闻频道的好处在于，它是一种折中的产物。广义新闻频道在有重大新闻事件的时候，能够打开所有窗口，取消所有的节目，以一种处理重大突发事件的方式来进行报道，如对伊拉克战争的报道等；而在没有重大突发事件的时候，因为新闻品类比较丰富，频道仍可以维持基本的收视情况。CCTV-13 选择这样一种折中的方案有着多方面的考虑，既考虑了目前中国新闻的现状和自身的采集能力，也考虑到了观众的需求。CCTV-13 设计之际，中国观众收看电视基本上是以栏目来认知电视，而不是以频道来认知电视的，这是其选择广义新闻频道的重要理由，其根本宗旨是能够适应更广泛的观众群。事实证明，国内观众在收视新闻频道的时候，具有很强的栏目取向。

从 2003 年到 2008 年的 5 年间，CCTV-13 先后数次改版，而改版的重点主要体现在对节目的调整上。在 2003 年 7 月的第一次改版中，砍掉了《海外速递》《数字观察》《世界报道》《体育周刊》《财经周刊》《文化周刊》6 个专题类栏目，并根据观众反映的访谈类节目过多的意见，在 24 档整点新闻中一律不再让嘉宾进入演播室，保障了频道栏目形态的清晰化。这期间，随频道开播新创办的《新闻会客厅》《面对面》《每周质量报告》则迅速成长为观众熟悉的名牌栏目。2004 年 5 月和 12 月，频道分别进行了第二、第三次改版，取消了《亚洲报道》《文化报道》《声音》等收视不佳和观众反响不高的节目，调整了《社会纪录》《新闻会客厅》《国际观察》的播出时间，以放大优势栏目的收视效果。第四次改版发生在 2006 年 6 月

5日，对原有部分栏目的播出时间进行了调整，在早、晚黄金档分别推出了《朝闻天下》《360°》《防务新观察》等栏目。从4次改版的节目调整可以看出，被保留下的新节目内容都比较贴近现实和生活，提供的信息时效性比较强，充分体现了频道的定位。频道改版所进行的一系列调整也收到了比较好的效果，收视份额和广告收入进入平稳增长期。2008年，CCTV-13又对节目做了一些调整，新增加了一档名为《新闻1+1》的节目，《社会记录》和《360°》则停止了播出。

在开播初期，CCTV-13的整体包装还停留在一个较为初级的阶段，既缺乏统一性也缺乏规范性。频道的台标、节目片花、宣传片、预告片、演播室等都是以各自节目的设计为基准，而且在频道的改版中，有些节目的视觉识别系统还发生了一些调整与改变，导致观众需要重新认识，有很大的随意性，不利于观众对于频道的识别。CCTV-13从整体用色上来看，以深蓝色居多，体现了新闻所代表的理性的精神，辅色有黄色和白色，黄色与频道“贴近生活、贴近群众”的思路相符合，表达出新闻的人文关怀；白色主要用于大字体，与蓝色映衬起来较为醒目。台标方面，用CCTV-13加上“新闻”二字，一是易于让观众识别“央视”的品牌，二是比较直白简洁。

3.CCTV-13创办经验总结

(1)大胆借鉴，因台制宜

CCTV-13在设计之初，便在充分了解西方新闻频道内容设计和运作方式的基础上，结合中国电视发展的基本情况和中国观众的收视特点，选择了更适合中国观众的新闻频道，即在纯新闻频道和广义新闻频道之间采取折中的做法，最终大胆确定了动态新闻+分类新闻的广义新闻频道，而没有选择纯动态新闻频道。这种决策和选择无疑是正确的。与任何产品设计一样，新闻频道在设计具体的内容构成时，亦不能不考虑其现有的技术水平、人员素质、观众收视习惯等现实条件。纯新闻频道固然会因为新闻本身强烈的时效性而赢得更多受众的注意，取得更高的收视率，但纯新闻频道一方面对电视的技术制作水平和人员素质要求很高；另一方面要在新闻资源极其丰富，尤其是重大突发事件不断发生的情况下才能保证有效，而这些都或多或少超出了当前实际。从这一点上说，CCTV-13的设计确实很好地体现了媒体设计中的现实性和可操作性原则。

(2)品类齐全，样式丰富

与国际上常见的新闻频道相比，CCTV-13创办过程中一个非常大的特点就是尽可能地力求节目的品类齐全、样式丰富。在这个24小时不间断滚动播出的频道里，观众具有极大的自主性和可选择性，他们既可以每逢整点收看来自国内国际的动态消息，也可以在不同时段收看不同体裁和不同深度的专题报道，如《共同关注》《新闻周刊》《面对面》《新闻1+1》等，不仅可以收看《新闻联播》《新闻30分》这样权威的消息发布，也能够收看《社会记录》《法治在线》这样的纪实报道，还可以收看《国际观察》这样的深度评论性栏目，《焦点访谈》

《每周质量报告》等舆论监督性栏目以及《新闻社区》等社会新闻性栏目，甚至还可以看到纯粹文字的滚屏新闻（当然，其中有些节目在后来的改版中停办了）。如此一来，既能照顾各个层面、各个领域的观众口味，使其在选择新闻频道时能够各取所需，也可尽量将社会大众吸引过来，毕竟新闻媒体还是大众媒体。正像新闻频道策划者们所说的那样，中国观众目前基本上还是通过对栏目的认知来认知和选择电视节目的，品类丰富的新闻产品以不同栏目的方式出现，一方面在某种程度上确实符合大部分中国观众的收视习惯；另一方面，大量的新闻产品以栏目的方式出现，在某种程度上又有利于品牌栏目的打造，利于在受众中形成品牌栏目，进而形成品牌频道。品类齐全、样式丰富的新闻产品出现在新闻频道同样可以保证新闻频道在正常状态下的收视水平，保证新闻频道在动态新闻资源相对匮乏的状态下也能占有一定的收视率。

（3）信息充分，强化现场

对于一个新闻频道而言，能够在第一时间提供第一现场的新闻信息无疑是至关重要的，这既是新闻频道在频道专业化或频道分工中承担的职能和责任，也是新闻频道能够长期生存下去的立台之本。CCTV-13 的设计者显然也清晰地认识到了这一点，滚动新闻+分类新闻的广义新闻频道模式的选择体现的正是对新闻信息的追求。如果单从新闻频道所播出的新闻信息的量而言，新闻频道的信息无疑是比较充分的。在新闻频道每天播出的 24 个小时里，每逢整点便有滚动新闻及时播出，在整点新闻的滚动中，每条新闻信息又会不断得到补充和修正，不断补充信息量。然而，若从新闻频道播出信息的质上而言，显然还需要强化新闻信息应有的现场感。尽管按照设计者的设想，一旦遇到突发性重大新闻，CCTV-13 会在第一时间打断正在播出的节目，随时插播新闻事实的最新动态，有时为了追求新闻信息的时效性和现场性，该频道更会直接打开窗口，对正在发生的新闻事实进行即时现场直播。在没有突发性新闻事件发生的日常播出状态，频道也会主动策划一些类似于铁路春运这样的大型直播活动。频道留给人的总体印象是信息虽然已很充分，但相对而言来自新闻现场的动态新闻信息不太丰富，需要强化新闻的现场感。

（4）系统机动，机制灵活

频道是一个整体，也是一个系统，频道无论设计得多么完美，如果没有与之相适应的机制作为保障，任何设计都将毫无意义。而在这一点上，新闻频道的做法不乏可圈可点之处。为了保证新闻频道的设计能够顺利实现，也为了保证新闻频道在整体上实现新闻信息资源的共享和优化组合，新闻频道的设计者们在为新闻频道设计丰富多样的产品时，也没有忽略为之设计和制定一套工作机制。

CCTV-13 的栏目主要由央视新闻中心统筹负责，具体而言主要是由新闻中心的新闻编辑部、新闻评论部负责，其中新闻编辑部主要负责动态新闻的编辑播出，而新闻评论部则主要负责一些深度新闻专题的制作播出。为了协调频道的各项事务，保证频道的正常运转，央视新闻中心在新闻频道成立之初还专门成立了频道编辑室来负责整个新闻频道的协调。而在负责频道动态新闻编辑播出的新闻编辑部内，又根据新闻播出的不同时段和不同题材分成国内时段编辑一组、二组、三组和国际时段编辑一组、二组、三组等。为了保证编辑信息的公开畅通，使之在频道内部协调一致，新闻编辑部不仅将这些组的办公地点打通，成立了大编辑室，而且设立了专门的频道执行主编和资源管理等岗位以负责频道各个时段的资源协调。

为了保证整个编辑部乃至整个新闻频道的信息通畅，CCTV-13 还建立了专门的编前会制度，通过每天至少两次的编前会来解决选题确定、选题分布及频道分工等各项日常性工作。除了日常性的工作，一旦遇到突发事件或需要组织重要的直播，频道内则会抽调各个部门的编辑力量组织临时报道小组负责报道。正是这种机动、灵活的工作机制以及通畅、协调的工作系统保证了 CCTV-13 的正常运转。

(5)紧跟市场，调整及时

不管是频道的设计，还是栏目的设计，都不可能一蹴而就、一成不变，而是应该处在积极的调整和变化之中，根据现实状况和实际运行效果对已设计的内容及时进行微调，甚至不排除做大的调整。CCTV-13 亦是如此。迄今为止，它已经经过了数次较为明显的调整，且仍处在继续调整的阶段。CCTV-13 第一次调整是在经过 2 个月试播之后的正式开播之际，当时的调整是根据市场需要，当然主要是根据观众市场的需要和反映，适当地取消了个别收视状况不太理想的栏目，并对部分有些栏目的播出时间及重播做了调整，如砍掉了《体育周刊》《文化周刊》《财经月刊》《数字观察》《海外速递》《世界报道》6 个栏目，增加了一档由名嘴崔永元主持的新闻闲说节目《小崔说事》。CCTV-13 第二次大的调整则是在其正式开播一周年后，再次根据市场反应取消和调整了一些栏目。随着入户率的提高，CCTV-13 的收视率呈现快速攀升态势。2009 年 8 月，CCTV-13 完成第六次改版，强化动态新闻，加强内容质量建设，建立评论员机制，丰富了新闻的表达方式，日益显现出强大的社会影响力。此后，CCTV-13 参与热点事件解读，保障公众知情权，开展舆论引导，进入新的发展阶段。今后，CCTV-13 怎么走，还需要时间来检验。但可以相信的是，新闻频道如果能够一直保持开放的姿态，不断地做出积极调整，其发展终将迎来更多新机。

四、网络媒体创办策划案例解析

现如今，上网已成为人们的一种新的生活方式，通过互联网，用户足不出户就可以浏览全世界的信息，网站、网络媒体也成了当今社会必不可少的信息传播媒介。要创办网络媒体需要先了解和熟悉网站建设的基础知识(见附录 1)。

(一) 网络媒体概况

网络媒体,又称互联网媒体,是指利用互联网这个传播信息的平台,以文字、声音、图像、音频、视频等形式来传播新闻信息的媒介。它有别于报纸、广播、电视等传统媒体,具有快捷性、互动性、多媒体化、数字化的特点,被称作“第四媒体”,也称为“新媒体”。

网络新闻媒体,是指在网络上提供新闻信息的媒体网站或平台。总体来看,中国的媒体网站大致可以分为四类:中央重点新闻网站,如人民网、新华网、光明网、中青网、中国新闻网、中国日报网等,这些网站是国家大力扶持的主流网站;地方新闻网站,如红网、浙江在线、长江网、天山网等,这些网站通常是由各省、自治区、直辖市党委宣传部或网信办主管;商业门户网站,如新浪、腾讯、搜狐、网易等;另外,各行业网站也可充当其行业的新闻网站,如中国电影网、中国化工网等。2006 年,第十六届中国新闻奖首次将网络新闻作品纳入评选,这标志着中国网络新闻媒体经过 12 年的发展,已经进入成熟期,开始以自身的优势和特色在新闻传播领域展现特有的魅力,成为“主流媒体”的一部分。限于篇幅,这里主要以澎湃新闻为例,谈谈网络新闻媒体的创办策划。

(二) 网络媒体创办策划案例——澎湃新闻

在媒介融合的大背景下,纸媒纷纷向新媒体转型。以上海报业集团为依托的澎湃新闻上线,引起传媒界的广泛关注。澎湃新闻是一个“专注时政与思想”的新媒体项目,是都市类报纸《东方早报》向新媒体转型的成功尝试。2017 年 1 月 1 日起,《东方早报》关闭纸质版,全员转入澎湃新闻,进行网络新闻生产。澎湃新闻在内容生产方式、盈利模式、平台互动、全媒体转型等方面的诸多做法,都有值得关注之处。

1.澎湃新闻简介

澎湃新闻是一个新闻平台。作为上海报业集团改革的一个成果,澎湃新闻是专注时政与思想的媒体开放平台,口号是“专注时政与思想的互联网平台”。

2014 年 7 月 22 日,当发刊词《我心澎湃如昨》刊发出来时,意味着澎湃新闻的多个平台——澎湃新闻客户端、澎湃新闻网站、澎湃新闻微信公众平台、澎湃新闻微博等同时上线了。澎湃新闻是上海报业集团改革后进行的第一个新媒体项目尝试,它的定位是“专注时政与思想”,一经推出,就引起业界的高度关注。2017 年 1 月 1 日起,《东方早报》休刊,原有的新闻报道、舆论引导功能全部转移到澎湃新闻网。

澎湃新闻结合互联网技术创新与新闻价值传承,致力于新闻追问功能与新闻跟踪功能的实践。澎湃新闻有网页、Wap(无线应用协议)、App 客户端等一系列新媒体平台,拥有《中南海》《中国政库》《一号专案》《打虎记》《人事风向》《舆论场》《知识分子》等 100 多个栏目,囊括时政、财经、社会、观点等多个领域,各栏目专攻各领域新闻,遇到重大新闻则通过中心协调团队合作写大稿，发挥平台内容优势。2017年10月28日，澎湃新闻的“原创新闻客户端的移动化运营”被评为“2017中国应用新闻传播领域十大创新案例”之一。

2.澎湃新闻创办经验

澎湃新闻虽萌生于上海，但却放眼全国，其定位是做一家全国性的新兴媒体。澎湃新闻的发展大概可以划分为两个阶段：第一个阶段，是2014年到2016年底，是试水媒体融合的阶段。这段时间里，是纸媒《东方早报》与网媒澎湃新闻两种一起在做。第二个阶段，是2017年初到现在，将《东方早报》休刊，澎湃新闻单独发展。这两个阶段的变化，首先是产品形态的变化，但更重要的是思维和观念的转变。在第一阶段，主要是“转场”，学着做互联网的内容；第二个阶段，工作的核心是转变观念，全面拥抱互联网思维，竭力接近互联网原住民，努力像他们那样去思考。

自创办以后，面对日益庞大的手机和网络用户，澎湃新闻积极顺应社会发展趋势，从内容呈现、话语表达和增强互动等多个方面不断对自身进行改进和调整，以适应用户的阅读习惯。从内容呈现方面来看，成立以来，澎湃新闻不断完善客户端页面，不断细分完善栏目内容，满足受众多元化的信息需求，囊括了时事、财经、政务、体育、科技、生活等多个领域，为受众提供了一站式阅读体验。从话语表达方面来看，澎湃新闻生产、聚合中文互联网世界优质的时政思想类内容，用通俗但不庸俗的个性表达方式，为各个领域的大家开设个人言论栏目，进行理性探讨和辩论，同时，注意紧跟热点，引领舆情。重视使用视频、图片、直播等多种视觉呈现方式，也符合网络用户的阅读习惯。最后，从互动性来看，问答、追踪、澎友圈UGC（用户原创内容）、新闻报料以及AI小冰陪你聊新闻等互动方式的设计，都给用户提供了广阔的平台。同时，注重结合热点推出相应服务，增强了媒体的互动性和实用性，如伴随着上海垃圾分类试点的推行情况，澎湃新闻推出了服务类小程序——澎湃分垃圾。总体来看，澎湃新闻的成功得益于以下几个方面：

（1）明确的媒体定位

澎湃新闻自诞生之日起，就锁定了“时政与思想”的定位，致力于做“有内涵的时政新媒体”。澎湃新闻的这一定位，是基于前期细致而烦琐的研究和调查发现——时政新闻产品也是一种稀缺产品。澎湃新闻注重报道和跟踪时政新闻，并且立志成为中国第一时政品牌。澎湃新闻自从上线以来，就用权威的数据和实力在时政新闻报道领域形成了一定的影响力。澎湃新闻的《打虎记》《中南海》《中国政库》等都是与政治生活密切相关、能够引起人们探求兴趣并已经形成了影响力的栏目。澎湃新闻是一个开放的内容平台，除了面向一些国家和政府机关、社会团体部门的工作人员之外，只要用户对时政和思想类内容感兴趣，平台便提供最便利的分享。

（2）优质的新闻内容

澎湃新闻选择的是一条原创时政新闻的路途，虽然注定艰辛，却也别具特色。通过优质内容,为用户提供及时和有深度的信息,是澎湃新闻立身的基础。澎湃新闻的内容以深度报道见长,关注新闻事件时进行跟进报道、还原新闻事实,文风通俗个性,使读者能够轻松看懂新闻,体会到文字带来的快感。

澎湃新闻充分利用 PGC 和 UGC 两种内容来源(将自主生产内容和网民生产内容相结合),实现内容的原创性。与各商业类门户新闻网站不同的是,澎湃新闻是拥有一类新闻资质的新闻网站和客户端,拥有国家赋予的采编和原创新闻的合法权利。澎湃新闻共有 400 多名记者编辑,每周生产 800~1200 篇原创新闻(另有约稿、编译稿和专栏、转载等内容),原创新闻、约稿、编译稿和专栏四部分合计占整个澎湃新闻网站的近 80%,这些是属于澎湃新闻的独家专业内容。澎湃新闻在加强原创之际,又重视网络聚合,在内容生产上采取包容开放的态度,接纳各种有利于产品发展的生产途径。实践表明,这样的做法收效较为理想。可以说,澎湃新闻的新闻生产具有混合特征,是结合了专业新闻组织和网民智慧而形成的新闻聚合平台。

为了扩大原创新闻报道面,澎湃新闻一方面与优秀时政新闻生产团队合作,另一方面通过"问答"和"评论",将用户反馈的内容转化为新闻源。在做报道时,完全按照互联网的思维去做。从策划之初,就会组成一个小组,不仅有文字,还有视觉、视频、设计和产品人员,一起讨论选题,甚至一起去采访。澎湃新闻设计有新闻追问功能,用户可以针对每一条新闻提出自己的任何疑问并获得其他用户的解答,这一互助方式使得用户可以真正读懂、读透每一条新闻。这一功能设计使澎湃在一定程度上颠覆了传统的新闻生产方式和新闻形态。

(3)良好的用户体验

在努力做优质新闻内容的同时,澎湃新闻也非常重视用户体验。针对用户体验不足的问题,澎湃新闻将技术改进作为重点,借助大数据发展建立"用户爱好及阅读习惯数据库",在海量资讯的前提下为每个用户提供精准的个性化服务。同时,依托新技术创新新闻报道形式,如借助 AI 小冰陪你聊新闻版块进行人机互动,为用户带来全新阅读体验。

澎湃新闻别具特色的创新在于内容上的互动性,最突出的就是其"问吧"和"问政"两个功能。"问吧"于 2015 年上线,具体的操作方式就是请一些领域专家或者新闻热点人物与公众直接进行沟通,增加了澎湃新闻的黏合度与直观性。由于功能明确、界面清新,这一功能广受欢迎。2017 年 7 月,"问政"频道诞生,这个频道的内容对于遏制谣言的传播、张扬权威的声音有着积极作用。政府与公众可以在这里就政策意见进行碰撞沟通。

澎湃新闻的手机客户端有如下特点:一是界面特别。澎湃界面最不同寻常之处在于其娟秀的字体,看上去十分清新;还有适合大屏智能手机阅读的大图模式,具有强烈的新闻冲击力。图片像素很高,而且从构图和用光看多为上乘作品,为界面增色不少。二是信息定制。在数十个栏目中,受众可以挑选自己喜欢的栏目,如"思想"大类里,包含了《社论》《澎湃评论》《上海书评》《私家历史》等十余个栏目,皆可订阅。三是互动分享。移动客户端提供了便利的分享功能,受众只要觉得必要,就可以轻触指尖,将信息以微信、微博、QQ 等方式分享出去。

与网页版相比,客户端实现随时随地阅读信息;与微信、微博相比,虽然都在手机上呈现,但客户端所承载的内容更加丰富和立体,也具有更加良好的视觉体验。

(4)多层次的传播渠道

澎湃新闻从一开始就覆盖了网页版、客户端、微博、微信等媒介形式,可以说几乎形成了现有传播关系中的全覆盖模式。现阶段,澎湃最受欢迎的媒介渠道是手机移动客户端。移动客户端通常被称作 App,表现出移动性和便捷性。澎湃这一媒介渠道的受欢迎与当下的社会传播特点是相吻合的。

对于澎湃新闻而言,移动客户端是最重要的,但也没有放弃其他传播渠道。事实上,澎湃新闻已经形成了微信公众号矩阵,众多子栏目都有微信公众号。不仅如此,澎湃新闻还入驻了微博、微信、抖音等新媒体平台持续发力,提升品牌知名度,吸引更多受众的关注。对于微博、微信等平台来讲,澎湃新闻等权威性强的媒体入驻,在增强平台性的同时,也能够潜移默化地受到主流舆论的引导,从而增强澎湃新闻的舆论引导力。应该看到,对于澎湃新闻而言,多层次的传播渠道格局基本形成。

(5)出色的采编团队

澎湃新闻是由《东方早报》转型而来的,其采编团队由《东方早报》原班人员组成。可以说,《东方早报》为澎湃新闻留下了一支有经验、有思想的团队,团队人员的专业素养成为持续生产优质新闻的保证,也是澎湃新闻拥有持续竞争力的后盾。

澎湃新闻打破了传统媒体组织科层化、封闭化的组织架构,引入互联网式的项目团队制度,各个小组独立运营,组织结构扁平化、开放化,以适应移动传播时代信息快速反应的要求。澎湃新闻有数十个子栏目,每个栏目都有一个小组运营,每组人员相对固定,各小组每天一起开会,商量选题,有时还会对选题协同操作,做成大的专题报道。小组成员平常较为独立,一旦遇到重大报道就将优化配置,临时重新组合,组成全方位、多角度的报道团队。

澎湃新闻的管理采取产品化、团队化方式,各个子栏目也被当作产品在运行——点击量高的就保留,点击量低的则可能面临裁撤。在全新工作环境下的媒体人最大限度地发掘了自己的潜能。采编人员主动适应新的挑战,开展自我学习,尽快转型。人员往往是复合型人才或者一专多能,如文字记者可以充当摄影师、文字编辑可以担纲视频剪辑、平面美编可以制作网络动画等。澎湃新闻的采编人员实现了向全媒体记者的转型,他们在制作每一个作品时都想着怎样以各种媒体手段加以呈现。有文字调查经验的记者转入视频记者岗位,也能将做文字调查时所擅长的突破能力和逻辑分析能力运用到视频调查中。

当然,澎湃新闻作为由传统都市报转型而来的新媒体,现阶段仍面临着诸如盈利模式单

一、独家新闻后劲不足等发展瓶颈。如何在盈利模式上真正向新媒体靠拢，改变依赖出售受众注意力实现二次销售的盈利模式，以及围绕政经话题推出更多优质的独家深度新闻维持品牌定位，是澎湃新闻未来走向的关注点。澎湃新闻的转型探索尚需要人们继续观察与思考。

五、微媒体（微信公众号）创办策划案例解析

微媒体（微信公众号），既有新闻媒体创办的，也有其他社会团体或机构创办的，亦有个人创办的。近年来，在移动互联网和新媒体技术的赋权下，公民个人和一些社会团队创办的微信公众号（自媒体性质的）日益增多。这其中，以生产和传播新闻为主打的公众号不乏办得比较成功和富有特色的。不过，限于篇幅，这里仅对新闻媒体所创办的微信公众号进行适当解析，而不对其他社会团队或机构以及个人创办的新闻类微信公众号展开论说。

现今，随着移动通信技术、互联网技术的快速发展和智能手机的日益普及，移动化、社交化、场景化日益成为普通民众接受新闻信息的显著特点。在此形势下，新闻媒体秉持“移动优先”的信息传播战略，更加重视利用社交媒体向民众进行新闻信息的推送，因而纷纷办起微信公众号，以适应这一需要。从目前的情况来看，新闻媒体所创办的微信公众号是多层次的，既有媒体层级的，如《中国青年报》的“中国青年报”公众号、环球资讯广播（国广）的“环球资讯+”公众号等；也有媒体下属产品单元层级的，如《人民日报》（海外版）的“侠客岛”公众号、环球资讯广播《新闻盘点》节目的“国际锐评”公众号等。

（一）《人民日报》（海外版）“侠客岛”微信公众号创办策划

“侠客岛”是《人民日报》（海外版）于 2014 年 2 月 18 日创办的新媒体品牌栏目，专注时事政治的评论。“侠客岛”以时政新闻解读为主业，坚守政治立场，内容丰富优质，话语清新活泼，在国内外舆论场尤其是互联网舆论场拥有广泛影响力。在微信、微博、门户网站、资讯客户端等平台，“侠客岛”已有超过 1000 万的总用户量。在重大时政、社会热点、国际新闻等方面，“侠客岛”站位高、把得准、接地气、多创新，实现了宣传导向和传播效果的平衡，取得了良好的社会效果。

1.专栏定位

作为《人民日报》（海外版）旗下的新媒体品牌，“侠客岛”自创办以来，牢固树立“四个意识”，坚持守正持中立场，以时政新闻解读为主业，在微信、微博、门户网站、主要资讯客户端等多个媒体平台落地，以优质内容、清新文风，“成为融合发展时期主流媒体积极影响海内外舆论的轻骑兵”。

2017 年 9 月 20 日，新华社刊发《主旋律更响亮 正能量更强劲——党的十八大以来宣传

思想文化工作综述》，把“侠客岛”作为“中央主要媒体打造的微博微信公众号”的典型。

2.作品评介

“侠客岛”坚持原创，绝大部分稿件为《人民日报》（海外版）编辑记者或特约记者写作，较好地体现了“时度效”的要求，并具有以下优势：时效性强——第一时间解读重大热点新闻事件，及时传播党中央精神，进行舆论引导、挤压负面声音；尺度拿捏到位——既能站位高、领会深、把握稳，发挥中央媒体在舆论场中“定海神针”的作用，又能将“高大上”的时政话题变成“接地气”的网络话语，赢得用户认可；社会效果良好——不仅善于寻求“最大公约数”，广泛凝聚社会共识，更在涉及国家利益的舆论斗争中，坚持原则立场，力求理性客观，在我国港澳台地区及海外华人圈拥有广泛影响力。

3.形式体裁

“侠客岛”的原创内容以2000字左右的时政解读文章为主，图文并茂，版式清朗，注重移动端用户的阅读体验。除文字外，“侠客岛”还应用互联网思维，积极整合人民日报社内外资源，开发多种传播形式，如视频、H5、动漫、小游戏、在线直播、线下活动等，扩大品牌栏目影响力，丰富用户体验。

4.风格特点

“侠客岛”有以下三个特点：其一，“大事不隔天”。2017年，围绕十九大、全国两会、“7·26”重要讲话、庆祝中国人民解放军建军90周年阅兵、“一带一路”高峰论坛、中印边界对峙、特朗普访华、萨德入韩等重大国内外时政热点话题，均在当天第一时间进行解读。其二，观点正能量。针对重大时政新闻，准确把握中央精神，行文严守宣传纪律，积极正面影响舆论；针对突发公共事件，及时解疑释惑、澄清谬误、明辨是非；针对尚在发酵的热点事件，适当出声，引导用户正确认识；针对境外炒作揣测，坚决亮明态度，针锋相对斗争。其三，话语接地气。文章口语化程度高，多用短段落、短句子，注重将政治术语、专业名词通俗化。标题符合移动互联网用户阅读习惯：有的简短有力，如《新一届常委，亮相》；有的态度明确，如《辽宁舰穿越台湾海峡，背后有几重警告》；有的突出悬念，如《谁是证监会主席要抓的“资本大鳄”？》；有的诙谐幽默，如《特朗普终于踢开了站在他背后的男人》。[1]

5.受众反应

目前，在微信公众平台、海外网、新浪微博、今日头条、企鹅媒体平台、搜狐、凤凰、网易等多个互联网平台上，“侠客岛”的总用户量突破1000万。“侠客岛”的用户遍及全球，覆盖全国，以20~40岁的用户为主体，受教育程度高、对品牌忠诚度高。“侠客岛”调查结果显示，超过70%的用户表示“每篇都看”“认可侠客岛的内容”。

---

[1] 中国新闻奖评选委员会办公室.中国新闻奖作品选2017年度·第二十八届[M].北京：新华出版社，2018：214。

6.社会效果

自创办以来,“侠客岛”以定位准确、内容优质、文风新颖取得了良好的传播效果。据第三方数据统计机构统计,2017年,“侠客岛”共发布原创文章389篇,其中有303篇阅读量“10万+”。2017年,“侠客岛”荣获中央网信办“微信创新力十佳”称号。另据环球舆情调查中心提供的境外传播统计显示,“侠客岛”文章频繁成为境外媒体观察中国的重要信源,包括《纽约时报》、BBC、《华尔街日报》、路透社、《金融时报》等西方主流媒体。统计显示,目前,“侠客岛”年均被境外媒体转引文章篇次达3000多篇次。

(二)《中国新闻周刊》微信公众号创办策划

在由传统媒体向新媒体转型过程中,《中国新闻周刊》的做法有一定的特别之处。

1.《中国新闻周刊》微信公众号简介

《中国新闻周刊》诞生于2000年1月。《中国新闻周刊》副社长、新媒体CEO(首席执行官)王晨波评价说:“当时对标的是美国的《时代周刊》,属于第一波媒体市场化浪潮的受益者。”

2009年,《中国新闻周刊》开始辟出独立的新媒体运营团队。在进行媒体转型的过程中,从试水网站、微博、App到专注于打造微信公众号矩阵、代运营企业自媒体,《中国新闻周刊》新媒体团队在6年时间里把所有新兴媒体形式试了个遍。2015年,《中国新闻周刊》的新媒体团队生产了诸多阅读量“10万+”甚至“100万+”的爆款文章,成绩斐然。团队的微博和微信公众号拿下了众多新媒体奖项,如“新榜”的“2015年度十大融合新媒体”、微博的“媒体势力榜十佳杂志”、《经济观察报》的“2015年度微信公众号TOP10”。

目前,《中国新闻周刊》已经确立了“社交媒体内容供应商”的准确定位:放弃打造自有平台,奉“内容至上”为圭臬,聚焦品质内容规模化生产。同时,丰富的“两微”运营经验,也让《中国新闻周刊》成了“企业级自媒体定制专家”。2016年以来,《中国新闻周刊》的新媒体代运营业务已经成为杂志社实现营收目标的重要驱动力。

2.《中国新闻周刊》微信公众号创办经验[1]

面对数字时代日新月异的新闻信息传播环境,不断“进化”的《中国新闻周刊》总是努力站在媒体转型的潮头。

(1)放弃App:不做平台,做自己擅长的

2009年10月,《中国新闻周刊》新媒体部正式成立。这一年起,团队便一直站在业界的潮头,依靠杂志千万元级的投入,把网站、微博、App全都试了个遍,均取得不俗业绩。在微信公众号出现前,《中国新闻周刊》新媒体部便实现了可以“反哺”纸刊的营收。到2013年

[1] 岳淼,叶铁桥.转合:移动互联网时代媒体访谈录[M].北京:人民邮电出版社,2017。

底和广告、市场、策划等业务板块一起组建全媒体运营中心时，新媒体已经成为杂志社实现营收目标的重要驱动力。

2009年8月28日，《中国新闻周刊》官方微博发布了第一条微博："我们将在这里展示新媒体人的理想、激情、高度、深入和冷静。"最早运营微博，就是每天发"早晚安"，还有杂志报道附带网站链接。2011年下半年开始，微博有了自主内容，活跃度大大加强。截至2016年的7年间，以拟人化的"周刊君"自称的《中国新闻周刊》微博麾下集聚了近4000万粉丝，斩获各项荣誉。在2016年10月底的微博新媒体影响力大会上，"周刊君"摘取了"最具传播力媒体"奖。

随着新闻资讯类App发展呈燎原之势，《中国新闻周刊》新媒体从2009年便试水该领域。团队一共做了五款App，除了"中国新闻周刊刊网合一""中国新闻周刊杂志版"外，还有"新闻浮世绘"——它源自纸刊上的一个小小栏目。王晨波还专门为这款App招了漫画师，每天把新闻画成漫画。

2010年起，《中国新闻周刊》新媒体各项目进入收获期，网站年营收数百万元。这一年，中国新闻周刊网拿到了国务院新闻办公室颁发的一类新闻信息服务许可证，随后提出了"刊网合一"想法，把纸刊的内容放上网站，并加大采编力度。大量做原创，产生的影响力直观地体现在数据上，在2012—2013年的鼎盛时期，《中国新闻周刊》网站日均访问量高达百万。

2013年底，《中国新闻周刊》第二次转向，裁撤了技术团队，并逐渐放弃了App。原因是"中国新闻周刊"App的下载量有两三百万，但变现情况不好。靠广告，App的广告特别便宜，还不如网站，且广告是跟着流量来的，《中国新闻周刊》作为传统媒体输出的是影响力和内容品质，一旦回归流量，变现能力就显得比较弱，无法跟拥有超高流量的"今日头条"这种App相比。2009年开始，团队也尝试过新刊付费等模式，但也不理想。于是，在"做自己擅长的"这一理念的指引下，决定不做平台，做内容。按王晨波的说法："因为平台已经过剩了嘛，那么多客户端，你入驻就好了。"2014年，《中国新闻周刊》新媒体团队转战微信公众平台，除了百万用户级的"中国新闻周刊"（后文中"中国新闻周刊"均指《中国新闻周刊》官方微信公众号），更强势推出"有意思大家族"，开通了包括"有意思网""Auto Man""大人的玩具""开fun""反观""Mo生活志"等一系列微信公众号，涵盖生活方式、汽车、科技、美食、人文、电影等领域，目标受众是"有好奇心、开放包容、独立个性、自我意识强、爱好多元"的年轻人。

（2）内容至上，打造领先的社交媒体内容供应商

2016年，《中国新闻周刊》旗下的微信矩阵用户超过了300万人，新媒体队伍一度达到近50人。但这一年，团队也经历了大换血，三分之一的人被淘汰。

自2013年转向只做内容以来，《中国新闻周刊》便致力于做"领先的社交媒体内容供应商"，不仅要有高阅读量，还要有被认可的优质内容，这对编辑团队提出了极高的要求。王晨波曾经总结过五条使内容能够"病毒传播"的规律：社交货币、情感共鸣、身份认同、5秒注意

力、清单体。他们出产过大量的“10万+”,甚至《毕业照站位神解析》这样的“100万+”文章,从阅读数和影响力上很好地实现了 Buzz Feed 的“无分享,不阅读”理念。两年多时间里,“中国新闻周刊”和“有意思大家族”都交出了漂亮的成绩单。

2016年初,《中国新闻周刊》再一次转向,在“只做内容”的既定战略下,决定彻底回归“内容至上、品质至上”,以求实现成为“领先的社交媒体内容供应商”的目标。《中国新闻周刊》追求的领先,不仅体现为阅读数领先,更体现为内容品质紧跟时代消费升级脚步的领先。所谓“得用户者得天下”,新媒体时代必须想好你的用户是谁。它将自己的目标受众指向了有生活品质的人群、不断地要追求向上发展的人群。其中,“有意思大家族”明确向生活方式和生活意见转型,就是这种体现。

微信公众号“开 fun”是“有意思大家族”的成员之一,定位为“美食+文化”,主笔以“饭小姐”为笔名。“开 fun”经常发食谱和养生鸡汤,在2015年生产了不少阅读量过万的文章,但那时公众号的不少内容是一个人坐在家就能整合出来的类型,并未体现“有意思网”的调性,用团队的观点看就是“无效流量”。2016年,“饭小姐”开始使用大众点评,大半年后,等级升到了 Lv5。之后,每报一个美食类选题前,“饭小姐”会先试吃三次以上。写“100件厨房好物”系列专栏,“饭小姐”会试用所有的产品,家里没有就去商场逛逛,再通过采访获得吃货朋友的一手体验,然后才下笔撰文。

重调查、重采访,先有干货、再讲形式,是“有意思网”2016年以来进一步转向“内容至上”的主要策略。这一策略,对于有效发挥媒体团队在调查和采访方面的强项颇为有利。2016年中秋前,“有意思网”推送了一篇《我们找到了五仁月饼难吃的真凶!》。这个创意来自“饭小姐”的困惑,她不明白自己爱吃的五仁月饼为什么那么受嫌弃。于是团队成员就在选题会上讨论,不如“解剖”几只试试,看究竟五仁月饼哪里不好。他们组成了测评团,找来了北京三家“老字号”——稻香村、义利、宫颐府售卖的五仁月饼,剖开了挨个儿吃。瓜子、松子、花生、核桃悉数过关,小杏仁、糖冬瓜等口味不搭的腌制品被无情揪出。这种测评也体现了“有意思网”2016年新定的三个标准——真实、新鲜、趣味。有时,编辑报上一个选题后,需要说服在场的所有人,如果大家都觉得没意思、不愿意分享,那选题就是失败的。

坚持内容至上,尊重用户而不屈从或迎合某种文化,这种坚持得到了正向的反馈:谈论社会中违反规则现象的文章《你成为老虎的食物,就是因为你不守规则》阅读量破100万,严肃讨论读者三观与道德焦虑的文章《乔任梁的死为什么不应该被调侃被指责》阅读量破50万。

“有意思 TV”也是“中国新闻周刊”新媒体的一部分,这个早在2013年就建立的短视频工作室,拍摄过78岁的球迷老太太、暗黑漫画师等形形色色的有意思的人,2016年服务营收达数百万元。

从网站、微博、App 到微信公众号和短视频，从组建技术团队到专注内容，大到战略创新和组织变革，小到每一条内容的推送，《中国新闻周刊》经历了不止一次“壮士断腕”式的变革，一直在不断摸索、尝试中寻求最优答案。

(3)代运营：成为企业级自媒体定制专家

《中国新闻周刊》在新媒体运营方面的成功引起了企业界的注意。2014 年 5 月，德国某供热品牌主动抛来了橄榄枝。由此，全媒体运营中心签下第一份代运营微信公众号的合约。彼时，“中国新闻周刊”开通尚不到一年，发展十分迅猛，一周可以增加一万用户，而“有意思大家族”也生长得枝繁叶茂。

在微博鼎盛阶段，《中国新闻周刊》就给法国某能源公司等三四家企业做过代运营。而在微信公众号上，这一数字一路看涨：2016 年，与全媒体运营中心签订代运营合同的企业达到 26 家，是他们已知业内代运营企业数量最多的。

现在，代运营已成为全媒体运营中心的一项日常工作，也改变了包括“饭小姐”在内的几十位新媒体编辑的工作方式：除了运营“有意思大家族”外，还和专门负责商业合作项目的策划部协作，负责为一家企业自媒体树立画像、定义人格、生产内容、传播品牌。

之后的时间里，《中国新闻周刊》全媒体运营中心不断接到代运营邀约，企业来自多个行业，能源、制造、金融、商业、消费、地产、酒店……项目团队参与相关竞标数十次，“成功率非常高”。团队人手不够，他们甚至开始精简服务：对于大部分代运营的公众号，提供全年服务，除了定期更新以外，还可能包括拍视频、做线下活动、日常危机公关等；对于少数公众号，则只提供稿件，不负责排版或后台互动。

2016 年，《中国新闻周刊》代运营的总收入达千万，占新媒体业务全部营收的近一半。

第二节　专栏和专版策划的运作

专栏和专版，是新闻媒体新闻生产与传播活动中处于中观层面的新闻产品单元，它们是新闻媒体产品结构的重要组成部分，向上构成完整的新闻媒介产品整体，向下则紧密关联着一则则具体的新闻报道(新闻作品)——新闻产品的基础单元。专栏和专版，通常也被所属新闻媒体作为打造媒体品牌和特色的关键支点——有因它而留住和吸引受众的，也有因它而使受众疏远和冷漠的。充分认识它的作用，重视对它们的报道策划，是新形势下媒体组织者和策划人不得不认真思考的一个问题。

专栏、专版对于媒体已不可或缺，至关重要。然而，高质量的专栏、专版并非一求即得、自然生成的，必须依赖于高质量的策划。由于专栏、专版相对较为固定，相对于大量、琐碎的日常新闻来说，其刊播周期长一些，准备时间从容一些，规律性好把握一些，因而加强对专栏、专版的策划成为可能。从某种意义上来说,一个专栏、专版办得好坏,非常能够体现一家媒体策划水平的高低。

一、专栏策划的基本流程与相关要求

专栏是新闻媒体的一个重要组成部分,新闻媒体需要靠专栏创特色。专栏办得如何,可以从一个侧面反映出新闻媒体的队伍素质和策划水准。在近几年的中国新闻奖获奖作品中,都有10件名专栏。从这些评选的新闻名专栏来看,属于中央新闻单位的有5件,属于地方媒体的有5件;属于报纸系统的有4件、广播系统的有2件、电视系统的有2件,还有2件属于网络媒体(新闻网站)系统。例如,第二十八届(2017年度)中国新闻奖获奖作品中的10件新闻名专栏分别为:《陇上评论》——《甘肃日报》、《星期五调查》——《姑苏晚报》、《Second Thoughts》(转念之间)——《中国日报》、《政策解读》——《人民日报》、《照亮新闻深处》——北京广播电视台、《晚高峰观军情》——中央人民广播电台、《圆桌议事》——中国国际广播电台、《今日评说》——浙江卫视、《国家相册》——新华网、《百姓故事》——华龙网。成功的专栏,俨然就是一家媒体的品牌产品,可以作为媒体的一个独特卖点,从整体上提高媒体的竞争力。《人民日报》的《钟声》专栏,《光明日报》的《光明网评》,《经济日报》的《经济观察》,中央广播电视总台的《焦点访谈》《东方时空》《新闻调查》栏目,《浙江日报》的评论栏目《之江观察》,《湖北日报》的《今日视点》专栏,《新华日报》的《漫说快评》栏目,江苏广播电视总台城市频道的民生新闻栏目《南京零距离》,黑龙江广播电视台都市频道的民生新闻栏目《新闻夜航》等,都是此类典型。当然,专栏办得成功与否,与其创设、经营是否科学、是否经得起实际考验密切相关。

(一)专栏的类型

所谓专栏,是新闻媒体为了刊发或刊播某一类大致相同性质内容的稿件或节目而形成的拥有相对固定的名称和位置的版面或时间。一般而言,专栏的刊播时间和版面位置相对固定,存续时间比较长,因而能够带给受众比较频繁的视听冲击,让人印象深刻。专栏的策划、运作常常体现了一家媒体占有新闻信息资源和合理配置新闻信息资源的眼界和能力,是媒体创造性思维和创造性品格的直接显现。专栏有不同的类型,有新闻专栏、评论专栏、服务专栏等,在这些专栏中,有的具有自身的特色,有的则相互交叉,如新闻专栏可能是以服务性为主的,服务专栏是以新闻性来表现的,等等。这些名专栏中有新闻类专栏、评论类专栏、谈话类专栏、人物类专栏和服务类专栏等。栏目好比超市里的货架。一旦长期办下来,办出影响,办出品牌,就会形成固定的预期。特别是在当前信息越来越碎片化的时代,栏目能够为用户(受众)获取想要的信息提供检索便利。“栏目降低了搜索成本,栏目积淀成品牌效应，栏目给具体的新闻资讯增加了传播意义上的权重。”[1] 碎片化的时代会带来大量的信息泡沫，受众需要路标，需要提示器，而栏目在一定意义上就是信息路标。

1.新闻专栏

新闻专栏在媒体的专栏中所占比例最大，所引起的关注度也最大。几乎每个媒体都设立了新闻专栏，有的媒体同时开设多个专栏。新闻专栏的设置，有的是为了某一时期的宣传需要，如新华社为纪念新中国成立50周年而开设的专栏《身边小事看变化》，《光明日报》在2014年巴西世界杯期间创办的《瞩目世界杯》栏目等，这类新闻专栏开设的时间一般较短，集中宣传期一过去，专栏就基本结束。有的专栏是将一类新闻报道归在一起，形成系列，构筑与形成新闻传播强势，如CCTV-1的《新闻30分》、CCTV-2的《经济信息联播》、《经济日报》的《视点》专栏、《中国青年报》的《冰点》专栏、《重庆日报》的人物系列报道专栏《逐梦他乡重庆人》、《厦门日报》的《政法新闻》专栏《花花视界》等，这类新闻专栏开设的时间一般较长，有的甚至常年固定下来。

当然，不论是仅仅设立一段时间的，还是长期办下来的新闻专栏，它们的创设都必须是基于客观事实，从实际出发，能够体现前瞻意识、对热点和焦点问题的深刻洞察以及对社会形势的正确判断，从而使专栏的设置引起受众的兴趣和关注。

2.评论专栏

评论专栏是新闻媒体开办的针对新近出现的新闻事件或社会现象、社会问题进行评论的言论性专栏，以报纸刊发的较多。这类专栏刊出的周期有长有短，从每周1期到每日1期的都有，但时间较为固定。评论专栏有的是每期只刊载有单篇文章的专栏，如《人民日报》的《人民论坛》专栏的《今日谈》专栏、《钟声》专栏，《北京日报》的《长安观察》专栏等；有的则是每期由多篇评论组合在一块，形成某一主题评论，如《浙江日报》的《之江观察》等。此外，有些评论专栏带有明显的舆论监督、反映群众呼声的色彩。例如，新华社《新华视点》栏目，在舆论监督报道方面因权威、深度、有较大社会影响力，获评中国新闻奖名专栏。

3.服务专栏

从广义上说，媒体上所刊发刊播的一切内容都是为受众服务的，但服务专栏则是指对受众工作、学习和生活上遇到的某些具体问题的解答和服务，或者能够帮助人们解决观念认识问题、增加某些领域的知识的专栏。

人们的需求是不断发展变化的，媒体的服务专栏也要随此而不断有所创新、有所发展，这是媒体策划者时时需要考虑的问题。一些新闻媒体为了体现对受众的人文关怀，以提升服务性为特色，开设《帮您打听》《为您解忧》《帮帮团》《你点我采》《空中热线》《小强热线》

---

[1] 杰文津，李智勇，胡智锋，等.第二十九届中国新闻奖解析 新闻名专栏圆桌研讨[J].中国记者，2019(12)：79-82。

等栏目。这类服务专栏不受时间限制，事无巨细，为受众寻求解决办法，特别能体现对受众的重视，因而开设得较为普遍。有的服务专栏甚至办出了品牌效应，如《江淮晨报》的《记者帮》栏目，从关乎群众切身利益的平凡小事入手，通过记者的“跑腿帮办”，让读者的投诉和咨询件件有回音、桩桩有着落。“帮读者办事情，为读者解疑难”成为专栏的鲜明特色。这一主打“服务牌”的专栏在当地产生了较大社会影响。有的服务专栏虽不是为了帮助解决人们生活、工作中的实际问题，但同样具有“为民服务”的作用。例如，湖南广播电视台的《新闻大求真》栏目，作为一档科普类节目，它以“传言求证”为宗旨，向全民(特别是青少年)传播科学知识，针对谣言、传言解疑释惑，不仅进行科普，还育化公众的媒介素养，受到不少观众的喜爱。服务专栏有的是单独开设的，有的则是在专版和专刊中开设的，如许多报纸《健康专版》中的《投医问药》专栏、《生活周刊》中的《吃喝玩乐》专栏等。

4.访谈类专栏

访谈类专栏，以广播、电视媒体开办居多。国内的大多数广播、电视媒体通常都开办有固定的访谈类专栏。报刊、网络媒体偶尔会根据具体的新闻报道需要，临时或不定期地开设访谈专栏。访谈类专栏，通常需要邀请一些新闻当事人，或专家、学者，或政府部门负责人在栏目中就某一话题进行对话、交流，并借此向社会公众传播相关信息。其中，有的栏目还会邀请观众、读者、网民参加，让他们直接参与到相关内容的交流、讨论中来。访谈专栏，能够带给受众以较强的现场感，所刊发刊播的信息内容相对鲜活、生动。

凤凰卫视的《鲁豫有约》、CCTV-13 的《新闻 1+1》、CCTV-2 的《对话》栏目、重庆广播电视总台《重庆之声》的《阳光重庆》等栏目，都属于此类专栏。

5.新闻集萃和摘要专栏

随着新闻事业的不断发展，一些新闻媒体尝试设立专门版块或栏目，介绍其他媒体有影响、有特点的新闻报道和言论，以便给受众提供更多、更新的新闻信息和观点分析。这样，就出现了新闻集萃和摘要专栏。中央人民广播电视总台一档早间新闻节目——《新闻和报纸摘要》就属于此类专栏。作为中央人民广播电视总台最重要的新闻节目，也是《中国之声》历史最长、影响最大、地位最高的广播节目，《新闻和报纸摘要》在全国新闻界享有崇高的威望和巨大的号召力，固定听众数以亿计。《新闻和报纸摘要》节目的原型是 1950 年 4 月 10 日开办的《首都报纸摘要》。此后几易其名，1967 年以后固定为《新闻和报纸摘要》，一直延续至今。50 多年来，《新闻和报纸摘要》的收听率始终名列各类广播节目榜首。《新闻和报纸摘要》节目分国内要闻、媒体介绍、国际新闻、今日天气、简讯五大部分。国内要闻及时、充分，常常是独家报道党和国家领导人的重大活动，宣传中央的大政方针、中央各部委的工作思路、部署，完成中宣部下达的重大典型宣传任务以及重大新闻事件的报道。今日天气属全国独创，以清新的语言勾勒当天全国天气情况，极具服务性。简讯言简意赅，信息量大。媒体介绍汇天下精华,备受同行瞩目。国际新闻常利用时差优势,率先报道北京时间当天早晨发生的重大国际新闻。另外,央视的《朝闻天下》《世界周刊》,江苏广播电视总台江苏公共新闻频道的《网罗天下》(2013 年推出),也属于新闻集萃型专栏。在信息过剩的当今社会,主流媒体的一个重要价值就在于为受众整合、梳理看似杂乱无章的资讯,为人们提供有序而冷静客观的分析。谁对于资讯的分析整合能力强,谁就拥有更大的社会"话语权"及传媒影响力。因此,此种类型专栏的开办是非常有必要的。

除以上外,还有因时间而设的纪念性专栏、因事件而设的跟踪性专栏、因特定人物而设立的个人专栏。特别是个人专栏,由于专栏主持人(撰稿人)有一定的知名度,因而能引起读者的关注。由于是个人专栏,作者写作的自由度相对要大一点,因而文章也较为活泼尖锐,呈现出多样化的风格,像《河北日报》的《杨柳青》专栏(评论家储瑞耕担任主笔),《经济日报》的《经济观察家》专栏(由阎卡林先生主持),《华商报》的《文章倾城》专栏(作家叶倾城),《南京日报》的《根生时评》(主笔刘根生)等,都属于具有一定社会影响的个人专栏。近年来,随着传媒业竞争的深入,个人专栏一度成为不少媒体着力打造的"亮点"。此外,还有固定性专栏、非固定性专栏,还有政治军事专栏、经济生活专栏、科技专栏、文化体育专栏,也有因不同人群而设置的企业家、公务员、教师、学生等方方面面的专栏。

从某种意义上说,在信息的苍茫大海上,栏目仿佛是一座灯塔,它的穿透力很强,可以进行信息聚焦,可以做垂直性新闻产品,在互动时代,可以形成受众群落。

(二)专栏策划的基本流程

策划创办一个专栏,一般应当事先进行一番前期的市场调查、受众调查,掌握相关方面的情况,以便心中有数,然后再按照以下基本流程进行。

1.明确栏目的宗旨,确立栏目的定位,设计栏目的名称

一个专栏的创办,不是随心所欲地拍拍脑袋就可以定下来的,而是需要经过周密的考察,对其生存条件进行综合分析,在集体研究的基础上,经明确宗旨、确立定位、商讨命名决定的。创办专栏,首先必须明确栏目的宗旨——这往往是由媒体现阶段的需要决定的。比如,CCTV-1 于 1994 年 4 月推出的新闻评论栏目《焦点访谈》,就是央视为了加强对社会热点问题的关注和报道,提升新闻舆论监督水平而启动的。

其次,创办专栏要明确栏目定位。定位,包含着对象意识——让谁看,决定着用什么策略传播,影响着栏目的调性。《焦点访谈》的定位是:时事追踪报道,新闻背景分析,社会热点透视,大众话题评说。CCTV-2《今日观察》(2008 年 10 月创办,现称《央视财经评论》)的定位为:对关乎民生的普遍现象、重大事件及市场格局变化等进行深入调查、探讨和分析解读。没有一个明确而合理的定位,专栏的创办就会不合时宜,很难走远。

一般而言,栏目定位要与时代特征、社会热点和读者需求密切关联,内容应具有开拓性。

《人民日报》国际新闻评论专栏《钟声》,就是《人民日报》面对风云变幻的国际局势,为了掌握国际舆论的主动权,以“凭借专业的评论和权威的声音,表明中国立场,发出中国声音”为定位而开办的。安徽《江淮晨报》的《晨报地理》栏目“记录流逝的风景,融入筑梦的新城”的定位,就契合了转型期城市新老市民“心灵寻求安放”的心理。

最后,要设计专栏的名称。这也是非常有讲究的。专栏名称具有传递电视的节目信息、吸引观众的功能。策划人在对专栏名称进行设计时要考虑其专业性、简洁性、形象性、亲和性、鼓动性和开放性的特点,要有创新性。一般而言,栏目名称应简洁易懂、内涵深刻、富有新意。当然,也应与所在媒体相配伍。比如,2012 年 6 月 11 日,CCTV-2 的《今日观察》更名为《央视财经评论》,借以更好地体现频道特色。

2.配置专栏所需资源

栏目一经设立,就要为其配置所需要的专门人力、物力等方面的资源,以便其运作起来。具体来说,要做好两方面的事情:

一方面,需要为专栏配置一定数量的记者编辑。比如,1993 年央视开办《东方时空》栏目,就采取了“灵活用人”机制,为栏目招募和配备了相应数量的记者、编辑、主持人,从而为制作有质量的节目提供了人才保障。当然,专栏本身既可以是产生高品质新闻报道的地方,也可以是培养和产生优秀记者、编辑的沃土。在新闻界,许多名记者、名主持都是在某一新闻媒体开办的相应专栏中通过勤勉工作逐渐成长起来的。他们成名后,又会反哺栏目,助推栏目乃至所在新闻媒体进一步提升影响力。这种现象并不鲜见。不管怎样,栏目有自己的专班人马,是《东方时空》成功的重要保障。而《湖北日报》专栏《今日视点》的成功,也离不开成立采编专班,专人负责。“‘今日视点’专班设在新闻编辑中心,由三人组成,一个主编,两位主笔。主创团队除采写编辑稿件外,更重要的是穿针引线,行走于新闻生产部门,加强策划联动,协调采写,落实选题。”[1]

另一方面,需要为专栏提供相应的软硬件设施、新闻采编资源。比如,需要为栏目配置专门的热线电话、专门的电子邮箱,方便获取群众提供的新闻线索、反馈意见等;需要设立相应的模块化的稿件编审处理系统,方便栏目便捷、高效地处理稿件等。有的专栏还需要配备相应的摄影、录音、摄像器材等。另外,所在媒体还可以利用自身的社会影响,为开办的专栏做一些推介、宣传活动,赋予栏目一定的“符号价值”,借以帮助栏目提高知名度,吸引社会关注。央视就曾在自己的平台上播出《东方时空》《新闻调查》等栏目的片花,其意图就是帮助推介、宣传这些栏目。时至今日,这类做法在许多媒体中仍然存在。

当然,在此过程中也需要建立相应的机制,以确保专栏的有效运作。比如,央视为办好

[1] 胡汉昌,张国安.网媒时代的党报新闻强报战略——以《湖北日报》“今日视点”专栏为例[J].中国记者,2015(2):96-97。

《东方时空》,启动和实施了制片人机制。该机制的实施,极大地激活了栏目的活力,也有效调动了团队成员的工作热忱,为推出一系列精品节目创造了良好条件。同样,《湖北日报》为了强化激励机制,充分调动记者、编辑为《今日视点》栏目采稿、供稿的积极性,对栏目稿件实行打分时另加系数的政策,下设底线,上不封顶,鼓励"冒尖",亦产生了较好的效果。

应当看到,时下有不少新闻媒体在探索组建融媒体中心、"中央厨房"采编系统,统一安排各栏目、版块的新闻稿件的采写、编发。在这种情况下,对于专栏而言,就不需要另外专门配备相应的软硬件设施了,但仍需考虑为其划拨好相关的采编资源。总之,要为栏目提供所需资源,才能不断推出与栏目定位相一致的有思想、有温度、有品质的新闻作品。

3.专栏的运作及其完善

专栏开办之后只有持续地有效运作,保持其刊发、刊播的连续性,才能给受众以一种反复的视听刺激,增强在受众心中的地位,进而打造影响力,建构自身品牌。

专栏的运作靠的是不断发掘、策划一个个有价值的选题,进而围绕选题接续策划,推出一系列有质量、有品位、有影响的稿件或节目,在创造良好社会效益的同时,也给媒体带来不错的经济效益。专栏的选题,应当在符合专栏的开办宗旨和定位的前提下,既要注意切中社会关切、贴近时代潮流,也要重视捕捉受众兴趣、把握受众需求。专栏刊发刊载的稿件或者播发的节目,要有新颖的立意、别样的构思和独特的风格。事实上,在新闻报道实践中,即便是面对同一新闻事件和人物,选取的角度不同、立意不同,采写的报道或采制的节目给人的感觉就会不一样,就会产生不一样的传播效果。所以,专栏的报道,要重视选择新闻视角,善于挖掘表现新闻事实的着眼点和侧重点,找出这一新闻事实区别于其他新闻事件最突出、最特别、最典型的方面,进而强化"人无我有,人有我优"的独特品质。此外,专栏的报道(节目)要能够体现专栏的总体风格和特色,并能够体现所在媒体的良好采编水准。专栏在运作中,要讲究版式固定、风格统一。现如今,传统新闻媒体的专栏都在积极嫁接新技术,努力往新媒体靠近,以拓展发展空间。比如,不少专栏利用当前流行的微博、微信和抖音等互动社交平台,构建起专门的用于获取新闻线索、传播专栏内容和加强与受众互动的"微平台",以便提升专栏的品牌竞争力。这类做法是值得策划人在运作专栏时将其考虑进去的。

专栏在运作中进行适当的"包装",是十分必要的。报刊、网络媒体专栏的包装,涉及栏头、栏题、栏目版式、留白、字体、字号等方面的创意设计。广播电视专栏的包装,则涵盖形象宣传片、片头、间隔片花、片尾、角标等诸多方面。作为专栏策划人,在进行专栏包装时不仅要做好专栏的上述元素方面的创意设计,还要使其服从和服务于版面或频道/频率的整体包装风格,做到既有版面、频道/频率的共性,又有专栏个性。

应当注意的是,专栏所具备的位置稳定和时间连续的特征,是其成为名专栏的基础条件。如果一个专栏在媒体上三天打鱼两天晒网,或是为了某些任务的临时性"应景之作",那它很难成为一个好栏目,更无法竞争"新闻名专栏"。《中国新闻奖评选办法》对新闻名专栏的基本参评要求之一就是"已连续刊播一年以上且年度内刊播不少于48周,每周刊播或更新不少于一次"。栏目在打响品牌并取得一定成效后,还要考虑如何在维持品牌实力的基础上利用品牌效应创造出最大的价值。

(三)专栏策划的相关要求

1.立足社会关切,追求必看性

当今社会,信息资讯业已经变得十分发达。人们每天面对潮涌而来的海量信息,越来越呈现出信息选择与信息接收的迷茫。现阶段,人们可以选择接触的媒介数量越来越多,而每天的媒介接触时间却是有限的,所以,对花费在某一媒介上的可支配时间越来越"吝啬"和讲究。在此形势下,策划专栏,就必须考虑如何让受众花费较少的时间就能看到自己满意的内容,使其觉得"时有所值"。这就要求专栏的策划要立足社会关切,追求必看性。

一方面,开设专栏应当着眼于新颖性和独特性。专栏及其内容既是当下社会需要的,又是新颖的,具有新人耳目的效应,能够最大限度地引发受众的关注,调动受众的兴趣,触动受众的"兴奋点";同时,在满足受众信息需求方面,要具有一定的独特性,能够向受众提供"人无我有,人有我优"的信息产品。

另一方面,开设专栏应当具有一定的不可替代性。专栏及其内容在满足受众对某些特定新闻信息的需求方面,具有某种程度的不可替代性,难以被其他媒体以其他专栏随便取代,这样就可以培育受众对专栏的依赖性和忠诚度,产生必看性的效果。

2.强化服务意识,注重贴近性

在我国,新闻媒体一方面要以党和政府的"喉舌"自重,及时传达党和政府的方针、政策、指示、精神,起到上情下达的桥梁作用;另一方面要以为人民"代言"为荣,自觉聚焦社会热点、难点、痛点问题,强化服务意识,真正从民众的需求角度考虑能否为他们提供鲜活、有用的信息,能否为受众释所疑、解所惑、排所忧、解所难。因此,专栏的策划,应当着眼于民众的需要,从贴近民众的实际生活出发,设身处地为读者、听众、观众、用户提供好的内容,真正走"亲民"路线。

进入21世纪以来,各地不少新闻媒体开办的民生新闻专栏纷纷以所在城市的普通市民为服务对象,"想市民之所想,急市民之所急,说市民之所欲说",在题材内容的选取上尽量靠近市民,关注他们的衣食住行,如江苏电视台城市频道的《南京零距离》、浙江电视台钱江都市频道的《范大姐帮忙》、《重庆晚报》的《民生进行时》、《沈阳日报》的《民生连线》等民生新闻栏目。这样的专栏及其内容深受市民喜爱,是不无道理的。

当然,对于受众,媒体要强化服务意识、注重贴近性,并不意味着要丢弃精神引领的责任。注意把握舆论导向，把传播主流价值观和反映群众心声统一起来，把上情下达与服务百姓关联起来，把提升报道质量、内容格调与增强可看性结合起来，努力做到贴近实际、贴近生活、贴近群众，在助力营造健康向上的舆论环境、增强社会的凝聚力与向心力方面发挥重要作用，理应成为一个好专栏的内在品质。

3.顺应时代潮流，讲究创新性

所谓时移世易，一切事物都是处于不断变化之中的。对于策划专栏而言，理当顺应时代潮流，讲究创新性，避免因“落伍”“过时”而丢失受众。

一方面，开办专栏要能够站在时代前沿，把握时代脉搏，敏锐捕捉和挖掘具有前瞻性、与受众息息相关但还未被有效开发的信息消费类型，进行深度策划，进而依托自身资源禀赋，推出新人耳目的媒体专栏。

另一方面，开办专栏应当体现开放性，要使专栏具有较强的适应外界变化的能力，能够与时俱进，以适应新形势的发展和受众阅读/收看(听)口味的变化。例如，《人民日报》的《人民论坛》栏目，经营多年，依然是常办常新，紧贴实际，并形成方向正确、针对性强、关注现实、反应迅速、文风朴实、贴近群众等特点，在受众中产生了广泛的影响。

实际上，栏目是需要不断推陈出新的。不过，一旦某一个栏目形成了品牌，就不能轻易更换名称，更不能随意将其丢弃去办新栏目。但是，可以突破旧的栏目理念和运作方式，大胆采用新理念、新手法来编辑专栏，使栏目在适当调整、变革中实现创新。这样，能够最大限度地维护栏目的既有良好声誉，确保其具有持续不断的影响力。

4.保持自身定力，造就独特性

专栏应该有自己独特的风格、个性，体现出鲜明的特色。“专栏的生命力在于一个‘专’字，专即特色。”[1]一个影响力大的专栏，也往往是在栏目定位、选题策划、新闻采写方面都有鲜明特色的专栏。这就要求在开办专栏的过程中注意保持自身定力，持续推出有新意、有影响的原创特色内容，持之以恒地将自己的个性化风格贯穿下去，不可半途而废。要知道，一个专栏要形成一定影响力，在时间上应具有连续性和长期性，在版面上应相对固定，因为时间过短则有如过眼云烟，受众转瞬即忘；同时，过多变化也会使栏目个性不突出，但过于稳定又会使栏目形象老化。所以，对于专栏的开办而言，应有所坚持，亦应有所改变和创新，须把握好个中的度。

现今，在专栏如林的媒体世界，特色是最抢眼的标志。大凡品牌媒体，都有自家的看家绝活——做到了“人无我有，人有我特”。没有特色，就没有品牌。专栏品牌的形成过程，实际上正是专栏不断建构自身特色、突出自身特色的过程。

[1] 魏永刚.“方寸之地”要“精耕”——从首届中国新闻名专栏奖获奖专栏看如何办好名专栏[J].新闻战线，2000(2)：45-46。

借助媒体优势设置的专栏,由于优势突出,特色自然明显,也易于形成独特的风格,易于树立品牌。例如,《参考消息》是一份以刊登外电为内容的报纸,它的专栏《外国人看中国》就分外抢眼。报道科技界的学术精英,是《科技日报》日常报道的重点之一,而其旗下的《院士·科海甘辛》栏目,聚焦两院院士的工作和生活,能够有效发挥媒体优势,特色鲜明。《新闻出版报》以报道新闻出版界的新闻为己任,其《媒介观察》专栏分析新闻出版领域的新情况、新问题,就比其他媒体有优势,也易于在此方面形成特色。同样,CCTV-2 的《对话》栏目,就是 CCTV-2 利用自身的平台优势,借助其在政商领域的信息资源聚集能力,打造的一档高端品牌谈话节目,自 2000 年创办以来,20 年间邀请了数千位重量级嘉宾到节目中"对话",记录了中国经济从追赶世界到引领世界再到逐渐被世界追赶的全过程。节目在企业家、政府官员等高端人群中一直受到高度关注,节目话题一度成为政商界人士探讨、交流的热门话题。《对话》能够成为国内电视领域的知名特色栏目,显然与其较好地依托了 CCTV-2 的固有优势是分不开的。

当然,有些专栏的特色在于独辟蹊径,所创栏目为自身所独有。这类专栏不盲目跟风,而是真正理解了专栏特色的"特",实质在于一个"独"字。例如,《湖北日报》的《文化聚焦》专栏、《广州日报》的《女性世界》专栏、《齐鲁晚报》的文化评论栏目《新片放眼瞧》等,都力图通过寻找有别于大多数媒体的突破口,打造一个属于自己的特色品牌专栏。

二、专版策划的基本流程与相关要求

对于某些类型的媒体而言(如报纸、新闻网站),既有专栏,亦有专版。毋庸置疑,专栏不同于专版。拿报纸来说,专版是报纸中的整个版面,而不是其中的"局部版面";而专栏虽然是整个报纸版面的重要组成部分,与同一版面的其他部分浑然一体,但是专栏必须自成格局、自成一体。报纸的专栏往往创设了具有强烈视觉冲击的栏目名称或者"栏花"标志,框线可长可方,可实可虚,以此与报纸版面上其他的部分相区别。对于广播、电视媒体而言,只有专栏,不存在专版。

与日常的新闻版不同,专版最大的特点是不定期地围绕某一个主题组织一个或几个整版稿件,这个不定期主要是在某一特定时期或某一重要事件发生前后。例如,2008 年 8 月 8 日北京奥运会开幕期间不少媒体推出的专版、每年高考期间众多媒体推出的"高考专版"等。由于这种专版不轻易"露面",所以推出时显得格外"隆重",算得上是"闪亮登场"。在此过程中,策划的作用十分重要。许多专版都打上了"策划人"的名字。

专版是媒体进行内容刊发的特色阵地,是媒体服务民众特定需要的具体体现。优秀的新闻策划,是办好专版的智慧表现。办好专版,不仅要注重新闻性、专业性、服务性与版面艺术性,更要注重新闻策划与媒体活动策划的协调。

综观目前林林总总的各类专版,不外乎两大类:新闻专版和专题专版。前者依托于某个重要历史时刻或某个重大事件发生之际,后者更多地依托于某段有特别意义的日子;前者更偏重于新闻报道,后者则更偏重于服务性内容。专版有时只有一个整版,有时是几个整版,遇到一些特殊时刻,一份报纸的所有版面都可能成为专版。

(一)新闻类专版的策划

在目前的专版格局中,新闻类专版占大多数。新闻类专版出版时机的选择、主题的确定、稿件的内容构架等,都是策划中要解决的问题。

1.专版的时机选择

专版必须选择最适宜的时机出场,才能取得最佳效果。专版过多,会冲击日常出报计划,编辑和策划人的精力所限会影响专版的质量,从而使专版归于平淡,对读者也失去新鲜感和冲击力;专版过少,会令编辑和策划人丧失新闻敏感性,对重大新闻时刻过于迟钝,读者也会觉得新闻报道缺乏深度,有不解渴之感。

新闻类专版一般在重大历史时刻和重大新闻事件发生之时出现。重大历史时刻和重大新闻发生时,需要用比较集中的版面和时段进行展示,有关新闻事件的内容、背景、前景等,都成了读者此时欲知而未知的问题,这些都为新闻类专版提供了可供选择的异常丰富的话题。例如,2017 年 10 月,中国共产党第十九次全国代表大会在北京召开,《人民日报》(海外版)推出“喜迎十九大”专版,刊发《登高望远天地阔——中共十八大以来以习近平同志为核心的党中央治国理政综述》,纵览习近平总书记 5 年间治国理政的一系列论述,辅之以具体数据、详细事实,以第三人称见证人的视角,如澳大利亚创新金融研究院院长郭生祥、大兴安岭南麓山区村民郭永财等,对报道主题进行佐证,颇有冲击力。

2.专版的主题确定

新闻类专版不是随意拼凑几条相关的新闻,它必须有明确集中的主题。在一个特殊时刻推出一个专版,必然有其特别的意义。这个意义就是办版者的目的取向。主题就体现着办版人的思想和目的。没有主题的专版,会因为版面文章杂乱无章而失去办专版的意义。

2011 年 3 月 11 日,日本近海发生里氏 9.0 级地震并引发海啸,造成巨大的人员伤亡和财产损失。世界各国媒体纷纷推出报道,关注此事。3 月 12 日,《东方早报》在头版设置了“标题+图片”的醒目新闻,引起读者关注,接着从第 2 版到第 8 版,做了 7 个专版的报道,涉及“现场详情”“人员伤亡”“救援情况”“地震知识”“地震的经济影响”等主题内容,确保读者能够全面、透彻地了解该次地震及引发的海啸灾情状况和相关救援情况,彰显了策划的功力。2014 年 4 月 4 日清明节之际,《光明日报》推出的“清明专刊”以“万里长空且为忠魂舞”为主题,对国内一些烈士陵园的缅怀、祭奠活动进行集萃式报道,颇能引起读者关注。

3.专版的内容构架

没有主题的新闻类专版很零散,而没有新颖、深刻的新闻内容做支撑,专版的主题很难凸显。顾名思义,新闻类专版的首要之义是新闻,它必须向读者提供丰富多彩的新闻内容,满足读者获取新闻的欲望;新闻类专版的另一个重要含义是深刻,无论是特殊历史时刻还是重大事件的发生,都为采写具有深刻内容的新闻提供了良好的契机。唯其如此,新闻类专版的推出才显得有必要。每个版面既是媒体内容的共同载体,也是媒体综合水平的集中反映,同时也是编辑思想和导向的具体体现。作为一个编辑,必须了解版面的特性,正确定位。再根据版面特性、定位设置栏目。各个栏目名称的设定、稿件的组织等,编辑都需精心策划。比如,浙江《嘉兴日报》的"科技长廊"是一个科技专版,科技专版的定位应以普及科技知识为主,让科技走近大众,最终提高读者的科技意识和生活质量,为经济建设服务。为此编辑设置了《百姓与科学》《环境与生存》等栏目,以贴近读者生活为上,其做法就值得肯定。

(二)服务类专版的策划

服务类专版的出现由来已久,往往是媒体面对某一特殊日子,推出一个服务性专版,如"三八节"到了,就推出女性健康专版;教师节来临,就推出教师专版;遇到护牙日了,就推出口腔保健专版;遇到儿童节了,就推出与儿童生活相关的专版。这类专版服务性较强,很受读者欢迎。

服务类专版最突出的特点是为读者提供信息服务。从读者的评价来看,服务类专版对所提供的信息内容也有一定的要求:

其一,真实、正确。对于服务类专版来说,只有真实、正确的有用信息,才谈得上信息服务。比如,高考服务专版中提供的各校计划招生人数、往年录取分数、上年毕业生供求状况等都必须真实准确;健康专版中提供的内容必须科学,对读者的健康有利;市场服务专版中提供的市场信息尤其要真实可信,不然就可能对读者(也是消费者)产生误导,甚至引发纠纷。在这方面,最忌讳的是对通讯员来稿,编辑不予核实采访,原样照登。服务类专版提供的信息不能遵循"信不信由你"的原则。

其二,全面。服务类专版面向的是广大读者,而不是某一小部分的读者。如休闲服务专版不是只办给"好玩"的人看的,它面对的读者还有"好美食"的、"好美景"的、"好奇"的等。因而,它提供的信息就不能只是某一方面的,而必须是全方位的"休闲大餐"。

其三,具体。服务类信息越具体,实用性就越强。读者阅读服务类专版的目的就是获得具体有效的信息,为自己的生活、学习、工作直接服务。比如,为某个招聘会办的求职专版,读者最直接的需求就是从专版上获悉有多少单位出场招聘,具体招多少人,招的都是些什么专业、什么工种的人。如果笼统地只提供一些"有多少岗位要招人"之类的信息,这个专版就没有什么实际作用,很难体现服务性。

应当注意的是，在一些专版编辑看来，服务类专版不是新闻版，没有什么新闻可言。基于这种观念，有的服务类专版除了具体的服务信息外，不能给读者什么新鲜的东西。其实，读者阅读服务类专版，除了在某个特定的时刻关注某些具体的服务信息外，更关注与这个时刻相关的新问题、新变化、新趋势，这些都是在策划专版时应该注意向读者提供的。

第三节 新闻网页设计的运作

新闻网页，同样是新闻媒体新闻生产与传播活动中处于中观层面的新闻产品单元，是新闻网站(网络新闻媒体)产品结构的重要组成部分。新闻网页通常被所属网络新闻媒体作为打造自身媒体品牌和特色的关键支点。充分认识新闻网页的作用，重视对它的设计，是网络媒体管理者及其从业人员不得不认真思考的一个问题。

高质量的新闻网页需要高质量的策划、设计。新闻网页设计得好坏，会直接影响用户(受众)的阅览体验，关系着是否能够吸引和留住用户(受众)。

新闻网站(网络新闻媒体)中的信息主要通过网页来呈现，对网站设计风格的设想则具体通过网页页面的设计和网页间组织结构的构建实现。第二十八届中国新闻奖特别奖、一等奖作品中都有网页设计。特等奖作品“央视网零首页十九大特别报道矩阵设计”(http://www.cctv.com/homepagesave/20171024.shtml)，就十分大气舒展，颇具创新性。

央视网零首页十九大特别报道矩阵

最初，新闻网站被视为一种特殊的平面媒体，因此，新闻网页的设计很大程度上借鉴了报纸的设计方法。随着技术的进步，网络新闻编辑理念的不断成熟，设计者越来越发现网络并非传统媒体的简单翻版，而是一种具有诸多独特运作规律的新型多媒体立体化新闻传播媒介，因而有意在实践中注入网络媒体的介质特性，使新闻网页的设计逐渐摆脱传统媒体的阴影，走上独立发展的道路。

一、新闻网站的内容组织

新闻网站的内容组织一般采用树状层次结构：主页(含频道及要闻目录的第一层网页)—频道首页(含专栏及稿件目录的第二层网页)—稿件正文(第三层网页)。在这样的层次结构中，主页中设立若干主要频道(或栏目)，每个频道(栏目)中的信息再分成一些子栏目，再往下就是相关文章目录的排列、文章正文，以此类推。如果用导航系统将所有内容组成一棵由主页出发的树，用户的浏览过程就是沿着树上下流动的过程(图 2-5、图 2-6)。

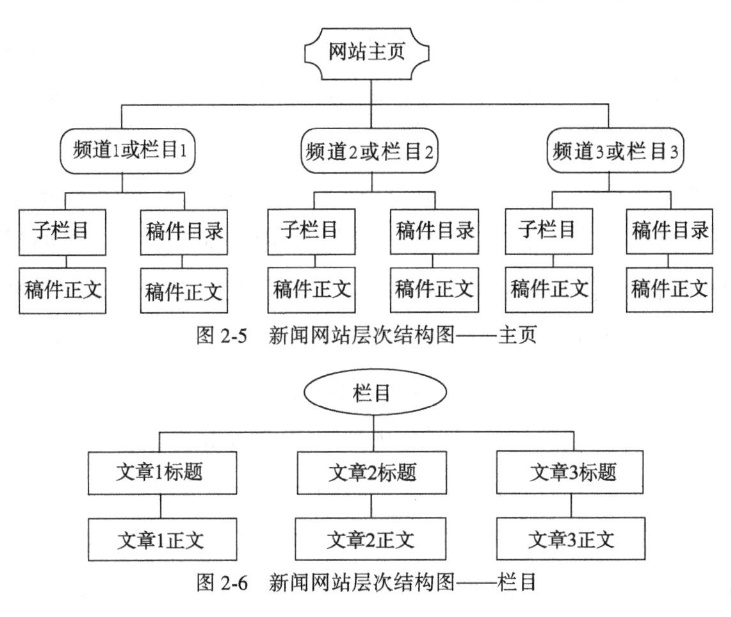

图 2-5　新闻网站层次结构图——主页

图 2-6　新闻网站层次结构图——栏目

二、新闻网页的结构规划

报纸的版面编排遵循的是“平面思维”，即将所有内容组织在一个一览无余的平面空间中。而网站的页面设计遵循的是“平面+立体思维”，既要考虑一个平面中的内容的组织，又要考虑页面与页面之间的层次与递进关系。网络新闻的形式组织中，产生了“广度”与“深度”的矛盾：是把尽可能多的新闻都放在导读页上，还是把它们分门别类、按等级放在不同的层次中？这个矛盾如果不能很好地解决，就会影响到网络新闻的阅读率：如果导读页上的新闻量过多，那么没在导读页出现的新闻可能永无与网民见面之机；或者反过来，网民在一个栏目中走得很深，但对其他栏目则不闻不问。因此，新闻网站（频道）的导读页的设计所要解决的并不仅是版式问题，还有网站整体结构的表现方式问题、网站的栏目规划与版式之间的关系问题等。从目前来看，新闻网站的结构表现方式有两类主要思路：

一类可以称为“平面主导式”，即新闻网站的导读页强调内容的广泛性。在导读页上推荐的新闻数量较多，有些甚至可以达到几百条。导读页面一般长达多个屏幕。

其好处是，受众在一个页面中可以进行较大范围的选择，以决定重点阅读对象。同时在此过程中，又可以通过标题获知一些主要新闻，因此获取主要新闻的效率较高。但是，其问题在于，页面过于繁杂，阅读的负担较重，此外，它可能使受众点击进入各栏目的概率下降。整体上看，就是受众进入下一层次的概率较小，深度阅读会有所不足。

另一类可以称为“立体主导式”。这些新闻网站的导读页，相对来说新闻数量较少，有些甚至只有 10 多条，但是多数重要新闻除了标题外，还有内容提要。导读页只有 1~2 个屏幕大小，受众如果要获得较为全面的新闻，需要点击到具体栏目。

这种方式在一定程度上提高了受众获得新闻时的成本。但是,它会促使受众做一些深度的阅读。另外,对于提高网站的点击量也是有好处的。简单清爽的导读页设计,也可减少受众在进行阅读选择时的困惑。

对于以上两种不同思路,不能简单地以好坏来加以比较。网站的平面式思路,在一定程度上与用户上网的成本有关。在成本一定的情况下,用户都希望一个页面提供的信息能更多些。一些新闻网站在整体新闻数量上的强调,必然会在导读页上反映出来。衡量哪种方式更行之有效,更主要的是看受众的接受与适应程度。实际上,由于中国新闻网站大都采用平面主导式的做法,一般受众已经逐渐适应。而网络阅读的较高成本容易让受众形成一种固定的阅读习惯,即每次阅读的屏幕区域会相对固定,甚至鼠标的移动也会有一些固定的线路。这样做可以降低由搜索、寻找过程带来的时间与金钱的代价。

另外,栏目规划直接导致了网站内容的广度与深度之间的关系,也就直接影响到导读页的设计。从国内的新闻网站来看,传统媒体背景的网站,如人民网、新华网等,栏目数量非常多,栏目构成复杂。除了一般的分类新闻栏目外,还有大量的重点新闻栏目。这当然反映了这些网站新闻资源的丰富,但是它也提高了版式设计上的复杂程度。阅读时,也难以找到一种简单明了的阅读线路,让人感觉千头万绪,不知从何读起。与之相比,一些商业网站的新闻栏目的构成则较为单纯。因此,在版式设计时可以保持较为单一的导读线索。例如,新浪新闻频道的主体是分类新闻栏目,整个频道首页的设计,就是以这些分类栏目为线索的。但它使用了双重推荐的方式,即各栏目要闻和各栏目最近新闻,可以同时满足新闻的重要性和时效性两种标准的需求。在栏目导读内容的两边,则一般是与各栏目相关的专题与网页评论。虽然左右两侧附加内容较多,但是并不干扰主要阅读区。这样一种设计,可以让受众在阅读时线索清晰。因此,新闻网站应尽力简化栏目设置,并在版式设计时形成一种单纯的、有章可循的、自然的导读线索。

三、新闻网页设计元素

新闻页面通常可以分为两类:一类是导读页,包括首页和各个频道或栏目的首页,它们相当于杂志的封面;另一类是正文页,即每一篇正文的页面。这两类页面的功能不同,在版面空间的组织上也有所不同。总体来说,新闻网页的设计元素主要有以下两种。

1.页面空间

页面空间涉及网页大小、页序、屏序、区序、栏、距离和面积七个要件,从中可以看出纸质媒体的设计对它所产生的影响。虽然要件中多数称谓与纸质媒体类同,但“移植”到网络媒体上后则有新的内涵。

2.编排手段

新闻网页主要使用字符、线条、色彩、图像(新闻照片、信息图表、Flash 动画和视频)、音频等手段进行编排。

四、新闻网页设计思路与要求

(一)新闻网页版面布局

新闻网页设计虽然是一类相对新颖的设计样式,但是人们在多年的实践中形成了一些共同的规律。总的来看,新闻网页的版面布局有三种模式:“T”形布局、“门”形布局和“川”形布局。

1.“T”形布局

在这种布局结构中,通常将页面分成三大区域,安排的内容分别是导航条、特别推荐内容、主体内容(也可以根据需要进行调整),它们之间通过色彩和线条来加以区分,形成“一个水平版块+两个垂直版块”的格局,看上去像一个英文字母“T”,如图 2-7 所示。

图 2-7　华龙网页面“T”形布局(2020 年 4 月 13 日)

2.“门”形布局

这种布局结构通常将页面分成四大区域,分别是导航条、特别推荐内容(左、右各一块)、主体内容(也可以根据需要进行调整),它们之间通过色彩和线条来加以区分,形成“一个水平版块+三个垂直版块”的格局,整体布局类似于一个“门”字,如图 2-8 所示。

图 2-8 人民网页面“门”形布局(2020 年 4 月 13 日)

3.“川”形布局

在这种布局模式中,水平方向的内容在视觉上没有加以强调,内容的垂直分割感觉十分强烈,如图 2-9 所示。无论内容是分成两块、三块或四块,它们总体的内容分割规律是一致的。

当然,所谓“文无定法”,任何网页设计者都可以根据网站的特色和自己的喜好进行创意。不过,无论版式如何变化,一些基本原则都是不可以违背的。网页与报纸的版面等有很多相似之处,因此,它所要遵循的原则与版面设计原则相类似。根据视觉传达设计的理论,版面的设计应体现对比、统一、平衡、节奏、动感的原则,并处理好主次与聚散、图与背景、群组与间距、四角与对角线、空白与版面率等的关系。

图 2-9　新浪网页面"川"形布局(2020 年 4 月 13 日)

(二)新闻网页首页的内容设计

通常,新闻网页首页上除头条可以有极简短的摘要外,一般仅集纳稿件标题链接和图像链接。因此,它的内容设计主要从头条、标题、图片、功能区安排和栏目设置等几方面展开。

1.头条的选编

头条的设想来源于传统媒体,它是一个时间段中网站或频道内最重要的新近事实的报道,居于首位,是要闻中的要闻。大多数头条是从网站或频道中各栏目的稿件中选出来的,当它们从头条位置上撤下后便回归到原来所在频道或栏目下;有些网站则为头条设置了专栏,稿件撤下后被放到专栏中,供后来的受众查阅。头条是网站或频道表现立场、展示特色的窗口,也是吸引受众驻留网站、进行浏览的重要因素,因而它的选择与展示应尤为用心。作为专门的新闻网站或频道,为首页选择头条时应主要从时政、经济、法律、军事、科技、社会等类别中寻找,以新闻价值为首要原则;注重时效性,每隔一段时间就应更换新的头条,但不宜更换得过于频繁,以免让受众感到目不暇接;同时,要体现网站的特色,即便头条是转载于其他媒体或网站的,也应在表现手段上更胜一筹。目前,我国网站常用的表现头条的几种形式包括:大号加粗标题链接搭配新闻提要(或导读)和相关图片,大号彩色标题链接搭配一组小标题及相关图片,大幅图片叠加标题链接等。有些网站或频道为使头条更为突出,还在这些形式外加上线框或在其下加上有色底纹。

2.标题编排

新闻网页首页上各稿件的标题通常与正文相分离,其编排是影响受众阅读的重要因素,担负着提示新闻内容和引导深入阅读的双重功能。一方面,它相当于一句话新闻或简讯,让受众在不点开链接的情况下,对网站或频道中一段时间内更新的新闻或重要新闻有个全局了解;另一方面,它吸引受众尽可能多地点开网页,深入了解翔实的新闻。因此,首页上的标题较之传统媒体要更鲜明、准确地揭示正文的核心事实，不能为简洁或噱头而以偏概全、语义不明，甚至不惜歪曲。近几年出现的“标题党”现象，就是反面典型。同时，不能因为准确而将平铺直叙、如同嚼蜡的标题视为理所当然，而应更注意语言的锤炼，使之富于吸引力。首页上所用的标题与稿件所在网页上的标题可以相同，也可以有所区别，但最好相同。

3.图片设置

首页上只出现静态图像，动态图像一般深藏于内部的网页。首页的图片一般较多，但都极小，由压缩原图或截取其中某一局部而获得。目前，图片在首页的分布情况主要有以下三种：一是“众星捧月型”，即头条的图片独大，其余图片以同样小的尺寸散布于各栏目或功能区之中；二是“星星点点型”，即不管是头条的图片还是其他图片，都以同样的尺寸分布到首页需要图片的各个区域；三是“零零总总型”，即图片尺寸相同，但并非一幅幅分散，而是几幅图片三三两两地聚在一起，在首页形成几个图片集中区。图片的分布情况可以作为网站或频道展示个性的一种手段，可以根据喜好和网站或频道的特点选择使用，但一旦确定就应坚持，不宜随意改换。

4.功能区安排和栏目设置

首页集纳众多标题链接或图片链接，通过功能区的安排和栏目设置使之条理清楚，便于受众浏览和查阅。功能区可按内容分为时政新闻区、财经新闻区等，也可以按体裁分为新闻区和评论区，还可以按交流方式分为单向告知区（如刊登新闻性和评论性信息的区域等）与编读互动区（如论坛和网上调查的区域等）等。首页上的功能区并非仅按一种方式分类，而往往是多种标准划分的结果，它们之间可能有交叉，但由于侧重点各有不同，并不会带来多大麻烦。不过，当一条新闻符合多个功能区要求时，最好不要重复地安排到各区，而是将其放在受众最容易看见或与其最突出的特点相符的功能区。至于各功能区的空间位置，没有什么特殊规定，设计者可以根据网站特点、编辑的想法或受众需求和阅读习惯等设定。不过，一般而言，要闻区、时政或财经新闻区、文娱或社会新闻区以及网站特有的一些功能区，其位置相对突出。

功能区只在首页中对区域内的新闻起约束作用，当新闻从首页撤下或点击打开网页之后，两者关系随即脱离；而栏目则对其内的新闻具有持久约束力，而不管该新闻是否还处于首页。但是，因为功能区与栏目都是从内容、体裁等方面对稿件进行划分的方式，并不能截然分开。通常，功能区要大于栏目，前者往往由多个相关栏目组合而成，有时两者完全融合，首页中某些部分既可被看作功能区，也可被看作栏目，同属于一个栏目的各篇稿件还可能分拆到多个功能区中，而稿件的栏目归属性主要通过在标题链接中体现栏目名称而实现。需要注意的是，网络中栏目名称具有重要的导航作用，应简短、直接、通俗，并能较形象、准确地反映栏目所含稿件的主要特征。

（三）新闻网页的结构关系

传统媒体内各单元间的组织多为二维结构，如报纸主要通过物理位置的安排建立版面与版面之间的联系,广播电视则主要依靠线性时段的分配将各个栏目和节目连接起来。而网络媒体各网页的组织在多维空间中展开,其结构形式由不同网页之间形成的主要链接关系决定。

传统媒体的结构形式在很大程度上影响到受众接收信息的路径,而网络媒体对受众的约束力却十分微弱。这是因为,网络媒体的信息量巨大,网页数量多,受众所看到的永远都只是这个网站或频道的某些局部,无法对结构有较明确的感性认识;同时,网络受众借助于超链接从一个网页跳到另一个网页,或通过来回跳动来完成阅读,而一个网页往往与多个网页发生关系,点击的链接不同,其结果及之后的阅读路径将存在多种可能性。

不过,这并不意味着新闻网站或频道中各网页就可以不假思索地随意结合。事实上,正是因为网络媒体所承载的信息海量,若混乱地堆在受众眼前,会让观者心生茫然和产生逃避情绪,因此在网页间安排合理的结构形式、以"暗中"帮助读者有顺序地浏览或查阅,这不但是必需的,而且比起传统媒体来,其意义更为重大。

就整体而言,新闻网站或频道普遍采用树形结构,首先将网站或频道划分成几个大的子频道或栏目,再将这些子频道或栏目分别分成多个子栏目,子栏目再分出子栏目来,以此类推,这种细分一直进行到某个栏目内仅容纳网页而不包含子栏目为止。正如树的枝杈参差不齐一样,网站或频道中各子频道或栏目因为对信息的包容能力有差别,所以划分的层次各不相同,有的只划分一次就已达到饱和,有的需要多次划分才能条理清楚。一般,我们根据网站或频道内所做的最多层次的划分来判断它们的层级数。有的网站或频道倾向于扁平式结构,划分的层次较少,每层所包容的网页数较多;有的网站或频道则倾向于立体式结构,划分的层次较多,但每层所包容的网页数较少。不管是哪种结构,都意味着受众到达某个网页至少需要经过两个层次:网站或频道首页—点击标题链接打开刊有稿件的网页。一般情况下是三个层次:网站或频道首页—子频道或栏目首页—刊有稿件的网页。当然,有时层次会更多。就局部而言,新闻网站或频道存在以下几种主要的结构方式:

一是线性结构,即网页上有一个通向下一个网页的链接和一个回到上一个网页的链接。受众阅读完该网页后,或者放弃继续阅读,或者点击链接,打开指定的网页。在这种结构中,网页之间单线联系,最为简单。它的优点是使阅读具有连续性,线路清晰,但不能让受众获得全局印象,并且受众的阅读顺序受到了强行限制。所以,线性结构常用于分篇到多个网页的长稿、连续性报道或同主题的组稿和组图等。有时,一些栏目或频道内也将它作为组织网页的一种辅助手段,在网页中安排"上一篇"新闻与"下一篇"新闻的链接。

二是层级结构,即在某个子频道或栏目中,对其中的内容进行一层层的再划分,是整体树形结构在局部的延续。其优点是能使信息条理清晰,逻辑严密,路径明确,但这种层层深入会降低浏览的效率,使受众在等待中耗费大量宝贵时间,同时也减少了单元时间内受众阅读网页的数量,导致许多网页失去被阅读的机会。因此,层级结构在分层时需要把握好度。如果层次太少,栏目的涵盖面过宽,造成大量网页集中于一个层次,为受众的选择增加麻烦;

而如果层次太多，则网页被层层淹没，会加大受众为到达某个网页所花费的时间和精力。

三是网状结构，即网页间存在多重关系，相互交织成一张网，看不出明显的结构样式，也称为自由结构。它将网络的超链接功能发挥到最大。受众可以根据自己的想法自由进入各个网页，浏览起来十分方便。但网状结构中各个网页的链接太多、太分散，容易使受众在不断点击链接中迷失方向，无法确定自己的位置和已经浏览过的内容，时常重复打开同一个网页，浪费资源和时间，并偏离了既定的阅读目标。在实际设计中，新闻网站或频道很少单独使用某一种组织结构，而是多种方式的混合产物。结构复杂的网站或频道，最好能在网页上设置路径条，帮助受众明晰自己所在的位置。设置路径条有两种形式：一种是将首页、频道或栏目名称、子栏目名称，直到包容该网页的最小栏目的名称按顺序一一列出；另一种是将某频道或栏目下所有节点按层列出，方便受众在它们之间自由跳转。

第四节 新闻报道策划的运作

新闻报道策划，必须具备相应的前提，也要遵循一定的原则，这样才能进行运作，进而有效助力新闻报道活动的开展。

一、新闻报道策划的基本前提

新闻报道策划作为新闻工作者新闻报道活动的一个重要前置程序、环节，并不是在任何情况下都必须存在的。也就是说，新闻报道策划的实施与开展需要具备相应的前提条件。

（一）新闻报道策划的事实前提

新闻报道策划的事实前提，是指现下存在有可以报道和需要报道的新闻事实，包含具体而明晰的时间、地点、人物、事件、经过、结果等要素，就是我们通常所说的新闻五要素、六要素或七要素。与此同时，它还需要具备针对该新闻事实进行相应的报道策划的可行性。

1.事实要新鲜新奇

所谓新闻之新，就是要求新闻反映的事实在时间和空间两个方面是最新的：一是事实发生与新闻报道之间的时间距离最短，也就是报道的时效性最强、最新鲜；二是事实反映的信息量最大，受众此前接触到它的可能性最小，因而十分新奇。

从接受心理来看，人们比较容易接受最新的信息。在一系列的信息中，那些对受众来说比较新的信息点会对他们产生较强的印象触动，这个规律叫作“新奇律”。这是人们在新闻报道策划中常常追求新颖、新奇的一个理论根据。通常，新闻报道策划中应关注以下事物。

（1）新近产生的事物

自然界和人类社会每时每刻都在发生变化，因此，必然经常会有新事物产生。新闻报道对于新鲜事物“天然”敏感，因此，新闻报道策划理所当然要关注新近出现或产生的事物。比如，2015年3月16日，“刷脸”支付作为一种新的支付方式，出现在德国汉诺威IT博览会上。此后，“刷脸”支付作为一种新生事物迅即成为新闻媒体关注的新鲜事物。而为了报道好此类新鲜事物，一些新闻媒体专门进行了相关策划，采用记者亲身体验的方式向人们报道和介绍“刷脸”支付的实际效果及需要注意的问题，引起了一定的关注。

（2）新近消亡的事物

新事物的产生可以反映时代的发展，旧事物的消亡也可以从另一方面展示时代的风采。一些新近消亡的事物，也具有关注和报道的新闻价值。因此，只要编辑、记者们用心关注和思考，也可能会策划出一些好的报道来。比如，2006年2月22日国家邮政局发行了一张面值80分的纪念邮票，名字叫作《全面取消农业税》，以庆祝从2006年1月1日起废止《中华人民共和国农业税条例》。“农业税”是一个将近消亡的事物，围绕它可以策划推出有意义的相应报道，反映中国农民生活处境的巨大变化。又如，2015年10月党的十八届五中全会决定，全面放开二孩政策。至此，实施了30多年的独生子女政策正式宣布终结。针对独生子女政策带来的社会后果及其政策调整后对人们生活的影响，同样可以策划推出有价值的报道。

（3）新近发现的事物

世间万物，兴衰更替，此起彼落，是永恒规律。但是，许多事物因为种种原因未能进入人们的视野，被我们及时发现和关注。新闻媒体所报道的只能是被人们发现了的、受众需要的且可以报道的事物。这类事物既可以是最近发生的，也可以是以前发生的，但属于新近才发现的。例如，2004年9月，湖南省邵东县学生罗彩霞被他人冒用身份上大学一事，因罗彩霞本人（2005年复读一年后考上大学入读）2009年3月即将大学毕业之际无法办理毕业证、教师资格证等相关证件，才得以意外浮现。该案件虽然发生在5年前，可是由于是新近才发现事情的真相，所以报道之后成为全国轰动一时的新闻事件。

（4）新近变动的事物

除了许多新近产生、新近发现的事物外，有不少事物虽然已经出现了一段时间，但还在不断地运动和变化着，而且有报道的价值，对于这类事物应予以关注。变动着的事物大致有两类：一类是突发式的，如地震、火山、洪水、火灾、车祸、疫病等。另一类是渐进性的，它可以是上一类事件发生后的连续，也可以是一些非突发性事件的连续，如英国自2017年3月正式启动“脱欧”（脱离欧盟）程序后，其脱欧工作的每一重要进展，都属于“新近变动的事物”的范畴，作为重要国际新闻，显然有连续跟进报道的价值。

2.事实要真实可信

新闻报道策划要以事实为前提，如果事实是虚假的或有失实的地方，由此而形成的报道必定立不起来。

(1)事实真实的基本要求

新闻事实真实可信,要求构成新闻的要素如时间、地点、人物、事件、因果等都必须真实可信。这里说的是全部要素,而不是一个或一部分,也就是说,凡是新闻所涉及的每个事实都必须是完全真实可信的。2016年1月4日下午,澎湃新闻等国内多家媒体报道称“2016年1月4日14时30分3秒,江西省九江市浔阳区发生6.9级地震,震源深度10千米”,江西省地震局相关负责人随后表示,九江未发生地震,此为假消息。此后,“@澎湃新闻”的道歉微博中称“此信息为地震台网自动后台录入信息”,暴露了部分媒体存在用技术手段高效抓取信息却缺乏自我审核的问题。

新闻所反映的事实的环境、条件和过程等都要求真实。任何事物都是在一定的外部环境中进行的,不同的外部环境烘托不同的新闻主题,不同条件下的新闻事实可以说明不同的道理。环境、条件和过程如果不真实,报道的主题和结论也不相同,这是必须注意的。

新闻报道中所用的背景材料、数字等要准确。历史是最好的说明,数字是无声的语言,这些素材在新闻报道中常常起着举足轻重、画龙点睛的作用。如果这些材料弄错了,就会闹笑话。而要保证其真实性,一是要求材料的出处必须具有权威性,二是要求材料具有时新性。

新闻报道的事实必须是本质真实。任何事物都是处于相互联系之中的,这种联系既有纵向的(历史的),又有横向的(空间的)。如果一篇新闻报道在一定的时间和空间上没有反映事实的本质,哪怕具体事实再真实,这篇报道也是失败的。

(2)既要把握好显性要素,也要把握好隐性要素

新闻的诸多要素可以分成两部分:一部分称为显性要素,包括时间、地点、人物和事件,这些都是大家可以看到的;另一部分称为隐性要素,包括原因、结果和意义,是隐藏在事物后的决定因素。作为一个新闻报道策划者,面对这些基本要素要有清晰的认识。

其一,显性要素正确是基本前提。新闻事件的显性要素都是直白可见的,任何一个要素都不能有差错,任何一个要素出了问题,都会影响整个报道的成败。2015年10月13日,安徽亳州当地媒体《亳州晚报》刊发了一篇题为《为救女童,女子被狗咬成重伤》的报道,当地个别电视频道也跟进报道此事,引起较大社会关注。报道中所述女子的遭遇引发不少人士为其自愿捐助,爱心款超过80万元。后据公安机关缜密调查,发现被狗咬伤的女子的男友张某为引起社会关注,得到捐助,编造了该女子下班回家时为救女童被狗咬伤的谎言,该女子实为被男友自家所养防暴犬咬伤。10月22日,张某因涉嫌诈骗,被利辛县公安局依法刑事拘留。涉事相关媒体也因报道虚假新闻受到主管部门的处罚。显然,在这起事件中,并未出现被救女童,也没有其他见证人。倘若记者稍微细心核实一下事件经过,就不会做出虚假新闻报道了。

其二,隐性要素正确与否决定能否抓住事物的本质。新闻事件的隐性要素说的是原因、

结果和意义，它是隐藏在显性要素后面的、需要人们去研究、分析和探索的不明确因素。而这些因素又常常是新闻报道策划的出发点和落脚点。因此，隐性要素正确与否对于新闻报道策划而言，亦十分重要。比如，一天某电视新闻在谈到当地精神文明建设成就时，说市民踊跃献血是爱国行动，表现出很高的觉悟。这就扭曲了事实的意义，失去了阐释的真实。诚然，市民踊跃献血是好事，但这与爱国与否并无必然联系，为了拔高宣传对象，而不恰当地给事件定性、"戴帽子"，势必会让新闻报道远离事态本真。

其三，要把握好显性要素与隐性要素的关系。对于策划者而言，把握好事实的显性要素与隐性要素之间的关系十分重要。负责策划的编辑、记者在分析事实的显性要素与隐性要素之间的关系时，首先要核实事实的真实性。只有事实本身是真实的，而且在反映隐性要素时它也是真实的，这样的事实才能为策划者所用。其次，根据隐性要素的需要，选择能够表现和说明隐性要素的真实事实。记者在采访中常常会接触许多事实，有些还很有趣味。但是，有些材料只能充当趣闻的角色，根本不能反映隐性要素，有时有的素材还可能冲淡主题或与主题相悖。这样的事实就不能选用。最后，对显性要素和隐性要素两者之间的内在联系做独立的、深入的、符合真实事实的科学判断，提示其内在的真正意义。

3.事实要值得关注

新闻报道策划的事实前提，还包括新闻报道策划必须基于值得关注的事实。一般来说，事实是否值得关注，可通过以下几个方面的因素判断。

(1)受到这一事件影响的人员范围

我们在选择报道事件时，倘若事件涉及的人员数量越多，越应该是策划者首先要考虑的选题。例如，房价变动、城市内涝、自来水价格调整听证会等，都会涉及不少人，选择这样的话题做文章，肯定会引起较大的社会关注。

(2)关心这一事件的人员数量

有些事件影响的人员范围可能并不大，但由于事件的恶劣性或特殊性，关心的人很多，这样的事件也应予以考虑报道，如恶性交通事故、女大学生外出旅游失联等。

(3)与民众利害关系的密切程度

与民众有着密切利害关系的事件，往往都是有较高关注价值的事件，适合作为选题。现在不少媒体推出了《与读者同行》《为你打听》《疑点探访》等栏目，之所以受到广大群众的欢迎，就在于这些报道反映的问题与人民群众的生活、利益关系密切，能够满足人们一定程度的需要。

(4)促进社会进步的作用

新闻报道作为一种社会舆论，总要对社会的发展和进步起到一定的积极作用。这种作用越大，报道的价值就越大，报道的策划也就越有意义。有些报道虽然今天看来作用不大，但它预示着一种方向、代表着一种趋势，这样的事物也必须关注。

当然，在决定是否对某一事实予以报道时，还必须考虑它的宣传效果。这是由我们新闻传媒的性质所决定的。社会生活纷繁复杂，其中有些新闻事实报道后宣传效果很好，有的宣传效果利弊参半，有的则影响很坏。对于宣传效果好的事实，当然要精心策划，把它报道好；对于宣传效果把握不定的事实，一定要慎之又慎，或放一段时间，或请示有关部门，千万不要草率行事；对于有可读性、有卖点但是宣传效果不好的报道，应尽量不要发表。如果确实要传播这方面的内容，就要避开相关不利因素，找些正向的或有益的事例进行报道。这样，既遵循了相关工作要求，又没有违背真实性原则。

（二）新闻报道策划的价值前提

新闻报道策划，是新闻报道主体运用新闻传播的各种手段，以求最佳传播效果的创造性活动。为达此目的，策划者要做许多准备工作。但是，有一条是必须首先搞清楚的，即这次策划活动、这次策划报道该不该进行、能不能进行，进行这次策划活动的意义是什么，能否达到，等等，所有这一切都是策划者事先应该弄明白的。这就是我们进行新闻报道策划所要求的价值前提或者说是理论根据。新闻报道策划的价值前提，大致包括以下四个方面内容。

1.传播价值

开展新闻报道策划，其目的在于顺利做好相关新闻报道工作，并力求依托富有新意的报道产生良好的社会传播效果。然而，倘若新闻事件本身或所做的报道本身不太具有社会传播价值，那么劳心费神地运作新闻报道策划，是没有多大实际意义的。因此，报道客体、传播内容本身是否具有一定的传播价值，是新闻报道策划的首要价值前提。

2012 年 5 月 29 日中午 11 时 10 分，杭州长运客运二公司快客驾驶员吴斌驾驶大型客车从无锡返回杭州。11 时 40 分左右行驶至锡宜高速公路宜兴方向阳山路段时（江苏境内），突然有一块铁块（后确认为制动毂残片）从空中飞落，击碎车辆前风窗玻璃，砸向吴斌的腹部和手臂，导致吴斌肝脏破裂及肋骨多处骨折，肺、肠挫伤。危急关头，吴斌强忍着剧烈的疼痛将车辆缓缓停下，拉上手刹、开启双闪灯，以一名职业驾驶员的高度敬业精神，完成一系列完整的安全停车措施。之后，他又以惊人的毅力，从驾驶室艰难地站起来告知车上旅客注意安全，然后打开车门，安全疏散旅客。当做完这些以后，耗尽了最后一丝力气的他瘫坐在座位上。吴斌没有把最宝贵的第一时间留给自己拨打 120，而是留给了车上的 24 名乘客。杭州长运提供的车载视频还原了惊心动魄的最后一分钟：

视频中的吴斌，短发，穿着天蓝色的短袖制服，戴着一副黑色镜片太阳镜，双手握着转向盘。

11 时 39 分 24 秒，一个块状物体，穿过风窗玻璃，击中吴斌腹部。吴斌似乎被这突如其来的“块状物体”弹了一下，先用右手捂住腹部，挣扎着将右腿伸长，踩住刹车；

11 时 39 分 52 秒，吴斌解开安全带；

11时39分55秒，停车，左手拉手刹；

11时40分05秒，非常想努力站起来，告诉乘客注意安全。

由于吴斌的肝脏损伤太严重，虽经医院全力救治，但还是于2012年6月1日凌晨不幸去世。2012年6月1日13时55分，无锡交警在新浪微博上发布短文："处警民警说，大客车刹车拖印是笔直的，一个肝脏被突然刺破的司机，要用怎样的意志力才能做到这一点啊~乘客们自发到医院看望抢救中的老吴，他们是在看到老吴很快倒下后才知道事情的严重性。我们纪念老吴，纪念他扎在心底的崇高职业道德，只有这样的人，在关键时刻只会想到大家的安全。"事件发生后，国内诸多媒体纷纷加以报道。杭州电视台则策划推出了"最美司机"吴斌系列报道，从2012年6月1日起，接连8天播出40余篇报道，数百家网络媒体转载，单条稿件的点击率高达10万次。该系列报道荣获第二十三届中国新闻奖一等奖。

可以看到，杭州电视台"最美司机"系列报道的成功策划，就是基于该报道客体本身具有极高的传播价值，值得媒体为之付出相应的人力、物力进行特别报道。

2.导向价值

新闻报道一经刊发刊播就会产生对社会的舆论导向作用。在新闻报道中坚持正确的舆论导向，是每一位新闻工作者在进行任何一项新闻报道策划时必须时刻记住的。所谓正确的舆论导向，在当前就是要促成有利于改革开放，完善社会主义市场经济体制，发展社会生产的舆论；促成有利于加强社会主义精神文明建设和民主法治建设的舆论；促成有利于鼓舞和激励人们为国家富强、人民幸福和社会进步而艰苦创业、开拓创新的舆论；促成有利于人们分清是非、坚持真善美、抵制假恶丑的舆论；促成有利于国家统一、民族团结、人民心情舒畅、社会安全稳定的舆论。2009年底，湖北武汉黄陂的孙水林为了赶在年前给工人结清工钱，在返乡途中遭遇车祸遇难。弟弟孙东林为了完成哥哥的遗愿，在大年三十前一天，将工钱送到了工人手中。兄弟俩的诚信之举深深打动了人们，被称为"信义兄弟"。该新闻事件的报道，显然对社会具有十分良好的导向价值。2010年2月21日，《楚天都市报》拿出几个整版率先报道了这个兄终弟及的信守承诺的事迹。随后，中央电视台、《人民日报》等中央级媒体及其他地方媒体相继对此事进行了报道，在社会上产生了较大反响。

导向价值，就是要求新闻报道能够给人们以正确的舆论引导。导向价值是进行新闻报道策划时需要考虑的基本前提。导向错了，即使参与者都吃了苦，报道也很有艺术性，这样的策划也是失败的。当然，舆论引导是一项政策性、原则性、艺术性都很强的新闻报道要求，需要策划者审时度势，认真对待。

3.服务价值

新闻信息是一种特殊的精神产品，它的有用性是决定人们是否购买它的重要因素。所以，在新闻报道策划时，在注重导向价值的同时，千万不要忽视服务价值。

新闻报道策划的服务价值，既表现在通过策划相关报道帮助人们更好地理解党和政府的方针、政策方面，也表现在帮助人们转变思想观念、移风易俗方面，还表现在帮助人们及时了解和获悉相关科学知识以及引导人们的生活消费等方面。不过，在考虑新闻报道策划的服务价值时须处理好以下五个方面的关系。

第一，广泛性与特殊性。新闻报道策划首先要着眼于广大读者，从最广泛读者的利益和需要出发，策划选题，组织稿件，安排版面。同时，也要考虑提供为特殊的受众服务的内容，如老年婚姻问题、两地分居问题、大龄高级知识分子婚恋问题、残疾人的读书就业问题等。

第二，权威性与多样性。随着社会信息量的骤增，作为个体的人已经很难独立地对一切信息提出自己的鲜明观点并在实践中运用这些观点。他们需要有权威的信息来源，借此来了解和帮助自己判断各种复杂的情况。策划者应该很好地担负起这一职责，认真地采编有权威性的服务信息，为广大读者服务。另外，随着人们接收媒体信息观念的更新，不少读者、听众、观众、网民对新闻信息都形成了自己的选择倾向和理解方式，他们已经不满足于一家之言，经常会将相似或相反的信息拿来进行比较。这也是策划者需要把握的方面。

第三，通俗性与高雅性。策划者要处理好普及与提高相统一的问题，既要考虑到一些知识水平、文化水平较高的社会群体的阅读、观看、浏览需求，力求将新闻报道做得有一定的档次与格调；又要努力照顾知识水平、文化水平较低的普通民众的阅读、观看、浏览需要，尽量用相对通俗易懂的文字、音视频材料来报道新闻，方便普通民众对新闻的接收和接受。策划时要善于考虑将“情”融于“理”之中，同时又能寓“理”于“情”，力求使新闻报道、传播内容在通俗性与高雅性之间保持相对平衡。

第四，现实性与超前性。新闻报道策划必须关心群众现实的衣食住行、生老病死、柴米油盐、喜怒哀乐等问题。同时，为了使未来的今天更美好，规划明天、展望明天，做点超前研究、超前服务，推出一些具有一定前瞻性内容的报道，也是很有必要的。

第五，批评性与建设性。新闻媒体具有舆论监督功能，这种功能表现在两个方面：一是批评，二是建设。对不良事件、不良现象需要揭露和批评，但同时也需要对现实中存在的一些一时难以解决的问题持积极建设性的态度，帮助、改进和完善相关社会事宜。

4.审美价值

所谓审美价值，就是新闻报道刊播、刊发的时机、形式所体现的和谐之美所能带给受众的力的震撼和美的享受。一篇报道、一个栏目、一个版面，如果没有好的传播形式或掌握不好传播的时机，就会事倍功半或前功尽弃。所以，当我们明白了传播价值、导向价值和服务价值的重要性之后，再来谈审美性和审美价值，道理就十分清楚了。成功的新闻报道策划，必须给人们更多的美的享受——以它有效的内容和形式组合；给受众以新的震撼——以前所未见的内容和形式展示。

新闻的美包括真实美、朴素美、色彩美、语言美等。此外，新闻的美还可分为形式美和本质美。形式美,主要指新闻的结构、体裁、文字及标题、版面或节目等形态;本质美,主要指新闻所反映诸事物的规律性和所揭示的社会精神面貌以及所产生的社会效果等。

新闻报道实践告诉我们,凡是能够经受得住时间考验、历久弥新的新闻作品,无一例外地都具有很高的审美价值,无论是从单篇的作品,还是从整个版面来看,都是这样。如果仅仅注重新闻价值,那么新闻作品不过是简单地作为"信息传声筒"而存在,其结果必然是随着时间的流逝和时代的更替而销声匿迹。只有那些既依据于事实,又能够超越现实,向纵深挖掘出人类共有的、永恒的价值期盼,观照出人的本质力量的作品才具有超时空的穿透力,常读常新,耐人寻味。

在新闻报道策划的诸原则中,审美性原则实际上是一种"渗透性原则",它渗透于新闻报道策划活动的方方面面,大到版面、栏目的规划,主题的选择,小到文章结构的安排、标题的设计、词语的斟酌,都应折射出"审美"的光辉。具体说来,新闻报道策划的审美原则应从以下几方面把握:

(1)内容美

新闻的首要因素是真实性,真实是新闻的生命。但不是所有真实的、新鲜的信息都可以成为新闻、成为好的新闻。作为"把关人",媒体少不了对大量新闻事实进行筛选、过滤。在这里,审美性原则必不可少。在市场经济条件下,传媒作为一种文化产业,应该而且需要适应受众需求,生产出群众喜闻乐见的新闻产品、文化产品,但同时不能背弃媒体应担负的社会责任。媒体既要宣传和贯彻党的路线、方针、政策,又要反映群众的呼声、愿望、社会生活的热点,需要让传播内容贴近群众、贴近社会,为群众所喜闻乐见。但这并不等于对社会潮流、流行时尚一味迎合、随波逐流,特别是盲目迎合和追随群众中某些不健康的情趣,这会使新闻走向庸俗和低级趣味,破坏了美感和道德感。因此,在策划新闻选题及具体内容时,不能满足于为受众(或用户)提供几份信息快餐、文化快餐,而应着眼于长远,要以文化含量高的作品对受众进行审美能力、审美情趣的引导,呼唤时代新风,维护社会正义,坚持用优秀的作品鼓舞人、用高尚的情操感染人。2012 年 11 月,江苏扬州一名高中生徐砺寒在骑车上学的路上撞坏了一辆私家车的后视镜,此后他留下一张字条给车主,告诉车主自己不小心弄坏其车,并留下了自己的联系方式,以及时赔偿。一般发现自己的车被撞坏,肇事者又不在,车主会感到很恼火,但当这位车主看到徐砺寒留下的道歉字条后,觉得现在社会上这种诚信的事太少了,因为孩子的主动道歉,他决定不要赔偿。

2012 年 11 月 2 日中午,扬州新闻广播首发了一条"寻找诚信中学生"的微博,引来众多网友及各大门户网站迅速转载,央视、新华社等主流媒体对此纷纷报道,境外媒体对此亦有报道,在民众中引起了很大反响。徐砺寒因此被网友称为"诚信中学生",并入选新华社"中国网事·2012 年度人物榜"。诚然,通过对真善美的歌颂、对假恶丑的批判,使读者(听众、观众、网民)从真人真事、真情真景中体悟到一种精神、一种生命观照,是新闻报道追求审美价值的应有之义。唯有如此,才能真正取得长期的经济效益和社会效益。

(2)情感美

这里所说的情感,是指作品与受众(读者、听众、观众、网民)产生的共鸣,是一种自然而然的流露,而绝非我们所常见的“煽情”。“煽情”是一种以内容、编排等手段来“煽”起受众一时激情的报道手法,是一种不健康的新闻样态,是我们在进行新闻报道策划时要坚决杜绝的。在新闻报道策划中,情感的投入与理性的思索是一对必须协调好的关系。好的新闻作品往往是读者与作者心与心的交流、情与情的对撞。优秀的新闻作品常常使受众的心灵受到震撼,这种震撼包含着一种审美快感。它是基于作者找到了一个与受众心灵共鸣的契合点而生成的,这个契合点就是人类共同的情感。第二十八届中国新闻奖获奖作品《收养脑瘫儿 14 年 环卫工夫妇感动众人》(《三秦都市报》2017 年 10 月 14 日),就是凭借对西安南郊一对环卫工夫妇不求回报、仁礼存心,收养一位脑瘫男孩的大情大爱、大节大义善举的生动报道,从情感上打动了无数读者。

(3)语言美

对于用语言来传播事实及思想的媒体来说,语言的选择尤其重要。一些媒体经常会使用一些煽情性的字眼和画面以招徕受众,它满足的只是一些受众庸俗的猎奇心理。而且,过于详尽的色情、暴力场景的描述,也为社会安定埋下了隐患。

媒介语言是多维度的,它既可以是报纸的文字符号,也可以是广播的声音符号,还可以是电视常用的画面语言符号,亦可以是网络时代的图文符号。策划者在组织语言、表现思想时,要注意根据不同媒体的风格、个性及不同题材的内容,选用适当、贴切的语言,营造清新而雅俗相宜的格调。唯有如此,才能保证新闻作品持久的魅力。当然,长此以往,必将形成一定的语言风格。例如,《南方周末》的报道所具有的理性、温情、严谨、深邃的语言风格,《中国青年报》已然建构的清峻、通脱、真挚、素雅的语言风格,中央电视台多年来形成的端庄、大气、沉稳、刚健的新闻播报风格等。

(4)形式美

任何好的、美的内容如果没有好的、美的形式去表现,都是很难达到预期目的的。形式美,对于报纸来说就是报纸的版面。老报人徐铸成先生在他的《新闻艺术》一书中说过:“一个版面好比一桌酒席,要搭配得当,不要像蹩脚的厨师,端上来的菜都是一个味。”范敬宜先生在《人民日报版面备要·序》中指出:“版面是一门学问,也是一种艺术,当然更是一种政治。”版面,可以说是报纸外在形式的最直观体现。不管新闻内容如何精彩,读者接触到报纸的第一感受就是版面是否精美。可以说,版面状况在很大程度上决定了读者在报摊前的购报意愿。因此,在版式设计中既要注意图文并茂、多姿多彩、错落有致,又要注意标题、字号、图片、空白的相得益彰,还要发挥饰题、字形、花边、网底等的装饰作用,创造出或者有阳刚之美或者有柔雅之风的版面,使版面整体形成视觉冲击力,以增强传播效果。

除了报纸，广播、电视和网站在激烈的媒体竞争中都在想着法子变换手段，以新的形式美来争取受众。有时，同一个题材由于表现形式的不同或差异，表现效果就完全不一样。如此，美的形式就成了策划者要考虑的问题了。审美价值可以说是渗透于新闻报道策划的各个环节，起着潜移默化的作用。新闻工作者应该是美的使者，要传播美、展示美、表现美。

综上所述，在价值前提中，传播价值决定策划的必要性，导向价值是基础，服务价值是根本，而审美价值是实现上述方面的途径。四位一体，相互联系，各负其责，各有侧重。这是在进行新闻报道策划时应把握的基本价值前提。

(三)新闻报道策划的资源前提

新闻报道策划除了需要具备事实前提、价值前提之外，还必须具备相应的资源前提。所谓新闻报道策划的资源前提，即开展和实施新闻报道策划所应具备的完成条件，如是否掌握有关的信息、资料和数据，是否具备相应的人员、设备(采访、传播工具等)以及所能够采用的方式和方法等。

1.资源类别

(1)信息资源

新闻报道策划的开展，必须依托相应的信息资源。信息资源的获得主要有两个方面的途径：一是新闻采访线索的来源，二是相关资料的收集，二者缺一不可。

(2)人力资源

对于新闻报道策划而言，人员的准备也很重要。一个策划选题考虑得再好，如果实施的队伍素质太差，甚至缺乏相应的实施人员，恐怕也难以做出成果。一个报道队伍一般来说可分两部分：一个是策划的组织者和领导者，一个是策划的具体实施者、参与者。对于策划的组织者和领导者来说，不仅要了解整个报道的内容和报道方式，还要对参与策划者的情况有所了解，这样才能在报道策划中根据情况调配不同的人员。对于具体实施者、参与者，既要有效地表现自己、发挥自己的作用，也要服从和服务于策划主题和整体安排。

(3)设备资源

新闻报道策划的设备资源在这里主要是指可用于新闻报道和传播的工具，如文字记者的笔、采访本，摄影记者的摄影器材，广播记者的录音器材，电视记者的摄像器材，网络记者的图文处理系统以及报社、电台、电视台和网站的印刷、发射、转播、直播和交通工具等设备。

2.资源的统筹利用

当然，对新闻报道策划资源的利用、运用，需要具备全局意识和整体思维。

第一，在整个策划活动中，要注意参与其间的各个部分的有序性和科学性，即讲求策划活动的程序性,以求产生最佳的整体效益。为了保证策划方案的合理性和高成功率,现代策划不可避免地趋向程序化。程序化的策划并不排除策划者个人因素的重要作用,但这种策划已经不是主要依赖个人的能力和经验,而是在科学理论的指导下,依照严格的逻辑程序进行的。尽管这种程序有时要耗费更多的时间和精力,似乎有些麻烦,但却能有效地减少策划的失误,保障了策划的合理性和高成功率。

第二,注意发挥参与其间的各子系统相互配合的最佳整体效益。一个系统总是由许多单元或子系统组成的。一般地说,如果每个单元或子系统的性能都是好的,那么整体的性能也就较为理想。但是,如果各个单元或子系统都力争自身的最佳效益,却不一定能保证系统整体的最佳效益。因此,在新闻报道策划中,必须注意搞好参与报道各要素相互间的配合与协作。2019 年,在迎来中华人民共和国成立 70 周年之际,中央广播电视总台立足于“新中国成立之初,一穷二白,70 年来,在中国共产党的领导下,中国人民奋斗拼搏,用一个个第一讲述着新中国的传奇故事”这一事实,策划采制系列报道《新中国的第一》,从 7 月 15 日起播出,借以“记录新中国砥砺前行的奋斗历程,见证新时代开拓创新的精神力量”。在具体策划采制“新中国第一条自主修建的铁路——成渝铁路”“新中国第一个大型水利工程——荆江分洪工程”“新中国第一座自主设计建造的长江大桥——南京长江大桥”“新中国的第一台国产电视机——‘北京牌’黑白电视机”“新中国第一座自行设计建造的核电站——秦山核电站”等各条报道中,充分注意了各报道小组之间人员、素材等要素的配合和协调,保证了系列报道的成功推出。

第三,充分调动大家的积极性,集思广益,以产生最佳策划方案。最常用的是群体决策法,大家畅所欲言,在自由讨论中碰撞出灵感火花。事实表明,集体行为的策划,在实践中往往更具有科学性、合理性、可行性和操作性,策划方案的实施也能获得更大的成果,更有效率。

集体策划可以有效运用两方面的智力资源:一是媒体内的智力资源,即充分挖掘“内脑”;二是媒体外的社会上的智力资源,即“外脑”。特别是在某些领域里没有自己独立的“内脑”的情况下,更应充分尊重“外脑”。一般来说,需要“内脑”与“外脑”紧密配合,优势互补,但有时也可根据需要侧重一方面。

上文分别介绍和阐述了事实前提、价值前提和资源前提在新闻报道策划中的作用和运用之道。实际上,在新闻报道策划的具体操作中,三者在很多情况下是相互牵连并交错在一起的,构成相互联系、彼此渗透的不可分割的一个整体。

二、新闻报道策划的主要原则

新闻报道策划作为策划活动的一种,经过近些年的实践摸索,也逐渐形成自身特有的策划规律。科学地认识和把握这些规律并将其作为开展新闻报道策划的主要原则,对于提高策划水平和报道效果是大有好处的。目前,在新闻报道策划中通常要遵循的主要原则包括创新性原则、时效性原则、可行性原则、变通性原则和效益性原则等。

(一)新闻报道策划的创新性原则

创新是策划运筹的立身之本及成功之源,是策划的核心和灵魂,也是新闻报道策划的第一要义所在。它要求策划活动必须新颖、不落俗套,展示新的境界、新的内容,充满生机和活力,富于拓展、进取向上,展现知识、智慧的价值和力量,令人耳目一新。这种"新"就是要破天荒,第一次出现,"言前人所未见,发前人所未发"。

在新闻报道策划中把握创新性原则,应注意涉足别人未曾涉足的领域,报道别人未曾报道的内容,选用别人未曾选用的视角,关注别人未曾关注的主题,采取别人未曾采取的报道形式。市场上新闻媒体的竞争,说到底就是新闻采编人员专业技能的竞争,是编辑记者创造力的竞争。谁能在时间上走前,在题材、主题、内容、形式上出新,谁的报道就能受到读者、听众、观众或网民的欢迎,在媒体的发展中处于占据先机的位置。

新闻报道策划的力量重在创新,没有创新性的策划,实际上已经失去了存在的价值。策划的过程就是创造性思维的过程。它体现为积极的求异性、敏锐的洞察力、创造性的想象力、独特的知识结构和强大的灵感。科学的创造方法和手段是创造的催化剂和工具,是创造成功的保障。因此,策划过程中只有运用正确的手段,才能产生真正意义上的创造,并迅速增加创造数量、提高创造质量,使策划运筹创造出智慧含量高、品位高且内容丰富的报道。

【案例】

在第二十三届中国新闻奖评选中,河南日报报业集团驻开封记者站记者童浩麟采写的新闻《火车站见证兰考经济变迁》获得了报纸消息类一等奖。评委认为,这篇报道以小见大,反映了我国城镇化进程中地方经济的变迁及百姓所感受到的政策"福利"。

兰考,隶属河南省开封市,是豫东平原一个普普通通的农业大县;它在中国,是一个政治大县,又是一个树立了50年的新闻典型(距离1962年12月焦裕禄同志到兰考工作已经50年),它因焦裕禄而闻名全国,它因焦裕禄精神而富有。

2011年11月8日,恰逢全国新闻战线开展"走基层、转作风、改文风"活动经验交流会在兰考举行。中宣部、中国记协和中央媒体、地方媒体代表,深入基层实际,听取基层干部群众意见。童浩麟当时因工作调整,到了开封记者站。参加交流会时,对兰考的情况他还不是太熟悉。2011年11月后的5个月,他6次去兰考深入采访,掌握了兰考的历史变迁和发展内涵,把握了兰考干部群众的思想境界和生活追求,于是成就了2012年在《河南日报》上发表的一系列各具特色的有关兰考的新闻报道。

兰考是一个众所周知、老的正面典型,对于这种报道对象如何做到常写常新?童浩麟觉得将兰考人民“敢教日月换新天”的新闻事实报道出来必定能引起社会共鸣。

创作冲动有了，但如何报道出来？50年的时间跨度，由谁来讲？50年的变化，回顾贫穷、罗列成绩，震撼力显然降低。于是他想到了兰考火车站：“兰考火车站上，北风怒号，大雪纷飞。车站的屋檐下，挂着尺把长的冰柱。国家运送兰考灾民前往丰收地区的专车，正从这里飞驰而过。也还有一些灾民，穿着国家救济的棉衣，蜷曲在货车上，拥挤在候车室里……”

50年的时光里，兰考火车站默默地见证了兰考的发展史：1962年12月，焦裕禄到兰考的第一天，在火车站看到外出逃荒的群众直流泪；20世纪90年代，百姓又一次坐上火车离开兰考，兰考进入劳务输出时代；当下，兰考经济发展迅速，兰考富裕了，兰考百姓又坐着火车回到兰考安居乐业。这三个极具典型意义的“镜头”都让兰考火车站捕捉到了。借鉴文学写作中拟人的手法，赋予兰考火车站生命，让兰考火车站来诉说兰考经济社会的发展。既然是带有镜头感的场景，用消息体裁应为最好的报道方式。

但作为消息，缺少一个新近的时间节点，缺少一个鲜明的报道对象。童浩麟想到了务工人员。河南是我国最大的劳务输出省份，而兰考多年来也是河南重要的劳务输出大县，劳务人员数量的变化完全可以阐释当地经济的发展变化。于是，在2012年的5月，童浩麟明确了主要采访对象：兰考劳务输出人员代表、兰考县劳动和社会保障局、兰考从事劳务输出业务的代表、兰考返乡创业代表。

报道对象有了，但还要等时间节点。作为劳务输出大县，一年当中兰考火车站劳务输出人流集中进出的时间有3个：一个是春节前后，一个是8月到新疆采棉，一个是11月、12月采棉返乡。童浩麟选择了最后一批采棉工的返乡时间，因为他需要掌握采棉工的收入变化、采棉花人数的变化。于是，新闻报道时间出现在了2012年的12月2日。由于反映的时间跨度大，如何能鲜明地体现变化？童浩麟选择了数字。全文894字，用了46处数字。

为了让新闻事实既真实又避免沉闷，他还选择了用直接引语充当报道信息来源。全文12个段落，用了8处人物的直接引语。这些直接引语的人物涉及面广，有官员、企业家、劳务输出人员、当地就业农民，增强了报道的真实感和画面感。[1]

显然，记者在报道中较好地把握住了创新性原则，围绕典型对象，调整视角，注重挖掘新内涵，重塑新形象，才有了《火车站见证兰考经济变迁》这篇成功之作（见附录2）。

新闻报道策划要出新求异，绝不是凭空幻想或苦苦冥想而成，它通常是建立在扎实、深入的采访、获取大量第一手资料的基础上；同时，还需要适当学习或借鉴过去和他人的成功经验。从一定意义上讲，创新是在不断继承和批判前人、他人的基础上进行的。为此，新闻工作者一定要处理好创新与学习、综合的关系。要创新，必须学习和综合他人的研究成果，

[1] 童浩麟.善人善看善思：让新闻典型赋予新意——消息《火车站见证兰考经济变迁》采写体会[J].新闻爱好者，2014(1)：77-80。

从中提出自己的意见。创新是以不断否定过去、否定他人和否定自己为前提的。不同于过去、不同于他人和不同于自己，应是创造性思维的永恒追求。当然，创造性思维并不是什么可望而不可即的事，策划者要勇于打破传统知识结构和思维习惯，不受经验的羁绊，能在固有的常识基础上寻求一点突破即为创新，有了这种敢于创新的观念，创新也就不期而遇了。

新闻报道策划的创新性原则，要求策划人的思维具有一定的现实超越性（包括超前性和超常性两方面），这有助于推出富有创新性的新闻报道策划。

（1）思维的超前性

新闻报道策划说到底就是"未雨绸缪"，就是对将要发生的或已经发生的事实进行未来报道的设计。所谓思维的超前性，即能够超前预测。在社会生活中，有许多东西是可以预测报道的，如某地第三季度楼市行情将会出现的变化。虽然该信息还只是一个预测，但是很快就会变成事实。发布这样的新闻报道可以为人们提前决策提供帮助，极具新闻价值。同时，社会生活中有许多事情虽然已经发生，但并未了结。对于这类事件，有的是需要等该事件了结后予以总结性的报道，有的则需要做跟踪式的连续报道。这类报道也有一个超前预测的问题。策划这一类的报道必须把握好事物发展的客观规律，既从眼前已知的信息出发，又要给读者未来事件的预测，而这种预测是要经得起时间检验的。

（2）思维的超常性

超常性思维是指超越常规的非惯性思维，是打破常规的思维，是具有反常性、发散性、求异性、独特性的思维。它能够围绕思考对象向不同方向、不同领域、不同角度、不同形式和不同现象进行发射和辐射，或者说，从不同角度、不同方位、不同侧面、不同视野来思考同一个问题。它实质上是一种开放式的思维，是思维的解放，使思维能够插上想象的翅膀在自由的空间任意飞翔遨游，从而产生出令人叫绝、精妙绝伦的奇思妙想。

超越性，要立足现实、面向未来。超越现有时空不是任意的，而是应当站在现实的基础上，做适度的超前和超常，以对未来做科学的预测，切忌"想当然"，随意捏造事实。

（二）新闻报道策划的时效性原则

所谓时效，就是时机和效果。在信息与人们的日常生活关系越来越紧密的现代社会，信息更替更加频繁，媒体竞争也更加激烈，特别是在白热化的新闻报道竞争中，失去时机必然严重影响效果，甚至完全没有效果。新闻人必须认识到，在任何一项具体的新闻报道策划中，决策方案的价值都会随着时间的推移与条件的变化而改变。时效性原则要求在新闻报道策划中把握好时机，重视整体效果，尤其要处理好时机和效果之间的关系。

对于新闻报道来说，其时效性是非常关键的，一旦错过将会造成不可估量的损失。因此，新闻人应当保证策划的时效性，在发现新闻后的第一时间，积极准备相应的人力、物力，在最短的时间内开展相应的工作，对新闻事实的实时消息进行了解，进而通过提升新闻报道策划的时效性，以便能够在随后的新闻传播中占据主导地位；要尽可能地缩短策划到实施的时间间隔，尽可能让策划进程紧跟新闻事件的实际进展，以便使策划发挥效用的阈值更大一些，效果更好一些，在突发事件报道中尤其如此。

当然，重视时机也不是说策划活动越快越好。一方面，策划效果的好坏与时间长短有关；另一方面，实施效果与策划时机是否成熟有关，只有当时机成熟时，策划方案的实施才能取得最佳效益。尤其是对于某些社会问题类报道，要按照"积极稳妥"原则，择机发布。

2012 年，在社会各方正为如何缓解贫富差距带来的炫富、仇富心理而大费脑筋时，一场赤裸裸的炒作——所谓的"富豪相亲会"却大张旗鼓地在国内多个城市举办。从 5 月 20 日开始，"富豪相亲会"海选陆续在广州、武汉、南京等地登场，来到现场的不仅有许多年轻貌美的未婚女性，也有不少替女儿相亲的家长，其情势俨然不亚于激烈的职场竞聘。"相亲会"在武汉、广州举行时，就引起了较大关注。来到南京后，媒体的报道也很多，新华日报编委会在策划报道这一事件时，认为要有党报自己的声音。接到编委会分派的任务后，新华日报评论部记者决定从"富豪相亲浊化社会空气"这一视角进行论述。评论抓住"富豪相亲宣扬了什么"这一核心，单刀直入、旗帜鲜明地指出，相亲会"放大阶层隔阂，损伤社会和谐""宣扬扭曲的成功观，误导公众的价值观""放大物质主义的爱情婚姻观"，浊化了社会风气，传播了错误的价值观。文章见报后，由于时机抓得好，问题抓得准，论述又清新、有力，新华网、人民网、凤凰网等网站纷纷转载，社会舆论对"富豪相亲会"的批评渐渐增多。原本声称"巡遍全国十大主要城市"的相亲会声浪渐息，后又因涉嫌虚假宣传被工商部门查处。《新华日报》发表的评论《"富豪相亲"浊化社会风气》(刊载于《新华日报》2012 年 12 月 4 日 A2 版)，也在第二十三届中国新闻奖评选中荣获评论作品二等奖。

可见，对于时机，不仅要抢，还在于把握。策划者要善于因地制宜、因时制宜、高瞻远瞩地全面分析利弊得失，适时而动。对时机的把握直接关系到战果的大小。在新闻报道策划中，应当充分考虑政策、社会影响、文化心理、自身能力大小及事情发展的阶段等因素的影响，在全面衡量分析的基础上相时而动。特别是社会问题类报道，由于问题发生的原因、问题存续的根源、解决问题的措施，都存在不同程度的复杂性和综合性，应根据权威调查情况，慎重报道、逐步发布。

在我国，新闻报道必须以党和人民的利益为重，充分考虑社会效果，不能为了追求所谓"轰动效应"而盲目求快。对于新闻报道策划者来讲，必须严格遵守党的宣传纪律和国家各项法律、法规和政策，在追求最快的新闻时效的同时要充分考虑新闻报道的时宜性，坚持新闻时效性和时宜性的统一。所谓时宜性，就是说在报道新闻时，要根据具体情况区别对待，当快则快，当慢则慢，该压则压，不能一概而论。在实际工作中，有许多新闻是不能一味求"快"的，只有在适宜的时间发布，才能取得好的传播效果。如在事态尚未完全调查清楚的情况下，一味追求报道的时效性，盲目追求快发、早报，一方面容易引发公众对显性的、直接的原因进行片面放大，过分解读；另一方面会导致公众对隐性的、间接的原因妄自揣度，乃至以讹传讹。因而，策划、报道的时宜性非常重要。

（三）新闻报道策划的可行性原则

可行性原则是指策划方案可能被实施并能取得科学有效的结果。这一原则是策划活动客观规律的综合要求。因为，任何行动计划都必须是可行而且有效的，否则，这种计划和方案就毫无意义。具体来说，新闻报道策划的可行性原则包括以下几方面。

1.选题的可行性

对一些反映社会问题的选题，必须首先考虑这一选题是否为政策所允许，文章提出的问题政府部门能否较快较好地解决。作为一名新闻工作者，体察民情、为人民分忧、为群众解难是十分应该的，但要有一个度。根据新闻工作“只能帮忙、不能添乱”的原则，选题必须符合现行的有关政策，必须适宜政府现行的工作范围、工作能力、工作水平和工作效率。只凭一时的激情、只想一时的轰轰烈烈的策划报道是不可取的。

2.策划的周密性

新闻报道策划是一个系统性工程。作为策划者必须兼顾方方面面的关系，围绕最终的目标做出最详尽的策划。方案越细致，实施起来越得心应手、越有效率。为了保证策划方案的周密，应该把目标看作一个体系，它具有可分解性，在时间上分为不同的阶段，在构成上有不同的内容，在功能上有不同的作用。当总目标确立了之后，还必须制定若干个分层次的小目标或标准。小目标必须服从和服务于总目标。在依据各个阶段的目标进行策划时，要全面考虑各种因素，如各阶段的主题、各部门的分工、严格的时间限制及所需的人员和落实的工具，以确保策划的周密性。策划方案一经确立就要有条不紊地展开，不要随意改变。

3.结果的有效性

结果的有效性，就是要对方案运行的结果进行充分的估计，看是否能达到预期的目标，取得最佳的经济效益和社会效益。充分估计策划效果的做法，一来可以一开始就有助于人们认识和淘汰那些效果不大甚至与总目标不相符的策划方案，即使它们再周密也不予考虑；二来也可以不至于在决策时忘记某些最基本的要求，这就需要决策者在策划之初就保持清醒的头脑，紧紧围绕最终目标做尽可能周密的思索。另外，对于策划的效果也应有不同的评估，即分为是否能达到必须完成目标的评估和是否能达到希望完成目标的评估，对于那些不但能达到必须完成的目标，而且有可能实现希望完成目标的策划无疑是决策者的首选方案。

（四）新闻报道策划的变通性原则

世间万物都是处在不断运动、变化、发展之中的，一成不变的事是没有的，所以，一切都按计划完全实现的事也是不多的。所谓变通性，就是能够随机应变。它是指在新闻报道策划过程中及时准确地掌握对象及其环境变化的信息，以其发展的基本趋向为依据，调整策划目标并修正策划方案。实践表明，策划不能一成不变，要有一定的可调适性。古人讲，“时移则势异，势异则情变，情变则法不同”，就是这个道理。

新闻是对不断变动的事件进行反映，主观随着客观的变化而变化，客观情况发生了变化，策划方案也应随事而变，这是编辑、记者在开展新闻报道策划时需要牢记于心的。例如，2005 年福建电视台的《新闻启示录》栏目拟针对当年 10 月 1 日起福州西湖公园免费对游客开放一事做一期节目。采访前策划组结合国内、福建省内一些公共设施相继免费开放的背景，定出了“政府还公园于人民，凸显执政为民”这个主题。记者按照这个策划思路，顺利地完成了采访，同时也发现了一个新的情况：一些公园免费开放后，公用设施遭到了比较大的破坏。在得知这一情况之后，策划组会同记者再次对所掌握的情况进行分析，决定再增加对一位专家的采访，将主题提升到“公民越来越多地享受到纳税人的权利同时，也不能忽略自身的义务”上来。后来，制作出来的节目《公园姓“公”》播出之后，反响良好。[1]

显而易见，策划者要具备策划的动态意识和随机应变能力。已敲定的策划方案，周密性固然重要，但这并不意味着一成不变。策划是一个动态过程，是有弹性、灵活性和可调适性的，任何策划都处于高度的机动状态。所以，策划者应树立起懂得随机应变、善于变通的观念。随机应变的“机”是多种多样的：有天时，有地利，有人物，有事件，有情况，有态势……策划者要力求全面地掌握被报道对象的各种变化。应变者的“变”也是千姿百态的：可以迎难而上，可以另找新路，可以寻求支援，可以等待时机，可以顺水推舟，可以推倒重来……策划者需要在短时间内急中生智，快速做出反应。

当然，为了防患不测，策划者在制订计划时，一般都要留有余地，以便退让游刃自如；可以多准备几个对策、方案，即使改变计划也不惊慌；在企盼最佳效益时，要有最差结果出现的心理准备。例如，2001 年 7 月 13 日，北京时间 22 时 9 分，国际奥委会做出了一个历史性的重大决定——将 2008 年奥运会主办权交给北京。国内媒体对此进行了集中而富有声势的报道，但一些媒体事实上都准备了两套报道策划方案，一套方案是针对申奥成功的，一套方案则是针对申奥失败的，以备不时之需，做好应变的备份。这实际上就是媒体人把握变通性原则的具体体现。

讲求变通性，要求在整个新闻报道策划体系里有充足的信息储备和迅捷的信息反馈，要能够随时分析形势，准备有应变措施，要储备一定的后备力量，包括人力、物力和财力等，以备“应变”时的不时之需。

---

[1] 吴荣华.深度报道的策划[J].东南传播，2005(11)：35-36。

(五)新闻报道策划的效益性原则

这里的“效益”,既指社会效益,也指经济效益。所谓新闻报道策划的效益性原则,即强调在新闻报道策划中应当注意将预期产生的社会效益与经济效益统筹兼顾地一起考虑,既要讲究社会效益、社会影响,也要追求经济效益、经济利益,不可失之偏颇。

新闻报道策划必须正确认识和处理社会效益与经济效益的关系。策划者要站在战略的高度,以理性的思考和智慧的眼光从更高的层次和更深远的意义上看待和衡量策划活动的社会效益和经济效益,使二者合理地衔接,相互促成、相得益彰。倘若只注重经济效益而忽略社会效益,无视新闻报道对人们的思想观念、行为方式及价值追求方面所产生的潜移默化的影响,而一味追求轰动效应,把发行量(收视率、阅读量、点击率)和广告额看作策划成功与否的唯一尺度,其结果只能是降低自身的品位、格调而沦于庸俗。当然,如果只是片面强调社会效益,将会失去开展策划活动的经济动力,也是不行的。因此,必须立足长远,注重发展后劲,恰到好处地把社会效益和经济效益结合起来,统筹兼顾,相互照应。

当前,在传媒产业化发展过程中,新闻媒体的经济效益和社会效益往往是相伴而行的。新闻报道策划有优劣之分,但优和劣是相对而言的,评价优和劣的标准只能是利益取得的大小。高明的策划就是要通过富有效率和效益的策略运筹,以最小的投入去换取最大的成功或以最少的投入获取最大的社会效益和经济效益。

环顾国内新闻界,多年来从率先扛起新闻报道策划大旗的《华西都市报》到以“新闻创造价值”作为办报口号的《21 世纪经济报道》,再到公示自己“专注时政与思想的互联网平台”的澎湃新闻乃至人民日报社、中央电视台、经济日报社、光明日报社等中央级新闻机构,从过去单介质的传统媒体到现今多元介质的融合媒体,国内众多新闻媒体都借助推出一次次成功的新闻报道策划,在出色地完成了相关报道、产生了良好的社会传播效果、收获了良好的社会效益的同时,也为自身带来了可观的经济效益,赢得了进一步发展的空间。

三、新闻报道策划的基本流程和相关要求

作为新闻报道工作中的一个重要前置环节,新闻报道策划通常需要依循一套基本流程和相关要求来进行运作。新闻报道策划的基本流程,如图 2-10 所示。

(一)策划预备阶段——获取新闻线索与遴选报道选题

策划预备阶段指从获取新闻线索到收集相关信息、分析和遴选材料再到商讨、确定报道选题的过程。

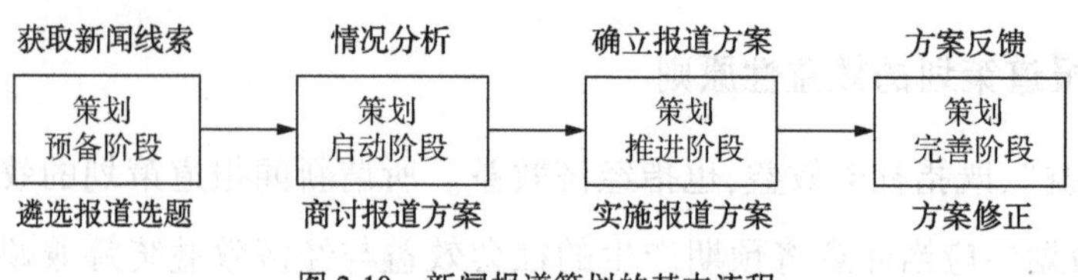

图 2-10 新闻报道策划的基本流程

1.获取新闻线索

客观事实无论蕴含多大的新闻价值，它自己也永远不会摇身一变成为新闻。缺少了人的获取，任何奇异事件都只能停留在事实的状态而不会成为新闻。“新闻获取是事实成为新闻的前提，没有获取就没有新闻。”[1] 所以，对于新闻人而言，获取新闻线索是首要的，这是产生报道选题的前提，更是做好新闻报道策划的重要基础。

第一，在日常工作中获取新闻线索。社会各条战线工作中出现的新气象、新成就、新经验，是我国新闻报道的主要对象。因此，新闻工作者在搜寻信息“富矿”之时要特别留意这个领域。从工作中的新闻信息中可以了解政府的方针政策、工作重心。特别是一些涉及工作热点的新闻，往往和人民群众的切身利益密切相关，更具有较高的新闻价值。事实上，在我国新闻媒体每年所报道的重要新闻中，有许多源于工作题材。

第二，在日常生活中获取新闻线索。人们的生活情况往往能够透射出社会各方面的工作进展与实绩。群众生活状况的改善，反映出国民经济和社会的整体进步；群众生活中的困难和不便，反映出政府工作的不足以及应该解决的问题。生活中的事情虽小，但经常反映出重大的问题。特别是对于市场化程度高的新闻媒体来说，吃穿住行、婚姻家庭等事情与百姓的切身利益密切相关，容易引起群众的“共同兴趣”，因而也是新闻报道的主要源泉。

第三，在会议中获取新闻线索。会议的目的就是要集中群体的智慧来解决现实社会和实际工作中存在的问题，其中包括意见的沟通与协调、经验的传达与交流、重大决策政策的讨论与商议。因此，会议中通常潜藏着有价值的新闻线索，新闻工作者要善于获取和挖掘。

第四，从朋友中获取新闻线索。新闻工作者要想建立尽可能广泛的、保持有效状态的消息来源网，就必须广交朋友，把自己的新闻触角延伸到四面八方，建立自己的信息网络。这样，才能拥有取之不尽、用之不竭的新闻线索。作为新闻工作者消息来源的朋友，既可是通讯员朋友、专家朋友，也可以是群众朋友。

第五，在新闻媒体的报道中获取新闻线索。新闻工作者不能像一般受众接触新闻报道那样仅仅满足于了解发生了哪些新近事宜，更要善于用职业的眼光，在接受新闻信息的同时获取新闻里的新闻，注意捕捉其他媒体所报道的但尚未被充分开掘的信息和线索。

第六，从社交媒体中获取新闻线索。当前，社交媒体已经成为人们获取各种信息的重

[1] 许向东，刘学义.新闻发现、采集与表达[M].北京：中国人民大学出版社，2007：2。

要渠道。将社交媒体纳入监控视野，一旦获取新闻线索就立即跟进，这种新闻线索的获取成本相对较低且有助于拓宽媒体的报道思路，理应成为记者获取新闻线索的有效途径。

第七，在受众的反馈中获取新闻线索。受众的反馈不仅是新闻编辑部了解新闻传播效果的一个渠道，更是集思广益、酝酿新的报道思想、搜寻新闻线索的好方法。生活在最基层、工作在第一线的受众把遇到的新鲜事、新现象、新问题以及自己的想法、体验、感受，以信函、电话、电子邮件的形式告知媒体，这些来自四面八方的信息不仅拓展了新闻工作者的视野和思路，更扩大了获取、采集新闻信息的领域。

第八，在新闻热线中获取新闻线索。在新闻工作中，新闻热线是获得突发事件线索的有效途径，是获取独家报道的宝藏，是进行深度报道的切入口。在具体操作中，一般是刊登或公布爆料电话，同时为了鼓励群众爆料而设立报料奖。新闻热线主要通过两种方式运作：一是安排专门的接线员接听热线并做记录，然后由部门负责人来确定选题，转交记者进一步采访；二是在媒体上公布记者的名字和联系方式，由获取线索的群众直接和记者联系。一般的选题和采访由记者自己确定并实施，重大选题上报编辑部集体策划、协作行动。

当然，通过各种途径和方法获取的还只是信号或者是比较简短的信息，要发现"活鱼"或"鲜鱼"，还要进行深入细致的调查研究。总的来说，新闻信息来源于人们的社会实践。人民群众的社会实践、丰富多彩的社会生活，为我们的新闻报道提供了取之不尽的源泉。到实际中去、到生活中去、到群众中去，是新闻工作者发现和获得新闻的根本途径。

2.围绕新闻线索广泛收集各类信息

一旦发现值得进行新闻报道的重要新闻线索，策划者就要围绕这一线索广泛收集各类信息。这些信息主要包括：一是报道客体的信息。策划者只有最大限度地掌握报道客体的相关信息，才能对其本质和意义有更为准确的把握，从而决定如何报道。二是报道接受者（受众）的信息。研究及掌握受众的信息有助于策划者把握受众的心理特点，有的放矢地策划报道，以便取得最佳报道效果，而且此方面的一些信息有一部分可能直接成为报道的内容。三是报道竞争者的信息。知己知彼，百战百胜，了解其他新闻媒介的报道方案，弄清报道的规模可能有多大，可能选择什么报道方式等，这样才能针对竞争对手的行动采取相应的对策，在报道中扬长避短，出奇制胜。

3.分析、遴选信息，商讨和确立选题

相关信息收集过来后，策划者应着手对这些信息进行分析和遴选，提炼出对报道策划有价值的信息。除了依照事件的重要性、新鲜性、及时性、显著性、接近性和趣味性等方面对信息进行有效遴选之外，还应当根据当下所具备的实现传播的条件来取舍可以用来进行商讨和确立选题的信息（图 2-11）。

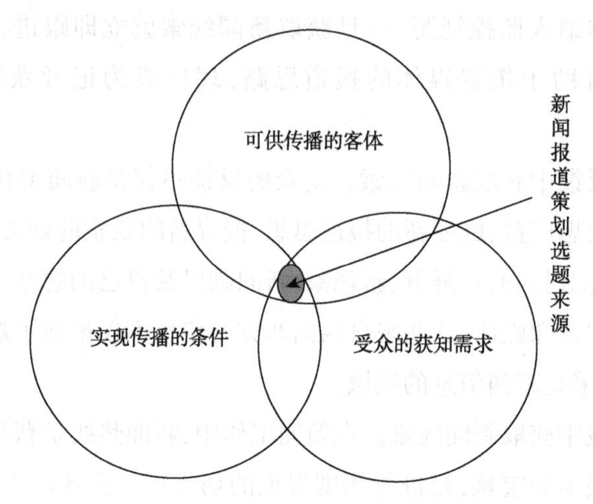

图 2-11　新闻报道策划的选题依据和范围

通过上述方面的信息分析与遴选，策划者应做到能够深入了解、掌握现阶段党和政府的工作重点、社会实际工作情况和观众的需求愿望，以及其他新闻媒体的新闻宣传态势，进而做出相应的选题决策。

（二）策划启动阶段——分析相关情况与商讨报道方案

新闻策划要想取得理想的效果，除了需要所欲报道的事实新鲜、新奇之外，还应力求报道角度和报道方式的新颖、独特。这就需要围绕确定的选题在观察角度、写作角度方面尽可能加以比较理想的谋划，以便实现报道的“别具一格”。

1.观察角度的选择

对新闻事实从不同的角度去观察，得到的结果是不一样的：有的可能生动，有的可能平淡；有的可能细腻，有的可能粗犷；有的可能真实，有的可能虚假；有的可能丰富多彩，有的可能简单划一。观察角度不同，得出的主题和表现的效果也可能不同。而要获得最佳的策划效果，必须追求最佳的观察角度。一般来说，观察角度主要有正向角度、逆向角度、侧向角度、纵向角度及横向角度。

2.写作角度的考量

观察角度的选择是为了更确切、更深入地认知和把握新闻事物，而写作角度讲的是如何切入新闻事件、表现新闻事件。选择最适宜的写作角度对于做好新闻报道策划也十分重要。

从写作的切入角度来说，可以从新闻要素中的某一要素入手，如可以先交代时间、地点，也可以先介绍人物、事件，还可以从该事件的意义入手；可以按照事件发生的时间顺序来写，也可以从事件发生的结尾或中途来写，或者从事件的原因、结果或意义来写，等等。

对于如何选择切入点，应考虑这样几点：一是记者应选择自己最熟悉、最容易发挥自身写作才能的切入点；二是所选择的这一角度，应该最能有效地表现该报道事件；三是从这一角度入手,最能吸引读者;四是这一角度别人很少用或没想到。

有好的切入事件的角度,还要有好的表现手法和方式,如正面写或侧面写,虚写或实写,写单篇或写系列,写消息或写通讯、专题,或用图片来反映,或用文字来陈述,等等。此外,对文章的标题与文章刊发的版面位置等,也都要有一个全新的考虑。

3.报道效果目标的设定

报道效果目标的设定指的是报道者根据报道策划前期所掌握的信息,在对新闻报道可能取得的社会效果的预测的基础上所希望达到的目标。报道效果目标的设定,为报道策划指明了方向,报道方案的设计将围绕实现这一目标来进行。当然,报道效果目标因报道选题不同而不同。一般来说,报道选题越重大,报道效果目标越高。报道效果目标定得越高、越复杂,报道规模必然越大,报道结构必然越复杂,报道方式也必然越多样化。报道效果目标与媒介的社会功能有着不可分割的关系,新闻媒介具有传播信息、政治宣传、普及教育、舆论监督、社会服务、文化娱乐等多方面功能,这些功能的发挥都要通过具体的新闻报道来实现,因此报道效果目标也相应呈多元化的形态,如通过报道宣传某种政策、观念或主张;通过批评报道揭露社会弊端,促进问题的解决;通过追踪报道传播最新信息、监督社会环境;通过新闻公关策划与新闻报道的结合,为社会公众提供服务、娱乐,或进行道德教育、解决社会问题,或塑造媒介形象,扩大社会影响等。具体到一次新闻报道策划,其报道效果目标可能是单一的,也可能是复合的,即同时具有若干目标。

(三)策划推进阶段——新闻报道方案的确立与实施

根据新闻报道策划的事实前提、价值前提、资源前提,在深入把握创新性原则、时效性原则、可行性原则、变通性原则和效益性原则的基础上,针对设定的报道效果目标,对报道范畴、报道重心、报道规模、报道进程、发稿(播片)计划、报道结构、报道方式、报道力量配置、报道运行机制等进行大胆构想,最终形成系统的报道设计方案的阶段。这一步是报道策划的核心阶段。

1.报道范畴与报道重心

报道范畴是全部报道客体的组合,规定了报道对象是哪些人和事,报道面有多大;报道重心是报道客体中最重要的部分,规定了报道所要聚焦的核心人物或核心事件、核心问题,需要报道者投入最多的力量,在媒体上也要予以突出表现。

2.报道规模与报道进程

报道规模是报道的时间、空间与人力三方面因素组合的概念,即报道在媒体上持续进行多少时间、占据多大版面空间和多少栏目配置、动用多少采编力量。报道进程是指报道全过程中时段的分割和安排,规定报道分多少阶段进行、何时开头、何时推进与扩展、何时结束以及各阶段之间如何转接。

3.发稿(播片)计划

发稿(播片)计划是报道进程中各阶段刊出新闻稿件的统筹规划,包括确定每条稿件的题目、内容、体裁和篇幅,确定稿件刊(播)出的先后次序与具体时间,稿件在版面上的空间位置或在广播电视节目中的具体栏目、时段。发稿(播片)计划是对报道规模与报道进程的具体落实。

4.报道结构与报道方式

报道结构是报道各组成部分相互之间的关系及其组合排列所呈现的外在形式。策划性的报道不同于一两个记者单独采写的、单独编发的一两篇新闻,而是围绕某一重要报道主题,由多人合作进行、由多篇稿件通过一定的组合方式表现综合性成果的系统工程。记者、编辑对报道进行策划和组织,目的是通过对新闻资源的最佳配置,实现预期的报道效果。系统科学研究早已证明,系统的功能是由系统的结构决定的。因此,策划性报道的目标能否实现,必然取决于报道的结构和组织报道的方式。

报道结构不是脱离选题和报道预期目标的一种独立存在,选题的确定和报道效果目标的设定,已经为结构安排描述了大致的模型。关于选题的确定,上文已经谈到,它是在充分掌握和分析大量外部信息与内部信息的基础上做出的,这些信息也是设计报道时所需要的参照物。而报道效果目标规定了报道策划的方向,从而规定了报道结构与报道方式。报道结构一般受到时间(指报道在时间延续方面表现出的特质)、空间(指报道在媒介空间位置方面表现出的特质,如版序、版面位置等)、角度(指报道在反映客体的着眼点和侧重点方面表现出的特质)、信息广度(指报道在集纳有关客体的横向信息——与周围事物的联系、环境性信息、相关性信息等方面表现出的特质)、信息深度(指报道在集纳有关客体的纵向信息——发生、发展及演化过程等方面表现出的特质),以及符号(指报道用以展现客体的符号所表现出的特质,如报纸对文字、照片、图表、线条、色彩的灵活组合使用,电视新闻报道中对现场实录图像、字幕、三维动画资料、主持人形象等的运用)等六方面因素的影响。

以上六方面因素不计其数的组合变化,使报道结构千姿百态。尽管很难描述所有报道在结构上的林林总总,但考察我国各类新闻报道,还是能够对其结构模式做一个大体的分类。目前比较常见的报道结构主要有以下四类:

第一,线型结构模式。其特点是选择某一个角度切入客体,对客体的发展变化进行追踪反映,直至客体变动告一段落。报道依时间延续表现出单向性、直线型的发展轨迹。线型结构模式在一些事件性报道、问题性报道、活动报道中都有广泛的运用,它表现出报道活动与报道客体同步推进、以连续性的信息组合展示客体变化过程及其本质的特色。线型结构模式如图 2-12 所示。

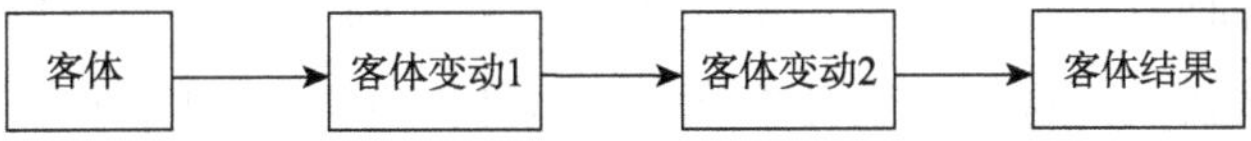

客体 → 客体变动1 → 客体变动2 → 客体结果

图 2-12　线型结构模式

第二，放射型结构模式。其特点是选择某一角度切入某一客体，对这一客体的发展变化进行跟踪反映，随着报道进展，拓展报道客体，转向对更多相关客体的反映，报道依时间延续呈现出由线到面的放射状特色。放射型报道结构对展示和剖析比较复杂的事件与问题有重要意义，它能够由点带面，扩大报道的社会影响力。放射型结构模式如图 2-13 所示。

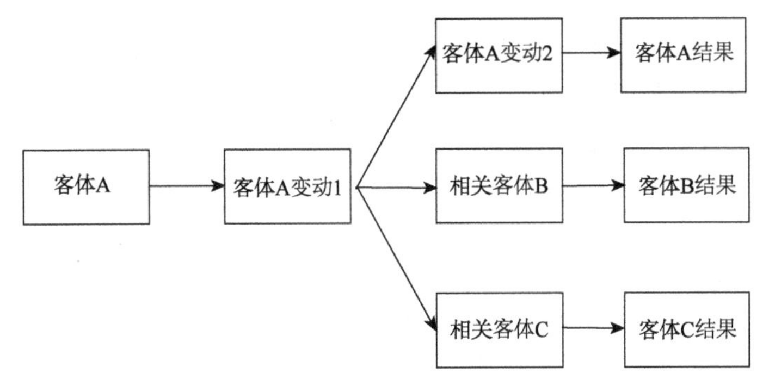

图 2-13　放射型结构模式

第三，收束型结构模式。其特点是从多个客体切入，以多种事实的变动指向某一共同的主题，使这一主题得到深入挖掘和充分展示。报道随时间延续表现出由面到线或点的特色。这种从不同客体切入主题的做法有利于全面反映问题，引起社会关注，这对报道后期主题的聚焦和深化具有重要作用。收束型结构模式如图 2-14 所示。

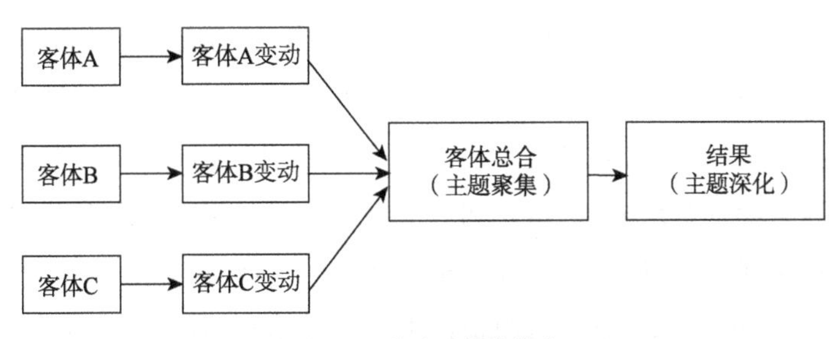

图 2-14　收束型结构模式

第四，网状结构模式。其特点是从多个客体、多种角度切入，报道随时间延续或追踪、或拓展、或沿着客体各自的方向发展，表现出相互烘托、交错递进的特点。特别重大的报道战役，在结构上采用网状结构模式的较多。网状结构模式如图 2-15 所示。

需要说明的是，以上归纳的四种结构模式只是对目前我国媒介报道结构的一种粗线条勾勒，因为构成报道结构的因素很多，某一因素又会有很多变数，策划者完全能够在这些模式框架中灵活变通，不拘一格。同时，任何报道结构的选择和设计，都是依据报道选题和报道效果目标的设定而操作的，不能是也不应该是策划者随心所欲的结果。如果违背了这一原则，如以复杂的网状结构对一个意义不大的小事件进行报道，或者以简单的线型结构报道错综复杂的社会问题，都将无法恰到好处地揭示客体的全貌和本质，不能获得应有的报道效果。

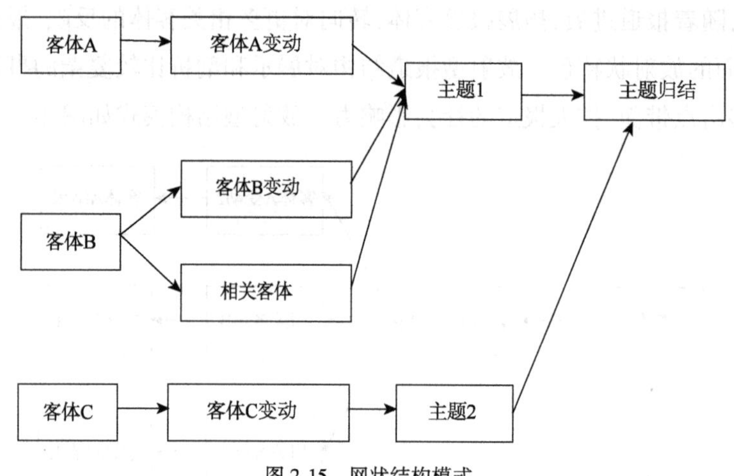

图 2-15　网状结构模式

报道方式是报道策划中的另一个重要内容。比之报道结构，报道方式是一个更加微观和具体的概念，是指编辑、记者将零散的新闻材料整合为报道整体的操作手法。虽然报道方式也像报道结构一样考察个体与整体的关系，但考察的角度不同。报道结构主要考察报道客体和主题的整合，而报道方式则主要考察新闻稿件及其报道手法的整合。目前，我国媒介比较常用的报道方式大致有以下七种：

第一，集中式。集中式指在短期内组织大规模、多篇幅的稿件集中于一定的版面、栏目或时段，形成较大的声势，具有强烈、醒目的效果。集中式报道法比较多地用于一些重大活动、重要事件、重大问题的报道，它的主要特点在于版面、栏目和时段的安排和利用，因此它往往不是一种单独采用的组织方式，需要和其他方式一同运用。也就是说，在版面、栏目、时段编排确定采用集中式以后，稿件以怎样的组合和顺序出现，还要参照其他报道组织方式。

第二，系列式。系列式指着重于组织报道事物各个侧面的稿件，集不同角度的报道为一体，达成报道的深度和广度，具有启迪性。系列式报道法比较多地用于对一些较复杂的事件或问题的报道，因为报道对象常常不是一两篇稿件就说得清的，而需要用多篇稿件从多种角度来报道，使读者能了解事物的全貌和实质。

第三，连续式。连续式指紧跟事件或问题的发展变化进行追踪，连续发出报道，反映其全过程，取得及时、深入、扣人心弦的报道效果。连续式报道法多用于突发性事件的报道，这类事件一旦发生，读者急于了解下一步情况，只有进行追踪采访，及时通报每一个新变化、新进展，才能使报道善始善终，满足受众的要求。因此，连续式报道的最大特点是每篇稿件报道的对象一样,但反映的时间、过程不同,前一篇报道的内容往往构成下一篇报道的背景,再下一篇报道又从这篇报道起步。环环相扣、步步紧跟,充分体现出新闻的时效性。

第四,组合式。组合式指集中一组稿件反映同一时间、不同地点的同类情况,或同一主题、不同门类的情况,形成较大的报道规模。组合式报道法多用于报道面较宽、报道对象较多的报道,旨在全面、深刻地揭露问题,或者通过众多报道对象的相互比较,说明问题和道理。

第五,受众参与式。受众参与式指吸引受众参与报道活动,如邀请读者、听众、观众参与新闻采访报道活动,发动他们对报道内容展开讨论等,受众的活动与意见构成报道的主要客体。受众参与式报道法多用于报道社会发展中出现的新现象、新问题、新观念。

第六,媒体介入式。媒体介入式指新闻媒体直接参与报道客体,成为其中的重要角色。例如,媒体策划和组织社会公益活动,或媒体介入被报道的事件,影响甚至改变事物发展轨迹,同时对这类新闻进行报道。媒体介入式报道法是媒体活动策划与新闻报道相结合的产物,它一方面会带来社会轰动效应,一方面也容易引起争议,需要报道策划者慎重对待。对于媒体介入式报道,要注意将活动与新闻报道加以区分,媒体策划与组织活动属于媒介公关范畴,而这些活动被媒体加以报道,才属于新闻传播范畴。当然,在业务操作的层面上,这两个范畴存在重合部分。在进行媒体介入式报道时,应根据新闻报道的原则对报道客体加以把关。并非媒体策划组织的所有活动都适合报道,也并非所有的报道都要插入媒体策划的活动。能够而且应该报道的活动必定是既有新闻价值,又有良好社会效果的公益性活动,而不是那些仅仅出于营利目的而举办的经营性活动,更非那些与社会进步相抵触的不良事件,或者是出于商业宣传目的,搞有偿新闻的所谓公关活动。

第七,媒介联动式。媒介联动式指新闻媒介相互合作,联手展开某一报道。在联动式报道中,各个媒介从自身的特点和优势出发,选择恰当的角度和表现手法,使报道主题在各个媒介上有各具特色地展示,所有联动媒介的报道形成合力,造成声势浩大的报道效果。我国目前的媒介联动式报道大多在不同类型的媒介(如报纸与电视、电视与网络等)或不同区域的同类媒介中展开。报道方式的选择要根据报道内容的需要而定,并且可以灵活多样地同时采用多种报道方式。一般说来,越是选题重要、报道规模大的报道,越需要组合运用多种报道方式。

报道方式作为组织报道的手段,最终在媒介上的具体展示及形象化,就是报道的表现形式。在新闻报道策划中,表现形式是因报道方式的选择而确定的,换言之,一旦确定了具体的报道方式,报道的表现形式也就相对产生了,如集中式报道的表现形式一定是版面或时段的集中处理,新闻与背景资料、评论、图片等多种体裁配合使用来表现一个主题。连续式报道的表现形式一定是版面或栏目的连续编排和位置的相对固定,并设计专栏持续地表现一个主题。一般情况下,在进行报道策划时对表现形式的设计并不十分细致,只对报道的主要体裁和包装风格有较为明确的设想，至于稿件的搭配、版面的设计等一些细部的处理将由版面、栏目编辑在组编报道内容、画版或节目编排时具体设计和操作。

5.报道力量配置与报道运行机制构建

报道力量配置是指参与报道的人力、资金和技术设备的配置。报道运行机制是指为实施报道而临时建立的组织机构、工作流程及其管理制度。报道力量配置与报道运行机制构建，是根据报道内容、报道规模和报道方式确定的。报道越重要，报道规模越大；报道方式越多样化，报道需要投入的力量也就越大，运行机制也就越复杂。

在这一阶段，策划者还要多设想，不断从正、反两面去进行各种假设，制订出各种方案，进行分析和优选。优选时主要从两方面考虑：

第一，对候选方案的效果进行预测，与报道效果目标两相对照，选择最接近效果目标的方案。对于那些效果预测不能肯定的方案，需要谨慎对待。

第二，对候选方案的实施条件进行分析，与现有的条件两相对照，选择两者最接近的方案。对于那些不具备实施条件的方案，一般不予采用。

（四）策划完善阶段——新闻报道方案的反馈与修正

新闻报道策划与一切策划活动一样，是对未来行动的谋划和安排。策划的成功在很大程度上取决于策划者对事物未来发展变化的预见力，以及对不断发生的新情况的应变能力。无论是突发性事件，还是早有安排的重大活动，事态的发生、发展过程中都会有许多报道策划者难以预知的变数，有些报道客体甚至只能知道其开始，而无法知道其下一步情况，并且事件有可能出现多种结局。策划这样的报道，就要有多种设想和准备。同时，报道方案设计是报道策划者对媒体可能采取的行动的安排，这种安排是以对未来事态变化的预期为基础的。如果策划者对事态发展的预期并不科学，却又对这样的预期抱有不切实际的信赖，策划者就可能疏于应变，导致报道方案的实施难以顺利推进。在以往一些重大活动的报道中，一些媒体在突如其来的变动面前手足无措，说明了定式思维、静态思维对策划者的束缚。因此，报道的组织者、策划者有必要及时了解一线记者的采访进展情况，及时掌握每篇稿件（节目）播发后的社会反应，以及有关部门对报道的态度，以便顺应形势并据此调整自己的规划和行动，从而始终把握在新闻传播活动中的主动权。这是策划的完善阶段须着力抓好的工作。这一阶段具体包括接受信息反馈与修正报道方案两个部分。

1.策划者要接受的信息反馈

接受信息反馈，是新闻报道策划方案得以不断完善的重要依据，主要有以下方面。

（1）报道者的反馈

记者、通讯员是采访报道的直接操作者，他们对实际情况的掌握最多、最细，对报道效果也获知最快。一个报道是否按原计划推进下去，报道者的感觉往往是最灵敏的。他们常能对报道的调整和补充提出许多好的意见和建议。

(2)报道对象的反馈

被采访者、被报道者是报道的当事人，他们能不能接受报道，能不能给予配合，他们在报道过程中有没有改变自己的行为和观点，都直接影响下一步报道的进行。因此，在报道中了解他们的情况至关重要。在报道过程中，应被报道者要求而调整报道的情况是经常发生的，如某些表扬性报道、批评性报道。

(3)有关部门和主管单位的反馈

被报道者的上级、媒介的主管部门和有关领导人员经常会在报道进行过程中提出各种意见和建议，这也可能成为报道调整的原因。

(4)受众的反馈

报道是否成功，受众的反应是重要的衡量标准。如果报道在进行过程中没有引起受众的关注或得到不好的评价，就说明报道的实际效果与报道效果目标之间有很大的差距。因此，报道一旦开始，策划者就应密切注意受众的反应，并据此随时修正报道方案。

2.新闻报道方案的修正

根据前面收到的各种信息反馈，结合当下的事态形势，可以着手进行报道方案的修正。新闻报道方案的修正，一般涉及以下几方面内容。

(1)修正报道思路

这是新闻报道策划中最大的调整。报道思路的改变意味着对报道选题的重新认识，并且相应地改变报道范围和重心、报道规模、报道进程、报道方法等。由于这几乎是对原来报道策划的全盘否定，所以实际工作中采用并不多，除非确实遇到与原来设想大相径庭的情况或遇到无法抗拒的阻力。这也说明，原来的报道策划不适合实际要求、不现实，在最初设计中有很大的疏忽和漏洞，考虑不慎重、不细致。

(2)调整报道内容

通常在不变更报道思路的前提下补充或压缩报道内容，改变原来的播出或发稿计划，这也是对报道计划较大的调整。报道内容的调整，是因为报道的预期目标有了改变。目标一旦改变，报道面与报道重点也随之改变，就必须调整原来的发稿计划。

(3)调整报道规模

通过延长或缩短报道时间，增加或减少报道篇幅，提高或降低报道的时段或版面地位等手段，改变报道的阵势和力度。一般来说，调整报道规模是随报道内容的调整而来的。

(4)调整报道方式

它是指变更报道的组织方式，使报道取得好的效果。各种报道方式在实际运用中并不相互排斥，而是能够组合运用，并能由一种报道方式转变为另一种报道方式。报道方式的改变,一般是根据报道思路的修正和报道内容的调整而来的。

(5)调整报道力量与报道机制

这是指改变原定的报道人员部署和资金、技术设备等方面的配置,建立新的报道机制。这种调整通常是由报道内容和报道规模的调整带来的。

除以上外,策划性报道完毕时,还应该对报道中取得的经验、教训和存在的问题进行认真总结和分析,评估策划方案实施的实际效果,有些还需要形成文字,以作为今后报道的参考依据。这项工作虽然处在新闻报道过程的末端,已不能对本次报道产生纠偏作用,但归纳报道中的成败得失,进行经验留存,对以后同类型报道具有可以引为借鉴的"前馈控制"的作用,这种作用是值得重视和珍惜的。

本章思考题

1.新闻媒体创办策划的基本流程是怎样的?有哪些方面的具体要求?

2.结合实例谈谈专栏策划的基本流程与相关要求。

3.结合实例谈谈专版策划的基本流程与相关要求。

4.简要介绍新闻报道策划需要具备的基本前提。

5.联系实际,阐述新闻报道策划应把握的主要原则。

6.简要阐述新闻报道策划的基本流程和相关要求。

7.联系实际谈谈获取新闻线索主要有哪些方式?

8.何谓报道结构?当前比较常见的报道结构主要有哪几种类型?

9.何谓报道方式?媒体常用的报道方式主要有哪些?

10.如何进行新闻报道方案的修正?

第三章 突发事件报道策划

本章要点

- 突发事件的类型、特点及其报道理念
- 突发事件报道的基本原则和主要方式
- 突发事件报道策划要领

当前,我国正处于开启全面建设社会主义现代化国家新征程、向第二个百年奋斗目标进军的新阶段,在国内外各种因素的交织作用下,在改革与发展中客观存在的问题与矛盾的推动下,突发事件在我国社会生活中已经成为常见的现象。做好突发事件报道,不仅是新闻媒体作为社会风险的“守望者”“预警者”以及社会不当行为的监督者角色所应承担的社会职责,更是新闻竞争的现实需要。因而,做好突发事件报道策划,具有十分重要的现实意义。

第一节 突发事件的类型、特点及其报道理念

一、突发事件的界定

突发事件,又可称为“突发性公共事件”“突发性危机事件”,是指人们难以预测或未能预测而突然发生的某种客观情况或事件。其作为我国公共应急法律领域中的统一用语,还有“紧急事件”“危机事件”“灾害”等概念,也是在描述性质相近的一类事件或状态。

突发事件作为一种社会现象,由来已久。在不同的国家或者地区、不同的历史时期,突发事件的内涵与外延也不相同。由于突发事件本身涉及因素众多、形式复杂,所以人们对突发事件还没有达成共识。

美国国家安全部将突发事件定义为“一种自然发生的或人为原因引起的需要紧急应对以保护生命或财产的事故或事件，可以包括重大灾难、紧急事件、恐怖主义袭击、荒野和城区火灾、洪水、危险物质泄漏、核事故、空难、地震、飓风、龙卷风、热带风暴、与战争相关的灾难、公共卫生与医疗紧急事态，以及发生的其他需要积极应对的事件”。欧洲人权法院对突发事件的解释是“一种特别的、迫在眉睫的危机或危险局势，影响全体公民，并对整个社会的正常生活构成威胁”。在《英国政府关于鉴别突发事件的意见》中，突发事件被定义为“使健康、生命、财产或环境遭受直接危害的情况”。

根据2006年我国公布的《国家突发公共事件总体应急预案》的说明，突发事件是指突然发生，造成或者可能造成重大人员伤亡、财产损失、生态环境破坏和严重社会危害，危及公共安全的紧急事件。为进一步明确对突发事件的认识与统一对突发事件概念的理解，2007年8月，第十届全国人民代表大会常务委员会第二十九次会议通过的《中华人民共和国突发事件应对法》第三条第一款明确规定：“本法所称突发事件，是指突然发生，造成或者可能造成严重社会危害，需要采取应急处置措施予以应对的自然灾害、事故灾害、公共卫生事件和社会安全事件。”这一定义是目前我国对突发事件较为权威的界定。根据《中华人民共和国突发事件应对法》，按照社会危害程度、影响范围等因素，自然灾害、事故灾难、公共卫生事件分为特别重大、重大、较大和一般四级。2008年1月18日，国务院制定颁发了《国家特别重大、重大突发公共事件分级标准》，在原有分类的基础上又根据事件的性质、危害程度、影响范围和可控制性四个方面，明确而详细地界定了特别重大和重大突发公共事件的分级标准。根据《中华人民共和国突发事件应对法》，按照突发事件发生的紧急程度、发展势态和可能造成的危害程度，将可以预警的自然灾害、事故灾难和公共卫生事件的预警级别，分为一级（用红色标示）、二级（用橙色标示）、三级（用黄色标示）和四级（用蓝色标示）四个等级，一级为最高级别。

突发事件严重威胁着人民群众的生命财产安全与社会的和谐稳定，轻则使得个人遭受物质和精神上的极大打击，重则造成社会紊乱或者产生新的社会危机事件。由突发事件造成的损失触目惊心，如2001年的“9·11”事件给美国造成的经济损失高达2000亿美元，2008年的汶川地震给中国造成的直接经济损失高达8000多亿元人民币。总之，不论是自然原因引发的突发事件还是人为因素造成的突发事件，若不加以处置与治理，就会引起不可估量的损失。为此，政府及相关组织必须高度重视，强化危机意识，构建科学的体制与运行机制，制定行之有效的应急方案，做好预防与处置突发事件的基础性工作。

二、突发事件的类型

由于看问题的角度、判断标准的不同，国内外对突发事件的分类也不同。倘若按事件性质进行简单划分，则可分为两大类：一类是自然事件，即我们通常所说的“天灾”，如地震、火山爆发、山体滑坡、飓风、海啸、洪水、雪崩等。另一类是社会事件,即我们通常所说的“人祸”,这类事件又可分为政治性突发事件和灾难性事故。政治性突发事件指武装冲突、武装暴动、武装入侵及军事政变、暴力恐怖事件、非法集会、游行、学潮、罢工、聚众冲击重要机关、民族纠纷、宗教冲突等;灾难性事故则包括翻车、沉船、坠机等交通事故,楼宇倒塌、桥梁坍塌、水库垮坝等建筑事故,以及失火、煤矿爆炸等责任事故。

我国《突发事件应对法》根据突发事件发生的原因、机理、过程、性质和危害对象的不同将突发事件分为四大类,即自然灾害、事故灾难、公共卫生事件和社会安全事件。这种分法科学地界定了突发事件的外延,分类层次明确,有利于政府形成针对性强的处置预案。

(一)自然灾害

1.自然灾害的概念

在生态学学科中,自然灾害是指“对自然生态环境、人居环境和人类及其生命财产造成破坏和危害的自然现象”;在地理学学科中,自然灾害的定义为“自然环境对人类生命安全和财产构成危害的自然变异和极端事件”。简单来讲,自然灾害就是指那些由自然原因而导致的突发事件,主要包括水旱灾害、气象灾害、地震灾害、地质灾害、海洋灾害、生物灾害和森林草原火灾等。具体来说,有高温、严寒、台风、雷电、冰雹等气象灾害,有山体滑坡、崩塌、泥石流等地质灾害,有风暴、海啸、赤潮等海洋灾害,以及重大生物灾害和森林火灾,等等。

随着科学技术的持续进步和经济社会的不断发展,人类介入自然的领域越来越深广,“上九天揽月,下五洋捉鳖”已成为现实写照。但是,在改造自然为人类所用的同时,人们赖以生存的自然却发生了不可逆转的变化,自然对人类产生的反作用力越来越明显。近年来,世界范围内自然灾害的加剧,正是这种反作用力的表现。我国因所处的特殊地理环境与特有的地质构造条件,成为自然灾害高发的国家。自然灾害频发且受灾面广、灾害损失严重,是我国自然灾害的明显特征。2008 年 5 月 12 日发生的四川汶川大地震(图 3-1),2010 年 8 月 7 日的甘南舟曲特大泥石流,2019 年 8 月 10 日台风“利奇马”登陆浙江沿海地区等,都属于典型的自然灾害。

图 3-1 2008 年 5 月 12 日四川汶川地震救援现场
(来源:央视《新闻联播》)

2.自然灾害的特点

顾名思义,自然灾害是由自然原因引起的,具有很强的自然属性。总体上看,自然灾害通常具有以下特点。

（1）破坏性强

自然灾害是自然界对人类的反作用，对人类的生存形成巨大的威胁。自然灾害的受害群体与受害范围是不特定的。自然灾害是自然环境瞬间恶化的结果，其影响范围广泛，一旦发生，将会有成千上万的群众受灾，在一定地域范围内，所有的工厂、企业、政府机关等社会单位都将受到严重的破坏。此外，自然灾害诱发社会类突发事件的趋势越来越明显，相较经济损失，其带来的社会危机影响更为深远。

（2）不可抗性

各类自然灾害的发生都受制于自然力，难以预测与控制，其不可抗性较其他类别的突发事件更为明显。其不可抗性的特点让大多数处置此类突发事件的措施乏力。

（3）影响持续时间长

自然灾害的发生可能仅仅是一瞬间，数十秒或几分钟（不排除数天、数月的情况），但是，其发生以后所造成的影响通常会持续很长时间，尤其是其带来的间接损害，在接下来的数月、数年甚至数十年中都难以弥补。

（二）事故灾难

在《现代汉语词典》（第7版）中，“事故”是指意外的损失或灾祸（多指在生产、工作上发生的），“灾难”是指天灾人祸所造成的严重损害和痛苦。总而言之，事故灾难是指非自然因素或者人为因素导致、超出人类主观意愿，并且造成严重损害和痛苦的突发事件。目前，从事故发生的具体情况来看，事故灾难主要有以下五种。

1.环境污染

环境污染指的是由人为原因引起的环境中某类物质的含量或浓度达到有害程度，危害人体健康或者损害生态与环境的现象，包括空气污染、水污染、固体废弃物污染、噪声污染等。常见的环境污染有严重雾霾、工厂排污、生产废弃物等；不常见但是危害严重的环境污染有危险化学品、有毒物质、放射性物质引起的环境污染等。

2.火灾事故

火灾是一种常见的事故，也是长期伴随着人类社会发展历史的一类事故。火灾是指失去控制的燃烧所造成的灾害。据统计，在我国每年发生火灾20万起以上，造成直接经济损失十几亿元，人员伤亡数千。

3.交通事故

根据发生地点与交通工具的不同，交通事故可分为道路交通事故、铁路运输事故、内河航运事故、空难、海难。其中，道路交通事故为人们所熟知。随着经济的发展、人均收入水平的不断提高,汽车已经成为当今社会主流的交通工具。然而,由于道路通行上的内在缺陷、驾驶员驾驶经验的不足、路面随机事件增多等因素影响,道路交通事故隐患上升。目前,道路交通事故已经成为所有事故中伤亡人数最多的一类。

4.生产事故

生产事故是指生产经营单位在生产活动过程中,因人为的过错或者失误所造成的损失严重的突发事件,主要包括建筑安全事故、矿山事故以及其他特殊物质生产事故。改革开放以来,我国处于工业化加速发展阶段,尽管物质财富迅速积累,但也滋生了大量的生产事故问题。近年来,工矿商贸等企业的生产事故频频发生,究其原因,主要有以下几点:一是片面追求利益最大化,进行非法生产;二是生产条件差、危险源多;三是管理人员与操作人员的安全意识淡薄;四是安全生产制度落实不到位;五是相关监管部门监管不力。

5.爆炸事故

爆炸事故主要包括物理爆炸事故、化学爆炸事故或物理化学爆炸事故。这里所要讨论的主要是民用爆炸物品和易燃易爆化学品引起的爆炸事故。爆炸事故往往会带来巨大的危害和损失,给人民带来生命财产损失的同时也给社会增加大量不安定因素。由于相关的管理制度落实不到位、相关政府部门以及企业负责人员安全意识淡薄,爆炸物品在生产、运输、使用、储存、销售等任何一个环节出现问题,都会导致爆炸事故发生。

(三)公共卫生事件

根据国务院2003年颁布并于2011年修订的《突发公共卫生事件应急条例》的相关界定,公共卫生事件是指突然发生,造成或者可能造成社会公众健康严重损害的重大传染病疫情、群体性不明原因疾病、重大食物和职业中毒以及其他严重影响公众健康的事件。2003年蔓延国内多地的SARS事件(“非典”事件),2020年在全球蔓延的新冠肺炎疫情,就属于此类事件。

根据事件自身的性质与特点,公共卫生事件可以分为以下几大类:自然灾害、环境污染引起的公共卫生事件,法定甲、乙、丙类传染病以及群体性不明原因疾病,食品、药品质量原因引发的安全事件,群体性食物中毒及职业中毒事件,食品、药品质量原因引发的安全事件,群体性食物中毒及职业中毒事件,医疗事故、预防接种或药物引起的不良反应事件,核事故、放射性事件造成的突发公共卫生事件。

公共卫生事件应对困难的原因大致有两个:

一是危害群体广泛,不易控制。危害群体不仅包括感染群体,而且涉及从事疑似确诊病人治疗的医护人员、从事试验室研究的人员、从事流感疫情流行病学调查的人员、海关出入境检疫人员以及公共设施运行和服务人员等。这些人群都被看作高风险人群,所涉及的职业与活动范围不确定，给处置工作带来了极大不便。

二是公共卫生事件专业性较强。首先，它在名称上就与自然灾害、事故灾难有很大的不同。例如，地震、爆炸、火灾等一目了然，知名便知事，而公共卫生事件则不同，如 SARS、H1N1 等，大众从名称上无从得知其危害如何。其次，在处置上专业性特征明显，事件发生的原因、趋势、对公众的危害以及控制与治疗方法都不是普通群众能够把握与预测的。

（四）社会安全事件

社会安全事件可以从多个角度进行分类：从事件是否涉及暴力的角度，可分为暴力型社会安全事件和非暴力型社会安全事件；按照事件矛盾的性质，可分为人民内部矛盾的社会安全事件和敌我矛盾的社会安全事件；从严重程度、可控性与影响范围的角度，可分为Ⅰ级（特别重大）、Ⅱ级（重大）、Ⅲ级（较大）和Ⅳ级（一般）社会安全事件；按照事件本身的性质，一般包括恐怖袭击事件、经济安全事件、涉外突发事件、民族宗教事件、重大刑事案件、群体性事件等。社会安全事件给人民安居乐业与社会和谐稳定带来了巨大挑战，一直是我国国家管理和公众生活的重点和热点。

社会安全事件属于社会性突发事件，因而具有一般社会性突发事件突发性、社会性的特点。同时，社会安全事件具有自身独有的特点：首先，爆发的深层次原因一般都是经过长期的积累达到爆发临界点后，利益群体的诉求得不到满足。其次，预谋性强。重大社会安全事件一般是由有一定影响力的人策划，经过一段时间的组织，有计划、有目的地实施，控制与操纵痕迹明显。最后，暴力性特征明显。利益诉求的过程中一旦存在恶劣的情绪，就会很快地在群体中蔓延，当恶劣情绪渲染整个群体时，冲动、急躁与暴力的表现就不足为奇了。

三、突发事件的特点

不论是何种类型的突发事件，一般都具有以下共同特点。

（一）突发性

突发事件从时间上来看，有的是即时性的，稍纵即逝，有的要持续一段时间。但不论是哪一种，它的发生都是突然的（包括那些虽有预测但无法准确判断的事件）。

突发性，是突发事件的首要特征。以迅雷不及掩耳之势爆发，是人们对突发事件的直观认识。从字面意义上讲，“突发”是指突然发生、出乎意料、令人猝不及防的状态。突发事件不可防备的突然性常常让公众措手不及，给社会带来极大的危害和威胁。突发事件的爆发往往出人意料，具有很强的随机性与偶然性。突发事件爆发时间的突然性，给人类社会处置该类事件带来了极大困难。突发事件的发展进程极快，从预兆、萌芽、发生、发展、高潮一直到结束，经历这样一个完整的周期的时间非常短暂，有时事件结束后人们仍旧没有反应过来。而且，突发事件的发生与人们的意识时常严重脱节，人们会有一段认识空白，无论是政府、公众还是新闻媒体，整个社会对突发事件的相关信息都会处于短缺状态，因而难以判断及做出正确的反应。对于人类而言，由于对突发事件的发生通常没有心理上的预期（心理准备），在爆发阶段又得不到相关的信息，所以无论是群体还是个人都会产生心理上的恐慌。

德国社会学家乌尔里希·贝克（Ulrich Beck）在其著作《风险社会》中提出了“风险社会”这一概念，认为在现代化的进程中，生产力的指数式增长，使危险和潜在威胁的释放达到前所未有的程度。❶ 突发事件表面上看似乎没有征兆与预警可言，其实不然，看似偶然，实则必然。哲学上讲，任何事物的发展都是一个从量变到质变的过程，事物矛盾、冲突在这一过程中起着推动作用。事件发展的轻重缓急主要取决于矛盾的种类、性质，但是不排除外部环境因素的影响，有时外部因素的变动会对质变起不可小觑的作用。从这个角度讲，突发事件是质变迅速而且猛烈的一个过程。因此，我们不能否认突发事件发展过的联系性，不能孤立地看待突发事件。突发事件往往是平日累积起来的矛盾长期得不到疏导或者解决，间或有一定的外部因素催化作为契机，突破临界点而突然爆发。这里的外部因素以什么形式出现、在什么时候或者什么地点出现等都影响着突发事件的走向和程度。内部矛盾的长期潜伏与缓慢变化不容易引起人们的注意；同时，外部因素的到来使得事物发展的速度和程度呈现爆炸指数增长，事件瞬时性的爆发与人们的认识能力发生脱节，这就造成了出人意料的假象。在认识突发事件发生时间的短暂性时，也不能不兼顾其短暂性的实质。

（二）破坏性

一般而言，突发事件是负面性质的事件，它必然会造成不同程度的破坏——或是宏观上造成国家经济重大损失、社会秩序混乱，或是微观上造成公众生命、健康危害与财产损失以及心理伤害。由于突发事件的突发性，人们很难提前预知，更不用说采取措施提前预防，加上其爆发后的发展非常迅速，带来的危害很难控制，因此突发事件的破坏性非常大。“绝大多数情况下，突发事件所造成的破坏性是以爆发的激烈形式出现的，如车祸、空难等，一旦发生，瞬间即可造成家破人亡的人间悲剧。有时，这种破坏性带有连续性，如强震后往往会伴有持续的余震，疫情爆发则有一个逐步扩散的过程。”❷ 因而，破坏性特征明显是各界关注突发事件的最大原因。突发事件的破坏性以人员伤亡、财产损失为标志，包括直接损害和间接损害，更为严重的是其所带来的社会层面的负面效应，譬如对社会心理和个人心理造成的破坏性冲击，以及由突发事件引发的其他一系列连锁反应等。

---

❶ 〔德〕乌尔里希·贝克.风险社会[M].何博闻，译.南京：译林出版社，2004：15。

❷ 谢耘耕，曹慎慎，王婷.突发事件报道[M].上海：上海交通大学出版社，2009：3。

（三）异常性

突发事件一般是偏离自然、社会常规和人们的日常经验而发生的非正常事件，因而事件发生时，人们会有一种“意外”和“惊讶”的心理感受。以2004年12月26日发生的印度洋海啸为例，此次海啸是由印度洋海底里氏8.7级的大地震引发的。地震是自然界的异常现象，如果说人们凭借以往的经验对地震还有一定的思想准备的话，那么海底发生的地震则大大超出了人们对于地震的一般预料。即便对海底地震有所了解的人，对其竟然能引发如此剧烈的大海啸估计也有些“想不到”，而海啸造成的巨大灾难更让人震惊。

突发事件发生后一般不会立即停止，即使整体事件的变动停止，某些具体内容也很可能继续变动，既而牵动整个事件的新变动，从而使突发事件呈现出多阶段和多状态，而且这些阶段和状态极其短暂，相互之间还会快速交替演变。突发事件都是在人们没有思想准备的情况下发生的，加上它的社会影响面广，在极短时间里便会成为社会瞩目的焦点，产生极强的新闻性。

（四）不确定性

所谓不确定性，就是突发事件爆发后的发展变化受到诸多内部或者外部偶然因素的影响，很难用经验去判断事件发生的趋势。突发事件从开始到结束始终处在不断变化的过程中，没有固定的模式与轨迹，其发生的时间、地点及中间过程等都存在较大的偶然性。突发事件发生后一般不会立即停止，即使整体事件的变动停止，某些具体因子也可能会继续变动，既而牵动整个事件的新变动，从而使突发事件呈现出多阶段和多状态，而且这些阶段和状态极其短暂，相互之间还会快速交替演变。突发事件的不确定性具体体现在以下方面：

首先，突发事件爆发时间和地点不可预测。突发事件是事物内在矛盾由量变到质变的飞跃过程，是通过一定的契机诱发的，诱因具有一定的偶然性和不易发现的隐蔽性。突发事件以什么方式出现，在什么时候出现，是人们所无法把握的。也就是说，突发事件发生的具体时间、具体地点是难以预测的。

其次，突发事件的发展过程不确定。与突发事件在爆发点上存在偶然性类似，突发事件一旦发生就非纯粹的政治、经济、文化问题，而将变成多种因素交织、多个群体混杂、多项社会问题齐发的综合性社会危机。过程的非规律性、强波动性是处置突发事件的又一大难点。在信息时代，各种社会资源的流动空前活跃，有利于优化社会资源配置的同时也给突发事件的发展带来了更多的不确定因素，控制过轻或者过激都可能会引发叠加性新危机。

再次，突发事件的影响范围以及破坏程度存在不确定因素。突发事件处于不同的时期、不同的阶段，其影响范围与破坏程度是不同的，不能简单地将初期界定为危害严重而后期危害较弱，也不能反过来。由于突发事件发展过程的不确定性，并且很难把握偶然因素的作用大小，人们很难确定事件危害性最强的阶段出现于何时，因而容不得丝毫轻视或放松。

（五）连带性

连带性指由突发事件导致的其他关联事件的发生，这种情况多数是由于处置不当及控制失误造成的。在当今社会，任何突发事件都很难限定于一个孤立的事件。随着人类社会的发展，人与人之间交往的密切，区域经济、全球经济一体化的加速，交通工具的发达，以及通信技术的进步，使得突发事件造成的影响不再局限于发生地，而会关联到其他地区，造成更大的影响。突发事件发生后，若相关责任方没有进行有效的应对，则容易引发更多的矛盾、危机，导致事态进一步加大，造成更大的损失和伤害。突发事件的爆发往往是矛盾激化的结果，呈现一果多因或一因多果的相互关联、牵一发而动全身的复杂状态。例如，2005 年 11 月 13 日，吉林石化公司双苯厂一车间发生爆炸。爆炸发生后，约 100 吨苯类物质流入松花江，造成了江水严重污染。因松花江遭到严重污染，以松花江为饮用水源的哈尔滨市全市停水四天。这不仅影响到市民的正常生活，还造成了一定的社会恐慌，扰乱了市场经营、交通以及政府办公等的正常秩序。突发事件的连带性，让人们看到了突发事件的爆发可能会成为一系列危机事件发生的诱因。在这种情况下，突发事件如果能够得到有效的处置，相关危机事件将不会发生，或者少发生，或者降低危机带来的损失。

突发事件由于其突发性、破坏性、异常性、不确定性和连带性，往往会对社会迅速产生巨大的冲击力和震撼力，引起世人的广泛关注，从而在极短的时间内成为社会舆论关注的焦点和热点。因此，新闻媒体必须重视对突发事件的报道。

四、树立正确的突发事件报道理念

突发事件很容易引起民众的关注，通常具有较高的新闻价值，理应成为新闻媒体要重点抓好的报道类型。然而，在国内，在相当长的时间里，新闻媒体对突发事件的报道一直存在反应迟缓（有意缓报）、不能客观准确报道或报道偏于简单、片面，甚至瞒报、漏报等问题。这其中的原因是多方面的。随着时代的发展和社会的进步，改变过去不适宜的做法，树立正确的突发事件报道理念十分重要。

（一）我国突发事件报道的历史回顾

中华人民共和国成立后，有一段时间，我国新闻媒体曾机械坚持“稳定压倒一切”的舆论导向原则，对于重大突发性事件的报道一般能缓则缓、能避则避，注重负面信息正面报道，甚至采取“灾害不是新闻，抗灾救灾才是新闻”的报道态度。

改革开放以后，新闻界重新确立了新闻本位观念，新闻媒体在突发事件报道上，也逐步获得了较大的自由度。2003 年国务院公布实施《突发公共卫生事件应急条例》和 2004 年国务院常务会议原则通过《关于改进和加强国内突发事件新闻发布工作的实施意见》之后，新闻媒体在突发事件报道上拥有了更为宽松的自主权，突发事件报道也出现了许多崭新的变化。我国突发事件报道的历史阶段分为以下几个时期。

1.突发事件报道的保守期(1949—1979 年)

从 1949 年至 1979 年，我国新闻媒体在突发事件报道上基本处于比较保守的状态。中华人民共和国成立初期，由于政权尚未稳定，阶级斗争比较尖锐，经济社会发展还处于低水平阶段，政府对突发事件的报道持较大的保留态度，通常会把政治因素放在第一位，充分考虑是否能够维护社会的稳定。因而，选择先将不利于社会稳定的消息予以控制，等事件解决妥善后再告之于百姓，这成为相当长时间里政府部门管理突发事件报道的通行做法。在这种“大气候”下，新闻媒体长期秉持“稳定压倒一切”的舆论导向原则，将突发事件视作无益于维护社会安定团结的负面因素，在报道时一般都采取统一口径、统一模式的做法，从缓、从简进行报道，甚至因为担心报道突发事件对社会造成进一步的负面影响，引起社会恐慌、动荡等，而选择不报。加之，当时的信息来源和传播途径均较为单一，传统媒体作为民众信息来源的绝对权威“关口”，在突发事件报道中采取封闭消息、回避报道或“负面新闻”正面报道的方式，也顺理成章地具有渠道垄断方面的相应可能。

在三年困难时期，《人民日报》有关自然灾害带来影响的信息报道仅为 20 条，并且这 20 条内容里多数都是以简单叙述写灾难，重点叙述救灾、抗灾的模式进行报道。

“文化大革命”期间，我国新闻事业呈现畸形发展。由于受“左”的思想路线的影响，新闻报道几乎都是唱赞歌。事实的正面与负面基本由个人主观意志决定，新闻工作基本背离了实事求是的原则，“报喜不报忧”的报道方式在“文化大革命”中发展到了极致。突发事件报道，更是严重错位。1976 年 7 月 28 日凌晨，河北省唐山市发生里氏 7.8 级强烈地震，24 万人丧生，100 多万人受伤，伤亡之惨重举世震惊，直至今日仍被人铭记。然而，在地震发生后的 7 月 29 日，《人民日报》采用新华社通稿发了两篇消息，分别是《河北省唐山、丰南一带发生强烈地震后伟大领袖毛主席、党中央极为关怀 中共中央向灾区人民发出慰问电》和《河北省唐山、丰南一带发生强烈地震 灾区人民在毛主席革命路线指引下发扬“人定胜天”的革命精神抗震救灾》。这两篇新闻里，对灾情的具体情况以及伤亡人数基本回避，一字未提。直到事隔 3 年之后，中国地震学会成立大会召开(1979 年 11 月 17 日至 22 日)，才首次对地震的受灾情况进行了披露。而《人民日报》于会议闭幕的第二天即 11 月 23 日，才刊登了题为《唐山地震死亡 24 万多人》的“旧闻”。整个“文化大革命”期间，我国新闻媒体在突发事件的报道上，没有基本事实，没有时效性，而且表现出异乎寻常的“高度一致”，都是一个模式：“轻描淡写的灾情+党和领袖的关怀+灾区人民的决心”。可以说，“假、大、空”成为这一时期突发事件报道的突出特征。

2.突发事件报道的调整期(1980—2002年)

20世纪80年代之后,我国社会迈入了一个崭新的发展阶段,即改革开放。改革开放使中国进入了一个全新的历史时期,创造了历史上少有的持续经济繁荣。但与此同时,经济的飞速发展也带来了社会的巨大变革。进入20世纪90年代,各类重大自然灾害时有发生,并带来很大经济损失,种种社会矛盾不断加大、蔓延并逐渐转化为各种社会冲突。在此期间,政府部门、新闻媒体不得不面对日益加重的突发事件报道压力的考验。

1994年3月31日,浙江省淳安县发生的“千岛湖事件”,为我国突发事件报道敲响了警钟。“千岛湖事件”原本是台湾游客在大陆遭遇的一起突发刑事案件,没有任何政治背景,但是由于当时关于刑事案件“不破不报”的惯例,有关部门不允许公开报道,引发了海内外的各种猜测和谣言,让中国政府陷入了十分被动的境地,大陆与台湾的关系也受到了严重的负面影响。尽管浙江省公安机关在案发后仅17天即依法侦破了此案,3名犯罪分子也于此后伏法,但因先前未能及时公开事件真相,所产生的负面影响已无法扭转。

鉴于“千岛湖事件”的教训,1994年8月13日,中共中央办公厅、国务院下达了《关于国内突发事件对外报道工作的通知》,规定对于那些突发的、具有重大社会负面影响的、涉外和涉港澳台等事件的对外报道,要充分考虑事件的复杂性、敏感性和报道后可能产生的影响。报道要有利于我国的改革、发展与稳定,有利于维护我国的国际形象,同时要注意准确及时,把握时机,注重效果。

为加强对自然灾害、事故灾难报道的管理,1997年1月18日颁布实施的《国务院关于加强抗灾救灾管理工作的通知》规定:“适时报道灾情和抗灾救灾工作,引导广大干部群众振奋精神,团结抗灾。要突出报道党和政府对灾区人民和救灾工作的关怀,灾区广大干部群众、人民解放军指战员、武警官兵、公安干警奋力抗灾、生产自救和各地区、各部门互相支援的先进事迹。公开报道灾情,要实事求是,有利于社会安定和抗灾救灾工作,防止产生消极影响。重大灾情的报道由新华社统一发稿,局部灾害一般只在当地报道。报道因灾造成的直接经济损失和人员伤亡情况,应以主管部门核实的统计数字为准。凡公开报道要慎重,报道内容要按规定经有关部门审核。”

可以看出,在这段时期,我国政府对社会突发事件及新闻机构的管控是逐步放开的,但要求报道及时、公开,仍旧以强调政治影响为出发点,并不是从信息传播的角度做出的,同时,要求新闻媒体严格执行送审制度。

3.突发事件报道的突破期(2003—2008年)

在2003—2008年这段时期,随着媒介技术的不断发展,网络新媒体开始渗透人们的生活,我国突发事件报道也开始迈上了一个新台阶。2003年春节前后广东发生“非典”事件,因早期相关部门隐瞒疫情,对新闻报道进行限制,致使新闻媒体未能及时向社会预警,不少人因不知情而感染，疫情随后在北京、浙江等地蔓延，社会影响重大。当年4月17日，中共中央政治局常委会召开专门会议做出决定：公开疫情，任何单位和个人都不得瞒报、缓报。明确要求各地党政机关“要准确掌握疫情，如实报告并定期向社会公布，不得缓报、瞒报”，保证了有关“非典”疫情能够及时公开，让老百姓做到心中有数，并动员全国人民上下一心，共同抗击“非典”。此后，政府部门定期举行新闻发布会，发布疫情情况。就此，“非典”报道开始大规模见诸报端、银屏。鉴于此次“非典”事件带来的深刻教训，我国政府部门对于新闻机构报道突发事件的管控发生了明显变化。2003年5月9日，国务院第7次常务会议通过的《突发公共卫生事件应急条例》，其中第二十五条对国家建立突发事件的信息发布制度做了规定：国务院卫生行政主管部门负责向社会发布突发事件的信息。必要时，可以授权省、自治区、直辖市人民政府卫生行政主管部门向社会发布本行政区域内突发事件的信息。信息发布应当及时、准确、全面。还规定，各级政府领导如果蓄意隐瞒重大疫情等公共安全突发事件，将受到严厉查处。“可以说，是‘非典’这场突如其来的灾难事件，加速了政府和媒体对信息公开重要性的认识，促进了实行信息公开工作的进展，同时也促进了我国媒体对国内突发事件新闻报道的改革。”[1] 2003年8月，中央发布《关于进一步改进和加强国内突发事件新闻报道工作的通知》，体现了党和政府重视和保护人民群众知情权，顺应了满足人民群众对政府工作信息和社会公共信息的知情需要。这一文件对于改革和推进突发事件新闻报道起到了指导性作用。“不回避不掩饰”成为政府应对突发事件的态度，推动突发事件报道逐渐走上科学、透明、及时传播的轨道。

2004年2月，国务院常务会议讨论并原则通过根据中央有关规定制定的《关于改进和加强国内突发事件新闻发布工作的实施意见》。会议指出，改进和加强国内突发事件新闻发布工作，有利于党和国家工作大局，有利于维护人民群众切身利益，有利于社会稳定和人心安定。各有关部门要高度重视，依照有关法律和规定，建立和完善新闻发布制度，配合新闻宣传部门，及时、准确地做好新闻发布工作。

2004年6月，《中华人民共和国政府信息公开条例》完成起草工作。到2004年底，我国政府已基本建立了国家部委、省级政府和地市级政府三个层次的新闻发布和发言人制度。

2004年9月19日，中国共产党第十六届中央委员会第四次全体会议通过《中共中央关于加强党的执政能力建设的决定》，其中指出：“重视对社会热点问题的引导，积极开展舆论监督，完善新闻发布制度和重大突发事件新闻报道快速反应机制。”在我国，在各级政府制定的应急机制和应急预案中，新闻处理已开始被列为重要内容。

2006年1月8日，国务院发布《国家突发公共事件总体应急预案》，明确了各类突发公

---

[1] 郑保卫.从三个“意见”的出台看十六大以来党和政府深化新闻改革的思路[J].新闻爱好者，2005(12)：14-16。

共事件分级分类和预案框架体系，规定了国务院应对特别重大突发公共事件的组织体系、工作机制等内容，成为指导预防和处置各类突发公共事件的规范性文件。

2007 年 4 月 5 日，《中华人民共和国政府信息公开条例》公布，明确了“公开为常态，不公开为例外”的信息公开原则，加强了对公众知情权的保障。

2007 年 6 月，《中华人民共和国突发事件应对法（草案）》提交全国人大常委会二审，删除了第五十七条中新闻媒体不得“违反规定擅自发布”突发事件信息的规定，同时删除了第四十五条中“并对新闻媒体的相关报道进行管理”这句话。这些删改，不仅避免了规范主体不明确带来的权利滥用、媒体的监督权受到限制，而且从危机传播的角度来看，这一做法符合信息传播和新闻工作的特点。在突发事件发生以后，媒体及时报道能够保证信息的流通，防止流言的扩散，从而促进事件的处理和应对工作。

2008 年 5 月 12 日，四川省汶川县发生里氏 8.0 级地震，政府不仅允许中央和地方媒体进入一线进行报道，而且对于境外和西方媒体赴灾情现场也持欢迎态度。汶川地震期间，各大媒体对于这起突发事件报道的表现有了质的飞跃，可以用一组数字来概括：“几分钟”，即在汶川地震发生后的短短几分钟后，新华社就发布了汶川县发生地震的消息；“32 分钟”，即在地震发生 32 分钟后 CCTV-13 开始播报现场视频；“52 分钟”，即在 52 分钟后就推出直播特别节目《关注汶川地震》。自 5 月 12 日 22 时起，CCTV-1 还与 CCTV-13 实现了同步并机播出，将汶川地震的相关消息传播给每一个观众和听众。地震发生后两个半小时，中央电视台第一批记者开赴灾区，新华社采访小分队徒步赶到汶川县，深入重灾区采访；上海文广新闻传媒集团电视新闻中心也派出多路记者进入灾区，发回大量珍贵的报道。据不完全统计，汶川发生 8.0 级大地震后，全国有超过 2000 名记者深入灾区，报道之详、内容之深、覆盖之全均为此前所鲜见。在此次突发事件中，新闻开放让人们在第一时间获得了震情信息，不仅没有引起恐慌，反而激发了全国民众的爱国之心和凝聚力。

4.突发事件报道的创新期（2009 年至今）

自 2009 年以来，许多突发事件发生后，一般会先在网络上掀起议论，但传统主流媒体还是相对冷静客观地进行报道，整体态势相对平缓。

2009 年在新疆乌鲁木齐发生的“7・5”打砸抢烧严重暴力犯罪事件，给广大人民群众造成了直接的生命财产损失，产生了十分恶劣的社会影响。事件发生以后，《人民日报》、中央电视台新闻联播都对该事件进行了及时全面的报道，其中新闻联播在 7 月 6 日至 7 月 31 日的报道中，一共播发了 128 条相关新闻，23 条本台评论、短评和编后话，揭示事件真相，引导舆论，进行心理安抚，以长周期和潜移默化的影响来消除事件给公众心理造成的阴影，恢复公众对政府的信心。

2011 年“7・23”甬温线特别重大铁路交通事故，造成 40 人死亡、172 人受伤。事故发生后，新媒体发挥了信息传播优势。有关该事故的情况及第一条救助信息由车上乘客从微博上发出。不过，事故最初的一系列不当处理被媒体报道后，旋即在网络舆论场发酵，使得民众对于事故真相、救援工作的进展和遇难者的善后处理等问题等产生了诸多疑忌，引发了谣言传播。当然，此次事故中，各类媒体虽然在人员救助、事故处置、事故真相调查方面起到了一定的吁请关注、跟进监督的作用，但也夹杂了一定的非理性、情绪化报道，有失平衡。个别媒体在报道中还明显存在炒作迹象。因此，如何做好重大突发事件报道中的舆论引导和舆情危机应对，成为“7·23”甬温线特别重大铁路交通事故留给人们的重要思考。

2015 年 6 月 1 日晚，一艘载有 454 人的“东方之星”客轮从南京驶往重庆时不幸于长江中游湖北监利水域翻沉，12 人生还、442 人遇难。事件发生后，央视新闻中心官方微博“@ 央视新闻”在 6 月 2 日 2 时 52 分，发布了“央视快讯”，迅速报道了该起事件，并在 4 时 4 分对信息不确切处进行了更新。之后的一周时间里，平均每天发布 20 多条消息，平均更新频率为半个小时到 1 个小时，充分体现了在突发事件信息发布上的领先优势。与此同时，CCTV-13《新闻直播间》栏目于 6 月 2 日凌晨 3 时，以口播方式发布关于“东方之星”客轮翻沉事件的消息，随后开始 24 小时持续跟进报道事件现场情况，并根据需要灵活运用了消息、深度追踪报道、现场连线直播、数据新闻、3D 动画模拟等多种方式。除了对事件现场进行持续关注，及时报道人员伤亡情况、事件处置动态之外，CCTV-13 还对相关部门对幸存者的救治、抚慰情况进行跟进、追踪报道，既满足了公众的知情需要，又在一定程度上舒缓了社会的焦虑情绪。《人民日报》《湖北日报》等媒体也都充分利用微博等新媒体手段，发挥报网融合报道的优势，对事件进行了全方位、立体式的报道。可以说，在此次重大突发事故报道中，传统媒体与新媒体的融合互动传播表现比较突出。

2015 年 8 月 12 日，天津滨海新区瑞海仓库发生重大火灾爆炸事故。爆炸后，身处事故中心的一位网友，最先在微博发布爆炸视频，该视频在发布后迅速得到大量转发，其中不乏媒体单位的转发。随后，现场的各种图片，通过一些网友的智能手机在微博和微信中以迅速裂变的模式广泛传播。中央级媒体和一些省(区、市)的地方媒体都及时进行了跟进报道。不过，尽管此次突发事故出现了无人机、数据新闻等凸显新意的新闻报道方式和内容，但也暴露出部分媒体反应速度迟缓、报道内容引发较多负面次生舆情、信息欠直观透明，以及对事故善后工作与追责情况的追踪报道完成度不理想等问题。

2020 年春节前后，国内暴发新型冠状病毒感染的肺炎疫情，央视从 2020 年 1 月 26 日起推出“战疫情”特别报道，每天通过 CCTV-1 与 CCTV-13 并机直播，产生极大反响。《人民日报》、新华社、《经济日报》等中央新闻媒体及各省(区、市)新闻媒体也都每天对疫情情况进行跟进报道，体现出前所未有的公开、透明、全面、及时、深入，对抗疫工作起到了良好的助推作用。

概言之，突发事件报道要突出一个“抢”字，在实际操作中还有很大的难度，其中既有上级主管部门的干预因素，也有新闻工作者自己人为套上的精神枷锁。所以，要想做好突发事件的报道策划,首先必须解放思想,更新观念,走出认识上的误区。由于突发事件多是天灾人祸之类的负面新闻,在报道时持审慎态度是完全应该的,但是,绝不能因为突发事件是忧是灾就故意隐瞒或刻意回避或大意漏报,这样既不符合新闻规律,又有损我国新闻工作者的形象。过去相当长的一段时间里,对大众关心的一些突发事件,主流媒体常常出于种种原因而未报,任凭小报小刊和外电外报占据信息空间,不仅极易使受众被误导,偏听偏信,而且会使受众对主流媒体产生不满,所以,此种做法实不可取。事实上,大量新闻实践证明,突发事件处理得好,不仅不会有负面影响,还能化危为机,助力解决危难,其正面效应不可低估。

(二)做好突发事件报道的意义

1.报道真相,让民众知情,引导舆论,防止信息变异与舆情不良演化

突发事件是人们难以预测和控制的事件,通常具有很大的社会冲击力。事件发生后,往往会在短时间内迅速成为舆论关注的焦点。因此,只有及时报道事件真相,保障公众的知情权,让公众知情,方能有效引导舆论,防止信息变异与舆情不良演化。

进入21世纪,由于信息传播技术的飞速发展,世界上任何国家或地区发生重大突发事件,都能够在短时间内为各地人民获知,并引发全球性的舆论关注。2001年美国"9·11"事件,2011年3月日本福岛核泄漏事件(因地震引发海啸造成),2014年3月马航MH370失联事件,2020年在全球蔓延的新冠肺炎疫情事件,以及我国2003年的非典型肺炎事件(SARS)、2008年的"5·12"汶川大地震、2011年的"7·23"甬温线特别重大铁路交通事故、2015年6月的"东方之星"客轮翻沉事件、2015年8月的天津滨海新区爆炸事故等,都是如此。

突发事件发生时,公众对信息的需求意愿强烈。在此情况下,媒体理应当仁不让地承担起及时报道真相、引导舆论、防止信息变异与舆情不良演化的社会责任。倘若民众不能从正规渠道获知相关信息,就会产生猜疑心理和不满情绪,可能就会想方设法从其他渠道去获取信息,这样,必然给谣言、小道消息的肆意传播留下空间,让不实信息有机会横行,从而引发社会恐慌情绪,不利于维护社会稳定。"实践证明,及时、客观地把突发事件真相告诉世人,不仅能够有效引导舆论,清除小道消息和流言蜚语滋生、流传的条件,而且可以争取工作上的主动权,有利于维护社会稳定。"[1] 例如,2003年"非典"肆虐时,由于权威声音的缺位,政府、媒体都没有及时公布人们迫切想要知道的信息,而公众的心理在危急时刻显然比平常状态下要脆弱许多,得不到可靠的信息,就会听信小道消息、谣言,就会减弱对是非的判断能力,影响社会稳定。部分地区出现抢购板蓝根、食醋等恐慌现象,就与此情

---

[1] 胡孝汉.新闻信誉所系政治责任使然——新华社突发事件报道实践之探讨[J].中国记者,2000(2):12-14。

形有关。2011年3月，日本福岛核泄漏事故期间，我国沿海个别地区出现了抢购食盐风潮，严重影响了社会秩序。这与当时国内出现“食用加碘盐可以防治核辐射”的谣言传播有关。

2.监视环境，守望社会，助力事件解决，推动社会进步

新闻媒体具有监视社会环境、守望社会的职责和功能。美国著名报人约瑟夫·普利策曾说过：“倘若一个国家是一条航行在大海上的船，新闻记者就是船头的瞭望者，他要在一望无际的海面上观察一切，审视海上的不测风云和浅滩暗礁，及时发出警告。”做好突发事件报道，正是新闻媒体发挥监视环境、守望社会功能的具体体现。突发事件的发生，通常会在一定程度上扰乱人们正常的工作、生活秩序，妨碍社会的正常运行。将突发事件及时报道出来，让公众知道，实质上是一种预警，提醒人们做好相关规避和应对部署，避免重蹈覆辙；同时，它将事件向社会公开，自然会引发人们的广泛关注，形成舆论压力，促使相关部门充分重视并及时采取处置措施，进而能够助推事件得到解决，继而推动社会进步。例如，2008年，三鹿奶粉事件（国内的一起食品安全事件，事件起因是很多食用三鹿集团生产的奶粉的婴儿被发现患有肾结石，随后在其奶粉中发现化工原料三聚氰胺）发生后，新闻媒体通过大量新闻报道对国内奶业和食品安全发出拷问和质疑，在一定程度上促进了相关行业的改进。

3.维护公众的知情权、参与权、表达权、监督权的现实需要，助力我国民主政治建设

发展社会主义民主政治，推进社会主义民主政治制度化、规范化、法治化、程序化，保证人民依法通过各种途径和形式管理国家事务，管理经济文化事业，管理社会事务，是中国特色社会主义的一项重要建设内容。这就需要始终坚持人民当家作主，不断健全民主制度，切实保障人民对国家事务、社会公共事务、重大事件的知情权、参与权、表达权、监督权。新闻媒体将突发事件及时、公开报道出来，本质上是对人民群众依法享有的对公共事务的知情权、表达权、监督权的有力维护和保障。突发事件发生后，民众通过新闻媒体的报道，能够及时了解突发事件的发生、发展经过，知悉相关政府部门的态度、应对举措与处置情况，并密切注视事件的进展和结果。在此过程中，倘若发现有关管理部门、公职人员、相关涉事人员等在事件发生、应对与处置中有不端表现或存在不当行为，处境窘迫、危急，则可以诉诸新闻媒体，表达关切和质疑，甚至进行批评，抑或帮助出谋划策、出力捐资，解决困难和问题，进而实现在充分知情的基础上行使参与权、表达权、监督权。所以，对于新闻媒体而言，做好突发事件报道，也是我国民主政治建设的时代要求。

4.提升媒体公信力、影响力、同业竞争力，维系媒体的良好生存和发展

当前，人类已经进入了信息资讯发达的现代社会。生产、传播和使用新闻信息已经成为人们日常生活之所必需。作为生产和传播新闻信息的专业机构——新闻媒体也成了时代的“宠儿”，拥有丰赡的发展机会和广阔的施展空间。由此，各种性质、类型、层次的新闻媒体不断涌现出来，并激起了日益激烈的新闻大战、同业竞争。本质上看，新闻媒体之

间的竞争主要是一种内容生产上的竞争。突发事件报道属于“硬新闻”类别，民众对它的传播和接收往往表现为一定的“刚性”需求。有关突发事件的报道，显然比较容易吸引关注，带来阅读率、收听收视率、信息消费流量的陡增。因此，突发事件报道自然成了各家新闻媒体相互角力的“必争之地”。世界各国特别是发达国家的知名新闻媒体无不把突发事件报道作为争夺受众和用户、与同行竞争的重要擂台。显然是看到了搞好突发事件报道可以有效提升媒体公信力、影响力、同业竞争力，维系媒体的良好生存和发展。因而，我国的新闻媒体理应也要把突发事件报道作为自己新闻业务的重要主体，抓好、抓实。这样，也有助于我国新闻媒体与国际同行保持同样的业务水准。

第二节　突发事件报道的基本原则和主要方式

一、突发事件报道的基本原则

突发事件通常意味着事故与灾难。“所有的灾难报道都应该包括相同的基本信息：死亡总数、幸存者、目击者叙述、幸存者的富有人情味的引语、现场的有关细节、援救工作。自然灾害报道还要加上一些别的信息，即发生作用的自然力，如天气条件。”[1] 因此，突发事件自身存在的特殊性，决定了新闻媒体对其报道也有着一些特别的要求。

（一）快速反应，及时报道

由于突发事件发生突然，时效性极强，要求新闻媒体必须快速反应，及时报道，在事件甫一发生，就能加以关注，迅速介入对事件的采访报道。否则，行动迟缓，耽误了时间，就会错过最佳报道时机，进而可能造成一些负面影响。

就突发事件而言，事发现场的很多场景、情节稍纵即逝，记者只有力争率先获得第一手材料，才可能在报道速度上胜出。1963 年，美国总统肯尼迪在达拉斯遇刺。凭着灵敏的新闻触角，美国合众国际社记者史密斯以迅雷不及掩耳之势扑向电话，向世界发出了第一条肯尼迪总统被刺的新闻。史密斯敏锐地抓取到极富新闻价值的突发事件并将信息迅速、及时地传播出去，赢得了业界的赞誉。埃及总统萨达特遇刺和美国总统里根遇刺，都是电视记者在采访总统正常活动时突然碰上的。凭着敏锐的新闻嗅觉和高度的应变能力，那些在场记者

---

[1] ［美］卡罗尔·里奇.新闻写作与报道训练教程［J］.6 版，钟新，王春枝，主译.北京：中国人民大学出版社，2012：392。

以惊人的速度转入拍摄遇刺新闻，向观众提供了“千金难买”的电视画面，获得了报道上的极大成功。当然，这种情况不太多见，相对于此种巧合，事件一发生，记者就能很快获得线索并火速赶到现场的情况在采访突发新闻时则比较多见。

如前所述，新闻媒体在突发事件报道上的时效竞争极为急迫、激烈，胜负之差往往以分秒计。时效竞争有多层含义：

其一，要快速反应。突发事件事发突然，来得快，去得也快；许多场景、许多情节稍纵即逝，永不复现。哪家媒体、哪位记者最早赶到事发现场，就能独家目击后来者无法看到的场景、情节；谁最先采访到当事人或目击者，谁就能率先获得第一手材料。这样，就会在报道上占有题材独有权和时效优先权。

其二，要抢先报道。突发事件传得快、传得广，新闻媒体对突发事件的报道都是争分夺秒，以求先声夺人。2015 年 6 月 1 日 21 时 28 分左右，“东方之星”客轮在长江中游湖北监利水域发生翻沉事件（图 3-2）后，中央电视台在湖北的记者站采集新闻之后通过官方微博“@ 央视新闻”在 2 日 2 时 52 分发布了央视快讯，成为国内对该起事件最早的报道，被大量转发、评论，取得了先声夺人的报道效果。

图 3-2　2015 年 6 月“东方之星”客轮翻沉事件救援现场（来源：《军报记者》）

其三，许多突发事件敏感而复杂，在真相大白之前，易引起猜测，易受到曲解。这就要求主流媒体能够抢先报道，以澄清事实、表明态度，积极主动地引导舆论，以收到“先入为主、先下手为强”的效果。若迟迟不报，会让人质疑或被认为是有意掩盖，若等到某些别有用心的外媒、不负责任的媒体将突发事件报道引入歧途之后，再来辩解就很被动了。以往的大量事实表明，对突发事件不报或迟报，效果远不如早报。及时抢先报道，能争取主动，引导舆论朝全面真实、于我有利的方向发展，并增强新闻报道的竞争力和可读性。突发事件报道中的时效竞争，不只是单纯地在时间上争先恐后，更重要的是在争夺新闻舆论的主动权和引导力，是在捍卫社会形象和新闻信誉。

（二）客观呈现事实，冷静发声

由于突发事件的不确定性大而又影响深远，对于突发事件的报道要保持高度警惕，慎之又慎。要深入调查，仔细研究，弄清真相。由于突发事件的表象化，记者应该深入调查、仔细研究。公众看到的只是事件本身，易被表象蒙蔽而惊慌失措，新闻媒体此时要保持冷静、理智，力求客观还原事件真相并做好公众的情绪安抚工作。例如，2011 年，日本发生核泄漏事件，媒体争先恐后地进行报道，以彰显对这一重大事件的“关注”，然而由于有些报道失之客观、平衡，发声不够理性，引发了舆论上的“蝴蝶效应”——导致沿海部分省份出现居民抢盐风波。2018年10月28日10时8分，重庆市万州区长江二桥发生重大交通事故，一辆当地22路公交车在行驶中突然越过中心实线撞上一辆正常行驶的红色小轿车后坠江。事故发生后，一些媒体在报道此事时将事故责任归咎于小轿车上的女驾驶员违法逆行。当天17时，警方发布通报，经初步事故现场调查，系公交客车在行驶中突然越过中心实线，撞击对向正常行驶的小轿车后冲上路沿，撞断护栏，坠入江中。2018年11月2日10时15分，公交车坠江事故原因公布，系一名女乘客因错过下车地点与驾驶员争执互殴，导致车辆失控，与对向正常行驶的小轿车撞击后坠江，15名驾乘人员遇难。从江中打捞出来的公交车内的黑匣子监控视频清晰显示了女乘客与驾驶员发生激烈争执、继而互殴致车辆失控坠江的瞬间。事故真相的揭开，旋即引发了舆情反转。在媒体纷纷就事件真相发表反思性评论的同时，不少网民也对此前一些媒体在报道中对事故原因的失实认定与轻率发声表达了质疑和不满。这也表明，面对突发事件造成的场面，能否客观呈现事实，冷静发声，时刻考验着媒体的责任与担当。同样，在新型冠状病毒引发的肺炎疫情中，2020年2月，由于部分媒体的报道出现偏差，加上一些居民看新闻时不够理智、冷静，造成对信息的误读、误信，进而发生了在药店连夜排队抢购双黄连口服液的非理性行为。这些事例都值得媒体人引为借鉴，报以警惕。

（三）随机应变，跟进事态进展

由于突发事件变动性大，决定了对其报道也要随事、随势而变，要关注事件的最新动态，据此随时调整报道计划，否则，实际报道落后于事件的变化状态，就会陷入被动，也使推出的报道在一定程度上失去了应有的意义。

突发事件是突然发生的，但很多都不是瞬间结束的。突发事件有冲击力的瞬间，但事件触发的社会反应却是变化的、环环相扣的。因此，突发事件报道应该具备连续性。记者在采访报道中不要企图“毕其功于一役”，而要紧跟事态发展，随机应变，持续进行追踪报道。突发事件报道一旦启动，对于任何一名记者而言，就得不断跟进，连续不断地发稿，将事态的发展、演变情况及时报道出来，让民众知晓。从近些年来一些新闻媒体的实践来看，对比较重要的突发事件，它们每天的发稿量都会比平时多。在突发事件报道中，新闻媒体的记者日夜连轴转是常事，他们的体力和脑力也会长时间处于紧张状态。可以说，每次突发事件报道，都是对记者的观察能力、应变能力和忍受能力的考验，如果不具备一定的素质和雷厉风行的作风，没有一定的爆发力和耐力，指望像在日常报道中那样，平平静静地采访，慢条斯理地写稿，则难以比较理想地完成突发事件报道任务。

（四）突出现场感，注意把握细节

突发事件发生得都很突然，而且通常都具有比较强烈的画面感，因此，对其加以报道应该有具体、生动、形象的现场描绘，让读者、观众能够通过报道感受到现场氛围，产生亲历感。报纸可以通过有情、有景、有细节的现场描写及新闻图片的有机配合，来增强报道的真实性和感染力。广播媒体要尽可能在报道中使用现场音响、现场录音，以凸显现场感。对于电视媒体而言，同期声、现场画面的运用显然能够使报道具有强烈的直观性和现场感，而网络媒体也要尽可能地在文字中有机地穿插使用照片、图片，以增强现场感。照片、图片是一种无声的语言，但往往能起到此时无声胜有声的效果。“有图有真相”，就是网络时代人们对照片、图片在信息传递中所带来的临场感和证实作用的一种生动注解。时下，在报纸、网页上，大幅彩色图片的运用，可以以图片的直观表现弥补文字的枯燥、烦冗，形成视觉中心，吸引读者、网民关注和阅览，实现“一图胜千言”的效果。当然，在追求现场感的同时，要注意把握细节。细节的恰当使用可以使报道更鲜活、真实，更具现场感和感染力，但倘若使用不当或本身存在谬误，其负面传播效果是难以估量的。所以，突发事件报道中用到的细节必须是记者在采访过程中自然而然地拾取的、客观存在的、真实的材料，不得生造，也不能对其进行粉饰。

（五）以人为本，体现人文关怀

记者在突发事件报道中，应坚持以人为本，体现人文关怀。突发事件一般都会给当事人、受害者带来很大的影响。人们在遭遇突发事件（尤其是灾难事故）之后，通常都会变得十分脆弱，精神紧张、情绪不宁、内心焦虑等状况也都有可能出现。因此，记者在实际的采访过程中，要重视受访者的精神状态、情绪反应，尽可能地避免对其产生刺激，力诫对受访者构成再次伤害，体现人文关怀。“媒体一定要坚守新闻专业主义，考虑受众的接受程度，对社会负责，避免煽情主义和过分的细节描写，尤其是要防止对突发事件中的当事人造成无谓的二次伤害。”[1] 这是每一个新闻记者都应该具备的职业素养，同时也是每一个社会公民应尽的社会责任。不能以“采访需要”为标榜，随意突破人性、道德底线，要尊重生命、敬畏生命，对事故中的每一位逝者、伤者都要抱以悲悯之情，对每一位受访者，都应该心存体恤，让新闻报道充满人文关怀，从而体现媒体的社会责任。例如，在 2015 年 6 月 1 日发生的“东方之星”客船翻沉事件报道中，CCTV-13 除了对事件现场进行持续关注外，还对相关部门对幸存者的救治、抚慰情况进行跟进、追踪报道，既满足了公众的知情需要，又在一定程度上舒缓了社会的焦虑情绪，使报道充溢着浓浓的人文关怀。

（六）适当关注后续，重视发掘教训与启示

突发事件大多数都是“来去匆匆”，但其影响却往往不会停留于一时，相关“善后”事务

---

[1] 薛国林，张晋升.新闻报道学[M].广州：暨南大学出版社，2013：107。

也会延续一些时日。所以,适当关注后续,在跟进报道突发事件的事后处置情况时,重视发掘事故留给人们的教训与启示非常必要,也十分有价值。

一方面,记者在做突发事件报道时,不能局限于“一次性”的简单报道,而应该紧跟事态发展,关注后续。记者既要客观、真实、全面地报道突发事件中的人员伤亡、财产损失情况及救助情况,还要就突发事件对社会的影响以及社会对事件的反应,乃至对相关责任人、责任机构的问责问题进行追踪报道。有些突发事件所造成的影响,不仅不会很快消失,而且会存在较长时间,记者有必要适当对其保持持续关注。当然,在此过程中须把握好相应的度,要给当事人、受难者及其家属、亲友应有的尊重,避免因相关报道而给受害者及其家人、亲友造成伤害。这类情况在2014年的马航MH370事件、上海外滩踩踏事件等突发灾难事件的报道中都有所体现。所以,媒体应本着推进社会公平正义和抱持人文关怀的立场来做突发事件后续事态的追踪与跟进报道,要使相关报道有温度、显情怀,避免消费悲情。

另一方面,面对突发事件,记者不能满足于对事件表象的报道,还应当有质疑精神,勇于追问、探究事件的原委,对事件进行反思,发掘其间的教训与启示。记者的报道不能停留在就事论事上,仅仅关注事件本身,还应该在广泛搜集相关背景资料、掌握充足信息的基础上,将突发事件的来龙去脉梳理清楚,呈现给公众,进而使报道既有广度,又有深度。要尽可能使人们从报道中了解到突发事件的全面信息,能够对事件进行反思,发掘事件留给人们的经验与启示。这样,有助于为相关管理部门出台治理举措提供决策参考和依据。例如,2018年,国内众多主流媒体就“10·28重庆万州公交车坠江事故”发表了一系列反思性报道,受此影响,当年11月以后,国内多座城市公交车上都为驾驶员加装了保护栏。显然,新闻媒体对突发事件进行反思,发掘其间的教训与启示,可以在一定程度上给社会以警示,增进人们应对该类事件的经验,或者帮助人们避免今后再度遭受此类事件的伤害。

二、突发事件报道的主要方式

突发事件具有时效性强、变动性大、不确定性高、影响面广等一些不同于常规事件的特点,这就决定了对它的报道也有着不同于其他事件报道的鲜明特点。一般来说,突发事件的报道形式大致有以下几种。

(一)即时性报道

突发事件发生后,倘若具备条件,媒体记者应该在快速判明基本情况的同时,立即采取行动,展开报道,即时性报道就是此时的首要选择。即时性报道是在突发事件发生后即有记者赶赴现场或从多渠道获取信息,迅速发回的报道。这类报道一般时效性很强,文字也较简洁,可以是快讯、简明消息、记者现场报道等方式。如果条件允许,即时性报道应力求充分体现“现场感”，通过在报道中有机使用照片、图片、现场音响和影像材料，让受众能够更加直观地了解事件。当然，新闻媒体并非能够在所有突发事件刚一发生时就予以即时报道。过去，或者由于观念认识上的问题，或者为了特定的社会维稳需要，或者由于技术条件上的原因，新闻媒体时常会在突发事件已出现了一段时间或结束后才进行报道。不过，时至今日，随着社会的日益开放，信息传播技术的进一步成熟，传播媒介的发达，民众对社会公共事务知情意识的不对增强，这类情况越来越少见。

（二）连续性报道

突发事件的报道一般是从即时性报道开始的，它让人们感知该事件的发生。有一些突发事件，新闻媒体只需予以即时性报道，如里氏6级以下、破坏性较轻的地震，公路上出现两三辆车相撞的交通事故、人员受伤不是很严重，等等，媒体以发快讯的方式进行一次即时性报道，让公众周知即可。但是，对于有些突发事件而言，仅如此是不够的。有些突发事件虽然发生得很突然，却未必瞬间完结，其发展和结束都有一个过程，社会影响持续发酵，民众也会关注事件新的动态，希望了解事件的来龙去脉以及有关细节、背景和相关事项等详细信息。这就要求记者继续追踪事件的发展过程及详情，进行连续性报道。一般来说，连续报道在刊发、刊播数量上应不少于3篇，而且每篇报道都应该具有很强的时效性，每篇报道的版式、风格也应该大体一致。连续性报道的时间跨度长、涉及面广、变化大、问题多，因而更需要精心策划、扎实推进。连续报道是当前重大突发事件报道中最常用的一种报道形式。

使用连续报道时，应注意它适用于题材比较重大且处于动态发展之中的突发事件。连续报道的选题多是媒体机构所服务的地区、社会有影响力的突发事件，报道内容丰富，有细节、有冲突、有波折。正因单篇消息无法承载，才需要连续报道这样大体量的新闻体裁进行深入跟踪，从而集合数条乃至几十条、上百条单个的简短消息为连续报道，形成报道合力优势。如果题材过于平常，缺乏延展的空间，仍然滥用连续报道，甚至不遗余力地挖掘琐碎细节，或者勉强拉长周期，效果将适得其反。同时，连续报道不是有了事件结果才报道，而是充分体现过程的报道。连续报道实际上也是多条消息的集合，因此，它也兼具消息快速反应的特点，是通过相对分散的及时消息集合成对事件信息的相对完整的报道。它不需要等待新闻事件完成其自身发展过程，或者是等到新闻事件的所有本质因素都有所体现才进行完整报道，而是首先从事件的一个最外显的重要事实、一个横断面切入，抢先报道事实，对事件的深究细查或完整展示可在后续报道中完成。例如，央视在2015年“‘东方之星’客轮翻沉事件”“天津滨海新区爆炸事故”等突发事件报道中，都是在第一时间发布简明消息，再在后续时段里不断跟进报道事件详情。连续报道具有时间上的连续性，需要及时揭示事件最新进展。因此，连续报道不可能一蹴而就，对于正在发生、发展的事件，要善于及时跟进最新事态发展，做到边报道、边核实，边报道、边交代。此外，连续性报道时间较长，既要求记者不要漏掉新闻,又要求记者在众多新闻中选择有效新闻;既要求记者有新闻敏感,又要求记者有坚韧不拔的韧性;既要求记者密切注视动态,进行纪实报道,又要求记者能够超越事件本身,进行更深层次的分析和思考。

(三)组合式报道

广义上讲,组合式报道是围绕同一主题、现象、人物、事件,在同一时期、同一版块内播发的不同体裁的报道集合,在西方电视新闻界又被称为"包裹式(package)"新闻或矩阵式新闻。组合式报道在电视新闻资讯栏目中出现较多,一般用于重大突发事件或重大主题性报道中。

突发事件的组合式报道,是在同一主题下,集合多种不同内容、不同体裁、不同来源的新闻稿件,有点有面、有叙有议,形成综合性和整体性优势,使突发事件在集纳与整合中得到立体化的呈现。

对突发事件进行组合式报道,有着特有的优势。从传播效果而言,单条消息很难在报纸、网络媒体海量的信息编排中凸显出来,也难以在广播电视的线性传播环境中给听众、观众以深刻印象,而组合式报道通过面广量大的信息组合,不仅可以拓展受众对突发事件的关注角度,丰富突发事件的报道层面,而且可以发挥信息集群优势,造成视觉、听觉强势,有效吸引读者(听众、观众、网民)的注意力。

组合式报道,通常是由多个记者合力完成的,往往体现了一家新闻媒体迅速整合新闻资源的能力。组合式报道是在追求新闻快的基础上,对深的进一步把握。对突发事件进行组合式报道,应该注意把握重要性与全面性的结合、实时性与全时性的结合,需要迅速判断事件的性质及可能产生的影响,统筹安排新闻资源,从多个角度或多个层面,形成对事件的综合报道。组合式报道并不强调每条报道在体裁上的完全一致,不要求各条报道之间的严密逻辑性,而是追求对事件报道与诠释的多视角、多视点、多形态的灵活组合。例如,2013 年 4 月 20 日 8 时 2 分,四川雅安芦山县发生地震,央视《焦点访谈》连续多期推出系列节目——《直击芦山 7.0 级地震救援》,分别从"地震发生""救人""灾区的通电、道路抢险和医疗救援""严防次生灾害""灾区的'正能量'"等多个层面报道地震救援情况,彰显集群效应,给观众提供了一个全面、详细的信息组合。

(四)集中式报道

集中式报道,是指突发事件发生后,新闻媒体在充分地掌握相关情况的基础上对其进行较大规模和篇幅的集中专门报道。由于报道并不是即刻进行的,事件发生发展的过程已十分明了,一切变化的因素都以静态的形式定格于历史空间,它所反映和说明的问题,它给社会和人们带来的启示,都比较明确地袒露出来,甚至可以加以定性。因此,有些集中式报道,又可称为总结性报道或终结报道。另外，由于时间较长，编辑、记者的准备工作可以做得比较充分，如资料的收集、背景的交代、照片的搭配和版式设计等，完成得好可以起到“后发制人”的效果。这是有利的一方面。但是，从另一方面来说，由于时间较长，关于这一事件的各种谣传很多，有可能影响报道的舆论效果。这就要求集中式报道能够以无可辩驳的事实和新发掘出来的可信材料，回击一切谣言和诡辩，争取受众。同时，由于时间较长，其他媒体可能已经做过较为全面或连续的报道，本报道可以适当加以援引和利用。2008 年 3 月，西藏拉萨发生“3 · 14”打砸抢烧暴力犯罪事件，央视《焦点访谈》栏目记者在对此事件进行深入的调查采访后，用专题形式对该事件做了集中式报道，既客观、深入地向人们呈现了事件的经过、原委，揭示了事件的真相，又引导人们理性、正确地看待这起暴力恐怖事件，发挥了有效的舆论引导作用。

当然，集中式报道，除了内容上的真实、有深度外，在表现形式上也适当有所“出新”。否则，难以吸引人，也不可能达到“后发制人”的目的。弄得不好还会成为“嚼别人吃剩的饭菜”，不仅乏味，还可能遭人非议和笑话。

第三节　突发事件报道策划要领

突发事件的报道是新闻报道中的一项重要内容，它是对一家新闻单位各方面素质的综合检验，也是一家媒体走向市场、争取受众的一个重要抓手；同时，突发事件的报道也是一个上下都十分敏感的领域，做得不好会产生一些意想不到的负面影响，给新闻单位和一个地方的工作带来被动。所以，做好突发事件报道策划、提升突发事件报道水准十分重要。

所谓突发事件报道策划，是指新闻媒体的记者、编辑针对某个突发事件，在最短的时间里努力发掘其新闻价值，谋划最优报道形式，以求达到最佳的传播效果和社会效应的过程。

突发事件往往是在人们毫无心理准备的情况下突然发生的，让人们始料不及，而且其发展、变化情况难以预知，其结果也可能背离人们的正常思维，难以把握。突发事件的这种特性决定了其报道策划必然有着许多不同于常规新闻报道策划的特点和要求，给新闻从业人员以较大的压力和考验。

一、突发事件报道策划的基本程序

突发事件报道策划作为突发事件报道中的一个重要前置环节，是在依托相应的事实前提、价值前提和资源前提的基础上，依循新闻事实发现—新闻价值判定—实施新闻报道的行动逻辑展开的。因此，突发事件报道策划一般需要依照以下相应程序来进行。

(一)分析情况,启动策划议程

策划人、工作团队首先要对已发生的新闻事实——突发事件进行总体分析,弄清其时间、地点、人物、事件经过、结果等要素;同时,要对其间的一些隐性要素,如事件的性质、原因、影响等,进行具体的分析和了解。其次,要对突发事件进行新闻价值判定,并以此作为开展新闻报道策划的出发点和落脚点。当然,由于突发事件通常比常规事件头绪复杂,其影响、后果也很难让人们在限定的时间里一下子就能看得透彻。所以,这里所谓"判定",只能说是一种粗略的衡量,目的是对接下来的新闻报道进行一个大致定位,以便于部署工作。最后,要根据所做出的新闻价值判定,召集相关记者、编辑就即将开展的突发事件报道罗列相关问题,启动策划议程。

(二)制订报道方案,明确发稿计划

策划人、相关记者、编辑或工作团队围绕所面对的突发事件,就相关策划议程逐一展开讨论,在周密分析、充分会商的基础上,制订突发事件报道方案,明确发稿计划。

制订切实可行而又富有新意的报道方案,是突发事件报道策划的核心内容。一方面,需要对即将开启的报道进程进行总体规划和设计。涉及明确此次报道的总体目标和任务,确定报道主题,拟出重要的报道选题,并就拟采取的主要报道方式、特色报道安排和此次报道中的创新设计提出构想。另一方面,需要就具体的采访计划、拍摄方案、人员派出确立大体的思路与行动框架,形成一套切实可行的方案。

明确发稿计划,也是突发事件报道策划的一项重要内容。它要求对即将开启的突发事件报道进程中各阶段刊发、刊播的新闻稿件做出统筹规划,包括拟刊发、播出的重要新闻报道的主题、内容、体裁和篇幅,确定它们刊(播)出的先后次序与具体时间,在报纸版面、新闻网页上所占据的空间位置或在广播电视节目中安排的具体栏目、时段,等等。发稿计划是对报道进程的具体落实。由于突发事件报道与常态新闻报道存在差异(报道事件的突发性及报道必须具有相当的时效性),如果按照常态新闻的发稿流程进行操作将有可能在实际报道中占领不了新闻制高点。因此,对于突发事件的发稿计划,必须在制订策划方案时进行明确的规定,适当予以特别安排,能够让采编人员及后方支持人员对发稿流程心中有数,在实际操作中知道如何快速处理相关事项。简化发稿程序,通常是新闻媒体在突发事件报道中提高新闻时效的一种有效方式。

(三)调配报道资源,部署、实施报道

根据此前制订的报道方案,调配相应的采编资源(人力、设备等),对报道方案的具体实施进行部署,属于报道策划的落实阶段。在此阶段,责任部门应该牵头组建具体的报道团队

(通常是突发事件报道小组),对所需人力、设备等采编资源,进行统一调度、协同作战,确保方案的有效实施。尤其是对重大突发事件的报道,新闻媒体有时派出和参与报道的人员多达上百人,组织和协调成为确保方案实施的关键。例如,2008 年 5 月 12 日四川汶川地震发生后,南方报业传媒集团共计派出了 170 多位记者前往报道。其中,《南方都市报》派有 60 多位记者,《南方周末》派有 30 多位记者。如此规模宏大的记者队伍如果不进行科学组织和管理,不仅会造成记者们的行动失序,还有可能导致报道上的相互“撞车”。

在报道实施过程中,还要跟进事态发展,适当调整报道部署。突发事件变化性大,决定了其报道策划也要随势而变,要关注事件的最新动态,据此随时调整策划方案。否则,策划方案落后于事件的变化状态,就会使工作陷入被动,策划也就失去了应有的意义。

另外,为了确保方案的有效实施,还必须建立完备的支持系统,如技术保障系统、专家智库、后勤保障系统等。俗话说,兵马未动,粮草先行。突发事件报道考验的是媒体的综合实力,参与报道的各系统、各组织、各个人员都必须充分发挥各自的作用,并且进行有效的协作。突发事件报道的竞争,比拼的也不仅是记者的能力和素质,更是媒体的综合实力,不仅是局限于新闻策划能力的考量,更是对媒体的团队协作能力的综合考验。因此,为有效应对随时可能降临的突发事件,做好突发事件报道策划,顺利完成突发事件报道任务,在新闻媒体内部建立相应的突发事件报道快速反应机制十分必要。例如,新华社就实行了 24 小时发稿制度,建立起了全天候运转的“新闻雷达网”,并在其相关制度中,对重大突发事件的报道提出了“先写、先编、先审、先核”的“四先制度”和“急事急办”“分秒必争地争取时效”等要求。

当然,在结束报道进程以后,还可视具体情况对先前所做策划进行回顾性分析,给予中肯评价,总结成绩和教训,以资借鉴。

二、突发事件报道策划的要领

根据国际惯例,结合中国的实际,在对突发事件的报道策划中,一般应把握以下五个方面的基本要求。

(一)快速反应,及时确定报道方案

时效性被喻为新闻报道的生命线,不过,尽管新闻都要讲求时效性,但突发事件报道对时效性的要求更为“苛刻”。可以说,时效是衡量突发事件报道水平的首要标准,谁能最先、最快地报道某一突发事件,谁就是赢家,就能够第一时间抓住受众的眼球,在竞争中取得至少一半的成功。特别是在当前融媒体传播环境下,普通民众也可以利用微博、微信、微视频等对突发事件进行报道和传播,给专业新闻机构造成较大压力。所以,突发事件发生以后,

新闻工作者需要迅速、准确地做出判断，及时、快速地发出报道。譬如，抢先发"一句话新闻"，接着发快讯，再编发几百字的消息等。例如，2008 年 5 月 12 日 14 时 28 分，四川省汶川县发生里氏 8.0 级强烈地震。这是中华人民共和国成立以来破坏性最强、波及范围最广、救灾难度最大的一次地震。地震发生后，新华社迅速做出反应，14 时 45 分，新华社发出第一条英文快讯。随后，新华社根据中国地震局震情通报，第一时间向全世界发布了权威、准确的消息。14 时 56 分，新华社从成都发出第一张地震图片，时效领先全球各大媒体。此后，几乎是每隔几分钟便有一条关于地震的报道，掌握了舆论的主动权。与此同时，新华社立即成立了抗震救灾应急报道小组，100 多名记者兵分 16 路挺进灾区，冒着生命危险向中国和世界传递震灾消息。中央电视台的反应也异常迅速，5 月 12 日 15 时 20 分，CCTV-1 和 CCTV-13 取消原有的播出节目，开始并机直播特别节目《关注汶川地震》，反应速度之快前所未有。随后，CCTV-13 覆盖全天的现场直播特别节目《抗震救灾、众志成城》从 5 月 12 日到 6 月 12 日持续关注灾情和救灾动态，直播时长达 460 多小时。《人民日报》也在第一时间成立抗震救灾报道领导小组，密切关注新华社、中央电视台发布的文字、声音、画面，并在 5～6 版设抗震救灾特刊，发布大量信息，这是《人民日报》自成立以来第一次为重大突发事件推出特刊。

对于突发事件的抢先报道，往往检验着一家媒体的快速反应能力，胜负有时就在毫秒之间。所以，突发事件报道策划的首个竞争点便是新闻媒体的反应速度。突发事件来势猛、信息聚集度高，但时间短、变化快，使得突发事件报道通常都带有一定的紧迫性。这就要求在突发事件报道策划中，策划人、策划团队必须快速反应，及时确定报道方案，以期在最短的时间内推出有力度的新闻报道，抢占新闻制高点。否则，就可能错过最佳的报道时机。策划人、策划团队也许不能即刻对突发事件报道做出非常完美、系统的策划，但只要力争做到把事实首先报道出去，便能迅速占领注意力市场，处于突发事件报道的制高点。及时报道的好处，还在于有效压缩谣言空间，给突发事件的处理营造良好的舆论场。这也表明，新闻工作者应该有第一时间抢发新闻的专业意识，反应快速，在事件刚发生时就能果断采取行动，迅速到达现场，争分夺秒地掌握第一手材料，及时发出报道，以求先声夺人。在策划中，对运用何种新闻文体进行报道以及怎样安排报道版面、时段，如何进行编排等，也要给予适当考虑。

当然，要反对只图快速不求准确的做法；要强化法治意识，在国家现行法律法规和政策允许的范围内进行报道；不能把注重时效同匆匆忙忙混淆起来，更不能丢掉政治原则、违反组织纪律和宣传纪律而把时效看得高于一切；尤其要增强保密意识，涉及国家秘密、工作秘密和正在调查中的重要案件，不得泄密；有关重大灾情、震情、疫情，不得做预报性报道；在报道恐怖主义活动和暴力事件时，不应过分追求细节，制造所谓的"轰动效应"。

（二）尊重客观事实，力求真实、准确、全面、公正地进行报道

在突发事件报道中，抢时效是十分必要的，但绝不能为了时效而罔顾真实性、准确性方

面的要求。突发事件虽然有可能是来去匆匆，但其影响往往是深远的。因此，对突发事件的报道不能停留在事件表面，就事论事，仅仅满足于报道事件本身；而应该广泛收集相关资料，多角度分析，多形式报道，既要有广度，又要有深度，尽可能使受众从报道中了解到关于事件的一切信息，并有所启示。这要求对突发事件的报道策划务必在尊重客观事实的基础上，力求真实、准确、全面、公正地报道突发事件。

一方面，要本着速报事实、慎报原因、续报进展、及时更新的原则来安排和设计报道。突发事件事发突然，留给新闻人的反应时间少，同时，事态紧急、任务重，但不能因此违背真实性原则，要紧绷真实之弦，不虚美、不隐恶，始终实事求是地开展报道。对于已经呈现出来的客观事实，迅速予以报道，对于需要经过专门的调查和分析（有的还需要运用专业知识、寻找可靠证据）方能查明的事件原因，则采取谨慎报道的态度，并持续关注和报道事件进展，及时更新事态信息。这样，既可以及时介入对突发事件的报道，掌控话语权，占据新闻制高点，又可以避免因误判、妄断而陷入不必要的话语争议、舆论旋涡。例如，在 2018 年 10 月 28 日发生的重庆万州公交车坠江事故中，一些网民没等警方发布调查情况，便指责和抨击小轿车上的女驾驶员，认为是其驾车不当、违法逆行使得公交车在避让时不慎坠入江中。这类网络发声一度左右了诸多媒体的报道倾向。然而，等到记录公交车行车情况的车载视频公布后，舆情即发生反转。前述盲目发声的网民乃至不少盲目报道事故原因的新闻媒体纷纷遭遇真相“打脸”。可见，面对突发事件，不盲目揣测，保持理性，避免为成见所左右，速报事实，慎报原因，续报进展，具有重要的现实意义。

另一方面，记者必须亲到现场，调查、核实相关情况，力求客观、真实、准确、全面、公正地进行报道。对于新闻记者而言，离现场越近，便离真相越近。记者对突发事件的报道，必须是基于自己在新闻现场的深入采访和调查。由于突发事件的具象化，普通民众易被事件形诸表面的现象所蒙蔽。对此，记者要保持警惕、清醒，始终冷静、理智地看问题，并能够通过细致的调查、研究，还原事件真相。记者在报道中所用到的材料，都应该是来源于自己亲历现场的目击，对当事人、知情者的采访，或者来自权威人士（部门）的说法，而不该是道听途说，更不能带有自己的“合理想象”和主观臆测。特别是具体数字、事件原委、责任认定，必须来自权威部门，不属于第一手材料的，需要认真核实、查验，不能出纰漏。突发事件的随机性、偶发性特点，使人们很难做到事前预防。对于新闻报道来说，就更难做到事前策划和筹备。因此，为了保证能够对突发事件进行真实、准确、全面、公正的报道，新闻媒体在进行报道策划时，应适当浏览、查阅包括社交媒体、机构网站在内的各类传播平台上的相关信息，以便尽可能相对充分地掌握相关情况，更有针对性地规划和部署记者的采访方向、报道任务。当然，在此过程中，需要分辨信息的真伪，避免被虚假、冗余信息所误导和干扰。要知道，许多突发事件常常带有耸人听闻的过程、场面，这些成分天然地对受众有着很强的吸引力。新闻媒体对其进行适当关注也是应该的，但切勿为了追求阅读量、收视收听率、点击率、流量，而有意对其中某些具有感官刺激效果的细节内容进行炒作。同时,突发事件的报道,可能会触及当事人或某些单位、组织、机构的利益,因而记者在采访报道过程中有可能遭遇有意的阻挠、破坏、干预以及人为的错误诱导、遮蔽真相。新闻工作者在进行报道策划时应该将这些情况充分考虑进来,始终注意把公共利益和社会效益摆在首要位置,尊重事件的客观面貌,选择适宜的采访、报道方式,积极寻求和发掘突发事件背后的新闻事实,重视正确引导社会舆论,力争为公众提供真实、准确、全面和公正的报道。

(三)把握大局,统筹安排,讲求适度原则,控制报道节奏

突发事件一般来说都是带有一定数量的人员伤亡或财产损失的灾难事件,而这类信息的传播总会给社会带来或大或小的震荡。震荡在人们的心理承受能力以内,则不会影响到社会稳定,若超过了一定的限度,则可能导致人心惶惶、谣言四起,引发社会不安定。所以,对突发事件的报道是一项政策性很强的工作。这就要求在对突发事件进行报道策划时,应遵从现行的管理法规和报道纪律,在确保及时、公开、透明地报道事件的同时,能够考虑到大局的稳定和国家形象的维护。

一方面,要注意把握大局,统筹安排,既要保障公众的知情权,又要尽可能不损害国家的发展和社会的稳定。通常来说,对不同性质的突发事件,要采取不同的报道方式,确定不同的报道范围。例如,一般的自然灾害只在有关地方进行报道,重大自然灾害则由中央新闻媒体向全国、全世界报道。对灾难事件的报道,要本着“帮忙而不添乱”的报道原则,多从维护国家、社会的发展、稳定大局的角度,多从增进政府公信力的角度,多从积极传播国家形象的角度,决定报道时机、报道方式和报道的范围。对各种灾难性责任事故,在主管部门未得出正式调查结论之前,新闻媒体不得擅作猜测,以免给事故处理增加障碍。另外,在报道突发事件时还应注意内外有别,以适应不同的传播目标及不同受众的心理接受差异。对外报道要更多地考虑同国外媒体进行新闻话语权、舆论主导权方面的竞争,适应传播对象国民众的新闻接受心理;对内报道则要更多地考虑对本地区、本区域乃至全国的社会影响。

另一方面,要讲求适度原则,控制报道节奏。突发事件对社会危害较大、负面影响突出,如果新闻媒体一哄而上、不加控制地进行报道,势必造成对事件的过度炒作、无序报道,引发事态的混乱,影响问题的处置。因此,在进行报道策划时,必须讲求适度原则,控制报道节奏。对“适度”与“节奏”的把握,首要的就是对报道量的把控。在一段时期、一个地区,对突发事件的报道量,必须给予适当控制;否则,过于集中的报道会在一定程度上引发公众对社会安全感的担忧。要谨记,不论是何种类型的突发事件,报道都要有度。其次,突发事件复杂、多样,相关报道策划也要视具体情况做具体安排。哪些事件宜速报,哪些事件须缓报,要做好权衡。哪些内容需要重点报道,哪些内容需要从简报道,要有所依归。哪个阶段应集中、大力度地报道,哪个阶段应有所收束、缩减报道规模和报道力度,要把控好其间节奏的舒

缓、张弛,不得为片面追求发行量、阅读率、收视收听率、点击率而使报道失控、失序。

(四)保持冷静,善于应变,因时因势调整报道方案

突发事件发生后,会给人们的心理带来一定压力,并在社会上造成一定范围的紧张气氛;同时,突发事件发展、变化的不确定性,也决定了人们不能依常规思路"照章办事"地进行应对,而必须根据变化思考谋划相应的对策。由此,在开展突发事件报道策划时,保持冷静,善于应变,能够根据事件的发展、变化,因时因势不断调整报道部署,十分重要。

一方面,要及时跟进,随事而变。突发事件发生后,一般不会立即停止变动,即使整体事件变动停止,很可能某些具体内容也还会持续不断地变动,甚至会牵制整个事件的新变动,而使突发事件呈现出多阶段和多状态。而且这些阶段和状态又极其短暂,各种状态还会迅速交替、演变。因而,对突发性事件报道策划的重点就在于能及时跟进,巧于应变,始终常变常新,掌握事件处理的主动权,以便从容应对。否则,行动迟缓,方法、举措落后于事件变化状态,就会被事件牵着鼻子走,导致事件处理陷入被动。这样,就有可能因应对不及时造成报道失语、失实,带来不良的社会影响。

另一方面,要拓展报道层面,深挖新主题。突发事件往往事关重大,容易触动社会神经,引起世人的广泛关注,因而也必然是各家媒体放手竞技、展开新闻大战的聚焦所在。而要想在激烈的新闻竞争中脱颖而出,记者、编辑就必须拿出真功夫,推出"拳头产品"。因此,随着事情的发展而拓展突发事件的报道层面,并在报道主题的挖掘上有所"出新",也应该是记者、编辑在做报道策划时需要着重考虑的问题。

概言之,要关注事件的最新动态,据此随时调整策划方案,否则,策划方案落后于事件的变化,就会使工作陷入被动,策划也就失去了应有的意义。

(五)立足移动优先,有效利用先进技术,积极构建立体化的传播格局

当前,为顺应人们移动化、社交化的信息接收新常态,新闻媒体都在依循"数字优先,移动优先"的原则,为受众(用户)生产和提供新闻产品,以保障取得最大化效益。对突发事件的报道策划,显然也应该顺势而为——本着"用户在哪里,信息覆盖就到哪里"的传播理念,依循网、微、端抢先,报、台及时跟进,平面媒体、网络媒体、掌上媒体协同推进的融媒体信息发布策略,使每一条新闻都能第一时间在最适合发布的媒介平台传播出去,快速占领新闻舆论高地,形成传播强势。

如前所述,在2015年6月的"东方之星"客轮翻沉事件报道中,央视新闻就是立足于移动优先,传统媒体与新媒体融合报道、移动端接收与固定端接收交叉覆盖,消息、深度追踪报道、现场连线直播、数据新闻、3D动画模拟等多种报道方式有机结合,构建起了立体化的传播格局,让观众对于此次"东方之星"客轮翻沉事件及其救援情况的全过程获得直观、清晰、全面的了解。同样,作为地方主流媒体的《长江日报》在事件发生后,也突出“移动优先”,积极抢占“第一落点”,在第一时间通过新媒体平台快速发布权威信息,最大限度地满足了公众的知情权,并为救援行动提供了有价值的信息。前方记者发回的图文报道,第一时间在《长江日报》新媒体平台首发;前后方紧密对接采编程序,实现24小时联动。《长江日报》利用新媒体24小时直播“东方之星”客轮翻沉事件救援情况,由于海量受众的分享,创造微博直播话题1.3万亿人次的点击阅读量,相关跟帖评论超过11.5万条。在此次突发事件报道中,《长江日报》新媒体平台发布图文稿件约200条,远高于报纸同期用稿量,为推进新老媒体开展融合新闻报道积累了宝贵经验。

在突发事件报道策划中,媒体联动有很大的发挥空间。传统媒体利用其权威性和公信力向受众发布最可靠的事件报道,新媒体利用其高效、即时的技术特质把传统媒体的主流报道渗透到社会的各个角落。媒体联动可以利用多种传播符号,相互取长补短,充分挖掘信息资源,拓宽报道面,延展传递空间,获得更有成效的传播效果。现在,传统的报纸、广播、电视等媒体都开设了微博、微信、网站,这不仅有助于加强媒体之间的联动,而且可以有效增进媒体与其受众之间的传播互动,为构建高效、便捷、快速、交互的立体化的突发事件报道格局创造有利条件。今后,随着大数据、云计算、数据可视化、短视频、虚拟现实与增强现实技术、人工智能技术以及5G技术等技术手段的推广运用,新闻工作者在突发事件报道策划方面还将有更大的创新空间。

本章思考题

1.突发事件有哪些主要类型?突发事件通常具有哪些特点?

2.在树立和形成正确的突发事件报道理念过程中,我国突发事件报道经历了怎样的历史进程?

3.做好突发事件报道有何意义?突发事件报道应当把握怎样的原则?

4.联系实际,介绍突发事件报道的主要方式。

5.简要阐述突发事件报道的基本程序。

6.谈谈突发事件报道策划的要领。

第四章 典型报道策划

本章要点

- 典型报道的由来及其历史演进
- 我国典型报道的现状
- 典型报道策划要领

典型报道是我国新闻报道领域比较常见的一种报道类型。搞好典型报道策划，做好典型报道，属于我国新闻工作者的重要业务范畴。

典型报道作为我国新闻报道中的一种特有形式，自问世以来，在我国各个历史阶段的新闻舆论工作中都曾发挥过相当重要的作用，产生过显著的社会影响，并在鲜活的新闻实践活动中形成了自己鲜明的特色。开展典型报道策划，也成为我国主流媒体的优势和强项，是主流媒体实施舆论引导的强大利器。

第一节 典型报道的由来及其历史演进

一、理解典型和典型报道

典型，作为一种事物，很早就存在了。它作为一个有着明确内涵的术语，有相当长的历史。典型报道，则是近百年出现的事物，是随着现代新闻事业的发展而逐渐进入人们的视野的。

(一)理解典型

在生活中，提起典型，人们马上就会想到焦裕禄、王进喜、张海迪、孔繁森、任长霞、袁隆平、许振超、李素丽、宋鱼水、胡佩兰、黄大年、南仁东、杜富国等一系列模范人物。这映射出广大人民群众对“典型”的一种理解,其实典型原本有着多方面的含义。从词源学角度来看,东西方自古就有了“典型”这一概念,与理想、模范的含义都很接近。

在希腊文中,“典型”是Tupos,原义为铸造用的模子,与Idea(模子、原型)同义,由此派生出Ideal(理想)之义。典型,即最接近理想之型的具体之型。西方对典型概念的使用可以追溯到柏拉图、亚里士多德和贺拉斯。到了18世纪、19世纪之后,“典型”作为一种美学概念开始在欧洲流行起来,代表人物有莱辛、巴尔扎克、雪莱、雨果、别林斯基等。

在汉语中,“典型”一词原指模型、模范、模子,是古代用来铸造器物的工具。许慎在《说文解字》中说:“典,五帝之书也。”“型,铸器之法也。”清代训诂学家段玉裁在《说文解字注》中进一步解释:“以木为之曰模,以竹曰范,以土曰型,引申为典型。”《诗·大雅·荡》有“虽无老成人,尚有典刑”,这里“刑”与“型”是相通的。典型或典刑,主要指规范、模型等恒常模式。南宋文天祥《正气歌》中写道:“哲人日已远,典型在夙昔。风檐展书读,古道照颜色。”这里的“典型”也有做人的规范、榜样的意思。

在现代社会,“典型”作为一个社会生活用语,一般用来指称同类中最具代表性的人或事物。例如,巴金先生在《怀念老舍同志》中写道:“老舍同志是中国知识分子最好的典型。”百度百科中有关广东韶关丹霞山的词条这样写道:丹霞山是世界“丹霞地貌”命名地。由680多座顶平、身陡、麓缓的红色砂砾岩石构成,“色如渥丹,灿若明霞”,以赤壁丹崖为特色。据地质学家研究表明,在世界已发现1200多处丹霞地貌中发育最典型、类型最齐全、造型最丰富的丹霞地貌集中分布区。当然,当前将“典型”作为特定的词语来使用,实际上还存在着文学典型与新闻典型两种范畴的差异。

1.文学典型

很长时间里,“典型”这个概念,被普遍地用于文学作品创作中,用来指称典型人物、典型形象。恩格斯曾提出,作家应该塑造“典型环境中的典型人物”。这里的“典型人物”,既有着鲜明的个性,是活生生的“这一个”,又集中体现着共性,是个性和共性的统一。古今中外的众多经典文学作品大都是依靠成功地塑造典型人物而让自己“雁过留声”的。别的典型且不说,在我国的四大名著中,诸葛亮的足智多谋、黑旋风李逵的忠勇鲁莽、孙悟空的神通广大和林黛玉的多愁善感,都给人们留下了极为深刻的印象。当然,文学作品中的典型人物既来源于生活,又不局限于生活,有生活的影子,但并不会与生活本身形成完全的对应关系。

2.新闻典型

新闻典型,即新闻报道中的典型,或者说是典型报道的对象。虽然新闻是从文学中借用了“典型”这一概念,但由于新闻作品和文学作品在功能和性质上是不同的,所以新闻典型和文学典型一开始就走上了两种截然不同的道路。新闻报道中的典型和文学作品中的典型既有相同、相似之处，如大都具有不凡经历或超乎寻常的智慧、能力，都在某些方面有突出表现，都折射出某种思想、信念或精神，等等，但又有诸多差别。

①真实性不同。文学典型一般是虚构的，是作者通过艺术想象塑造出的“熟识的陌生人”。虽然文学典型也讲求真实，但那只是艺术的真实而非生活的真实，强调的是反映历史环境或现实生活的内在逻辑性，并不要求作品中的人物、情节是真人真事。也就是说，我们在阅读文学作品时，常常觉得某个典型就在身边，但现实生活中却无法寻觅到这个典型。因为，典型“是一个拼凑起来的角色”。如果有谁偏要较真，人们反而觉得较真的人不正常。而新闻典型必须完全真实，必须实有其人、实有其事，不容虚构和随意加工。

②文学典型指的是典型人物形象，新闻典型既包括典型人物，也包括典型事件、典型经验、典型单位等。

③文学典型重在表现人物的性格特征，新闻典型重在表现人物思想，文学典型侧重人物的性格展示和内心世界的剖析，新闻典型则侧重人物的事迹和思想。

④文学典型要求具有时代感，强调人物形象的经久不衰和千年不老；新闻典型则必须与时俱进，强调时下的教育意义，具有强烈的时效性。

⑤文学典型讲究含蓄、内敛，人物形象在不断地品味和回味中才能逐渐变得清晰起来。新闻典型则较少铺陈，力求让人一看就明白。

新闻典型和文学典型的不同决定了新闻工作者在塑造新闻典型、进行典型报道时，不能照搬照抄文学典型的创作方法，而是要探索自己的写作方法。

文学典型（图4-1）强调塑造，即通过艺术构思进行虚构、创造。作家在塑造文学典型时，常常采用“杂取种种，合成一个”的创作手法，把各种各样的人物经过艺术构思糅合起来。正如鲁迅先生所说：“所写的事迹，大抵有一点见过或听到过的缘由，但决不全用这事实，只是采取一端，加以改造，或生发开去，到足以几乎完全发表我的意思为止。人物的模特儿也一样，没有专用过一个人，往往嘴在浙江，脸在北京，衣服在山西，是一个拼凑起来的脚色。”[1]这种创作方法是出于反映时代特征的需要。文学典型只要能够真实地反映历史环境或现实生活的内在逻辑即可，允许作家想象与虚构，并不要求作品中的人物、情节是真人真事。

新闻典型（图4-2）强调必须是实有其人、实有其事，不允许有任何的想象和虚构，哪怕是最微小的细节也必须是真实的、是符合实际的。新闻典型的写作方法是“选择”，记者必须深入到典型的生活中进行采访，从中获取大量的素材，而后根据所写主题将手中素材加以取舍，选取最能体现新闻典型本质特征或思想品质的材料，用事实说话。在塑造新闻典型的过

[1] 鲁迅.我怎么做起小说来.鲁迅杂文全集·南腔北调集[M].北京：中国友谊出版社，2018：674。

程中,新闻工作者切不可为了突出先进典型的"好"或是为了强调反面典型的"不好",而将其他人或事的特征和行为移花接木,转移到新闻典型上,使先进典型"十全十美",没有一点缺点,或者使反面典型"坏到骨子里",一无是处。这既违背了新闻真实性原则,又不符合常理,必然会引起受众的怀疑。

a)贾宝玉(《红楼梦》)

b)孙柔嘉(《围城》)

c)令狐冲(《笑傲江湖》)

图 4-1　文学典型

a)焦裕禄

b)袁隆平

图　4-2

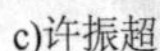

c)许振超

d)黄大年

图 4-2　新闻典型

简而言之,新闻典型是同类人物或事物中最突出或最具代表性的样板。就人物来说,他(她)具有同类人所具有的共同特征,但又不同于一般人。他(她)在整体上或某个方面,比同类人更杰出,更有特点,更值得崇敬和效仿(反面典型则更具有警示意义);就事件或经验、问题来说,典型所具有的种种特质则具有普遍意义,更能起到引路和示范作用。

(二)理解典型报道

1.典型报道的含义

从 1942 年延安《解放日报》关于劳动英雄吴满有的报道开始,典型报道在中国的发展已经有 70 多年了,并在新闻实践领域和社会政治生活中产生了深远的影响。学者们对于典型报道的研究不可胜数,但有关典型报道内涵的理解,却依然仁者见仁,智者见智。现今,有关典型报道的界定,比较有代表性的观点大致有以下几种:

①典型报道在我们的宣传中占有至关重要的突出地位,这同我们无产阶级新闻事业的特殊性质和作用分不开。这就要求我们必须找到一种工作方法,能够把我们实际工作中好的或坏的事例作为一个榜样,具体地、详细地、生动地向人们介绍它们的具体经验,号召人们向先进的事物学习,而以坏的事例作为教训。这种具体生动地报道从千百万事物中选拔出来的事例的宣传方法,就是典型报道的方法。❶

②典型报道是对一定时期内产生的同类事物中最突出或最具代表性的事物进行的重点报道,是我国报刊常用的报道形式。其目的是,通过对具有典型意义的人或事的剖析,引出普遍性的经验或教训,用以指导工作、教育读者。典型报道有典型人物报道、先进集体报道、典型事件或典型经验的报道等。❷

③典型报道是对社会生活中具有代表性的、有普遍意义的事物所做的新闻报道。通过

❶ 甘惜分.新闻论争三十年[M].北京:新华出版社,1988:197-198。

❷ 余家宏,宁树藩,徐培汀,等.新闻学简明词典[M].杭州:浙江人民出版社,1984:124。

对典型人物、事件、问题、经验的剖析教育人民、指导工作。典型报道多数是正面宣传先进的人和事，也有对反面典型的揭露和批评。这是中国新闻传播工具常用的报道方法。❶

④典型报道是就有着很高新闻价值和富有典型意义的个人或单位所做的有很大分量和很大力度的报道。❷

⑤典型报道是新闻媒介选择事实、强调新闻事实社会意义的报道方式，多表现为经验新闻、先进人物新闻。典型报道是宣传性报道方式，即为了达到宣传推广的目的才在同类事物中选择典型的事例。❸

⑥典型报道是一种以教育和启迪大众为新闻理念、以代表性材料诉求一般性现实的宣传报道样式。从宣传的意义上来说，典型报道一直是新中国新闻事业中最不可或缺的思想工作性文体之一。❹

⑦典型报道指对具有普遍意义的突出事物的强化报道。普遍意义上讲，指代表面要宽、影响要大，包含思想意义、教育意义、借鉴意义，有无代表性和普遍教育意义是能否成为典型的基础。突出，主要指同类事物中最先进的事物，也包含一些转化型的事物，以及少量最恶劣的事物。……典型报道是中国用以引导舆论、指导工作、统抓全局的经常使用的一种报道方式，也是党和政府经常使用的一种有效工作方法。❺

⑧典型报道指新闻机构或新闻工作者选取一定时期内产生或出现的同类事物中最突出、最具代表性的人物、事件、经验或问题，集中笔墨对此进行深入报道，其目的是用“举一反三”的方法揭示同类事物的共同特点，表现具有普遍意义的经验和教训，用以指导工作、引导舆论，新闻机构采用此类报道，可针对现实生活中出现的典型新闻，通过报道者的采写工作，发掘出其中的本质意义，起到形成舆论、引导舆论和强化宣传的作用，是最能体现新闻报道指导性的一种报道形式。❻

可以看出，强调舆论宣传作用，重视突出性、代表性、时代性是人们对于典型报道的共性认识。概而言之，典型报道是指对一定时期内涌现的十分突出的人物、事物或最具有代表性的人物、事物进行的重点报道。

2.典型报道的相关认识

典型报道，包括典型人物、典型事件、典型经验、典型集体等。典型也有先进、中间和落后

---

❶ 中国大百科全书出版社编辑部.中国大百科全书·新闻出版卷[M].北京：中国大百科全书出版社，1990：80。

❷ 丁柏铨.新闻理论新探[M].北京：新华出版社，1995：174。

❸ 刘建明.现代新闻理论[M].北京：民族出版社，1998：142-143。

❹ 杜骏飞.典型报道：理论、经验与创新[J].新闻战线，2001(7)：19-21。

❺ 童兵.比较新闻传播学[M].北京：中国人民大学出版社，2002：118。

❻ 邱沛篁.新闻传播手册[M].成都：四川大学出版社，2004：212。

的区别。但是，在相当长的一段时间里，新闻界的一些同志只把具有重大新闻价值的先进人物的事迹、先进集体、先进单位视为典型，进行报道，而对典型事件，特别是对突发性重大事件的典型问题、重大事故报道得非常少，在报道典型人物时，只注重报道先进人物，很少报道反面典型人物。这使典型报道的选题范围缩小，典型报道被等同于先进典型报道。其实，典型报道不仅包括先进典型报道，还包括反面典型报道和问题典型报道。先进典型报道是典型报道的主体，反面典型报道和问题典型报道也是典型报道的重要组成部分。先进典型代表先进，是榜样，树立先进典型就是树榜样、树样板，号召人民学习先进，赶超先进。先进典型是社会主流价值观和道德观的集中体现者，报道先进典型可以使受众的心理倾向及行为共同向新闻媒体所倡导的价值目标靠近，最终达到动员群众、提升社会道德总体水平的效果。反面典型是先进典型的对立物，是典型的另一极——落后者。反面典型的意义是警示，它通过揭示造成反面典型的客观原因和内在原因，引起群众和相关部门的警惕，从相反的方向教育群众，以儆效尤。问题典型，也叫思考性典型，它重在探讨社会上出现的新矛盾，研究新情况。问题典型是能够集中地体现出社会某一种普遍矛盾的个别人或事。报道这种典型，并不着眼于表扬或批评他们的事迹和思想，而是客观报道他们的行为和经历所呈现的某种“问题”，启发人们从他们的行为经历中进行思考，改变观念，调整自身行为。这类典型的行为有时会引起很大的争议，很难用“好”“坏”来区分，但是这种典型报道对实际生活的影响有时甚至超过前两者。

典型报道不是一种新闻体裁，而是一种新闻题材。题材是指“构成文学和艺术作品的材料，即作品中具体描写的生活事件或生活现象”，它指的是作品的内容；体裁是指“文学作品的表现形式”，它指的是作品的外在表现形式。典型报道究竟是一种新闻体裁，还是一种新闻题材呢？典型报道之所以被称为典型报道，是因为它在内容上是对“一定时期内产生的同类事物中最突出或最具代表性的事物进行的重点报道”，是因其报道内容具有典型性，因而典型报道是一种新闻题材，而不是一种新闻体裁。长期以来，一提起典型报道，人们自然而然就会想起通讯，认为典型报道就是报纸上的长篇通讯，把典型报道看作一种新闻体裁。的确，通讯作品在典型报道中占有极大的比重，是典型报道的重要表现形式，许多新闻典型都是借助通讯这一文体在社会中产生重大影响，许多优秀的典型报道也是优秀的通讯作品。但通讯并不是典型报道的唯一表现形式，把典型报道看作通讯不仅限制了典型报道的表现形式，也缩小了典型报道的媒介选择范围，因为通讯是报纸的特有文体。

典型报道的体裁是多种多样的，除了通讯，新闻消息、新闻图片、系列报道、分析报道、现场见闻、电视专题片等都可以作为典型报道的表现形式。所以，应破除“典型报道即通讯”的思维定式。同时，典型报道的媒体选择范围也不只有报纸一家，广播、电视、互联网及新兴媒体都可以成为典型报道的传播载体。典型报道要根据各个媒体的特点，扬长避短，不断探索新的表现形式，做到百花齐放。

典型报道在中国具有深厚的社会根源与生存土壤，有着深远的传统文化心理积淀。回顾历史，不难发现，对于典型的宣传，中国自古就有了。封建社会历朝历代的统治者为教化人心，都比较重视树立符合其社会价值标准的道德楷模，宣传其所尊崇的道德典型。经过千百年的流传和积淀，其中许多典型已经是家喻户晓。例如，去国怀乡的屈原、不辱使命的苏武、礼让谦和的孔融、精忠报国的岳飞……都给人们留下了深刻的印象，成为后世追慕、学习的榜样。尽管这些"典型"的传播，并非通过新闻报道的形式而是通过人物传记、历史典籍、文学作品等途径乃至口耳相传的形式进行的，但同样赢得了广泛的认同。

应当注意的是，在典型的发现和传播上，掌握着国家政治、经济命脉的统治者无疑有着最大的话语权。符合他们统治需求的，他们便以各种形式予以彰显；违背他们意志，动摇其统治基础的，便千方百计予以封杀。当然，统治者对文化包括典型传播的控制并不总能见效。一些符合社会伦理道德规范、代表社会发展趋势和潮流的典型，因其本身所具有的强大生命力，依然会在民间得到传播。

3.典型报道的特点

从具体实践来看，典型报道具有鲜明的特点，具体如下：

首先，典型报道具有新闻和宣传的双重属性。"新闻性"是对新闻报道的最基本要求，包括真实、及时、重要等特性。在我国，新闻典型的阶级性决定了典型报道具有鲜明的政治色彩，它"是活化了的时代精神、社会规范或政治主张"，从各个时期的报道来看，按照规定的宣传意图去提炼人物报道主题已经成为媒体在典型报道中的自觉思维习惯。

其次，典型报道是以教育和启迪大众为新闻理念的。典型报道中的人物作为一种"理想的化身"，道德伦理教育作用突出。典型报道借助对典型的突出事迹、业绩、精神境界的发掘与传扬达到"指导工作""教育民众"的目的。

最后，典型报道具有浓厚的议程设置意味，能够制造舆论。为了达到宣传推广的作用才"在同类事物中选择典型的事例"，典型报道带有自上而下的组织性和议题建构色彩，能够制造舆论，引导一定时期、一定范围内的舆论走向。

多年的新闻实践表明，典型报道必须贴近实际、贴近生活、贴近群众，即"三贴近"；只有实现"三贴近"才能使典型报道富有创造力、感染力和影响力。

二、典型报道的作用

新闻报道具有报道新闻、传递信息、引导舆论、传播知识、提供娱乐等多方面的社会功能。而典型报道作为新闻报道的一种特别类型，其社会功能也是多方面的。实事求是地看，典型报道作为我国新闻媒体正面宣传的传统方式，肩负着以典型示范推动实际工作，弘扬时代主旋律，传播社会主流价值观等重任。典型报道的作用，可以概括为以下四个方面。

(一)发挥榜样示范、带头作用,推动实际工作

在现实生活中,人们对于事物的认识,特别是对于新生事物的认识,往往是从认识个别事物开始的。当然这并不意味着对同一类型的事物要一个一个地去认识,最好的办法是择取其中最有代表性的事物进行解剖,得出对整个类型的事物的认识。正如《吕氏春秋·察今》中所言,“有道之士,贵以近知远,以今知古,以所见知所不见。故审堂下之阴,而知日月之行,阴阳之变;见瓶水之冰,而知天下之寒,鱼鳖之藏也;尝一脟肉,而知一镬之味,一鼎之调。”通过这样的认识方式,找出规律性的东西,进而去指导和带动全面。这种认识方法和思维模式,也就是通常所说的运用“典型引路”,以点带面的辩证唯物主义的工作方法。而新闻媒体的典型报道,就是通过典型指导全面工作的一种重要手段。

在中国,运用典型报道宣传党的纲领、路线,宣传党的方针、政策和中心工作,推动革命和建设事业,可谓是中国共产党新闻事业的重要“法宝”。这一“法宝”至今仍在使用。诚然,榜样的力量有时是无穷的,榜样是一面旗帜、一个标杆,能够激发他人向上的力量。无论是在革命战争年代还是在和平建设时期,我们的事业都需要榜样的引领,需要发挥榜样的带动作用。因此,通过典型报道,发挥榜样的示范、带头作用,进而推动实际工作,是有内在的合理性的。它也是中国共产党新闻工作的优良传统。

正确的新闻宣传,的确可以起到“点亮一盏灯,照亮一大片”的作用。这是典型报道发挥榜样示范作用、推动实际工作的价值机理。“任何时候,在人群中都有先进、中间、落后之分。新闻工作者的责任,就是要大力报道先进人物的先进思想、先进事迹,使其成为社会的财富,以启发、激励,带动广大群众前进。”❶ 当然,新闻工作者在典型发掘过程中,特别要注意群众性和真实性;要认真研究群众心目中的英雄是什么形象、时代需要什么样的典型;要善于抓住典型的本质特征。战争时期的董存瑞、黄继光、邱少云,建设年代的王进喜、雷锋、焦裕禄、张海迪、李素丽、徐洪刚等,都是记者用“新闻眼睛”从普通群众中发掘的具有时代特征的典型。这些典型被宣传后,激励了无数人努力工作、刻苦学习,为中国革命和建设事业注入了巨大的精神动力。时至今日,要动员广大人民群众行动起来,开展某项活动,或参加某个任务,或推进某一事业,我们最熟悉的方法,就是靠新闻媒体树典型,用“典型引路”。而典型报道搞得好与坏,曾经一度成为衡量新闻单位工作成绩大小的重要标志。今后,新闻媒体仍然要紧紧围绕党的中心工作,服务党和国家事业的发展大局,本着贴近实际、贴近生活、贴近群众的“三贴近”要求,积极探索新形势下典型宣传工作的新途径、新方法,善于发现和大力宣传具有深厚群众基础、富有时代特色的先进典型,充分发挥典型报道的引导作用,推动社会各方面工作的顺利开展,助力经济社会发展。

---

❶ 萧体焕.关于典型报道的几点思考[J].新闻战线,1990(4):14-16。

(二) 引导舆论走向,弘扬时代精神,树立社会新风尚

新闻表征着时代风雨,是社会生活的"晴雨表",能够成为人们认知、观察世事变化、社会风貌的窗口。典型报道作为新闻报道的一种特定形态,不仅可以帮助人们了解时代大潮、洞悉社会变化,而且能够在引导舆论走向、弘扬时代精神、树立社会新风尚方面发挥重要的作用。

典型报道中典型的选取、推出,一般都源于特定阶段的社会需要,是时代的产物,也适应了一定时期的舆论宣传需要和社会发展形势。事实上,在我国,典型的确定通常都要围绕党和政府的工作中心、服务社会发展大局,注意体现社会各方面、各阶层的代表性和广泛性。不同历史时期的典型报道,其报道方针、报道重点都要根据党和国家一段时期内的中心工作和具体问题来确定。典型报道可以依托新闻所具有的"社会地位"赋予功能,让生活中原本不知名或不太为人所知的人物、工作成绩(值得在社会上进行宣传、推广的),变得广为人知,并成为他人学习的榜样,进而实现引导舆论走向、树立社会新风尚的目的。

纵观典型报道发展的 70 多年,陕甘宁边区和抗日根据地大生产运动时期推出的典型是劳动模范,抗美援朝战争时期推出的典型是战斗英雄,社会主义革命和建设时期推出的典型是各行业的精英……这些典型的推出,显然都应和了时代要求。20 世纪 90 年代,新闻媒体推出了见义勇为的典型人物徐洪刚,不仅因为他与歹徒英勇搏斗的事迹值得传扬,其深层原因还在于,进入 90 年代以后,伴随着商品经济的发展,社会上重"利"忘"义"的风气渐长。遇见歹徒施暴事件,明哲保身者众多,挺身而出相助者越来越少见。这种情势下,社会上特别需要新闻媒体报道像徐洪刚这样的典型,引导社会舆论,树立新风尚。进入 21 世纪以后,社会上对"人才"的认识出现偏差,追崇影视明星的热潮升温。产业工人许振超的典型报道推出,宣传劳动光荣,引导人们爱岗敬业,通过劳动创造财富,其中意义不言而喻。

毫无疑问,典型报道中的个体,是社会需要和时代精神现实化的典型。在我国,党和政府在一段时期内提倡什么、反对什么,社会需要何种舆论氛围、精神风尚,典型报道是一种重要的"发言"形式。通过典型,人们可以判断社会形势,把握时代特征。由于传统文化的影响,社会大众一般都具有见贤思齐的心理。真实、感人的典型报道,具有很强的诱导性,能够吸引民众自觉向典型学习,从而使典型中涵盖的时代精神、社会信念自然而然地宣示于社会大众,产生良好的舆论引导功效,并起到树立社会新风尚的作用。

(三) 传播主流价值观,产生社会教化效果

众所周知,新闻报道具有意识形态属性,它可以通过对事实的选择性呈现、叙述角度的择取及叙事方式的安排,让受众感受到它对待相关新闻事实的价值立场、态度倾向,进而在潜移默化中影响受众的价值观、看待问题的态度、行为倾向等。典型报道作为新闻报道的一

种特别类型，不仅同样具有这种属性，而且更加突出和直接。

典型总是与现实的政治、经济文化环境密切相关的，每一个典型都体现了一定时期的社会价值观。典型报道，通过将典型人物、典型经验中所蕴含的先进事迹、突出成就、重要贡献与进步的思想认识、高尚的做人品质、可贵的工作作风、令人感佩的价值信仰等充分发掘出来，进行专门报道和广泛传播，实质上是在倡导一套为主流社会所认可的价值体系，并让广大民众对其形成相应的社会认知，从而调整自己的思想认识和社会行为，以便与这套价值体系趋同。由此，社会凝聚力得以生成，有利于维护社会稳定与发展的主流价值观得以遵循。这便是典型报道传播主流价值观、产生社会教化效果的内在逻辑与价值机理。

时代需要典型，典型引领时代。在社会转型、价值观念多元化的今天，人们需要积极向上的主流思想引领，需要用先进的观念排除落后意识的干扰，需要一套正确、理性的价值体系帮助分辨是非，冲破价值判断的迷惘，走出价值选择上的误区。新闻报道作为推动社会文明、进步的重要力量，肩负着传播先进文化的使命与责任，对人们思想观念的形成、改变和社会价值体系的构建、重塑具有非常重要的作用。而典型报道在传播先进思想、进步观念方面的强势作用尤为明显，它可以对人们的思想、工作和生活产生广泛而深远的影响。在社会主义的中国，人民群众的主人翁地位决定了当前新闻媒体大力宣传和歌颂的典型都是社会主义建设事业中涌现的先进典型和英雄模范人物、改革开放中的新人新事。这些典型生活、工作于普通群众之中，分散在社会各个阶层，与老百姓朝夕相处，其优秀的品格、模范的言行、先进的事迹、突出的成就通过新闻媒体予以典型报道之后，可以在社会上起到示范、导向作用，吸引广大人民群众去学习和仿效，从而产生润物无声、潜移默化的社会教化效果。诚然，典型的“榜样”力量，能弘扬社会正气，清除社会“雾霾”，形成良好的社会风气，使社会主流价值观在各行各业得到认同和践行，进而成为社会的正能量，引领时代向前发展。

形而上地看，先进典型是一个社会核心价值观的具体化、形象化、人格化，体现着一定社会所要求的世界观、人生观和价值观。一方面，人民群众可以从典型身上感知社会主体倡导什么、反对什么，从而约束并调整自己的行为，使之适应社会主体的价值需要；另一方面，运用先进典型进行价值观教育，生动形象，说服力强，容易使人们与先进典型产生情感共鸣，从而达到教育群众、引导群众的作用。所以，将典型报道视作社会主义核心价值观的重要传播载体是合乎逻辑的。近些年来，一系列“最美”人物伴随着媒体宣传进入人们的视线，如在车祸瞬间推开学生自己却失去双腿的“最美教师”张丽莉，在返乡途中不顾个人安危三进火场、阻爆排险救人自己却遭重度烧伤的“最美警卫战士”高铁成，将乘客生命视为第一责任和担当的“最美司机”吴斌，等等。这些典型人物和他们的事迹在被广泛宣传报道的同时，国家所倡导的核心价值观也得到了直观展现和有力传播。

(四)展示成就、业绩,鼓舞、激励人们的事业热情

“历尽天华成此景,人间万事出艰辛。”一切美好梦想的实现,都需要强大的精神激励,都需要付出不懈的艰苦努力。典型报道,通过对典型所拥有的成就、业绩的深入挖掘与鲜亮展示,能够有效鼓舞、激励人们的事业热情,进而成为服务经济建设、社会进步的有力手段,成为推进中国特色社会主义事业不断向好发展的重要精神力量。

大多数典型报道是正面宣扬先进的人和事。其中,有些典型报道(特别是典型经验报道),能够配合特定阶段的宣传形势,集中展示建设、发展成就,从而鼓舞、激励人们的政治热情、爱国热情、工作热情。1978 年党的十一届三中全会后,新闻媒体关于安徽农村家庭联产承包责任制、四川扩大企业自主权、首钢企业承包经营责任制、深圳经济特区建设等试点的典型报道,对广大干部和人民群众产生了巨大的思想启迪、精神振奋作用,对当时的城乡经济体制改革、沿海经济特区建设,产生了良好的推动作用。此后,关于徐虎、李素丽、马永顺、许振超等先进人物的报道,注重表现人物的时代风采,彰显这些普通劳动者在中国现代化建设进程中勇于挑战自我、不懈进取、追求卓越的先进思想意识、可贵职业精神和高尚道德情操。这些焕发着时代气息的典型,不仅刷新了大众对普通劳动者的传统认知,而且教育和鼓舞了大众,让人们明确了前进的方向,增强了干事业的热情、信心和动力。例如,典型报道《新时代的中国工人许振超》,通过介绍许振超的作业方法,激励当代工人紧跟科技前进的脚步,学会运用先进科技改变传统的生产方式;通过反映许振超“咱当不了科学家,但可以练就一身绝活,做个能工巧匠”的思想理念,引导广大普通劳动者学技能、练本事,在平凡的岗位上做出不平凡的业绩;通过聚集许振超“干一行,爱一行,精一行”的敬业精神和他创造的“振超效率”,鼓励人们刻苦钻研,依靠知识的力量和实干精神应对各种挑战。许振超的事迹告诉人们:新时代的普通劳动者只要认真学习新知识,刻苦钻研新技术,掌握新技能,不断提高自身的素质,就能在市场经济的大潮中站稳脚跟,在普通的岗位上谱写人生的华美乐章。许振超的典型报道发表后,产生了积极的社会反响,获得了普遍认同,成为人们学知识、学技术的激励力量。显然,该典型报道使普通民众深刻认识到“知识改变命运,技能创造奇迹”的现实效应,进而获得鼓舞和激励,继而焕发出对事业的热情和信心。

新闻是现实生活的一面镜子,也是时代风貌的鲜活剪影。不论是在艰苦的革命战争年代,还是在曲折的社会主义建设探索期,抑或是在形势不断向好的新时代,典型报道所展示的成就、业绩,始终是人们对现实及未来能够抱以美好期待、怀有乐观精神,进而不断前进的力量源泉。典型报道通过挖掘和呈现先进人物事迹、先进工作经验,在让人们看到一件件醒目成就、一桩桩平凡而伟大业绩的同时,也为人们树立了一个个鲜活而直观的学习、工作和生活的榜样,为人们提供了一座座提示人生方向的精神航标。从社会实践来看,典型报道通过榜样的示范,可以使人们在仿效典型中规范自我、提高自我,向接近典型的目标前进,进而

塑造出一批与典型相似的群体,使典型所附着的先进的思想意识和良好的进取精神在社会上得到不断发扬和延续,继而在全社会形成浓郁的主流意识氛围,以此引导和带动整个社会的精神文明进步,成为推动社会经济发展与事业建设的内在动力。

三、我国典型报道的历史演进

一般认为,我国典型报道兴起于 20 世纪 40 年代延安时期的大生产运动。在我国典型报道的历史渊源上,理论界有两种不同看法:

其一认为,中国的典型报道源自列宁的典型宣传思想。在 1917 年俄国二月革命之前,列宁领导的布尔什维克就已经采用斗争中的典型事例来启发工农群众,激励无产阶级的斗志。俄国十月革命胜利后,典型宣传成为其促进社会主义经济建设的重要宣传手段。列宁曾指出:"模范的生产工作,模范的共产主义星期六义务劳动,对取得和分配每普特粮食所表现的模范的关心和诚实,模范的食堂,某个工人住房和某个街区的模范的清洁卫生工作——这一切是我们的报刊和每个工人组织应当比现在更加十倍注意和关心的对象。所有这些都是共产主义的幼芽,照顾这些幼芽是我们共同的和首要的义务。"❶ 尽管列宁的这种设想通过榜样的力量过渡到共产主义的做法并未成功,但是典型报道却成为苏共进行社会动员、民众教育的重要方式。此后,斯大林倡导的"斯达汉诺夫运动",第二次世界大战中苏联报刊广为宣传的英雄人物马特洛索夫、卓娅、古利亚等都是有很高知名度的典型人物。第二次世界大战后,东欧、亚洲的一些新兴社会主义国家的新闻宣传部门开始借鉴和采用列宁倡导的典型宣传方法,并取得了相当的成功。中国的"典型报道"也在一定程度上受到了苏联及其他社会主义国家的影响。

其二认为,中国的典型报道是毛泽东的典型思想方法在新闻领域中的运用。诚然,用典型来指导工作是毛泽东的一个重要工作方法。1933 年,毛泽东在调查走访中发现了江西省兴国县长冈乡、福建省上杭县才溪乡两个典型,而后他在做《关心群众生活,注意工作方法》报告时,把这两个乡作为先进的典型,把汀州作为落后的典型,用对比手法从正反两方面论证了关心群众生活和注意工作方法的重要性,并发出号召:"大会以后,我们一定要用切实的办法来改善我们的工作,先进的地方应该更加前进,落后的地方应该赶上先进的地方。要造成几千个长冈乡,几十个兴国县。"❷ 这种树立典型、带动一般的号召在当时取得了明显的效果。抗日战争时期,毛泽东同志提出要大力宣传在战争中涌现出的典型英雄人物,他认为对英雄人物和英雄事迹的报道,既能对外宣传,又能进行对内教育。上述这些,为典型报道的

---

❶ 列宁.列宁全集[M].北京:人民出版社,1990:238-239。

❷ 毛泽东.关心群众生活 注意工作方法.毛泽东选集 第一卷[M].北京:人民出版社,1991:140-141。

萌生,提供了思想来源和实践基础。20 世纪 40 年代初,延安整风期间,毛泽东强调各级党委要利用报纸把一个单位的经验报道出去,推动其他单位工作的开展。在毛泽东典型思想方法的影响下,将典型宣传和中国具体国情与革命实践相结合,用典型带动一般,成为中国共产党一项行之有效的宣传方式。据此,有些学者认为正是在毛泽东典型思想的指导与鼓励下,新闻工作者才创造了典型报道,并使它走向繁荣。

从现存史料来看,我国的典型报道肇始于 1942 年延安《解放日报》改版时期是无疑的。20 世纪 40 年代初,为了打破国民党军队对陕甘宁边区的经济封锁与军事包围,边区军民自己动手,丰衣足食,开展了大生产运动。为推动这一运动的深入进行,《解放日报》先后推出吴满有和赵占魁两个典型。吴满有多打粮食,是农业劳动的典型;赵占魁则"劳动态度好,技术水平高,很能团结人,在坏人煽动工人闹事的时候,坚守岗位,用实际行动进行抵制",是抗日根据地工人的模范典型。这两个典型的宣传使边区军民学有榜样,赶有目标,进一步坚定了战胜困难、打破封锁、生产自救的信心,为抗日根据地的壮大和发展发挥了重要作用。所以,从历史渊源看,尽管不能全然否认外部影响的存在,但中国的典型报道主要还是本土革命工作与新闻实践的产物。

从 1942 年 4 月 30 日《解放日报》在头版头条位置刊登《模范农村劳动英雄吴满有》一文至今,典型报道在我国已经有了 70 多年的发展历史。在 70 多年的发展中,典型报道走过了萌芽阶段、繁荣阶段、畸变阶段,如今它又步入了变革创新阶段。根据典型报道的发展历程,可以把典型报道的历史脉络大致划分为五个阶段。

(一)萌芽与探索期:从 20 世纪 40 年代初到中华人民共和国成立

1942 年 4 月 1 日,《解放日报》改版,各种影响因素的叠加促成了典型报道在《解放日报》改版中的诞生。1942 年 4 月 30 日,《解放日报》在头版头条位置刊登了《模范农村劳动英雄吴满有》,报道吴满有响应中央号召多开荒、多打粮的先进事迹,号召边区人民向劳动模范英雄吴满有学习。一个普通劳动者的事迹登上报纸的头版头条,这在中国报刊史上是前所未有的。这篇文章被公认为我国典型报道的开山之作。同年 9 月,《解放日报》又连续发表了长篇通讯《人们在谈说着赵占魁》《赵占魁同志》《恭喜赵占魁》等,介绍赵占魁在 2000 摄氏度高温的炉旁长期辛苦劳动,改良翻砂,出色地完成任务;介绍他关心群众、为群众服务的好品德;盛赞他是"中国艰苦奋斗的产业工人的典型"。同时,发表社论《向模范工人赵占魁学习》。吴满有、赵占魁这两个典型推出后,陕甘宁边区和各抗日根据地掀起了向他们学习的热潮,并催生了持续数年的劳动竞赛活动。自此,典型报道成为报纸上经常性的内容,也成为我国党报的一大特色和传统。

处于兴起阶段的典型报道,受当时整顿文风形势的影响,在反映根据地军民艰苦卓绝的斗争事迹中,放低姿态书写农村基层人物。记者笔法细腻,文风朴实无华,典型因而显得真实可信。这是这一时期典型报道的最显著特征。“胸中有全局、手中有典型”“典型引路”成为最流行也最有效的工作方法。这些做法从一开始就奠定了我国典型报道的基调,并成为此后很长时间里报刊典型报道的一般特征和惯常思维方式。据统计,仅1943年上半年,《解放日报》上刊登的各条战线上的先进人物就有600多名。[1] 从《解放日报》首创典型报道之后到中华人民共和国成立,典型报道这种以毛泽东典型思想为指导的新兴新闻报道方式不断发展。其中涌现的重要典型有:吴满有、张富贵、赵占魁、马杏儿父女等劳动模范,八路军第三五九旅、南区合作社等先进集体,王克勤、董存瑞、“狼牙山五壮士”等英雄人物。

(二)蓬勃发展期:20世纪50年代初至60年代中期

20世纪50年代初,广大人民群众怀着极大的政治热情投身于新中国的建设之中。各行各业的工作积极性高涨,典型的人物或事迹比比皆是。这为典型报道的蓬勃发展提供了取之不尽的素材。成立之初的新中国贫穷落后的现实,在客观上需要典型报道发挥其加油鼓劲的作用,通过新闻媒体号召全体人民不畏艰难、埋头苦干,投身到国家建设中去。以上这两方面的因素促成典型报道这一阶段在我国获得了充分的发展。与此同时,典型观念也日渐成熟定型,这一时期的典型人物报道堪称最为纯粹的“典型样板”。这一时期的典型报道,具体又可以分为两个阶段:

第一个阶段是20世纪50年代初至50年代末。这一时期的典型大多数是战斗英雄和从事普通职业但因在其本职岗位作出突出贡献而成为全社会学习样板的普通劳动者。前者如在抗美援朝战争中涌现出的黄继光、邱少云、罗盛教等英雄人物及上甘岭英雄群体等典型。这些英雄不畏生死、保家卫国的爱国主义事迹通过典型报道广为传颂。后者如曾广福、王进喜、王崇伦、郝建秀、向秀丽等劳动模范典型以及鞍钢等集体典型。时值我国国民经济恢复期和开始第一个五年计划时期,国家提倡利用典型报道进行大规模的经济宣传,“积极支持工人阶级和农民群众的一切创举,把先进生产单位、先进生产者的典型经验和重要成就推广到整个建设战线上去”。由此,在平凡岗位上做出不平凡成绩的先进工作者、劳动模范就成为新闻媒体着意推出的典型。另外,为配合“三反”“五反”运动,新闻媒体对刘青山、张子善两个反面典型进行了报道。这一阶段,典型人物报道成为衡量报纸办得好坏的重要标准。不过,在20世纪50年代末“大跃进”中,“浮夸风”使新闻报道严重失实,各媒体推出了大批虚假典型,不但为“大跃进”运动推波助澜,而且为后来“文化大革命”中出现的假典型埋下了隐患。

第二个阶段是20世纪60年代初至“文化大革命”发生。这一时期,典型人物报道走向成熟。新闻媒体相继推出“毛主席的好战士——雷锋”“县委书记的好榜样——焦裕禄”“掏

[1] 方汉奇.中国新闻事业通史 第二卷[M].北京:中国人民大学出版社,1996:766。

粪工人——时传祥”以及“种棉模范吴吉昌”“舍身救火的向秀丽”等人物典型报道和大庆、大寨等先进群体典型报道。平凡的人物体现伟大的精神，是这一时期典型报道的精髓所在。在当时的社会背景下，典型人物报道所塑造的人物基本上都属于艰苦奋斗、埋头苦干、自我修养极致化的道德完善型人物。

总的来说，“文化大革命”前的17年，典型报道达到了其发展顶峰，众多成功的典型报道调动了群众积极性，推动了对敌战争和社会生产。从此，典型报道在中国报纸上经常出现，成为党报的一大特色和传统。毛泽东对这一时期的典型报道非常重视，并进行了指导。1953年，毛泽东提出要“重视典型报道”，“……许多材料，都应当公开报道，并发文字广播，三五天一次，方能影响运动的正确进行。”❶

(三)畸形发展期:“文化大革命”期间

“文化大革命”期间，是中国新闻史上新闻失实最严重的时期，也是典型报道虚假泛滥、危机四伏的时期。新闻媒体为了所谓的“政治需要”违背新闻规律，肆意践踏新闻真实性，大造舆论，出现严重的“假、大、空”现象，典型报道发展进入畸形期。新闻媒体的威信在大批虚假典型出现后遭受到严重质疑和损害。

(四)复苏与走向成熟期:20世纪70年代末至90年代末

随着“文化大革命”的结束和党的十一届三中全会的召开，中国迎来了改革开放的历史新时期。这一时期，典型报道进入了复苏与走向成熟的阶段。

经历了“文化大革命”后，整个社会的精神状态比较消沉、颓废，不少人对共产主义丧失信心，彼此之间的信任感也在很大程度上受到折损。在此情况下，典型报道再次成为鼓舞人心的有力武器。这一时期的典型报道围绕拨乱反正，坚定人民群众对党和国家的信心，以及将“实践是检验真理的唯一标准”落实于社会生活之中的工作重点，塑造了一大批典型人物。这其中，既有坚持真理的张志新，又有为科学献身的陈景润、罗健夫、邓稼先等；既有身残志坚的张海迪，又有“活雷锋”朱伯儒；既有为国争光的中国女排，又有英勇作战不怕牺牲的老山前线英雄连队。这些典型成为宣传集体主义、奉献精神和爱国主义的有力载体，引起了较大的社会关注，典型报道也借此重焕新生。

1981年至1983年，为配合落实党的知识分子政策，充分调动广大知识分子建设“四化”的积极性，新闻媒体曾先后报道了一批如蒋筑英、罗健夫一类的先进知识分子典型，同时也报道了陈秀云、贝兆汉等爱惜人才、尊重知识分子的典型。

1984年，以城市为重点的经济体制改革全方位展开，在此过程中，典型人物、典型经验和

---

❶ 毛泽东.毛泽东新闻工作文选[M].北京:新华出版社,1983:176。

典型问题不断出现。新闻媒体对马胜利、鲁冠球等一批敢想敢干、激流勇进的企业家典型进行了报道。这一时期还出现了引起社会大讨论的“关广梅现象”这一社会转型期的焦点问题典型。这些典型报道敏锐地捕捉到了具有社会普遍意义的新闻主题,揭示了社会生活中存在的热点问题和矛盾,对于推进全社会的思想解放,唤醒人们的奋斗热情和观念改革,给人们指引前进的方向,产生了一定的积极影响。与此同时,基于对过去的典型报道的反思与纠偏,这个时期的典型报道敢于直面现实问题,体现典型人物的时代特征、精神特征。这个时期的典型报道逐渐摒弃了以前脱离现实的“高大全”的人物塑造模式,以实事求是的态度塑造有血有肉、个性鲜明的人物形象,真实地体现现代人人格中所具有的人的自然本性的东西。例如,《人民日报》在报道张海迪时,不避讳地写出了张海迪曾经有想结束生命的念头;在报道潘晓时,以“人生的路啊,为什么越走越窄”为主题,揭示了青年人执着于思想探索、却又常常陷于迷茫境地的矛盾心态。从报道本身来看,典型人物开始走下神坛,退下神圣的外衣,变成真实可感的平常人,报道开始遵循一定的新闻规律,朝着真实客观的角度转变,不再简单地对人物进行标签化。这种将典型报道由过去的“造神”式写法复归到写真实的人的写法,意味着典型报道逐渐走向成熟。

这一时期的典型报道虽然产生了一定的社会影响,但是与之前的典型报道的宣传效果已经不可同日而语,人们甚至还会对媒体推出的先进典型持怀疑态度。1982 年,一篇《张华:舍己救人的大学生》的典型报道并没有形成全社会学习英雄的热潮,反而引发了一场“大学生救掏粪老农值得不值得”的争论。可以看出,随着中国社会的逐步开放,社会的主导思想开始从一元走向多元,传统的集体主义受到一定的冲击。在这种环境下,典型报道的社会影响和报道效果开始弱化。1987 年,学者陈力丹发表《典型报道之我见》一文,提出关于典型报道“末日来临”的观点,引发了新闻界关于典型报道的广泛争论。此后,关于典型报道存废的争论在新闻界一直没有停止过。其中,持赞成态度与反对态度的都不乏支持者。不过,总体上看,多数人认为典型报道具有不容忽视的社会功能,几十年来取得了巨大的宣传成果,对我国的社会主义物质文明建设和精神文明建设起到了重要的推动作用。现实生活中需要典型报道,一个好的典型就是一面旗帜。作为一种新闻形式,典型报道是有生命力的,不应“淡化”,也不会“消亡”,但需要进行改进和创新。不能因为有些典型报道出了一些问题,就否定其存在的意义。新华社著名记者徐人仲认为,典型报道作为一种“新闻林”,有一些树得了病或长得不好,这并不等于整个林子不可救药,非铲除不可。新闻媒介应该正视典型报道的生存现状,总结经验教训,不断改进、创新。

进入 20 世纪 90 年代,典型报道的范围更广了。随着改革开放的深入和市场经济的进一步发展,西方社会的生活方式和价值观念逐渐渗透到国内民众的日常生活中,某些负面的、不健康的价值观念在社会上产生了一定的不良影响。另外,对于经济发展的偏重和对精神文明与意识形态建设的相对忽略,也造成了一些不良社会效应。为此,国家开始强调物质文明、精神文明两手抓、两手都要硬。为了进一步推动精神文明建设，提倡社会主义新风尚和发扬中华民族的优良传统，以党报、党刊、广播、电视为主的新闻媒体推出了一大批人物典型，其中有徐洪刚、李素丽、徐虎、孔繁森、李向群等先进人物和济南交警、徐州下水道四班等先进集体，还有张家港市、海尔集团等发展的先进经验。当然，也有王宝森、李真等反面典型。多样化的典型报道，对推动精神文明建设产生了积极影响。但是不得不承认，许多典型推出后不再像过去那样深入人心了，所产生的社会影响也不如过去那样大了。同时，与此前相比，20 世纪 90 年代的典型报道数量锐减，有弱化趋势。当然，造成这种情况的原因是多方面的。这一态势也预示着面对新的社会形势，典型报道需要在不断改进中寻求新的发展。

（五）转型探索与创新发展期：21 世纪初至今

进入 21 世纪，典型报道的数量依然处在滑坡之中。有感于数量的大幅下降和影响力的减弱，一些学者对典型报道是否有维系的必要提出疑问。不过，随着郑培民、任长霞、许振超、牛玉儒、张云泉等一系列先进典型的成功推出，典型报道再次迎来了勃兴的浪潮。

在新的形势下，典型报道需要解决如何更加理性、更有根基地发展的问题。不管人们对于“典型报道将何去何从”持何种看法，有一点是十分明确的，即衡量典型报道成功与否的重要标准，并不在于数量，而在于人们对“典型”的接受程度。必须认识到，随着经济的发展和社会生活的多元化，受众的思想观念、价值取向和生活方式等方面都发生了很大变化，传统的典型报道在吸引受众、引导受众时遭遇瓶颈，是有一定的必然性的。根据英国文化学者斯图亚特·霍尔（Stuart Hall）的编码/解码理论，受众对媒体传播内容的接受存在着同向性解读（按照媒介赋予的意义来理解信息）、妥协性解读（部分基于媒介提示的意义、部分基于自己的社会背景来理解信息）和对抗性解读（对媒介揭示的信息意义作出完全相反的理解）三种情形。所以，新闻媒体和传播者必须认真、细致地研究和分析受众，把握受众在市场经济条件下的接受心理，理解他们深层的文化心理特征、价值态度取向（弄清受众解码层面存在的特点和规律），从而努力增强典型报道的针对性和贴近性（在编码层面进行优化）。“拉近与受众的距离，典型报道就必须适应受众心理，变说教为感化，变灌输为贴近，站在受众的角度选取典型和报道典型。”[1] 这就要求用平视的视角看待典型，平实的话语讲述典型故事，用平民百姓乐见的方式传播典型，对典型人物不溢美、不过誉，避免造成“假、大、空”效应，引起受众的逆反心理。这样，典型报道才能真正走进广大民众，并在民众面前取得从入眼入耳到入脑赢心的效果，使典型的引领与示范作用得以有效发挥。

2002 年 11 月，中共十六大召开，明确党的历史任务是领导全国人民全面建设小康社

---

[1] 杨明品，贺筱玲.典型报道的思维方式[J].海南大学学报（社会科学版），1999(4)：51-55+100。

会。此间，中共中央提出并贯彻了一系列重要理念，使社会生活发生了新的深层次的变化。使用新闻传媒加强典型报道、进行舆论引导被纳入提高党的执政能力的视野来认识、来对待。“以人为本”的理念引导着新闻工作者更加深入地认识和理解典型报道的报道对象与接受对象。十六大以后，新闻宣传战线确立了必须坚持“贴近实际、贴近生活、贴近群众”的“三贴近”原则。“三贴近”原则的提出，对典型报道的影响是巨大而深远的。一方面，它从观念上强化了实事求是、以人为本的“典型观”，要求尊重群众在新闻传播活动中的主体地位；另一方面，它从方法论层面对典型报道提出了具体的要求，既要深入实际、深入生活、深入群众调查研究，又要注意报道的方式方法，用群众喜闻乐见的形式进行有针对性的宣传。

图 4-3　央视举办的“感动中国年度人物评选”活动

与此同时，中央电视台从 2002 年起开始举办“感动中国”人物评选活动(图 4-3)，并且每年评选一次，旨在通过梳理一年来“感动公众、感动中国”的年度人物，振奋昂扬向上的民族精神，弘扬无私无畏的社会正气，倡导与时俱进的时代精神，褒奖鼓舞人心的传统美德。这一活动在全国范围内受到了广泛的好评，吸引了许多观众积极参与。评选的人物中既有教授、科学家，也有普通人员、学生等，他们都有着不同的背景，不同的经历，但是他们的事迹都能够打动人心，传达出中国人的高尚品质与精神，以个人的行为推动着社会精神文明的发展。这些人物中有科学家袁隆平、钟南山，有来自民间的丛飞、徐本禹，有来自明星圈的濮存昕等等。他们的个人事迹为中国人带来精神的震撼和感动。“感动中国”人物评选活动，可以说是一种新型的典型报道。它陆续推出一系列感动中国人物，这些具有鲜明时代特征的典型对于维护社会稳定、助力社会主义建设产生了十分积极且正面的影响。

从一定意义上讲，“感动中国”人物评选活动的推出，对于典型报道的改进与创新，产生了良好的推动作用。在它的影响下，这一时期的典型报道政治标签化色彩大大减弱，社会赋名意味变得浓烈。这一时期的典型选择更加多元化，无论是主流群体还是草根阶层，只要其事迹契合时代精神，具有感召力，就能成为典型报道的对象。在典型的处理上，新闻媒体大胆挣脱过往的典型宣传套路的桎梏，开始转向“以人为本”，注重发掘和弘扬典型人物身上体现出的传统美德、职业操守、精神情怀，努力呈现报道对象最真实的“自然人”状态。同过去相比，这批新典型显得更加有血有肉，更有鲜明的个性。记者不但写出了他们身上的顽强拼搏与抗争以及奋勇开拓的精神，也写出了他们的迷茫与困惑，写出了他们人性中的软弱，写出了他们作为普通人的性格特征和生活经验，使他们更加具有生活质感。

2012 年 11 月，中共十八大召开，明确提出“三倡导”，即“倡导富强、民主、文明、和谐，倡导自由、平等、公正、法治，倡导爱国、敬业、诚信、友善，积极培育和践行社会主义核心价值观”。此后，围绕培育和践行社会主义核心价值观的时代要求，越来越多来自不同社会阶层、不同行业、具有厚实的群众基础和鲜明的个性特征、普通却又不平凡的典型人物，通过新闻媒体的报道引发社会关注，涉及优秀党员、知识分子、全国劳模、少年英雄、青年标兵、改革者、军人、基层干部等。其中，不仅有政治思想领域里的先进典型人物，还有经济领域、文化领域、科技领域和社会生活各个领域的典型人物。可以看出，典型报道在典型对象的选取上已经具有明显的全方位、多层次、多种类特点，对典型的关注视角也更加人文化、人性化、人本化。这一阶段，诸多成功的典型报道实践也提示新闻工作者，要善于从普通人身上发现不平凡的闪光点，善于从看似琐碎、寻常的生活中发掘、提炼可贵、永恒的元素与深刻、伟大的主题，并在时代坐标中找准定位和立意，借助更加灵活多样的报道形式和更加多元的报道手段，抒写、塑造激励和鼓舞广大人民群众的新的时代先锋，讲好中国故事，进而成就不负时代所望的典型报道华章。毋庸讳言，社会成员对某种理念、精神的向往与追求，对某一价值体系的普遍信奉与认同，是任何一个社会得以维持和发展的重要前提。处于社会转型时期的当下，推举一批在以自身行动践行社会主义核心价值观，能够用自身所思所为帮助人们明辨是非，指引人们走出价值选择上的误区的群体，有助于维护社会主流价值观对社会成员的吸引力和影响力，既是当前我国精神文明建设的需要，也是今后我国经济社会能够持续健康发展的内在要求。

近年来，围绕“不忘初心、牢记使命”等宣传主题和“讲好中国故事”的时代要求，我国新闻媒体推出了一系列体现时代精神的典型人物，如张富清、邹倩、黄大年、南仁东、李保国、钟扬、卢永根、杜富国、黄文秀、其美多吉等，报道他们“心有大我、至诚报国”的感人事迹和爱国情怀，无数国人为之感动。同时，随着典型报道涉及的领域和阶层的日益扩展，越来越多的平民和草根人物跃上银幕，见诸报端、网页，如普通法官、基层民警、务工人员、创业青年、乡村教师、运动员、清洁工等，为广大民众所知，“典型人物”形象画廊得到进一步丰富，形成了“感动中国”系列人物、“最美”系列人物等先进典型系列。这些来自实际、来自生活、来自群众的先进典型，带着他们浓浓的生活气息和鲜明的个性风貌，借助新闻媒体的报道，走进人们的视野，分享他们的人生故事、他们的生活经历与感悟、他们的“执念”和“初心”，产生了显著的社会反响。而在报道这些典型时，新闻媒体抛开了传统的“典型人物”报道框架，把他们作为普普通通的人来深挖，状生活原貌，还人物本真。这种平视的报道角度，能够在讲好先进典型、英模故事的同时，让典型更加生动、接地气，消解了典型与受众的时空隔阂，拉近了典型与受众的心理距离，让典型更加真实而有生活质感，很大程度上减低了受众接受典型报道时（对典型报道进行解码）产生对抗性解读对的概率，避免了逆反心理的滋生，从而使典型报道更具感召力、亲和力和影响力。

第二节　我国典型报道的现状

一、我国典型报道的基本经验

在中国当代新闻史上，典型报道占有重要地位，也曾多次掀起十分突出的社会影响，我国的主流媒体也在典型报道方面积累了许多成功经验。

1.根据时代特点和形势要求，推出符合时下社会需要的典型

我国新闻领域中的“典型报道”，是中国共产党“典型宣传”思想的重要载体和主要实现途径。这里有必要将“典型报道”与“典型宣传”进行简单区分。典型宣传与典型报道都是一种有组织、有计划的传播活动，它们所传播的对象都是植根于社会现实中的典型，这种典型都具有鲜明的时代特色，反映一定时期社会的某种特征和趋势；它们都要以事实为基础，用事实说话。不过，二者却具有一些显著的不同之处。典型宣传的组织者一般是某一级党委、政府，其目的和任务很明确，一般是党委、政府为某一政策的落实、某一重要工作的开展，以及为了某一社会现象的弘扬或批判而组织开展的一系列宣传活动；而典型报道的组织者主要是新闻媒体，是新闻媒体针对社会现实中一些有代表性的人物、事件、问题、经验进行的报道，目的是在给受众提供重要新闻信息的同时，体现新闻媒体的立场和观点。另外，典型报道的传播载体仅限于报刊、广播、电视等新闻媒体。各种新闻媒体自己开展的报道活动虽然可以互相影响，但一般不存在相互间的统一协调问题。典型宣传涉及的传播载体除新闻媒体之外，还有图书、宣传画、壁报、黑板报、音像电子出版物，甚至电影、戏剧、报告会等也都可以用于典型宣传。此外，系统地看，中国共产党的典型宣传是包括从明确目的、选树典型、典型报道到社会反馈、总结分析等程序的一整套思想和实践体系，而典型报道只是其中的重要一环。

历史地看，根据时代特点和形势要求，推出符合时下社会需要的典型，是我国典型报道的一个重要做法。20世纪40年代初，出于应对经济困难和物资奇缺的现实困境的需要，中国共产党领导下的陕甘宁边区发起了大生产运动。在此背景下，1942年进行了改版的《解放日报》推出了劳动英雄吴满有、赵占魁的典型报道，以引导和动员边区军民投身大生产运动，对人们的生产活动给予指导和激励。此后，20世纪50年代初，新闻媒体报道了抗美援朝战争中的黄继光、邱少云、上甘岭英雄群体等典型；国民经济第一个五年计划时期，新闻媒体报道了王进喜、郝建秀、向秀丽等劳动模范典型以及鞍钢等集体典型；20世纪60年代推出了雷锋、焦裕禄等典型。显然，这些典型报道都是党领导下的新闻媒体根据时代特点

和形势要求,顺应当时社会需要而推出的。至于20世纪80年代的蒋筑英、罗健夫等知识分子典型,20世纪90年代的徐洪刚、李素丽、徐虎、孔繁森、李向群等先进人物和济南交警、徐州下水道四班等先进集体,进入21世纪后的郑培民、任长霞、许振超、牛玉儒、张云泉等,以及近年来的张富清、邹倩、黄大年、南仁东、李保国、钟扬、卢永根、杜富国等典型报道的推出,也都符合这一特点。可以说,各个时期所推出的典型都是和时代背景、社会形势相一致的。

2.通过对典型进行特定的赋名,有效发挥其引导和示范作用

先进典型人物通过新闻媒体的报道,能引起人们的共鸣,促进人们思想品德发生一定的量变或质变,使其产生向典型看齐的欲望,从而达到所期望的行为模式和道德规范。我国古代思想家、教育家对典型人物的作用早就有不少论述。"近朱者赤,近墨者黑"的古训就说明了这种潜移默化的感染作用。当今的一些典型人物报道,以各种英雄模范人物为典型,激励人们的爱国热情、无私奉献和集体主义精神以及为"四化"勇攀科技高峰的高度责任感,等等,都显示了先进典型人物的激励效应。我国新闻媒体报道的许多先进典型,如"狼牙山五壮士"、刘胡兰、黄继光、焦裕禄、雷锋、王进喜、红旗渠、大庆油田、鞍钢经验、陈景润、张海迪、李素丽、袁隆平、孔繁森等,成为全国各行各业的人们学习的榜样。实际上,这也正是典型报道借以发挥其作用的逻辑机理,即通过发掘典型并对典型进行特定的赋名(赋予其某种社会名分,进而使其具有相应的社会影响),有效发挥引导和示范作用。典型在成名之前多为名不见经传的小人物、普通单位,在他们身上往往沉淀着舍己为人、忍辱负重、兢兢业业、任劳任怨、作风踏实、襟怀坦白、奋发进取、高尚纯粹等美德,表现出传统、拙朴的中国作派和风格——能够用以消除形形色色有悖于特定时代的政治路线和形势要求的思想、观念、习气、风尚,纯洁队伍、服务社会需要和推动实际工作。新闻媒体将典型发掘出来并进行报道的过程,其实正是借助大众传媒所具有的社会地位赋予功能对来自民间的各个未名人物、单位进行赋名的过程,让他(它)们成为民众翘首的榜样、模范、英雄,进而对全社会起到带动和示范作用。正如《模范英雄吴满有是怎样发现的》一文中的开头写道:"找一个模范的、而且是为众所公认的农村劳动英雄,很不是件易事。自从春耕运动开始以来,我们就在农村中访询这样一个对象,好介绍出来,让大家向他学习,向他看齐。"毫无疑问,在70多年的时间里,我国新闻媒体通过推出相关报道对典型进行特定赋名,如"铁人"——王进喜、"党的好干部"——焦裕禄、"当代保尔"——张海迪、"振超效率"——许振超、"最美女教师"——张丽莉等,使这些典型在社会上发挥了良好的引导和示范作用。经由新闻媒体的报道而被特定赋名的典型,大都具有丰富的精神内涵,往往体现着爱国主义、集体主义和社会政治生活的主旋律,这些主旋律是一定时期国家和社会需要的时代精神,并能够借助人们见贤思齐的心理特征在潜移默化中将社会最需要的精神变成时代精神,成为每一个社会成员的人生价值观,进而激励、纠正、引导社会成员的行动,促进社会各项工作的发展。正因为如此,在中国革命和建设的各个阶段的历史进程中,典型报道在进行群众动员、推动社会建

设、传播社会道德规范，乃至巩固政权等方面都发挥了重要作用。

3.调配相关的资源、条件，保障典型报道的传播效果

在我国，新闻媒体是党和政府的喉舌，而新闻媒体推出典型报道在很大程度上也是为了在宣传上配合党的方针和政策、推动党的实际工作。所以，典型报道不仅受到新闻媒体的重视，也深为党和政府所关注。在实际生活中，有时一个成功的典型报道会比很多红头文件都更加具有效果。榜样的力量是无穷的，借助新闻媒体的报道、传播，那些经过层层推选出来的"劳动模范""道德模范"以及挺立在时代主潮下的各类楷模、标兵，鼓舞了一代又一代中国人，并已然成为中华民族复兴路上的地标。这些典型因所承载的思想高度、道德力量和精神魅力，往往具有了跨越时空的影响力。新闻媒体在组织此类报道时，大都是积极调配相关的资源、条件，如安排足够充分的采编力量，配备精良的采写设备、划定专门的报道版面、时段等，尽其所能地对典型进行深入开掘和赋名，以期推出最理想的典型报道，并大规模且集中地向受众进行传播，以便形成强有力的社会舆论，从而保障典型报道的传播效果最大化。

毋庸讳言，典型报道作为一种独特的新闻实践，是在中国独特的社会政治环境中兴起和发展的，是体现中国特定国情的一种新闻报道形态和传播方式，具有时代性和历史性。多年来，随着传媒市场化改革的深入推进，在新闻报道领域，相对于每日海量的信息资讯，典型报道的确在一定程度上呈现出边缘化的态势。不管是否明确承认，现阶段的确有一些媒体已不太重视典型报道，认为读者/听众/观众/网民不喜欢典型报道，推出典型报道对于提升受众（用户）的阅读率/收视率/收听率/点击率不仅无益甚至会有负面影响；有部分新闻记者也不愿意采写典型报道，觉得"很无聊、令人乏味"，不能体现记者"铁肩担道义，妙手著文章"的成就感。这些倾向的出现，既与过往的典型报道存在的种种问题与弊端有关，也反映出当前有不少人对典型报道的认识还存在一定的误区。这种情况，需要在今后的新闻实践中通过进一步改进典型报道去寻求改善和弥补。

二、我国典型报道存在的问题与不足

典型报道作为特定时代的产物，曾有过辉煌的历史，起过重要作用。不过，随着时间的推移，人们对典型报道的认同度呈现下降趋势。这与我国典型报道存在的诸多问题和不足长期未能有效解决密切相关。具体来看，我国典型报道存在以下四个方面的主要问题与不足。

1.宣传意味浓郁，新闻性相对不足

对于不少接触过典型报道的人而言，宣传性大于新闻性是他们对典型报道留下的主要印象。学者陈力丹在《再谈淡化典型报道观念》中指出："所谓典型报道观念，它的最显著的特点

是循着鲜明的主观意识去发现和报道适于推动工作的典型,因而,典型报道一开始就有较强的宣传色彩,而较少甚至没有新闻性,典型可以是远离社会注意力的人或单位,他们具有很不错的但司空见惯的事迹。"❶ 认为典型报道没有新闻性,或许有些片面,但是在以往的新闻实践中,过度强调典型报道的宣传、教育意义而忽视典型报道的新闻性的情况,的确长期存在。必须承认,作为一种新闻报道形态,典型报道具备新闻性是理所应当、不容置疑的;而缺乏新闻性的典型报道,只能算作纯粹的宣传品——典型宣传,而鲜有新闻价值。特别是随着改革开放的深入,中国的新闻业被推向市场,新闻媒体为了在市场竞争中生存和发展,必须想方设法提升新闻报道质量,争夺受众的注意力资源,抢占市场份额。而传媒受众通常热衷于关注那些有新闻价值的内容,不突显新闻性、新闻价值不强的典型报道,必然难以吸引受众。因此,适当淡化宣传意味,突出新闻性,让典型更加贴近实际、贴近生活、贴近受众,让典型报道成为真实、客观、公正、全面展示社会面貌的一面明亮镜子,对于改进典型报道具有重要的现实意义。

2.过分强调"完美",忽视真实性与可信度

新闻报道应当客观、真实地呈现所报道的对象。典型报道作为新闻报道的一种,理应奉行客观、真实的报道原则。然而,实际上,我国的典型报道特别是典型人物报道,在挖掘和报道典型时常常会按照特定的政治标准、社会形势、价值取向,对典型的事迹进行有意识的取舍和拔高,进而将典型塑造成"理想的化身""道德的圣人",以此来有效"推广某种政治诉求、价值规范或道德训诫"。许多典型报道为了强调典型的"完美",甚至不惜对典型事迹进行任意的虚构,导致报道中充斥着"假、大、空"的描写,塑造出来的不是有血有肉、有情有义、充满生活气息的人,而是仿佛不食人间烟火、完美无缺、"神"一样存在的"高、大、全"的人物,不顾忌报道的可信性。"革命从前门赶走了神,典型报道不知不觉地又从后门请进了神,这是连当事人也没有意识到的。"❷ 这种对典型进行"神化"或将典型当作"神"来塑造的做法,完全背离了新闻报道的真实性的要求。与此相对应,对负面典型则常常进行"妖魔化"处理,不遗余力地将其塑造为思想一贯丑恶、行为一贯卑污的一无是处的妖魔般的人物。为了将典型塑造得"完美",既往的典型报道大多还采取全知视角(报道者对报道对象的一切无所不知)来写人物,以至于写出来的内容完全没有可信度。例如,发表于 1952 年 12 月 21 日《人民日报》的《马特洛索夫式的英雄黄继光》,在报道对象已经牺牲的情况下穿插了多段心理描写,在当时即引起读者质疑,并引发新闻界关于"合理想象"的大讨论。

毋庸讳言,在特定的政治氛围和社会文化语境下,新闻媒体能够通过典型报道深入挖掘英雄、模范、先进人物事迹背后的丰富精神内涵,并将它们所关联的世界观、人生观和价值观

---

❶ 陈力丹.再谈淡化典型报道观念.陈力丹自选集——新闻观念:从传统到现代[M].上海:复旦大学出版社,2004:167。

❷ 陈力丹.再谈淡化典型报道观念.陈力丹自选集——新闻观念:从传统到现代[M].上海:复旦大学出版社,2004:171。

等充分提点出来,然后将其作为全社会的价值观念参照,引导公民个体向英雄、模范、先进学习,从而在全社会形成一种文化认同和价值认同。由此,这些典型人物所表征的人生信仰、价值追求、职业精神、道德风范就能借助新闻媒体的报道传播开来,并在社会上发挥相应的引领、示范、带动作用,进而推动社会各项工作的展开。然而,"神化"典型,对典型进行人为拔高、给予不恰当的溢美的做法,却使得典型脱离了实际生活,背离了人性本色,乃至失去了最基本的生活气息和人情味,这必然导致典型的不可信、不可学。例如,2002年2月26日,被誉为"中国杂交水稻之父"的稻作专家袁隆平,应邀到武汉市硚口区与中小学生面对面交流。一个中学生说,他看过一篇报道,说袁院士累倒在稻田里还不放弃研究,非常敬仰。袁隆平连忙澄清:"一定别受误导,累倒还工作不值得提倡。身体才是最重要的。另外,我也从来没有累倒在田里,那是要笔杆子的人杜撰……"这一事例让人们明白,袁隆平累倒还坚持工作是媒体为了拔高人物形象而刻意编造的。这样脱离实际、脱离群众、以偏概全、夸大其词塑造出的"神人""圣人"典型,置新闻真实性于不顾,丝毫没有吸引力,只能适得其反,令受众反感和抵触。一个不食人间烟火、远离大众行为准则的典型是没有感召力的,是不可信、不可敬、不可学的。唯有尊重客观规律,实事求是地对典型进行报道,才能收到好的报道效果。所谓"金无足赤,人无完人",报道典型人物,只要是真实、客观地为典型人物画像,有时即使暴露了典型人物身上的某种缺点,也不会掩盖典型人物的光辉,反而更能使人们看到一个立体、可信的典型人物形象。那种在典型报道中为了突出一点,以偏概全、任意拔高的做法,实质上是脱离实践的唯心主义认识论的产物。总之,开展典型报道,一定要实事求是,以真实性为基础,这是典型产生感召力的源泉。

3.主题先行,存在概念化、模式化报道倾向

典型报道作为一种宣传、教育、动员人民群众的舆论形式,总是直接或间接地反映我们党和国家的政治立场、政治主张和政治观点。本质上看,不同时期的典型报道总是和当时的政治、社会、文化环境密切相关,始终是为配合党和政府的方针、政策的实施而进行的。这决定了典型报道需要服从、服务于某一时期的宣传主题。由此,在选择典型时,不免有先入为主的因素,即要建构的典型应具有怎样的精神特性、价值内涵,往往是首先根据形势的需求确定的。在此情势下,为了宣传某一主题,根据需要按图索骥,对号入座地寻找、发掘和报道典型,让典型为政策服务、路线服务,成为新闻媒体推出典型报道时的一种常见做法。对此做法,虽然不能全然否定其存在的合理性,但要注意主题先行必须建立在符合客观实际的基础上。同时,为了凸显"典型性",报道者按自己的意愿对人物的先进事迹、典型材料予以裁剪、合理想象乃至编撰等也屡见不鲜。这样,典型报道实际上成为承载某一宣传主题的"容器",图解某些政策、路线概念的抓手、工具。

另外,很长时间以来,由于过于强调典型报道的思想性和指导性,新闻媒体总是偏好套用固定的模式来塑造完美的典型人物。以至于一提起典型,就是爱岗敬业、无私奉献、见义

勇为、勤政为民等方面，就是几十年如一日默默地奉献着、牺牲着，不顾自己的身体，甚至不惜生命，废寝忘食、夜以继日，忍着病痛坚持工作，最后累倒在工作岗位上。在过往的典型报道中，典型始终忙于事业，以至于把事业和生活、人性、人情对立起来。他们亏欠着家庭、亲人，常常为了工作连父母、妻子、孩子都顾不上照顾。有人将这种模式化的报道手法总结为典型报道的常用公式："先进=奉献牺牲+亏待家人+几十年如一日+最后累倒在自己的工作岗位上"。这种将人物的某些品质推向极致的模式化的报道手法，塑造出的典型人物要么是"雕像式"（高高在上、空洞乏味，没有亲切感），要么是"画像式"（千人一面、毫无特色，没有吸引力），要么是"神像式"（故意回避典型人物缺点、营造光环效应，缺乏可信度），要么是"蜡像式"（看似栩栩如生，实则毫无情感和生命力）。显然，这样的典型超出人之常情，可敬不可学。面对这样的典型报道，久而久之，人们就会普遍地产生逆反心理。

4.突出的传者本位立场，忽视受众的接受心理，传播效果受到影响

传播学理论告诉人们，受众在传播活动中起着非常重要的作用，是传播效果实现的关键一环。传播实践表明，在大众传播过程中，受众的信息接受心理和接收态度决定着传播效果的大小。随着科学技术的不断进步、社会的持续发展以及自身文化水平的提高和主体意识的成长，受众日益成为传播活动的重要主体，而不再是昔日"魔弹论"下毫无判断能力的"靶子"。受众不是仅限于被动地接受信息，他们也能够主动、积极地通过相应的信息反馈，影响和干预传播内容，乃至决定传播媒介甚至传播者本身的发展前途。

然而，长期以来，典型报道突出的传者本位立场，使它漠视受众的接受心理和感受，常常以居高临下、盛气凌人的语气向受众做说教式、填鸭式的报道，进行思想灌输和舆论轰炸，导致受众产生逆反心理。"根据新华社'舆论引导有效性和影响力研究'的问卷调查显示：68%的被调查者认为典型报道的主要问题是'都是优点，没有缺点'；61%的被调查者认为是'模式化、概念化'；50%的人认为是'空话、套话多'；39%的被调查者认为'对典型人物的时代特点挖掘不够'。"[1] 不难看出，受众对于典型报道的怀疑与逆反心理着实不小。逆反心理出现在新闻传播活动中，会在传受双方之间筑起一道心理防线，进而影响信息传播的质量。

事实上，不论何种类型的新闻报道，首先要让人民群众能够接受、乐于接受，然后才谈得上效果。从这一点来讲，典型报道在顾及受众的接受心理和感受方面，的确有待加强。其实，典型报道一直遵循的报道模式本身就与受众的某些心理有着矛盾之处，如受众求新的心理与典型模式化报道的矛盾，受众追求心理接近的要求与典型"高大全"模式之间的矛盾，典型报道铺天盖地的传播声势与受众心理承受能力之间的矛盾。所有这些都在提醒媒体对于典型报道的再审视。面对主体意识逐渐提高的传媒受众，媒体的典型报道如果依然遵循着

[1] 新华社.主流媒体如何增强舆论引导有效性和影响力之三：重视对几类重要报道领域的改革与创新[J].中国记者，2004(1)：15。

过去那种程式化的报道方式，不重视受众的接受心理，势必难以取得理想的传播效果。

三、我国典型报道的现状值得深思

典型报道自产生以来已走过了70多年，它不但有力地推动了党和政府各项路线、方针的贯彻实施，而且成为广大群众学习先进楷模的重要渠道。各行各业涌现的楷模通过报纸、广播、电视等媒体为人们所知晓，激励着一代代中国人奋发向上、奋勇前行。无疑这是典型报道的巨大影响力，但因周围环境的变化与自身局限，典型报道也面临着不小的现实困境。尽管当前典型报道仍然为党和政府所重视，但典型报道的数量日益减少、作用逐步弱化是一个不争的事实。同时，与以往相比，典型人物不能深入人心，公信力受到质疑；典型报道不能达到预期效果，也很难产生深远的社会反响。这些困境让不少人开始思索典型报道接下来的发展趋势，甚至有学者已经提出了“式微论”与“终结论”。不过，不论持何种论断，人们都必须清楚：我国的新闻媒体在舆论引导与价值规范方面肩负着重要的职责与使命，而典型报道作为“引路”与“示范”的强有力工具，其价值是不可估量的，也是难以替代的。所以，无论是新闻工作者还是学术研究人员，都需要对典型报道所面临的处境有正确、清醒的认识和判断，这样有助于更好地运用和发挥优势，矫正弊端，完善不足，推动典型报道不断向好发展。

1.典型报道的数量逐渐减少

作为一种报道方式，我国的典型报道通过对不同时代层出不穷的典型人物、典型事件、典型经验的报道和反映，用一种别样的视角记录并构建了现当代中国的历史。从20世纪40年代的吴满有、赵占魁、南泥湾“三五九旅”，50年代的黄继光、邱少云、孟泰、郝建秀，60年代的焦裕禄、雷锋，80年代的蒋筑英、张海迪，90年代的徐洪刚、李素丽、徐虎、孔繁森、济南交警等，到21世纪的许振超、任长霞、牛玉儒、张富清、黄大年、南仁东、李保国、钟扬、卢永根、杜富国等典型报道，都已经成为表征不同历史时期的特定“符号”。历史地看，我国典型报道数量曾经达到数以千计。然而，20世纪80年代中期以后，典型报道的热度已呈现显著下降趋势。20世纪90年代以后，典型报道的发稿数量锐减，所占报纸版面篇幅也在明显缩小。进入21世纪以来，典型报道的数量、规模仍然在缩减。与先前的高峰阶段相比，现阶段典型报道的数量持续减少，折射出其在当前新闻信息种类日益繁多、人们的思想认识与价值观念日趋多元的社会形势下逐渐走弱的发展态势。

诚然，由于时代的不断发展和社会的持续进步、变革，人们的工作、学习、生活都变得越来越丰富和复杂。各种各样有新闻价值的事件，如潮水般起落浮沉、层出不穷，令人目不暇接。新闻媒体由于受到采写力量、版面及播出时间、传播能力等方面的限制，不可能完全反映世间一切人物、事物、现象，因此，科学、合理地选择典型，用概括的手段择要地报道出相关人物和事件，是新闻报道的基本规律之一。面对每天海量的有价值的信息，新闻媒体的版面、时段需要更集约地使用，已经无法或者说不可能像以前那样用同等比重的数量、篇幅、规模来做典型报道，必须有选择、有取舍地分派给其他许多需要投之以关注的新闻事件。这种“挤出效应”，必然导致典型报道数量的减少。同时，典型报道数量的减少，从某种意义上看，也是社会进步的一种体现。例如，在过去相对封闭、落后的社会文化环境中所出现的、被媒体报道的许多典型，在今天社会环境相对开放、人们思想更加进步和成熟的情况下，很难再被视作“典型”。社会的整体进步带来了人们衡量和审视典型的标准的提高，很多以前被认为有典型示范价值的思想认识、价值观念、道德品行乃至成就、经验、做法，在当今社会则显得或是意义不大，或是不值一提，很难再在价值层面上成为“典型”，进而为新闻媒体所关注和报道。显然，典型衡量标准的提高，必然造成典型数量的自然下降，由此，与之有着密切关联的典型报道在数量上持续减少，也就是顺理成章的事了。

2.典型报道的实际影响力逐渐下降

衡量一篇新闻报道是否成功，不但要看其主题、选材和写作手法，更要看其报道的实际社会影响。当前，典型报道总体看起来依然进行得很热烈、很有声势，但这很大程度上是由强大的行政力量推动的结果，是一种表面繁荣。事实上，典型报道的实际影响力已大不如前。

回顾典型报道的发展历史，不难看出20世纪80年代前，典型报道有着“魔弹”一般的强效果。无论树立了何种类型的典型，必定能够引起全国各地、各行各业的人们争先恐后地学习、效仿。20世纪40年代的吴满有、赵占魁、南泥湾“三五九旅”等典型，促进了抗日根据地大生产运动的蓬勃开展；50年代的黄继光、王崇伦等典型，推动了抗美援朝战争、“一五”计划和“三反”“五反”运动的顺利开展；60年代的雷锋和焦裕禄更是把典型报道的社会影响力推到了顶峰，这两个典型一经推出，便引起了巨大的社会反响，全国掀起了向他们学习的热潮，到处都涌现着公而忘私、全心全意为人民服务的社会主义新风尚，对青少年一代产生了深远的影响。然而，20世纪80年代后，配合着全国各项活动的开展，先进典型仍然一个接一个地被隆重推出，出现在社会公众面前。然而，尽管媒体上的典型报道依然轰轰烈烈、声势浩大，但其社会实际影响力已经不能和从前同日而语了。进入20世纪90年代，典型报道数量大为减少，而且新的典型已经无法像以前一样引起全社会各阶层的普遍共鸣。面对新闻媒体树立的先进典型，不少民众的反应是缺乏关注热情，漠不关心，甚至反感——典型报道产生了逆向效应，典型的精神影响力已经难以转化为公众的实际行动。进入21世纪后，新华网、《人民日报》、央视等中央新闻媒体以及地方上的主流新闻媒体虽然在典型报道方面做出了不少改进和创新，但仍不能改变典型报道的社会实际影响力下降的趋势。从近些年的情况来看，现阶段大众一般偏好于知识型、科技型、敢闯敢拼、勇于开拓进取的典型人物，如许振超、丁晓兵；或者是为国家作出过巨大贡献的典型人物，如钱学森、袁隆平；或者能够带给受众深层的心灵感动，体现社会缺少的传统美德的典型人物，如谢延信、罗映珍等。而对于任劳任怨、老黄牛式的典型人物，大众的接受程度并不高，不接受或接受也不肯学习。可以说，尽管人们偶尔还会被那些先进典型的品德、情怀、事迹所打动，萌生感佩之情，但“你报道你的，我做我的”“各人有各人的活法”的态度取向，宣示了典型报道示范、带动作用的弱化已经成为难以逆转的社会现实。

3.典型报道的媒介处境趋向尴尬

改革开放以前，我国的新闻事业长期处于以党报理论为工作指南的“宣传本位”时代，传播信息功能弱化，宣传功能被空前强化。新闻媒体的核心任务不主要是提供新闻信息，而是宣传党的各项方针政策，并报道认真贯彻执行党的方针政策的先进典型，以教育影响广大群众。所以，典型报道在新闻媒体上大放异彩也是顺理成章之事。不过，随着我国的新闻事业进入以传播新闻信息为主的“新闻本位”时代，典型报道的媒介处境则变得比较尴尬。

其一，典型报道在新闻媒体中的地位不再“显赫”。随着改革开放的深入推进，我国新闻界重新确立了“新闻本位”的新闻理念，新闻的信息功能得到强化，新闻媒体纷纷把时效、信息量和抓独家新闻、重头新闻放在首位，注重突出“正在进行”的消息。同时，在传媒业市场化发展和新闻竞争压力的推动下，新闻媒体纷纷改变了过去以传者为中心的传播立场，转向以受众为中心，重视受众的需求。在一个日益市场化、信息化的时代，受众对于新闻信息的需求显然是首要性的。由此，新闻媒体理所当然地就会减少政治说教内容，代之以大量信息含量高、时效性强的新闻信息。在此过程中，新闻媒体还纷纷扩版增容，刊登受众喜闻乐见、经济实用的信息。上述这些变化，显然极大地挤压了以传递某种精神、观念为主导的典型报道的生存空间。典型报道在新闻媒体中的地位就此不再显赫。

其二，新闻媒体的记者、编辑参与典型报道的热忱有所衰退。典型报道繁荣的20世纪50—60年代，受众对典型报道可以说是百分之百接受的，直到80年代以前，受众对典型报道的接受度都是非常高的。20世纪80年代，虽然受众对典型报道的文本“编码”方式有些微词，但整体来说是普遍接受的。进入20世纪90年代，伴随着改革开放的进一步深入，人们眼界不断开阔，对典型报道“解码”方式趋向多元，对典型报道的接受程度出现较大折扣，他们开始有自己的想法和见解，并大胆地对典型人物质疑。由此，典型报道的社会接受程度明显减弱。进入21世纪信息多元化的时代，受众在选择信息的时候有了更多的自主权，他们选择真实、全面、公正、多层次、全方位反映社会的信息，他们选择自己感兴趣的、符合自身需要的、贴近生活实际的信息；同时，受众已经完全能够独立思考，具有很强的自我主见，不会再轻易被典型报道左右思想。受众对典型报道的关注，越来越具有选择性，只有他们认可的典型，才会去接受，不认可的绝不接受，更不会学习。典型报道昔日光环的隐退，使得许多记者、编辑参与典型报道的意愿降低，而更愿意投入精力与时间去参与时政要闻、突发事件、财经新闻，乃至文娱新闻等易引起受众关注的新闻报道。所以，即便有政策上的支持，但为受众对典型报道的接受程度减弱所累，新闻媒体的记者、编辑参与典型报道的热忱仍难免有所衰退。

其三，典型报道的传播在一定程度上受到了局限。当前，新闻媒体普遍把有时效性的、突发的和让普通人有强烈阅读兴趣的新闻看得非常重要，通常会不遗余力地运用各种传播手段，以移动优先、全方位覆盖的要求进行传播，以最大限度地引起受众的关注。而对于典型报道，则鉴于其在受众中“不讨好”的处境，常常有意无意地对其传播给予一定的节制、收敛，一般仅使用主流渠道和比较传统的、常规的传播方式进行传播，不太顾及受众看到没有、是否方便看到等情况。这使得典型报道的传播在一定程度上受到了局限。

纵观中国典型报道70多年的发展历程，不难看出它在引导社会舆论、宣传时代精神、弘扬社会正气、推进实际工作、推动社会进步、增强民族凝聚力等方面都发挥着不可代替的作用。不过，由于存在种种问题与不足，我国典型报道的现状并不令人乐观。只有理性、客观、全面地认清当前我国典型报道的现状，正视其间存在的各种问题和症结，进而在改进和创新中寻求突破，使典型报道走出尴尬处境，才能让典型报道之树常青。

第三节　典型报道策划要领

典型报道的特定功能和作用，决定了它在我国的新闻宣传领域将继续并将长期地生存发展下去。在我国现阶段，典型报道作为国家调控舆论的重要方式，还具有深刻的实际指导意义和巨大的可挖掘潜力。在新的历史阶段，加强和改进典型人物报道，应当遵循现代新闻传播规律，以“三贴近”原则为指导，立足于真实发掘典型的内涵，不造假、不粉饰，依托典型的重要性和突出性特点，善于抓取和运用鲜活的细节提高典型报道的真实感、新鲜度，让典型报道重新焕发生机和活力，进而成为百姓喜闻乐见的新闻报道形式。

一、革新典型报道理念

我国典型报道所暴露出来的诸多问题与不足，很大程度上与在过往的历史中所形成和确立的典型报道理念存在一些不尽合理之处紧密相关。因此，要做好典型报道策划，改进和优化典型报道，首先必须革新典型报道理念。

（一）注重宣传性与新闻性的有机统一

典型报道通常是新闻媒体在一定时期内配合政府某一阶段的新闻宣传工作而推出的，因而，典型报道在一些人看来就是一种带有政治色彩的宣传，本身就没有太大的新闻价值，也无须强求新闻价值，其实不然。正如前文所述，作为一种新闻报道形态，典型报道具备新闻价值、具有新闻性是理所应当的。在当前改革开放深入推进的背景下，中国的新闻媒体为了在市场竞争中生存和发展,必须想方设法提升新闻报道质量,吸引受众的注意力,抢占市场份额。对于受众而言,他们通常热衷于关注那些有新闻价值的内容,没有新闻性,新闻价值不大,甚至完全没有新闻价值的报道,必然难以吸引他们的关注。因此,典型报道应该讲究新闻性、实现新闻性与宣传性的有机统一,这样才能够获得更多受众的关注。

过去,典型报道过于强调宣传性、轻视新闻性,使其可读性、吸引力大打折扣,受众认同度欠佳。因此,做好典型报道,必须处理好宣传性与新闻性的关系,寻找二者的最佳结合点,以实现传播效果最佳化。本质上看,新闻和宣传密切相关又有很大的区别。新闻以传播信息、提供事实为主要任务,宣传主要是传播思想、观念、主张,主观色彩较浓,而新闻报道追求客观真实,力求最大限度地还原事实。改进典型报道,必须尊重新闻规律,注重典型的新闻性,增强典型报道的真实性、时效性、信息性、贴近性和可读性,顺应现代社会的大众传播规律,以科学、有效的传播方式让典型人物走进受众内心,引发受众的共情与共鸣,达到良好的社会传播效果。这就要求在报道实践中,善于打破"主题先行"的模式,采取"事件先行"方式,深入生活,贴近群众,深挖素材,避免为了宣传而宣传,刻意建构典型,要真正依照新闻规律,发掘和表现典型人物先进事迹背后的时代特征、生活底色、个性光辉,成功塑造出能够从根本上打动受众且让受众觉得可亲、可近、可信、可学的好典型。

(二)典型的塑造应实事求是、回归生活常态

在传统的典型报道中,被报道的典型要么被神化、天使化,要么被丑化、妖魔化。从传播效果上讲,过度拔高和肆意丑化都是不符合新闻真实规律的,最终都会失去受众信任,令受众敬而远之、惧而远之,达不到预想的传播目的。

以往有不少典型报道在表现典型人物爱岗敬业、勤奋工作这一主题时,常常描写主人公牺牲休息时间,废寝忘食地加班加点工作的情景,或主人公为了工作,抱病奋战,弃家不顾,甚至妻儿病重、父母临终都不下工作岗位。这种不顾环境条件、时代变化,过分地、绝对地强调甚至夸大某一行为、某一个特例的做法,所塑造出来的典型反而失去了应有的人间烟火气息,即便令人觉得可敬却不可亲、不可近、不可学。典型报道倘若依旧如此"理想化"地推出典型,必然会遭遇更多困境。这就要求当下语境中的典型报道突破传统的模式化、夸饰性报道范式,回归正常的新闻传播逻辑,以一种更为理性、科学、人文的精神贯穿采、写、编、评、刊播的始终,避免做出脸谱化、贴标签式的报道。那种被刻意拔高、十全十美、缺乏个性、高高在上的典型,很难令当今大众产生亲切感和认同感。因此,在塑造典型时,应该实事求是、回归生活常态,真正把典型当成一个正常的人来观察、描述和评判,以平民化的视角,写出典型的人之常情,反映他们身上的人性美和人情美,让典型更加立体和丰满,更贴近大众的实际生活,使典型真正实现由"神""妖"向"人"的正常回归。

近年来,央视《感动中国》栏目推出的典型之所以赢得了广大的受众,就在于它采用了平民化的视角,以感性的方式诉说、以细腻的方式表达,使用平实的话语,一改过去事迹宣讲式的报道策略,将目光集中在人物的心路历程和事件的细节上,化理性的判断为感性的情感、化抽象的概念为具体的人物、化严肃的新闻为动人的故事,将笔触延伸到人物的情感世界。由于逼近了社会生活中真正存在的"人"与"事",才逼近了真实。

(三)以大众的接受和认同作为传播致效的重要考量依据

马克思认为人民的信任是报刊赖以生存的条件,没有这种条件,报刊就会萎靡不振。同样,对于典型报道来说,得到人民群众的信任才能继续发展。以往的典型报道缺乏对受众内在需要、接受心理的考量,宣传性、目的性过强,而导致受众的接受和认同度不佳。

个体意识的增强与价值取向的多元化使得越来越多的人不再被动、盲目地崇拜英雄、模范,不会简单地接受典型报道中的人和事,而是会用自己的价值观念去思考、评判,从而有选择地接受典型报道传递出来的信息。如果媒体还认为典型报道能够以"皮下注射"的形式轻易地让大众接受它们,那注定会失望的。

随着时代的发展和社会的进步,人们在获取信息的同时也渴望表达出自己的立场、思考和判断;同时,情感的交流也成为传播过程中不可或缺的环节。这种变化反映在典型报道中就是大众也希望参与到典型的评选过程中去,按照自己的价值观念和道德标准去选取典型,同时也希望自己的心理期待能在新闻媒体中得到实现。传播实践表明,大众需要的是符合他们心理认同的典型——那些有时代特征的、鲜活的、有着人性的丰富性的典型人物才是大众希望看到的。所以,尽管典型有其存在的必然性,但绝不能为了宣传的需要而歪曲事实,"构建"典型。不管是典型人物还是典型事迹,都应是符合现实生活常理的,而不能违背一般规律,不能任意地拔高或矮化。典型报道需要改变以往那种浓重的政治说教色彩,体现出人文关怀,要贴近实际、贴近生活、贴近群众,选择那些真实又朴实的、血肉丰满的典型,客观、生动、真实地表现典型,让典型的精神、个性、故事对社会大众起到"润物细无声"的作用。因此,典型报道应该对人物和事件进行"素描",通过展示和真实再现典型体现出典型价值,给受众一定的理解和感悟的空间,让受众自己去体会、领悟典型背后所蕴含的意义和价值,进而产生情感与精神上的共鸣,引发学习典型的内趋力,从而使受众在潜移默化中改变其价值观念,最终上升到行动层面的变化。在此方面,央视《感动中国》栏目已做出了很好的尝试,它在对典型的发掘和传播过程中,强调公众参与,最大限度地确保畅通民意表达,受到了大众广泛的接受和认同,可谓探索出了一条典型人物报道的新路径。

总之,革新典型报道理念,改进典型报道方式,进而讲好典型故事,使典型报道在满足宣传需要的基础上突出新闻价值,从而能够更加适应时代和社会发展,更加符合现代民众心理,以便带给民众更加愉悦的接受体验,赢得民众的由衷认同与自觉接纳。这无疑是典型报道今后行稳致远、走向高质量发展的必由之路。

二、加强典型报道策划，推出典型报道精品

典型报道是我国新闻事业的一大特色，所报道的典型往往带有鲜明的时代烙印和突出的风格特征，能够用于激励、鼓舞、教育民众。典型报道需要顺应时代要求，努力克服自身在长期的历史沿革中所积累下来的种种问题和弊端，在寻求改进和创新中更好地服务社会。为此，就需要通过加强典型报道的策划，不断优化和提升典型报道的质量和传播效果，进而为社会提供更多的典型报道精品。

（一）掌握典型报道的运作方式

当前，典型报道从运作方式上看主要有两种类型：一种可以称为“任务型”典型报道，即由上级宣传部门确定重大题材或重大典型，再组织各新闻单位进行联合报道，新闻单位接受“任务”后，对典型进行采访、挖掘材料而后根据相关精神和要求推出典型报道；另一种则可以称为新闻媒体自主推出的典型报道，即由新闻媒体积极从现实生活、新闻事件中主动发掘出典型，进而确立和报道典型。二者虽然都是由新闻媒体完成的典型报道，但在具体运作方式上存在一些差异，需要有针对性地加以掌握。

1.“任务型”典型报道

由上级宣传部门作为宣传任务要求新闻单位进行报道的“任务型”典型报道，基本遵循自上而下的路线，即新闻媒体为了贯彻上级宣传部门的某一宣传精神，派出记者深入基层，寻找对应的典型；或是上级主管部门认为某人某事某机构具有“典型”价值、推广意义，而要求新闻媒体共同给予突出报道。可以看出，这类典型报道的实施过程实质上是新闻媒体以上级意志为导向，自上而下地将其宣传意图具像化的一个运作过程：贯彻上级精神→记者下基层寻找和采访典型→新闻媒体报道→高层倡导→众多媒体持续跟进宣传、报道→发动群众学习。因为具有很强的计划性和指令性色彩，灵活性较差，这种运作方式容易导致典型报道内容与形式上的模式化、千人一面。加之，由于典型由上级宣传部门确定、发布，记者受命采访，还没接触到采访对象，事迹材料就人手一册了。一些记者为求尽快交差，采访中走马观花般地接触一下采访对象，而后就套用以往的模式去写稿，拿现成材料剪接、拼凑，加工成文。这样做出来的典型报道，必然形式老套、内容乏味，令受众反感。在个体意识不断张扬的当下，这种类型的典型报道想要赢得受众认同并非易事，需要新闻媒体充分重视对典型的深入、细致采访，努力挖掘典型背后的鲜活材料，创新性地报道好典型，将典型报道写出新意。2005 年 5 月，中宣部采访团对四川木里县马班邮路乡邮员王顺友进行采访。记者们亲自踏上王顺友那漫长的邮路，体验那异常艰辛的“旅程”。在此次采访中，新华社的张严平是坚持走完邮路的唯一女记者。经历高山反应、极度疲劳以及种种惊恐和危险，在荒无人烟的

深山里跋涉三天两夜之后，张严平真切地了解到了王顺友马班邮路上的生活，真实地体验了他的甜酸苦辣，实实在在地感受了他质朴而高尚的心，乃至深切地领悟了高原上被人们称为“圣洁之花”的索玛花儿如诗如歌的内涵。“我对自己说，好吧，那就把最真实的王顺友从大山里捧出来，把最真实的感动传递给读者，把带着高原土、高原风的索玛花儿献给千千万万如索玛花儿一样的普通人！”❶ 这样的采访让记者亲身体验到一个乡邮员的艰难邮路，让记者走进王顺友那孤独的内心世界，也让记者获得了大量感人至深的鲜活材料，进而花了三个夜晚完成了长篇通讯《索玛花儿为什么这样红》。随后，短短几日，马班邮路乡邮员王顺友的事迹传遍了城市乡村，感动和震撼了无数颗心灵。

《索玛花儿为什么这样红》

2.新闻媒体自主策划的典型报道

对于此类典型报道，需要新闻媒体在发掘典型、报道典型时，能够充分把握社会形势和时代特点，努力将典型人物的事迹与当前亟须在全社会、广大民众中弘扬的时代精神有机结合，形成具有特定时代内涵的典型报道主题。在信息杂芜、人们的注意力越来越分散的今天，典型报道要能引起社会的关注，产生良好社会影响，就必须具有吸引力和感染力。因此，不能局限于把典型报道当作“任务”来完成，认为只需完成上级宣传部门指定的“规定性”动作即可，而必须变“要我抓”为“我要抓”，善于主动发掘典型，进而报道典型。

一方面，新闻媒体应当围绕党和政府的中心工作，根据时代要求和社会发展的需要，结合人们在现实生活中普遍感到困惑、焦虑的问题，选取、挖掘一些能够起到指路定向、释疑解惑、明理敦行等作用的典型来报道。客观地看，在不同时代、社会发展的不同阶段，人们需要不同的典型来引路、来回应他们对现实种种问题的困惑、来为他们的价值依归与行为选择做出示范。所以，新闻媒体理当围绕中心、服务大局，从单纯报道上级部门圈定的英模、先进的窠臼中突围出来，积极深入实际、深入生活、深入群众，主动选取、发掘具有一定的指路定向、释疑解惑、明理敦行作用的典型进行报道。这样，有助于释放典型报道的活力，推出为广大人民群众所认可的鲜活典型。当然，在此过程中必须注意紧扣中心工作、反映时代呼声，使得推出的典型能够立得住、行得远。2011 年起，央视历时一年多时间，连续推出了“寻找最美乡村教师”“寻找最美乡村医生”“寻找最美消防员”“寻找最美孝心少年”“寻找最美村官”“寻找最美军嫂”等系列大型采访报道活动，经由《新闻联播》《朝闻天下》《新闻直播间》等多个栏目联手播出，产生了广泛的社会影响。央视系列“最美”基层模范典型报道的推出，显然有助于为当前社会人们的价值依归与行为选择提供示范。2018 年底，湖北日报传媒集团“特别传媒”副总编辑张孺海从一位中学同学打来的电话中获悉，在进行退役军人普查登记时，其父张富清竟然有不少军功章和证书。春节回老家时，张孺海到同学家确认了事件的

❶ 张严平.索玛花儿一点点在心中绽放[J].新闻与写作，2006(10)：22。

可靠性。经初步交谈，从老人的战斗故事和他身上透露出的艰苦朴实、不忘初心的品质，张孺海凭着自己多年的职业敏感判断这是一个重大典型，并将相关情况反映给报社领导。2019年2月13日，春运尚未结束，湖北日报传媒集团一行记者就踏上了寻访英雄之旅。通过深入采访和多方核实，一个60多年深藏功名，扎根基层，一辈子坚守初心、不改本色的英雄典型就此被发掘了出来。从2019年2月15日，《湖北日报》和《楚天都市报》首发通讯报道《95岁老人是功勋卓著的战斗英雄》，新华社、《人民日报》等中央媒体相继跟进报道，张富清这个典型开始走向全国。5月，习近平总书记对张富清同志的先进事迹作出重要指示强调，老英雄张富清60多年深藏功名，一辈子坚守初心、不改本色，事迹感人。6月，中宣部决定授予张富清同志"时代楷模"称号。9月17日，张富清被授予"共和国勋章"。显然，张富清典型报道的成功，与新闻媒体从典型人物的先进事迹中发掘和提炼出了能够服务当前党的中心工作、契合当下时代精神的报道主题紧密相关。

另一方面，新闻媒体要善于在随机发生的新闻事件中发现具有时代意义的典型，进而深入采访和报道典型。荣获第二十一届中国新闻奖一等奖的《楚天都市报》"信义兄弟"系列报道，就是属于此类。"信义兄弟"的线索，最先来自《楚天都市报》的新闻爆料平台。2010年2月20日上午，报社接到一个读者打来的电话：2月10日凌晨，在南兰高速公路河南兰考境内，武汉市黄陂区泡桐街在京建筑商孙水林一家5人在回老家过春节途中遭遇重大车祸遇难。《楚天都市报》记者在随后的采访中发现了车祸背后更多的细节，如孙水林连夜抢在大雪封路前赶回黄陂的原因是想及时给家乡的工人发工资，其轿车后备箱内26万元的巨额现金正是用来发工资的钱。在等待车祸处理时，弟弟孙东林又赶回家中替哥哥完成遗愿——把钱发给工人。孙氏兄弟这种"接力送薪"的行为，在当时拖欠进城务工人员工资、进城务工人员讨薪难问题突出的情况下，显得十分可贵。《楚天都市报》编辑部敏感地意识到孙氏兄弟身上的"信义精神"所具有的时代价值，及时进行报道策划，将报道视角由负面信息事件转向正面典型报道，报道定位由单一的交通事故转向"信义兄弟"典型事迹的报道，报道主题由"弟弟代亡兄发钱"转向"信义兄弟接力送薪"。从2010年2月21日开始，《楚天都市报》推出时代典型人物"信义兄弟、接力送薪"系列报道。从第一天起，这组报道就开始吸引全国各地媒体的关注。其中，中央电视台《新闻联播》前后6次聚焦，《人民日报》、新华社等媒体也纷纷开辟专栏持续进行升温。就这样，《楚天都市报》记者由该起车祸消息，经过深入挖掘，连续追踪，成功推出一个时代的典型——信义兄弟，得到受众的普遍认同。在此后的两会上，"信义"也成为年度热词。2012年6月，杭州电视台策划推出的"最美司机"吴斌系列报道，也属于从随机新闻事件中发现典型、报道典型的实例。该系列报道从2012年6月1日起接连8天播出40余篇报道，数百家网络媒体转载，荣获第二十三届中国新闻奖一等奖。

当然，时势造英雄，不同的时代有不同的典型，也有评判和认定典型的不同视角和标准。

因此,在当今多元化的社会中,对典型对象的选择也可以多元化。典型报道的目的之一,是借助典型人物的光辉事迹达到感染群众、号召群众向典型人物看齐、学习的目的。如果报道对象集中于科学家、杰出人才、功勋人士等特殊群体,由于职业的特殊性,他们的一些工作事迹对于普通群众来说往往不具备效仿和学习价值。所谓典型,是指在同类中“具有代表性的人物或事物”。就典型人物而言,只要其在某个方面具有一定或较强的代表性,就可以成为典型。也就是说,典型人物的涵盖对象可以十分广泛,并不一定就是英雄模范人物。因此,要想提高典型报道的宣传效果,还是要尽量从平民视角出发,选取普通群众,用发生在他们身上的一两件小事由小见大,由点到面,反映时代精神,号召群众向他们学习。媒体典型人物报道对典型人物的选取,从初创阶段的劳动模范、抗战英雄、工业模范等到如今的人物形象的多元化。随着经济的不断发展,各行各业涌现出了一批典型人物。因此,典型人物报道的领域更加宽泛,如基层干部、医生、军人、教师等。典型人物的报道对象已从过去单一的英模人物扩展到新闻人物和各种类型的“小人物”以及曾被边缘化的“冰点人物”。在典型的发现上,渠道也可以更加多样。例如,近年来央视开办的《感动中国》栏目,让普通民众参与进来发掘、选取、树立典型,产生了良好的社会反响。典型的选择随着时代潮流的发展而变化,是值得称赞的。这样,新闻媒体可以充分发挥各自的特色,根据各自不同的受众群进行典型报道,使典型报道不再千篇一律,而是在各个媒体的相互竞争中共同为典型报道增色,增强了典型的社会影响。

(二)改进和创新典型报道的方式

长期以来,典型报道相对单一的报道模式,强化了受众对其呆板、沉闷、乏味的观感,影响了其社会形象和传播效果。因此,要改善典型报道在公众心目中的形象,提升典型报道的社会影响力,必须在尊重新闻规律、把握受众心理的基础上改进典型报道的方式,从形式、内容、语言表达等方面突破套路,锐意创新,实现自身形象的改观。

1.拓展体裁形式,丰富表现手法

以往的典型报道,体裁形式比较单一,一般就是消息、长篇通讯和评论,表现手法也相对单调,主要就是叙述、描写、议论,这很难适应受众求新、求异的信息接受心理。在当今多元化的社会里,受众需要更加丰富多彩、形式多样的典型报道。新闻媒体要更多地从受众的接受心理考虑,采用多样的、受众认同的形式开展典型报道,这样才能更好地被受众所接受。因此,除常规使用的通讯、消息、评论等方式外,系列报道、组合报道、追踪报道、亲历性报道、特写、速写、专访、新闻故事、实录性报道等都可以用作典型报道的方式,表现手法也要多样,要有突破、有创新。

时下,受众信息接收碎片化和快餐化的趋势日益突出,典型报道能否与时俱进谋新、求变,不断探索和创新报道形式、丰富表现手法,是决定其能否获得良好传播效果的重要前提。

报道典型，最忌讳平淡无奇，毫无特色。因此，写好典型报道的关键在于讲好典型的故事，要把故事讲生动，角度独特，手法新颖。典型报道的故事内容来源于典型人物的生活，需要记者深入地进行多次挖掘、择取、提炼，讲故事的方式则取决于记者在合理把握受众的信息需求与求新、求变的接受心理的基础上匠心独运、不落俗套地对报道方式的灵活、巧妙运用。《楚天都市报》从2010年2月21日至3月4日有关“信义兄弟”的典型报道，共用39个显著版面，刊发消息、特写、通讯、评论、图片等新闻报道156条（幅），《为了哥哥的遗愿 弟弟代兄发工钱》《新年不欠旧年薪，今生不欠来生债》等消息，尽显清新动人；《季布重一诺，大道在民间》《千经万典，信义为先》《“信义兄弟”彰显时代风范》等评论，洗练深刻，报道规模和阵势前所未见。该组报道通过精心策划、精心包装，塑造的时代典型，形象丰满鲜活，可敬可亲、可信可学。2019年3月，新华社湖北分社精心策划、深入挖掘，成功推出不忘初心、深藏功名的老党员张富清这个全国重大典型。在8个多月时间里，报道团队连续推出《英雄无言》《英雄的选择》《初心永恒》《你是一个传奇》等报道，涵盖文字、图片、视频、MV、漫画等载体，成功地将一个60多年扎根基层、深藏功与名的老党员的感人故事讲给全国亿万民众，产生了强烈社会反响。当然，典型报道不仅是在报道新闻，更是传达一种价值导向，因此报道中应考虑使其表达方式多元化，以更贴近、更直观的表述来传达典型精神。

当然，典型报道在表现手法的运用上，还应当充分考虑不同类型媒体的特点，使用最能体现该类型媒体传播优势的方式讲述典型故事、典型精神，以便更有利于观众理解和接受。比如，电视媒体进行典型报道主要依靠视频新闻文本，通过声音、画面等传播符号的组合，传播典型的事迹、典型所体现的时代精神。受众从最初接收到信息到理解新闻文本，并学习、效仿典型，这个过程中始终离不开声音、画面等传播符号有机建构的视频新闻文本对他们身心层面所造成的具体影响，所以，这方面的运用技巧显得十分重要。

此外，典型报道最忌讳也最容易犯的错误就是写一些空洞且拔高的话语，如某某对工作任劳任怨，他把满腔的热情都投在工作中，他将青春无怨无悔地奉献给了祖国……这种极其主观的评论式话语看似激情洋溢，其实对表现人物形象而言空洞、乏力，并没有任何感染力。所以，典型报道中对于人物形象的塑造，一定要用事实说话，要用他的那些生动而感人的事例使人信服，而不能做空洞的赞美，要防止拔高和夸大。抓住这些，文章就接地气了，就生动可读了。同时，要减少评述和议论，即要用被采访者的话体现作品的思想；要让典型人物和他们的见证者说话，记者个人的观点和评述尽可能不出现在作品之中，避免空洞和不实。

2.注重对人物的立体化呈现和人性化抒写

“抓住一点，不及其余”，将人物摹写成“高大全”式的形象的同时，也让自身深陷“假大空”的新闻话语泥潭，一度是典型报道塑造典型人物的畸形状态。太多脱离了事实本身的不实、片面与夸张性抒写，使得以往的诸多典型报道在树立了一个又一个缺乏正常人间烟火气息和人情味的“神化”典型的同时,也让人们对典型渐渐敬而远之,并开始对新闻的真实性产生怀疑。“应该看到,先进典型来自社会生活,来自现实生活中普通的人。先进典型既有‘闪光’的不平凡之处,也有普通人所具有的正常感情和理性。而人所具有的正常的情感和理性,就是人的本性所在。”[1] 因此,对典型人物的呈现应该由以往的平面化转向立体化,重视表现典型人物身上的人性本色和人情味,避免出现“雕像式”“画像式”“神像式”“蜡像式”典型人物,使典型人物回归生活真实,让广大民众感受到典型人物的可敬、可信、可亲、可学,应该是改进典型报道的方式的题中应有之旨。

典型人物也是人,也有缺点和不足。典型报道在强调先进典型的特殊性、先进性、时代性的同时,不能脱离“人的本性”,不能把先进典型写成“天外来客”和不食人间烟火的“圣人”“神仙”。实际上,先进典型越是被渲染得崇高,就越会失去受众的认同感,就越会脱离典型报道的初衷。多侧面、多角度、立体化地展现人物个性,更加清晰、明了地反映出人物的完整面貌,努力把典型写成一个让普通人可以平视、可以贴近、可以学习的典型,反而更有利于典型走进民众、走向全社会。新华社记者朱玉的体会是先把典型理解成凡人,而且是有缺点的凡人,然后再发现这个凡人身上的不凡之处。在长篇通讯《警察任长霞》中,记者没有把任长霞写成“完人”,而是从多个侧面向人们呈现了一个立体、丰满而又真实、感人的任长霞,不仅让人们看到了一个一心为民、尽职尽责的警察形象,也看到了一个情感丰富、内心也时时充满矛盾的普通女性形象。尽管平时穿着警服,但她也喜欢时髦服装和化妆品,外表刚强而内心细腻、富有同情心,见到老百姓的冤屈容易落泪,对待父母、丈夫、孩子总是处在忠孝难以两全、忠贤不可兼得的痛苦选择中。正是在刚与柔、爱与恨、得与失的冲突和对立中,在优点与缺点并存中,人们感受到了一个真实的任长霞,一个平凡中透出不平凡的任长霞,增强了报道的可信度。

“无情未必真豪杰,怜子如何不丈夫。”事实证明,突破以往的思维定式和报道模式,将笔触延伸到报道对象的日常生活和情感世界里,正视他们的人之常情,展示他们的人情美,不忽略他们的缺点,反映他们在典型包裹下作为普通人的多彩人生。这样的典型报道更可信、可亲。古人云:感人心者,莫先乎情。先进人物同样是有情有义的人,但因为过往的典型报道往往侧重于先进人物对祖国、对人民、对事业的忠诚、奉献的描述,而淡化他们对亲人的真挚感情,这不仅无助于人们理解、亲近先进人物,反而会造成受众与先进人物之间的情感隔阂,不利于引导人们学先进、学典型。

3.抓好细节

典型报道要打动人、产生真正深入人心的效果,就必须彻底摆脱固有的模式化的报道框架,用心抓好细节,使典型报道走向特色化。过去,很长时间里,典型报道中对人物的刻画盛

---

[1] 侯增文.典型报道价值选择的依据和原则[J].采写编,2011(1):10-11。

行一种常用公式:“先进=奉献牺牲+亏待家人+几十年如一日+最后累倒在自己的工作岗位上”。典型报道的这种模式化、套路化的写法,久而久之已经让受众萌生了逆反心理。

正所谓“细微之处见真情”“细节决定成败”,细节的捕捉与运用是决定典型报道成功与否的一个关键。新闻用事实说话,而事实要靠细节来支撑。细枝末节,却小以见大,使人物形象栩栩如生、跃然纸上,使典型报道扣人心弦。缺乏细节的典型报道是缺乏生命力的,受众会有味如嚼蜡的感觉,缺乏细节的人物形象难以产生感染力。细节描写是使报道可闻、可见、可触、可感的关键,如焦裕禄座椅上的窟窿、孔繁森卖血的清单、许振超灯下查线路图、任长霞抚摸农妇头上的伤疤等,这些细节活化了人物,使典型感人至深。

当然,典型报道中所用的细节都必须是真实无误的。有些记者认为在基本事例准确的前提下,在细节上进行艺术化处理,编造一些有说服力的细枝末节无伤大雅,这种想法是错误的。“一篇人物通讯,哪怕只有很微小的一点虚构,其后果将是灾难性的。因为读者一旦知道有假,必然会对整个通讯产生怀疑。”[1] 这种信任危机,对于人们接受典型报道而言,无疑是灾难性的。特别是当前互联网时代,信息传播渠道广泛、多元,新闻报道出现不实成分,很容易引来人们的质疑、查证和曝光。因此,作为正面报道的典型报道,更不能使用丝毫不实细节,以免损害自身的声誉。

挖掘典型对象在工作、生活中的细节,运用细节刻画、展现典型的形象,典型报道这种对细节的需要,给记者提出了更高的要求——记者必须进行扎实、深入的采访,需要有敏锐的洞察力,能够捕捉生动有趣、富有人情味的细节。近年来,在众多典型报道中,各媒体记者深入生活,将自己置身于典型对象的日常工作和生活中,融入他们的精神世界,感受他们的思想情绪,挖掘出生动细节,靠细节、靠情节表现人物,从细微处反映人物的思想、品格和精神,使典型报道更具感染力。在这方面,有时需要采用体验式采访以取得较好的效果。《青岛日报》记者辛梅采访许振超就是如此。“为了挖细节,我 20 多次爬上 70 米高的桥吊;为了写活他修理张紧液压装置的画面,我越过护栏,一直爬到伸向大海的桥吊前大梁上,亲手去试两个油阀的温度;为了写出桥吊司机工作的单调,我计算出了一个司机一天要做近万个重复动作;为了挖掘最能体现许振超钻研精神的故事,我只要听说谁是他的好朋友,就缠着人家不放。有一个星期天,我与唯一知道他倒推电路板故事的工程师通了近两个小时的电话。”[2] 著名记者穆青认为,获得细节,处理好细节,这是记者的思想水平、新闻敏感、采访经验、写作技巧等能力的综合反映。细节的运用可以使得人物形象更丰满、立体,更加感人。在有关任长霞的典型报道中,人们就对一些生动的细节描写产生了深刻的印象。譬如,任长霞在抓获某犯罪嫌疑人时,看到嫌疑人的孩子在一旁哭泣,她指指嫌疑人,对民警说:“把手铐给他打

[1] 穆青.谈谈人物通讯采写中的几个问题[J].新闻战线,1979(4):10-18。

[2] 辛梅.走近许振超[J].新闻战线,2004(6):22-23。

开,让他见见孩子!”抱着儿子,犯罪嫌疑人号啕大哭。这没了妈的孩子眼见着就要没有爹了！他追悔莫及。任长霞从兜里掏出100元钱递给犯罪嫌疑人的邻居,说:“给孩子买点吃的,以后孩子有啥困难,去公安局找我,我叫任长霞。”说完扭头就上了车。上了车的任长霞却捂着脸,眼泪直流。农妇陈秀英几年前被人打破了头,一直没有人管,任长霞接待来访时,伸手去摸陈秀英的头,当摸到头骨上小碗口大的凹陷处时,她“呀”了一声。“抓人,坚决抓人!”任长霞说,“你回去吧,路上慢慢走,在街上吃点东西。”她掏兜:“给你拿点钱。”这些细节,使任长霞爱憎分明、刚柔相济的形象跃然纸上。在《百姓心中的丰碑》中,细节的运用进一步丰富了人们对典型人物任长霞的认知。“记者在任长霞局长办公室的洗面台上发现,她的玉照下也有不少女人化妆用的必需品,一瓶忘记拧盖的化妆品仍散发着淡淡的芳香。”“玉照”“化妆品”这些细节形象地刻画了一个爱美的、热爱生活的普通女人,使人物更加鲜活,也更加真实。

(三)提升典型报道的传播效果

当前,传统媒体与新兴媒体的融合发展格局,为典型报道提供了更为多元的传播载体和更加多样的传播平台,也为提升典型报道的传播效果创造了十分有利的条件。然而,与此同时,信息传播的海量化和多样化、人们阅读方式的碎片化以及热点更迭的快速化也为提升典型报道的吸引力、影响力增加了新的难度、提出了新的挑战。因此,怎样提升典型报道的传播效果,也是在进行典型报道策划时需要给予认真考虑的问题。

1.丰富传播手段,拓展传播渠道

融媒体时代,随着新兴媒体与传统媒体的相互作用、相互融合,新闻信息传播规律发生了历史性的变化,融媒体新闻传播逐渐成为新闻业界的主流态势。

在媒体融合时代,新闻信息的传播主体由原来的单一主体走向了多元化主体,新闻信息的传播权属不再是由专业人士所垄断、独专,每一个普通人在网络与新媒体技术的赋权下都可以成为新闻信息的传播主体——人人都有麦克风,人人都有发布平台,人人都可以是编辑、记者。同时,在传统媒体和新兴媒体走向融合的背景下,使用某一单质媒体进行新闻报道、新闻传播的做法,已经越来越不适应信息传播全媒体化、全时化、立体化的时代要求,也无法满足不同社会群体的媒介接触偏好;而同时采制多种质态的新闻报道(文字报道、音频新闻、视频新闻、网络新闻等),借助多元平台、多种渠道进行传播,已然成为当前新闻媒体的常态做法。这对于典型报道而言,同样也不例外。应当看到,新闻信息传播主体的多元化、传播渠道的多样和传播信息的无限丰富也造成了信息传播的严重超载。面对每天海量传播的新闻信息,人们对包括典型报道在内的一切新闻报道的关注度都遭受到了空前的稀释。在此形势下,典型报道要想不被信息洪流所淹没,成功吸引民众关注,提升社会影响力,就必须丰富传播手段,拓展传播渠道,构建立体化、全媒体的传播格局。因此,新闻媒体在推出典型报道时,就应该本着“用户在哪里,信息覆盖就到哪里”的传播理念,遵循全媒体布局、立体化传播的要求,立足文字、图片、音频、视频各种介质的传播特点,坚持纸媒、网媒、掌媒协同推进的方针,有意识、有目标地丰富传播手段,拓展传播渠道,以便使每一条报道都能第一时间在最适合发布的媒介平台传播出去,快速占领新闻舆论高地,形成传播强势。

融媒体新闻传播格局下,新闻媒体典型报道的传播要取得“一加一大于二”的效应,就必须深入探索统筹利用传统媒体与新兴媒体有效进行组合传播的规律。众所周知,传统媒体主要是一种以传播者为本位的线性传播,受众在传播过程中一般处于单向接受的被动地位。相对于传统媒体来说,互联网、手机等新兴媒体的突出特点是传播的广泛性、参与性、互动性、匿名性、便捷性等。这些特点,有助于让更多受众有机会参与到典型报道的各个环节,从最初的对典型对象的报料、发掘,到对典型的“命名”、参与报道,乃至后续对媒体所做典型报道的分享、转发、评论等接续传播,每一步都可以通过网络或者手机参与,用自己的发声影响最终结果。加之,当前随着互联网的普及和智能手机的广泛使用,网络、手机等新兴媒体已经占据了人们接受新闻信息的首选端口。这样一来,新闻媒体推出的典型报道如果想吸引更多的受众关注,就必须重视利用互联网、手机等传播手段和传播渠道。近年来,不少新闻媒体在推出典型报道时,都积极利用互联网等新兴媒体的力量,以最大限度吸引受众关注,提升社会影响。前面提到的“最美司机”吴斌、“信义兄弟”、64年深藏功名的张富清老人、时代楷模黄大年、排雷英雄杜富国等典型报道,莫不如此。例如,2019年,在典型人物张富清的系列报道中,《湖北日报》不仅刊发了通讯《从不提当年勇,直到退役军人信息采集时才发现——95岁老人是功勋卓著的战斗英雄》等文字类报道,还通过客户端发布了《张富清:党指到哪里,我就打到哪里》《张富清:在战场上死都没有怕,我还能叫苦磨怕了?》《张富清:3000多元的晶体就很好,我选它》等短视频稿件,还原采访现场,让读者感受更为深切。此外,《湖北日报》融媒体中心还融合图文、短视频等元素,结合手绘长图方式,推出了融媒体产品《誓言无声》。短视频、手绘长图等新的手法的运用扩大了传播方式,提升了传播效果,让典型人物的事迹更广为人知。简而言之,在当前融媒体时代,改变单一的传播手段的限制,突破固有的传播渠道的束缚,有意识地统筹利用传统媒体与网络、手机等新兴媒体,发挥它们各自的传播优势,可以使典型报道的传播更加坚实有力,更加灵变、活泼,也更能收到让人们入眼、入耳、入脑、入心的效果。这也要求媒体人不仅要具备良好的文字表现力,成为写作消息、通讯、故事、评论等的多面手,还要学会新媒体的十八般武艺,成为运用新媒体技术和手段的行家里手,成为一个全媒体型的新闻专业人士。

2.增强典型报道与受众之间的互动

增强受众与媒体、与典型人物(如果健在的话)互动,可以拉近典型与受众之间的距离,使典型能够更加深入人心。传播学研究早已证明,在新闻传播过程中,受众并不是被动挨打的靶子,而是新闻传播活动的积极参与者,甚至可以说,是整个新闻传播活动中最活跃的决定因素，在新闻传播活动的各个环节，受众都在或明或暗、或强或弱地起着各种制约作用。

随着时代的发展和社会的进步，人们的自主意识不断增强，也越来越重视表达自己对外界事物的态度、看法。过去，囿于传播条件，人们在大多数时间里只能被动接收新闻媒体传播的信息。面对典型报道，即便有许多想法、看法，也少有机会和途径能够将其及时、公开表达出来，反馈给媒体和社会。不过，互联网、手机等新媒体的发展颠覆了以往传统媒体单一的线性传播模式，使受众地位空前提高，并改变了单向接受信息的被动地位。在互联网、手机等新媒体的技术赋权下，传播者和受众之间的关系趋向平等，方便了传受双方进行互动，有助于包括典型报道在内的新闻信息能够在不断的传受互动中获得多次传播的机会。

时下，新闻信息传播的海量化和多样化、人们阅读方式的碎片化以及热点资讯更迭的快速化，都为提升典型报道的吸引力、影响力增加了新的难度、提出了新的挑战。在此种形势下，增强典型报道与受众之间的互动，无疑能够在一定程度上强化受众对典型报道的关注度、接触黏度，增加典型报道的传播机会，放大典型报道对受众的影响力。2012 年 6 月，杭州电视台对“最美司机”吴斌所做的系列报道，能够产生强烈的社会反响，除了人物本身的事迹足够令人感动外，也与该报道与受众之间形成了良好的互动、助推了该报道社会关注度的提升和影响力的扩大这一因素密切相关，以致杭州市民在吴斌出殡日自发聚集为其送别。

3.加强媒体之间的联动

加强媒体之间的联动，推动典型报道集群效应的形成、在社会上促成有关典型的话题共振，是当前融媒体传播环境下提升典型报道传播效果的重要抓手。

21 世纪初，有关任长霞、许振超、宋鱼水、张云泉等典型人物的报道中已经出现了媒体联动的做法。

在对任长霞的典型报道中，除了党报、党刊、电视台等传统媒体，都市类报纸、网络媒体也加入典型报道的队伍中。新华社长篇通讯《警察任长霞》，《新闻联播》的《巾帼铁肩担道义》，《焦点访谈》的《长霞浩气贯中州》，《人民日报》长篇通讯《百姓心中的丰碑》，中央人民广播电台《热血铸警魂》；都市类报纸《南方周末》以一个整版刊登长篇通讯《一位令老百姓落泪的女公安局长——任长霞传奇》，《北京晚报》发表长篇通讯《情系民心霞映长天》；网络媒体如人民网的《人民的好卫士——任长霞大型专题》，人民网、新华网、央视国际网、中青网、中新网联合署名的《长风彩霞　逝者如诗》，发挥了较好的媒体联动效应。这些媒体在不改变受众定位、不改变叙事风格、不改变关注角度的前提下，发挥各自的优势和特色，视角独特，从与老百姓生活密切相关的问题入手，用平民的视角审视，用百姓的语言表达，讲述典型人物的故事，把典型还原到现实生活中、还原到平民百姓中，使报道平实、感人、可信，使人物形象更加可亲、可敬、可学、可爱。这样，既扩大了受众面，又拉近了典型与受众的距离，从而最大限度地发挥典型报道的规模效应，扩大典型的影响力，短短几天就使任长霞成为社会关注的舆论热点。

优秀产业工人许振超的典型报道，也将诸多媒体的能量充分调动了起来。中宣部新闻局在总结许振超的宣传报道时，这样评价："总体情况看，许振超典型报道规模宏大、版面安排、节目处理效果突出，亮点纷呈。《人民日报》、新华社、《光明日报》《经济日报》、中央人民广播电台、中央电视台、《科技日报》《工人日报》《中国青年报》《中国妇女报》《农民日报》等媒体均连续报道刊发通讯、消息、评论等，报道许振超事迹，赞扬许振超精神，同时配发大幅彩色图片，内容丰富，图文并茂。电台、电视台安排在黄金时段边续播发有关许振超的报道，引人入胜。"❶ 多种报道方式与体裁互相组合。可以说，对许振超的典型报道，各媒体高度重视，组合运用消息、通讯、评论、图片、摄影、网络报道等多种体裁和报道方式广为宣传，立体展示典型形象，突出了许振超作为新时期产业工人优秀代表的风采与风貌。尤其是，此次许振超典型报道，将互联网纳入其中，拓宽传播渠道，实现网络与传统媒体互动，形成了典型宣传的立体化格局，扩大了典型的影响，成为一大亮点。新华社对许振超典型进行专栏挂牌报道，每天围绕一个主题，推出一组稿件，角度不同，各有侧重，根据文章的内容配发了大量照片。同时，新华社通稿与新华网紧密互动，新华网多次在首页头条位置推出新华社通稿，新华社又将网上的反应作为通稿播发，这是新的尝试与创新。中央人民广播电台推出了许振超典型宣传直播日，全天直播，通过不同节目，从各个角度报道许振超的典型事迹。在一套节目中为一位典型人物全天开辟"直播宣传日"，这在中央人民广播电台的历史上还是第一次。央视《实话实说》《新闻会客厅》等栏目制作了专题，宣传报道典型。另外，一些媒体还充分发挥了照片在典型报道中的作用，如《经济日报》《中国青年报》都推出了典型人物报道摄影专版，以直观的视觉形象吸引群众对典型的关注。

2019 年 2 月，湖北日报社在获悉老英雄张富清的事迹后，即安排记者前往采访。2 月 15 日，《湖北日报》《楚天都市报》刊发通讯《从不提当年勇，直到退役军人信息采集时才发现——95 岁老人是功勋卓著的战斗英雄》《在战火中出生入死，泛黄的立功登记表记录他曾攻下敌人 4 座碉堡　战斗英雄深藏功名六十四载》，揭开了张富清这个典型人物报道的序幕。中央级媒体迅速跟进。4 月，《人民日报》刊发了《95 岁老英雄张富清克己奉公永葆党员本色——深藏战功 63 年》，新华社播发了《英雄无言——95 岁老党员张富清的本色人生》《英雄的选择——95 岁老党员张富清的初心本色》等长篇通讯，从"初心""本色"角度对张富清进行充分报道。通讯通常是人物新闻的首选报道方式。报道的策划者、组织者没有止步于传统的大篇幅通讯报道方式。张富清是一个充满传奇色彩的人，身上有很多故事，为什么不集中讲讲他的故事呢？2019 年 5 月 25 日至 29 日，新华社推出"张富清的英雄人生"系列报道，包括《两封电报》《爱情的原色》《搪瓷缸》《88 岁，突击队员再冲锋》《锁药记》，共 5

---

❶ 王娟.加强和改进典型宣传 切实提高典型宣传水平——许振超典型宣传综述[J].新闻战线，2004(6)：26-27。

篇文章，全部是故事化表达。

《两封电报》 《爱情的原色》 《搪瓷缸》

《人民日报》在5月26日至30日，推出张富清系列故事报道，连续5天分别以《一辈子的"突击队员"》《两种态度待公私》《三枚奖章映丹心》《四次选择彰显党性修养》《五个岗位背后的为民情怀》为题，以一、二、三、四、五串起张富清的那些故事。人民日报社和新华社两家中央级媒体化大为小，化繁为简，将张富清不忘本色的一生剪辑成若干个小故事。这些故事讲的是他对待工作、对待荣誉、处理国家利益和个人利益等方面一件件很具体的事，以读者喜闻乐见的方式，呈现出张富清坚守初心、牢记使命、不讲名利、甘于奉献的精神。地方媒体与中央级媒体之间形成联动，众多媒体同步跟进、接力报道，形成了报道合力，产生了影响面大的规模宣传效应。

可以说，加强媒体之间的联动，对于提升典型报道的传播效果具有重要的现实意义。

（四）紧跟时代潮流，不断推出深入人心的典型报道精品

信息技术的发展为典型报道提供了许多便利、快捷、丰富的传播渠道，但海量信息又使这类报道很容易淹没在信息海洋之中。鉴于此种情况，典型报道必须在大量新闻作品中独树一帜，才能引起受众关注。因此，紧跟时代潮流，精心策划、创新表达、用心传播，特别是要在提炼精神上动脑筋、在刻画细节上下功夫，从人物的言行中提炼其精神实质和思想内涵，呈现出典型人物别具一格的心路历程、精神境界，不断推出深入人心的典型报道精品，是改善典型报道现状的当然选择。

新闻报道策划，是新闻媒体发掘和配置新闻传播资源，实现最佳新闻传播效果的手段。在典型报道策划中，主流媒体要继续发挥深度、高度和广度的优势，同时充分重视报道的速度、密度与角度。在推出典型之前，媒体要深入调查、精心策划，分析和准确把握典型的事迹特点及其精神实质，提炼和确定报道的主题，进行准确、贴切的报道定位。继而，抓住宣传典型的有利切入点和突破口，不失时机地展开报道。当然，在策划中要坚持正确的舆论导向，把握好"三贴近"原则，选择最有代表性、时代特色的典型进行报道。

时代在发展，社会在进步，人们的思维方式和价值观念在不断变化，典型报道也要与时俱进，不断改进和创新。在改进和创新典型报道中，发掘新的报道主题的重要性不容忽视。

主题是新闻作品的灵魂，主题的新鲜、新颖才能使典型报道从本质上焕然一新，不同于以往。时下，人们价值取向的多元化和社会需求的多层次性，需要类型更加多样的典型。典型报道的主题不应再拘泥于见义勇为、无私奉献、敬业爱岗、廉洁奉公等常规范畴，而应当着眼于从多元层面反映无限丰富的社会生活，反映不断为人们的社会实践刷新的时代精神。须知，那种为了一时的政治需要而刻意设定的报道主题，在信息瞬息万变的多元化社会中已经很难产生吸引力了。

典型报道要成为精品，不能“赞歌年年唱，年年都一样”，必须不断探索更加契合时代要求、更能满足受众需要的报道方式、表现手法、传播形态。出色的典型报道，必然是用真实的笔触和朴实的文风刻画典型，用人民群众喜闻乐见的报道手法呈现典型的精神风貌和思想境界。必须看到，随着社会生活节奏的日益加速，典型报道那种传统的长篇大论式的报道模式与现代社会普通民众的生活方式、接受心理明显违和。因此，典型报道宜向短小精悍、洗练活泼转换，这是符合现代人信息接受心理的一种转变。大量的新闻实践已经证明，挑选最具典型意义的细节，立体化地展现典型人物的精神特质，人性化地抒写典型人物的生活风貌，用篇幅简约、文笔洗练却意蕴丰赡的话语文本讲好典型故事，打动受众，使受众能够产生普遍共鸣、共情与心理认同，是最适应当下人性化传播规律的做法。

当然，要成功推出典型报道精品，还需要丰富传播手段，拓展传播渠道，以实现传播效果的最大化。

本章思考题

1.何谓典型？谈谈文学典型与新闻典型之间的差异。

2.何谓典型报道？典型报道具有哪些特点？

3.简要阐述我国典型报道的发展历程，并总结我国典型报道的基本经验。

4.现阶段，我国典型报道主要存在哪些方面的问题与不足？

5.请结合实例，分析改进和创新典型报道的方式可以从哪些方面着手。

6.融媒体时代怎样提升典型报道的传播效果？

第五章 会议报道策划

本章要点

· 会议报道的类型与作用

· 会议报道的现状及其改进要求

· 会议报道策划要领

会议报道是新闻报道中比较常见的一种报道,也是新闻报道中被人议论较多的一种报道。它既是我国新闻改革的重点,也是新闻改革的难点。正确认识会议的作用,走出会议报道上的认识误区,创造和改善会议报道的外部环境,加强会议报道的策划,通过策划来增强会议报道的可读性,这些已经成为当下会议的主办者和报道者的重要课题。

第一节 会议报道概述

一、作为新闻"矿藏"的会议

会议,是新闻的"富矿"。对于新闻记者而言,通过会议获取新闻素材,在日常的新闻工作中占有较大的比重。围绕会议开展新闻报道,是新闻媒体的记者(尤其是基层记者)需要经常面对的问题。

(一)会议的类型

会议,是指由若干人(通常是3人以上)聚集在一起有组织地议论事件、讨论工作、交流信息、沟通思想的活动。尽管现在已经有了各种发达的现代化的通信手段,但会议仍然以其能够让与会者直接沟通、可以碰撞出灵感火花以及提高决策、工作安排、行动部署等方面的效率，发挥着不可取代的作用。

会议是几乎所有组织都会有的一种活动。召开会议，需要安排一定的时间、地点，需要按照一定的程序进行。会议必须做到会而有议、议而有决、决而有行，否则就是闲谈或闲聊。会议的主要功能有决策、控制、协调和教育等。当今社会，会议的种类多种多样。

根据组织形式划分，会议有两种：一种是临时性的会议，一种是依照一定规则结合起来的团体的经常性会议。临时性的会议是为了处理特别事件或为了某种特别的需要而临时召集的，如一些部门、单位、社会团体组织召开的庆祝会、表彰会、研讨会、新闻发布会等。经常性的会议则是为了达到一定的目的而设立的协商处理有关特定事务的团体的固定会议。这种会议通常有严格的议程，包括大会报告、分组讨论、选举领导机构、讨论通过下次会议的计划、讨论通过其他事项等，如每年一次的全国人民代表大会和政治协商会议，中央和地方的党代会、人代会、政府工作会等。

根据性质划分，会议可以分为告知性的会议、研究性的会议、执行性的会议、立法性的会议。告知性的会议，一般是通告、宣布某些事项，听者只是接受、了解所通告、宣布的事项，如通告某项政策、法令，宣布某项人事任命等。研究性的会议，是一种具有创新性质的会议，如研究、讨论某一特定问题（或方针、政策、工作方案等），提出新战略、新政策、新思路、新方法或问题的解决方案等。执行性的会议，主要是把已经决定了的任务分配给执行者，授予执行者一定的权利，并由执行者承担相应的任务和责任。立法性的会议，有严格的权限限制，会议代表资格审查极其严密，任务是受命制定辖区民众都必须遵守的法律、规章、制度等。

（二）会议的作用

从社会学的角度看，会议是现代社会中人们进行事务管理的一种方式，若干人聚集商议探讨并决定一些事项，能够推进相关工作、事务的开展或相关问题的解决，推动社会进步。在会议上，人们通过交流，取得新的信息；经过讨论，集思广益，取长补短，形成正确的意见；通过表决，多数或一致做出决定或决议；通过听取别人的报告或发言，受到启发或教育；等等。具体来讲，会议的作用主要集中在以下几个方面。

1.加强领导

通过会议，可以传达上级的政策和指令，可以部署本组织的中心工作和重大行动，可以责成所属单位、人员统一行动步调，可以解决工作中存在的某些问题。因此，会议在一定程度上能够起到行政手段的作用。

2.信息交流

任何一次会议都是某种信息的输入、传递、输出的过程。通过会议可以上传下达，联络左右，互通情况，交流经验，发挥信息沟通的作用。较之其他信息交流形式，会议上的信息交流具有直接、快速和形象的优势。

3.集思广益

通过会议使不同的人、不同的想法汇聚一堂，相互碰撞，擦出火花，从而产生一些富有创意、切实可行的"金点子"，并进行决策，以实现决策科学化、民主化。

4.协调关系

通过运用座谈、对话、协商等会议形式，可以加强、增进与会各方之间的相互沟通，起到协调彼此之间关系的作用。

当然，还应该看到，在我国，许多会议的召开都与国家的大政方针、经济社会的发展有一定的关系，与人民群众的生活有着密切的联系。

（三）会议之于新闻事业的意义

现如今，大到解决国际争端，小到处理家庭生活问题，都要召开规模不同、形式不一的会议。可以说，开会是当今社会人们普遍经历的重要实践活动。如前所述，会议本身是信息传播的重要渠道之一，也常常是信息汇聚的重要场所，因而，对于新闻记者而言，会议是发现新闻线索、挖掘新闻的重要所在。对于新闻媒体来说，会议不仅是诸多新闻的发生地、新闻的源头，而且也是重要的"新闻资源库"。会议为记者提供了无数的报道选题和信息源。所以，有人甚至将会议视作新闻的"富矿"。

利用会议来研究、讨论和决定涉及国计民生的某些大政方针，是我国政治民主的集中体现。在我国，凡是涉及党、国家、地方未来发展，涉及人民群众根本利益的带有全局性、战略性的重大问题，都需要召开会议，经由党员和人民群众的代表及其他社会人士代表参与讨论，以便在充分听取意见和建议的基础上，集思广益，把路线、方针、政策制定和修改得更加切合国情、切合实际，更加科学和完善。党的代表大会、人民代表大会、政治协商会议、政府听证会等，都是这样的会议。这样的会议通常也都属于时政事务范畴，具有很大的新闻价值，因而也自然而然地成为新闻报道的对象。尤其是每年一度的全国两会，可谓是受到了全国乃至世界的高度关注，讨论的都是与公众切身利益相关的大事小情，关乎中国社会的发展进步，经常占据媒体的头版头条。

利用会议来安排、部署某项工作，以推动该项工作的深入开展，或者利用会议来交流经验、推广典型、进行工作总结、表彰先进以及协商事务、研讨专业问题等，也比较常见。这些类型的会议本身不一定具有很大的新闻价值，但会汇聚、生发许多有价值的信息，也时常会涉及一些社会热点问题。有心的记者就可以从这些信息中发现新闻线索，寻找到有价值的报道选题、关注对象。

在我国，对于新闻媒体而言，报道各种各样的会议显然是必不可少的。甚至可以说，在某种意义上会议新闻是媒体的基本立足点，一个完全没有会议报道的媒体是不可想象的。会议新闻无论是理论上有所开拓还是业务上进行改进，都会对整个新闻业产生重要影响。甚至某种程度上可以将会议新闻报道水平作为衡量新闻业务水平高低的重要指标。

二、会议报道的界定、特点和作用

人类新闻事业的历史表明，会议报道是一种有着久远历史的新闻报道形式。据相关文献来看，古罗马的《每日纪闻》中的内容就可以划归会议报道的范畴。公元前59年，恺撒当选为罗马执政官之后，下令每日公布元老院及公民大会的议事记录，用尖笔书写在罗马议事厅外的一块涂有石膏的特制木板上。恺撒创制《每日纪闻》的目的，就是通过公布议事内容争取舆论支持，扩大政治影响。这说明，会议新闻很早就显示出对于一个国家的政治事业及舆论动向的重要意义。

（一）会议报道的界定

根据《中国新闻实用大辞典》中的解释：会议新闻是以具有新闻价值的会议及内容为对象的报道；会议的议题、讨论情况、达成的协议往往是报道的主体。特别重要的会议，讨论议题的过程，也是人们关心的重要事实，因此也可以成为报道的主体。由此，可以将会议报道界定为：会议上发生或与会议有关的新闻报道。在我国，会议新闻一般属于时政新闻的范畴。所谓时政新闻，即国内外政治最新的动态、政策以及相关活动的新闻。会议新闻的范围要更小一些，主要指围绕着党政领导机关的施政行为而出现的会议活动的报道。会议新闻不仅包括报道会议上政策信息的传递，还有议题的讨论过程、会议的举办情况及会议上出现的新闻事件等。总的来说，会议报道的范畴主要涉及以下三个方面：

一是具有新闻价值的会议活动报道，即会议本身就是新闻，会议活动具有整体报道的价值。这类会议一般是涉及决定国家、地区发展前途和关系群众切身利益的会议，是群众盼望召开的会议。群众非常关心这类会议，所以会议本身就是新闻，如党的代表大会、人民代表大会、政治协商会议、某一时期事关全局的重要会议等。

二是从会议中发掘新闻的会议报道。会议是会议报道的基础，但并不是所有的会议都有新闻可报道。如业务领导部门一般部署工作的会议，有些与读者关系不大，同时又与新闻报道的任务不很吻合，显然是不能够报道的，报道出来也只是会议而没有新闻，使读者望而生厌、生畏，更谈不上宣传效果。但是，会议本身不是新闻，并不说明整个会议中就没有一点可以报道的新闻。这里的关键是看记者如何参加会议、如何看待会议、会不会从会议中发掘新闻。任何一场会议通常都会汇聚多方面的信息，只要记者身心投入其中，总是可以发现或大或小的新闻线索的。

三是由会议引发的新闻报道。除了以上两类会议新闻外,还有一类会议新闻,其报道内容虽然已脱离了会议本身,但是引发记者进行采访报道的由头却是会议。这就是由会议引发的新闻。这类新闻的特点是:它虽然是由会议引出的,却与会议本身没有多大关系,但又确确实实是新闻,而且往往是比较生动活泼、可读性强的新闻。记者有了这种新闻视角,就会发现许多会议实际上就是一个新闻发布源。在会议当中,可以了解到许多新闻线索。虽然这些线索并不是会议的主题,但是只要记者有心,便可以了解到一些新闻事件的来龙去脉、背景材料及典型人物等多项内容,沿着这些线索深挖下去,就很有可能找到新闻价值大、信息含金量高的新闻素材,从而写出高质量的新闻稿来。另外,还可以对会议进行追踪,对会上制定、布置的一些措施、办法等的落实、贯彻情况进行追踪报道等。

(二)会议报道的特点

由于报道对象的特殊性,会议报道具有与其他类型新闻报道不同的一些特点,具体如下:

首先,相对于其他许多类型的新闻报道而言,会议报道最大的特点是可预知性。会议的召开时间(日期)、主题、参会人等信息通常是可以公开和提前知晓的,所以会议新闻的报道内容不像一般新闻那样充满未知,也没有社会新闻的突发性。

其次,会议报道具有形式上的固定性。会议有既定的流程和议程,过程不外乎是讲话、讨论、采访、提问、答问等,所以报道起来一般也有一定的程式,形式相对固定。

再次,会议报道具有政策性。会议新闻主题通常与政治生活息息相关,相对来说都比较专业和严肃,具有其相应的政策性要求。

最后,会议报道具有引导性。由于内容特殊,所以会议新闻还担负政策宣传和舆论引导的重要任务。

正是这些特点让会议新闻报道明显存在一些不足之处:

其一,报道往往流于形式。会议新闻报道对象和流程的固化,长此以往促成了会议报道固化的报道形式,所有的会议报道稿件都好像只需要修改题目、日期和与会领导等信息,套路化的语言使得受众对于报道的兴趣大大降低。很多时候,会议报道只是做一个会议情况的通报,毫无新意。

其二,报道语言的枯燥。由于会议新闻多是以政治生活为着眼点,属于政策性的稿件,往往没有生动活泼的内容吸引眼球。况且,相关部门对于会议新闻的管理要求更严格,记者撰写稿件也更愿意按照过往的模板套用,或者直接照搬会议讲话稿,缺乏新意。

其三,报道角度的单一性。以往的会议新闻往往都是从传递信息和宣传政策的角度去报道,而且缺乏信息反馈的渠道,所以很少从受众的角度出发,很少有信息向上的传递,无法调动受众的关注热情。

诚然，在许多人看来，会议报道是一种枯燥的、程式化的东西。不过，对于记者来说，会议是重要信息的集散地，是发现新闻的好场所。记者应该学会利用各种开会的机会，寻觅新闻线索，并善于结合实际情况进行周密策划，做好会议报道。

（三）会议报道的作用

会议报道主要是对会议议程、会议内容和会议精神以及相关情况进行广泛介绍、宣传的一种新闻报道形式。由于会议的召开常常与国家的大政方针、经济社会的发展有一定的关系，与人民群众的工作、生活有着密切的联系，所以会议报道具有传达政策信息、引导民众的思想认识、引领社会舆论、指导实际工作等方面的重要作用。尤其是中国共产党和各级政府部门的许多重大决策，往往要通过各级党委机关报、广播电视台以会议新闻的形式向社会公布，使会议新闻具有特殊的政治功能，并因此经常占据媒体的头版头条。同时，会议报道作为反映中央与地方政治、经济、科技、文化、教育等方面工作动向的重要传播载体，能够帮助人们及时了解、认识中央、地方党和政府就一些事务作出的相关决策、工作部署，起到上情下达的作用。具体来说，会议报道的作用主要有以下几个方面：

第一，传递政务信息，使得上情下达，指导和推动实际工作。在现阶段，党的方针政策，国家的法规法令，各级党委、政府的工作重点等均要通过一系列会议去贯彻落实。一些重要的会议，能够解决什么问题，提出什么对策，群众通常十分关注。新闻媒体及时将会议的宗旨、议程及相关精神传达出来，不仅能够让民众全面了解会议的重要信息，而且也使得有关部门能够积极部署各项任务，指导和组织基层群众开展相关工作。

第二，建构公共议题，沟通情况，引导社会舆论。会议报道还能起到上情下达的作用，将一些会议议程、会议内容向社会呈现，为社会建构公共议题，引发民众的关注和讨论，进而沟通各方情况，并有效引导社会舆论。比如，2020 年 5 月十三届全国人大三次会议期间有一项重要会议议程就是审议《全国人民代表大会关于建立健全香港特别行政区维护国家安全的法律制度和执行机制的决定（草案）》的议案。相关会议新闻对这一情况进行了报道，引发了人们的关注和讨论，让社会各方充分了解到现阶段由全国人大对香港特别行政区进行维护国家安全立法的必要性，获得了广泛的舆论支持，进而为《中华人民共和国香港特别行政区维护国家安全法》的正式出台创造了条件。

第三，传播科技、文化、教育信息，让人们知道最新的社会动态，丰富人们的业余生活，提高人们的素养。在召开的各种会议中，除了政务类会议外，还有许多科技、文化、教育方面的会议。众所周知，一些重要的科技成果的公布、文化活动的开展、教育事务的推进，是通过会议形式进行的。人们阅读、观看这些会议报道，可以获取新鲜、前沿的科技、文化、教育信息，有利于增长知识、提高素养，有利于丰富自己的业余生活。

第四,通报重大的灾难、事故、案件及人事变更。当今社会,对于重大的灾难、事故、案件,相关部门都是通过会议的形式向外发布情况的;对于一些重要的人事变更,通常也会利用会议对外公布。这一类的会议报道亦能够吸引人们的关注。

三、我国会议报道的现状及其改进

在我国,会议报道是体量较大的一类新闻报道,也是耗费新闻媒体较多采编资源的一类新闻报道。虽然会议新闻对于百姓生活和社会发展有重要的作用,但是,会议报道长期不能令受众满意却是一个不争的事实。多年来,我国新闻界也在一直努力探索改进会议报道的方法。

(一)会议报道的现状

在各种题材的新闻报道中,会议新闻报道长期保持着一副“灰色的面孔”:报道内容沉闷、单调,报道方式呆板僵化,语言干巴枯燥、拖沓冗长,表达方式陈旧、老套,令人索然乏味,受众不爱读、不肯听、不愿看,缺乏关注兴趣。

众所周知,会议多是我国的一大特定国情。尽管长时间以来,中央多次要求减少不必要的会议,全国各地也在努力践行“少开会”“开短会”的精神,但由于各行各业、各级部门、各个单位的许多重要事项都必须在会议上讨论决定或通过会议做出具体部署、进行开展,所以,每年各地依然不免有许多会议活动,加上各种总结会、年会、座谈会,种类繁多。一些会议的主办方,为了突出部门、单位业绩,扩大社会影响,往往热衷于邀请新闻媒体对会议予以报道。为了抬高会议规格,引起关注,他们还会尽力邀请有一定“身份”的人员出席讲话,以便让媒体派记者到会报道。由此,过多、过滥的会议报道任务,令相关记者不堪重负。同时,不少会议活动原本就没有多少新闻价值,一些会议的组织者不熟悉新闻规律,将会议新闻当作“会议纪要”对待,使记者处于难堪的境地。加之,有些会议报道时限紧、送审程序复杂,记者不得不采取简单化、程序化的报道方式,使会议报道成了会议文件的摘抄,自然收不到好效果。特别是程式化语言的过多、过滥使用,使得会议报道套路化问题格外突出——“某某会议最近在某地隆重举行。参加会议的有×××、×××、×××等。负责同志×××、×××出席了会议,×××主持了大会,×××在会上作了报告。他说……,他指出……,他特别指出……,最后,他代表××号召……。”“会议认为……,会议指出……,会议要求……”;而在“要求”里又是一长串的“要……,要……,要……,要……”。虽然所报道的会议各个不同,但是“会议没有不隆重的,领导没有不重视的,完成没有不圆满的”,只需将其中的关键字句更换即可让会议新闻瞬间成稿。如果是报道重要政务会议,为了体现严肃、庄重,程式化、单调、板滞一点倒也无可厚非。但若是无论报道什么会议,都用这种大同小异、读来令人感到味同嚼蜡的套式,自然会受到人们的“厌弃”，是要不得的。

当然，并不是所有的会议报道都不值得关注，不为受众欢迎。一些会议事关国计民生，一些会议则与当前群众关心的、与其切身利益有关的难点、热点问题有关。对这些会议的报道，其价值是毋庸置疑的。一些看似普通的工作会议，它们同样是“信息集散地”、重要的“新闻源”——汇聚了来自各方的相关人士、各种情况，会有大量受众感兴趣的信息流动。倘若处理得法，从中发掘有价值的新闻、做出有价值的报道，是有很大可能性的。

（二）会议报道的改进

要改进会议报道，首先必须端正对会议新闻的认识。早在1950年，《人民日报》就曾批评过“会议就是新闻”的错误观念，并提出：“只有会议中那些读者应该知道的、与人民生活密切关系的内容才是新闻。”会议不等于新闻。新闻媒体所应该报道的只是那些有新闻价值、值得社会普遍关注的会议，而对于没有新闻价值，或者新闻价值不大、不值得让民众普遍关注的会议活动，则不应也不宜将其纳入新闻报道。同年，新闻总署在《关于改进报纸工作的决定》中指出：无论是中央的、大行政区的或省以下的报纸，都应当减少关于会议、机关活动，负责人员的不重要的言论行动、没有广泛重要性文告文电的篇幅。这是我国新闻事业发展史上第一次正式以文件的形式对会议新闻提出要求。联系当时的时代背景，不得不说这是一次历史性的探索和进步。事实上，在我国现行的新闻管理体制下，改进会议报道仅仅依靠媒体自身的力量难以获得大的改观，还需要相关上级部门、主管机构适当赋权、放权。

2003年3月，中共中央政治局讨论了《关于进一步改进会议和领导同志活动新闻报道的意见》，要求各级领导改进作风，贴近民众，严格自律，支持新闻媒体改进报道工作；要求新闻媒体多报道对工作有指导意义、人民群众关心的内容，力求准确、鲜明、生动，努力使新闻报道贴近实际、贴近群众、贴近生活。中共中央政治局的这一意见，为新闻媒体改进会议报道提供了有利的契机。各地新闻媒体纷纷遵照意见，大力减少会议和领导人活动报道，大胆压缩、精简会议报道的数量和规模。一般专业性会议只发简讯，带全局性的重要会议一般只发会议消息，不发领导人讲话。对于有些领导讲话，只提名字，不叙述内容，或者只用比较概括的话报道一下。有些重要观点需要强调宣传的，便拎出来改写成言论，配合消息发表。这给原本沉闷的会议新闻报道带来了一股清新之风。

2011年，中宣部、中央外宣办、国家广电总局、新闻出版总署、中国记协五部门提出“走基层、转作风、改文风”（简称“走转改”），让记者深入群众、深入基层一线去做采访、调查，开展新闻报道。这一深化新闻报道改革的部署，让新闻报道领域的“八股”作风有所改善，也推动了会议新闻报道的进一步变革。

2012年12月4日，中共中央政治局会议审议通过《关于改进工作作风、密切联系群众的八项规定》，其中规定“要改进新闻报道，中央政治局同志出席会议和活动应根据工作需要、新闻价值、社会效果决定是否报道，进一步压缩报道的数量、字数、时长”。这是针对会多、会议报道难做的时弊做出的一个专门规定。一个会议或活动值不值得报道，以什么样的规格报道，要看新闻价值大小、社会效果如何。没有新闻价值、社会效果一般，勉强报道甚至拔高报道肯定是不专业的。至于进一步压缩报道的数量、字数、时长，将版面、时段让出来，充分报道基层的创造和实践，则更体现了新的中央领导集体亲民、务实的作风。从某种意义上讲，该规定的出台是对我国新闻媒体改进会议报道的最大力度的赋权与放权。

当然，切实改进会议新闻报道，必须按新闻自身的规律来办事。长期以来，会议报道一直存在着报道数量多、篇幅长、形式呆板、内容枯燥，重宣传价值而轻新闻价值，以及对上负责而不对下负责等弊端。这样的会议报道令群众不满意、不爱看，不能发挥应有的作用，无法取得应有的传播效果。会议报道改革一直成效不理想，一个主要原因就是改革仅仅从传播者的角度出发，并没有真正考虑按新闻规律报道会议，特别是没有从受众的角度去考虑，没有真正以新闻的面孔把会议报道出来。因此，只有遵循新闻传播的客观规律，把会议新闻的改革当作系统工程，切实转换角色，从“受传者”出发，为“受传者”所想，按“受传者”之所需，使会议新闻贴近实际、贴近群众、贴近生活，才能真正取得改革实效。

改进会议报道并不是要改掉会议报道。当前，会议仍然是各级组织、部门开展工作的有效方式，对会议新闻也不应一概排斥。“改进”应该是通过改革而进步、通过创新而提高。其要旨是因“会”制宜，随事而变；该简则简，该详则详；该减则减，该增则增。比如，一些一般性的会议可以不报或做简要报道，有新意的会议则抓住一点做深入报道，而对于那些事关大局、意义重大、影响深远的重要会议则应不惜投入人力、版面和时段，多报、详报、深报。要善于从群众的视角切入，判断会议的重要性。对那些能够给人民生活、工作带来重大影响事关民生的会议进行重点报道，扩大其影响。会议新闻的写作（采制），也必须从群众的视角，突出群众关心的内容。在一些重要的会议报道中，要发挥主流媒体的优势，以深度、广度、厚度取胜，赋予会议报道以服务社会、服务公众的品质。

会议报道存在的主要弊病是滥、长、空及写作的程式化、模式化。这些症结不但影响了会议新闻的可读性，也在一定程度上削弱了会议新闻的作用。因此，改进会议报道，写出有特色的、有新意的会议新闻，将会议新闻写得清新、活泼、脱俗，成为新闻工作者必须认真探究的问题。当前，很多会议报道只是按会议程序写，缺乏内容上的提炼和报道形式上的创新。一些记者习惯根据会议材料“凑”成一篇报道，沿用一成不变的报道框架，而不是着眼于动态变化的新闻事实。这不仅让会议报道“面孔陈旧”，而且往往将许多重要的新闻信息淹没在大量的套话、会议程序报道之中，令受众甚为不满，甚至反感，难以取得好的传播效果。因此，要让会议报道“出彩”，就必须革除上述积弊。新闻工作者是历史的记录者，要对历史负责、对广大受众负责。记者必须努力通过创造性劳动，改进和提高会议报道质量。“在会议新闻的采写过程中，最重要的是记者要放弃照搬讲话稿、新闻通稿的做法，而是应该主动寻找那些受众所关心的、与受众关系密切的会议信息。”[1] 这就要求记者转变工作作风，能够始终保持清醒的头脑和高度的新闻敏感，善于深入会议捕捉有价值的内容，并在报道形式上努力求新、求变，从而把人民群众应知、欲知而未知的会议内容、相关信息以适宜的形式报道出来。新闻，贵在一个“新”字。这个“新”体现在人无我有、人有我新、人新我特上。要做到这一点，记者必须练就一双慧眼，在会议采访中善于求异见奇，捕捉最有新闻价值的片段，采撷一些重要细节，把会议报道得鲜活一些、可视性强一些。记者还要善于从不同侧面、不同角度解读会议精神、会议信息，力争使会议报道内容新颖、思想深刻、生动有趣，令阅读者、观看者感到非常解渴。同时，在有些情况下，记者不应只盯着会议本身，还要善于以会议中发现的某些问题作为引子，去报道会议活动以外的新闻，从而收到意想不到的效果。

有关会议报道的改革，已经喊了许多年，但从来没有像现在这样成为如此重要的议程。改进会议报道，必须深入思考用什么方式、从何种角度来报道会议，怎样把会议中真正贴近实际、贴近群众、贴近生活的信息准确、及时、充分、生动地传达给受众。而围绕这些问题所形成的一系列有效解答，就是会议报道改革的可行路径。

总之，不论如何改革，会议报道始终要符合“涉深水者得蛟龙”的规律。记者只有真正“钻”进去、“深”下去，才能够多出产“上头”认可（领导满意）、“下头”青睐（群众满意）的精品力作。

第二节　会议报道策划要领

会议的目的通常就是要集中群体的智慧，解决现实社会和实际工作中存在的问题。纵观各类会议，或传达政策，或布置工作，或开展研讨，或总结经验，或表彰先进，或传讲知识，囊括了重大决策的讨论与商议、意见的沟通与协调、经验的传达与交流，本身就是各种信息的集散地与存储源。因此，掌握会议的特有本质，懂得开发会议报道资源，善于把握和体现会议报道的优势，对于搞好会议报道策划具有重要的现实意义。

一、会议报道策划的基本思路

会议是新闻的“富矿”。从这座“富矿”中挖“金子”，关键在于媒体如何进行会议报道策划。高明的媒体往往会通过创造性的策划活动充分挖掘会议的新闻价值，并在对新闻要素进行精心优化组合的基础上，实现会议报道的创优、争新、出彩，以求取得“上头”和“下头”

[1] 靖鸣，张艺凝.会议报道：需要大众传播理念[J].新闻与写作，2014(4)：45-47。

都满意的结局。

(一)明确报道思想

现阶段,从总体上看,一个国家、地方或一个部门、一个单位所有最重大的事项,几乎都是通过会议来研究、决定,并通过会议向外界发布的。因此,会议里往往有媒体最想了解、也是受众最想知道的政治、经济、民生等最重大、最敏感、最有变化的信息。但是,面对会议这座新闻"富矿",如何挖掘新闻显得格外重要。从新闻实践来看,新闻媒体开展会议报道的缘起不外乎以下三种情况:

一是"指令性的",即上级部门要求报道,新闻媒体不得不进行报道。

二是"邀请性的",即部门和行业希望报道,新闻媒体出于相关方面的考虑,不得不给予报道。

三是"主动性的",即媒体记者凭新闻敏感与专业判断觉得有关注的价值和必要,主动前去报道。

客观地看,无论上述哪种情况,其实都是一次新闻资源的开发利用契机,都是记者获取一条或多条新闻信息、新闻线索的重要源泉。不过,必须明确的是,不管是上级要报道的,部门、行业要报道的,还是记者自己要报道的,最终决定对会议新闻进行报道的出发点只有一个,就是会议报道必须满足受众的一定需要。这就要求新闻媒体的记者,不论大会小会,一定要在会前做足功课,深入研究会议的哪些内容是受众最想知道的,哪些内容可能产生较大的社会影响,用心去发现新闻。只有心里有问题,眼睛才会有发现。2002 年,新华社记者李斌采访全国两会,写出了多篇群众关心的稿子,如《孩子·票子·房子——政协委员关注百姓生活》《别让网吧"网"住孩子》《食品安全要从"田间"抓到"餐桌"》……李斌是带着一肚子的问题到会采访的。在会上,他所有的问号都变成了句号。央视记者王小丫多年来在全国两会期间采访,都在不停地"跑",跑代表、跑委员,问热点、问民生……跑出了央视的名牌栏目《小丫跑两会》。从李斌、王小丫身上可以看出,面对会议,记者不能打无准备之仗,应该提前了解会议议程,深入分析和研究受众对会议内容的关切点,充分掌握相关信息,明确报道的着眼点,厘定报道的主体思路,做足会前功课。这样,就能最大限度地挖掘会议这座新闻"富矿",使之"出产"高质量的新闻产品。

(二)确立报道内容

会议是成就一系列新闻报道的"矿藏",许多记者的新闻名篇就源于会议。历年来,新闻界也不乏会议新闻佳作。会议新闻应当报道的内容是会议报道策划必须着力落实的一项任务。

长时间以来,会议新闻广遭厌弃、被受众抵制的一个主要原因就是许多会议新闻仅仅将交代开会的场面及其程序作为报道内容,而完全没有从受众的角度考虑,报道他们欲知、应知而未知的重要信息。这使得会议新闻几乎沦落为"报道谁谁看"与"谁报道谁看"的新闻"鸡肋"。

会议能否成为新闻,关键在于会议内容有无新闻价值。会议报道的内容实际上也是围绕会议中具有新闻价值的部分展开的。这里有必要对不同类别、性质的会议加以区别。有些会议,如重大政治性会议、事关群众切身利益的重要事务性会议,无论会议本身还是会议内容都有新闻价值;有的会议,如部门、行业的工作例会,一些专业会议等,会议本身也许没有什么新闻价值,不能成为新闻,但会议中部分内容有新闻价值,经记者发掘、打磨可成为新闻;还有一些交际性的会议,本身基本没有新闻价值可言,但有心的记者却有可能从中发现有价值的新闻线索,进而根据线索进行挖掘,做出其他内容(跳出会议)的新闻报道。事实上,学会从会议中发现有价值的新闻线索,对于锤炼新闻记者的工作作风,提升他们的思想认识水平,丰富他们的报道经验,都是很有益处的。有了这方面的经验积累,确立会议报道内容就会容易很多。具体而言,要善于从以下两方面着手:

一方面,要能够深入会议,听懂"弦内音"。开会总是要解决问题、做出决议的,而要解决的问题、做出的决议通常就蕴含着新闻线索。"跑会"记者要善于从与会领导的新思想、新观点中发现新闻(特别是领导离开讲稿的一些鲜活话语、所举例子等,也不乏具有新闻价值的信息);要善于从与会人员座谈、讨论的思想碰撞和经验交流中发现新闻;要善于从会议的典型场景和细节中发现新闻;还要学会从会议着重强调和讨论的问题中发现新闻。例如,2012 年 12 月 6 日《长江日报》刊发的报道《7 常委参观〈复兴之路〉 出行不封路》,就是记者在 12 月 4 日武汉市委举办学习十八大精神研讨会时从中央宣讲团成员作的辅导报告中挖掘到的。

另一方面,要能够跳出会议,会听"弦外音"。有时记者会遇到一些从内容到决议都没有值得报道的会议,则可以运用发散思维,观察分析与会议相关的事件、人物,由此及彼,或将有所发现。另外,也可以适当地抓取一些有价值的花絮,寻找一些发生在会议期间的小故事等。这些内容虽然与会议关系不大,但亦可以因具有一定的新闻价值(时新性、趣味性等)而被纳入报道范畴。

总之,记者不能"逢会就报",即便对于应该报道的会议,也不能简单地将会议程序、会议内容作为报道内容,那样势必将有新闻价值的内容淹没在大段的套话、空话和长长的出席、参会人员名单之中,使会议报道流于空泛、单调、枯燥,新闻性不足;而应该依据新闻价值标准,将会议内容与人民群众的关切、社会的热点与难点问题进行有机关联,找准结合点和切入角度,从而确立所要报道的主要内容。

(三)选择报道形式

选择适宜的报道形式,对于做好会议报道来说亦十分重要。以往许多会议报道不理想,其中一个主要原因就是记者在报道会议新闻时存在思维定式,总是自觉不自觉地沿袭既有的报道模式，搬用固定套路，如法炮制，不善于变革和创新，可读性、可看性差。

会议报道将关注重心放在渲染会议规模、出席者及其排名顺序上等，已成为一种“套路”，在各种媒体上屡见不鲜。经常看到这样一些会议消息，某部门召开半年总结会议，记者没有从会议中挑出人们想知道的东西，而是轻车熟路地报道：某年某月某日，某某部门会议在某地召开，某某领导出席会议并讲话。会议指出、会议强调、会议要求，参加会议的还有……下面一长串排座次的领导名单。这样的会议报道，要么让会议程序报道成为主要报道内容，要么让叙述与会领导长篇大论的讲话内容湮没了真正有价值的会议信息。这种报道方式俨然将会议报道变成了“会议摘要”“会议简报”。试想，这样的会议报道和人民群众有什么关系呢？会议报道中倘若总是充斥着这样的内容，受众对其漠不关心、熟视无睹、充耳不闻，直至产生逆反心理，都是很自然的。所以，要做好会议报道，就应当重视会议有新闻价值的部分，要善于从会议中发掘与受众有所关联、能让他们产生关注兴趣的新闻信息。

在选择报道方式时，要充分考虑会议的规模、内容、性质和会议时间的长短、与会人员的知名度等因素，同时要能够适当为受众着想，考虑让会议报道满足受众的信息需要，服务他们的生活，进而将两者统筹起来。对于规模大、性质重要、内容丰富、与会者知名度高的会议，可以通过一题多条、集中主题等“化整为零”的办法，进行连续报道、分题报道、专题报道，增进会议报道的厚度、力度和可读性。对于规模不大，内容不多，不少地方部门都在开或将要召开的会议，报道时可以抽多为少，集其精华，通过“汇零为整”的办法进行综述报道、集中报道，便于受众了解。对于性质重要或一会多题的会议，报道时不能等量齐观、主次不分，而应当判断哪一项议程是读者最感兴趣的，就把该项议程写在导语里，把其他各项放在次要地位，以便“以点带面”地进行报道。对于内容繁复庞杂，议题众说纷纭，与会者众多的会议，采写会议新闻的记者要凭自己高度的责任心和独特的新闻敏感，去发现具有强烈现实意义的新鲜事物，以“画龙”之心，下“点睛”之笔，提升报道的可读性。当然，会议报道的形式可以根据实际情况采用消息、通讯、侧记、散记、特写、专题、访问记等，表述方式可以不拘一格。总之，报道形式应该因会而异，表现手法则要灵活多样。

二、会议报道策划的具体要求

我国新闻事业的性质决定了任何主流媒体无法也不可能不搞会议报道。新闻记者平时就需要参加各种各样的会议，“赶会”也堪称新闻记者的一门“必修课”，但不同的“赶会”方法却有不同的“赶会”结果。每次都就会报会，会流于会议形式，收不到好的宣传效果，有可能漏掉真正有价值的新闻。多动动脑筋，深入会议挖掘新闻，则有可能得到“蛟龙”。须知，参加会议是新闻记者获取新闻或新闻线索的一个重要渠道，过去如此，现在甚至将来也如此。媒体要革除的是那些空洞无物、言之无物的会议报道，努力使会议报道变得信息丰富且具有思想性、指导性。这就需要加强报道策划,深挖会议内涵,独具慧眼地从会议中寻找新闻。同时,善于转换报道视角,创新形式,提高报道水平,并且能够充分利用新技术、新手段,增强报道的吸引力和影响力。

(一)重视会议内容,抓住关键新闻点

会议报道策划,必须把根基扎在会议之中,重点挖掘会议本身的信息资源。会议,尤其是重大会议,是人民政治生活中的一件大事,这就决定了报道的重要基调也应该是严肃的。会议的主要议程、各级领导的重要讲话乃至一些重要的统计数字等,都是报道中必须具备的,而且是必须力争高质量完成的“规定动作”。对于这类内容,记者须睁大新闻眼,敏锐地觉察到在这些厚厚的文件海洋中,哪些是关系到国计民生的重点,哪些是人民群众关心的兴奋点,哪些是亟待解决的疑难点。只有真正抓住这些新闻点,才能将会议报道的本质反映出来,才能提升会议报道的新闻价值,才能给受众以最大的信息传播量,以满足他们的需求。比如,新华社 1978 年 11 月 5 日播发的《中共北京市委宣布“天安门事件完全是革命行动”》这则消息,就是从北京市委召开的常委扩大会议上得来的。新华社在当时并没有把常委扩大会议的一般内容作为报道对象,而只是将人们最关心的重大事件——为天安门事件平反予以突出报道,受到了全党全军和全国各族人民的热烈欢迎,并对全国各地的冤案、错案、假案的平反昭雪起了推动作用。《中共北京市委宣布“天安门事件完全是革命行动”》能成为好新闻,就在于它及时回答了人们所关心的问题。如果当时新华社只是泛泛地报道那次北京市委召开常委扩大会议的内容,不仅会造成会议报道“冗长芜杂”,而且会淹没掉“为天安门事件平反”这一有重大新闻价值的内容。

会议报道忌讳写成程序性的会议新闻,即会议怎样开就怎样写,写出的会议报道往往新闻价值堪忧。新闻媒体的记者要采写出富有新闻价值的会议新闻,一个重要的基本功就是要善于从会议中选择和提炼有价值的新闻,寻找和抓住关键“新闻点”。记者在采访会议时,要努力使自己养成这样一种习惯:首先了解与会议有关的新闻背景,再仔细研究会议议程和会上的发言稿,尽可能从中发现能“令人眼前一亮”的重要信息。在写作时,记者要把最有新闻价值的信息作为主标题,并善于在导语中开门见山地把它亮出来,或归纳、或描述,突出重点,抓住要害,从而把会议上最有价值的事实、信息传达给受众。其实,抓住会议关键新闻点的实质,就是要求记者转变会议报道的思想观念,实现由会议主体向新闻主体的转移,即从简单、枯燥地对会议程序的报道调整为对会议内容中所蕴含的新闻性内容的发掘。唯有如此,记者才能真正成为新闻“富矿”中勇敢的淘金者。例如,2012 年 6 月 12 日,《重庆日报》一名记者参加 2012 年度重庆市出口知名品牌授牌大会。按常规来看,这只是一个普通的会议,而记者利用茶歇,与几个获得授牌的企业负责人聊天,得知重庆昌元化工是全球行业冠军后,立即补充采访,写出了《昌元化工力压美国百年老店 掌握全球高锰酸钾定价权》。该

消息获得第二十三届中国新闻奖二等奖。

诚然，一则信息如果来自权威信息源，其新闻价值就大。现如今，新闻媒体对重大会议的报道越来越倾向于利用并突出权威的信息源，以增强报道权威性、公信力。所以，善于使用权威机构的调查数字解释和说明问题，请专家学者出面针对专业问题予以分析、解释或提供有关情况，能够在报道中多让记者以目击者、亲历者的面目出现，突出记者的所见所闻的“真实感”，都是新闻工作者在进行会议报道策划时所应该考虑运用的方法。如图5-1所示的国务院联防联控机制新闻发布会，就是媒体获取疫情信息的最权威渠道。

图5-1　国务院联防联控机制新闻发布会

（二）跳出会议本身，撷取鲜活内容

一些会议报道之所以被受众抵制，是因为这些新闻注重渲染和交代的仅仅是开会的场面及其程序、与会领导的讲话和发言，而不是从受众的角度报道他们欲知、应知而未知的重要信息，使会议新闻完全成为会场新闻。其实，会议能否成为新闻，关键在于会议内容有无相应的新闻价值。

会议，是人们有组织商议事情的集会，也是人们发挥集体智慧的社会活动。但凡会议，就会有情况的汇聚、问题的提出和见解的发表。因此，会议往往是新闻线索的“富矿”，值得深入挖掘和精心研磨。这就要求采编人员必须转变作风，不浮在会议的表面，坚决摒弃那种蜻蜓点水式的采访、拿了材料就走人的做法，切实从新闻传播的视角，“把脉”受众的兴趣与关切，进而从庞杂的会议程序、内容及领导讲话中挖掘蕴含的新闻资源、新闻线索，捕捉新闻“亮点”，多做沙里淘金的工作，力戒摘抄式、简报式报道，多“跳”出会议写会议，变换报道视角，创新报道形式，这样才能把单调枯燥的会议写活，使会议报道富于信息量、吸引力，体现出应有的报道质量。从会议中抓新闻，记者可以多接触与会人员，尽可能地参加他们的讨论和交流，从他们的发言或谈论中发现新问题，抓到新素材，从而写出具有指导性、针对性的好新闻。所以，很多时候，当记者埋头众多会议资料而头昏眼花，理不出头绪，感到“山穷水尽疑无路”的时候，不妨换个思路，即跳出会议写会议。当然，要做到这一点，记者需要很好地识别和运用会议为其提供的大量新闻线索和素材。

从以往情况来看，善用新闻眼观察会议的那些记者常常并不直接正面报道会议，而是抓住从会议上获悉的某些重要新闻线索，跳出会议进行采访，进而写出有质量的新闻报道。

比如，2006年4月，《新华日报》记者到苏州参加全国工业企业技术节电研讨会，看到会上出现的这样一幕：中国电机工程学会的有关负责人对一些普遍存在的电力浪费现象提出批评，“节约不觉得光荣，浪费不感到可耻。例如长明灯不灭，会议厅、报告厅白天拉着窗帘开灯照明”。讲到这里时，他停顿了一下，“很不幸，我们今天的会议也是如此！”这尴尬一幕发生后，记者特意抬头数了一下报告厅里的电灯。不数不知道，一数吓一跳，这个报告厅正亮着120多盏灯！另外，在会场吊顶四周，还有数目不详的灯管也在亮着。半小时后，会议茶歇。当会议再次开始时，记者发现，窗帘已被拉开。抬头数灯，只有20多盏还亮着，而会场的光线并没有受任何影响。抓住这样的几个细节，记者写出了一篇800字左右的特写《节电研讨会上的尴尬一幕（主） 拉上窗帘开会白天亮着一百二十多盏灯（副）》（图5-2），获得江苏省好新闻一等奖、全国省级党报好新闻奖。同样，获得第十七届中国新闻奖消息类三等奖的作品《奥运“鸟巢”用钢全部“中国造”》，也是记者跳出会议写新闻的一篇佳作。整个报道，始于一次钢材供需会。记者抓住“奥运‘鸟巢’用钢全部‘中国造’”这一新闻线索，在会后进行了补充采访，而后以“展示中国钢铁工业快速发展”这一主题展开报道，取得了成功。足见，面对会议这座新闻“富矿”，善于跳出会议本身，撷取鲜活内容展开报道，很有现实意义。新闻实践表明，透过会议挖掘反映先进执政理念的新做法，挖掘折射时代文明进步的好风尚，挖掘具有警示、警醒意义的反常现象以及挖掘富有人情味、人性化的细节等，都有助于成就质优品佳的会议报道。

新华日报

XINHUA DAILY 江苏要闻 B版

追溯一个“省级文明村”的渐进改造之路

发展“会展经济”要防五大误区

463个新项目为江苏代表团“收官”

苏州寒山寺文化展在日开幕

苏州供电公司节电技术受关注

节电研讨会上的尴尬一幕

泗洪列出干部引咎辞职的“8种情形”

XINHUA DAILY

图5-2 《节电研讨会上的尴尬一幕》（新华日报，2006年4月10日）

（三）把握报道定位，力争"两头"满意

会议报道的一个突出难题是如何处理好"上头"（领导）满意和"下头"（受众）满意的关系，这就涉及新闻媒体的报道定位问题。

以往的会议报道由于种种原因，往往把关注点聚集在个别与会领导身上。至于报道内容是否有新闻价值、能否对群众的生活产生实际意义，根本不予多想。众所周知，新闻媒体的主要受众是普通群众。他们也是新闻信息的消费主体和新闻报道的社会效果的最终检验者。会议报道倘若只注重聚焦和表现领导，而不关心群众的利益和关切，不考虑报道内容与群众实际生活的关联，就会使报道丧失其应有的指导性、舆论引导及信息服务的作用。因此，在会议报道中，应当对报道中的主配角色进行适当转化，实现对会议内容的平民化解读，提升报道对于受众的"接近性"。

一是思想上的接近性。例如，对那些颁布、宣传政策方针的会议，报道时要善于把党和国家的方针、政策同基层群众的思想实际紧密结合起来，使报道所体现的思想能够和着群众的脉搏跳动。

二是服务上的接近性。例如，报道工作会议时，要注意为受众提供信息和知识，以解决他们生产和生活中的疑难问题，反映他们的切身利益。

三是时间上、地点上的接近性。对于区域性、行业性的会议，凡在时间上、地域上或行业上与本地受众接近的就报道，甚至详细报道，不然就简略报道，甚至不报道。

显然，报道会议要尽可能报道与群众接近的人和事。凡受众喜闻乐见，与受众切身利益相关的会议内容，就要认真抓好。当前，随着媒体竞争的加剧，会议报道策划的难度也相对提高。越来越多从事会议报道的记者发现，要想吸引受众的注意力，让报道内容贴近百姓生活、强化情感的贴近性几乎已成为一个屡屡得手的法宝。情感是心灵的纽带。媒体应想百姓之所想，忧市民之所忧，切切实实地从市民立场出发，从百姓视角入手，真正架起政府和百姓互通的桥梁。《楚天都市报》的记者曾提出要用"市民视角"报道会议，颇有积极意义。这样才能将会议报道做活，才能满足广大受众的需求。

当然，会议报道太"硬"不行，都是"上对下"式的宏观性、程序式叙述话语，都是领导讲话内容、政策条文罗列，只会使受众敬而远之。同样，会议报道又不能太"软"，只注重叙写琐屑之事，只注意让受众开心和满意，而缺乏形而上的分析和把控，失去应有的指导性和引领力。策划者要做到上下结合而"居其中"，从方方面面衡量报道的内容，找到一个兼顾两头的结合点，达到双方的相对平衡，力争让会议报道做到领导、群众都满意。

（四）讲求形式创新，寻求个性化突破

现在，对于阅览新闻信息，人们拥有太多的选择机会，所以，能不能将新闻报道内容以人

们乐于接受的形式呈现出来，显得越来越重要。在会议报道策划中，有意识地讲求形式创新，寻求个性化突破，使好的报道内容与适契的报道形式相配，让内容与形式浑然一体，也是策划者不可忘却的要旨。

一方面，要破除陈腐文风，更新表达方式。一些会议新闻让人觉得“面目可憎”，除了内容枯燥外，评议干巴、表达单调、文风陈腐也是重要原因。会议新闻要力避千篇一律、毫无生气的“文件腔”“公报体”，力求活泼清新的文风。例如，新华社记者郭春玲采写的《金山同志追悼会在京举行》《全国优秀新闻工作者表彰大会在京开幕》等会议报道，就突破了会议报道的写作俗套，显得别开生面，富有新意，很有借鉴价值。

全国优秀新闻工作者表彰大会在京开幕

新华社北京 1984 年 11 月 28 日电（记者郭玲春）　以新闻报道为己任的 350 余名记者、编辑、播音员，今天成为被报道的新闻人物。这些常年活跃于社会各阶层，反映人民群众的成就、愿望和呼声的新闻群英荟萃北京，参加新中国成立 35 年来首次举行的全国优秀新闻工作者表彰大会。

出席大会的代表被誉为“党的十一届三中全会以来在新闻战线上有卓越成就的优秀分子”。当同行向他们投以敬羡的目光时，前来祝贺的中宣部副部长郁文对他们以及整个新闻队伍提出了更高的要求：坚持新闻工作的党性原则；坚持辩证唯物主义的思想路线；加强知识修养，发扬艰苦奋斗的精神，争取成为“名家”。思路敏锐的优秀新闻工作者体味着这一番讲话的深意，有的记录下讲话要点。一位与会者对记者说：“讲得深刻，很有针对性。”

中国记协主席吴冷西委托副主席秦川向大会提交的报告中，向人们展示了近年来新闻战线的业绩：报刊上开展“实践是检验真理的唯一标准”的讨论；新闻界关于工作重点转移方针的宣传和各项成就的报道；批判“阶级斗争为纲”的“左”倾指导思想，以及为社会主义精神文明建设、贯彻党的知识分子政策、维护世界和平、争取实现祖国统一大业的宣传鼓动工作。回顾的同时，又提出了一个引人思考的议题：在每十个中国人有一份报纸、各层次的广播电视网已初步建成、全国又面临着一场伟大历史变革的今天，新闻工作怎样与这奔腾向前的时代相适应？他提出，每个新闻工作者应当是这场伟大变革的忠实记录者和热情传播者，并且要善于运用新闻手段把党的政策变为亿万人民群众的行动。他希望已为全国 30 万名新闻工作者树立榜样的优秀新闻战士再作努力，在改革的浪潮中改革我们的新闻工作。

党和国家领导人对大会的关注，使与会者受到鼓舞。彭真向大会送来题词：“向人民忠实的喉舌、优秀的社会主义新闻工作者致贺。”徐向前写道：“新闻工作者要发扬党的实事求是、密切联系群众的优良作风。”聂荣臻嘱人代笔，写来一封热情洋溢的长信。乌兰夫、陆定一也题词对大会表示祝贺。宋任穷打来电话预贺大会的成功。

记者在今天的大会上还感受到一股清新的气息：这一新闻工作者的集会与加速中的社

会节奏正相吻合。首都各新闻单位负责人冯健、钱抵千、徐才、徐惟诚、刘爱芝的讲话和广播电视部副部长谢文清的书面发言都言简意赅，有七个发言的整个开幕式总共进行了一个小时。中国记协副主席王揖主持了今天的大会。

另一方面，会议报道的体裁形式应力求多样，报道形式也要活泼新颖，能够吸引受众。会议报道的形式，可以视具体情况灵活选择，如采用消息、通讯、专题、侧记、特写、人物专访、评论、述评、会议主持人答记者问等，还可以采用现场报道、录音专访等。尤其是对于一些重大会议活动，需要全面、深入地报道，更应该注意运用多种样式的报道形式，以使受众喜闻乐见。

在2007年的全国两会报道中，除了固有的联播新闻、正点新闻、现场直播等新闻节目报道形态外，许多观众喜爱的央视知名记者、主持人一齐上阵“跑两会”（图5-3）。例如，新闻频道的《小崔会客》《柴静两会观察》，经济频道的《小丫跑两会》《两会三人组》，中文国际频道的《2007中国焦点》《华人世界两会报道》，法治频道的《小撒探会》等。虽然栏目众多、形式各异，但所推出的节目都是从不同角度挖掘、报道两会上发生的重要新闻，为观众搭建了一个多样态的及时了解两会动态的新闻网。其实，每一位主持人都是一张名片，他们的人格魅力和独特个性能够更好地吸引观众关注所报道的内容。事实上，打名主持人的牌，让节目更具个性，丰富两会报道形式，在央视两会报道的策划中持续进行了多年。

图5-3　2007年央视知名记者、主持人“跑两会”栏目

《人民日报》、新华社、《经济日报》等中央媒体的全国两会报道，除了进行常规的程序性报道，较多使用消息、通讯、专题报道、人物访谈等形式外，也在不断变换报道视角，努力探索体裁运用与报道形式的创新，推出了“微博报两会”“图解新闻”“网民议事厅”“两会进行时”（融媒直播）等新颖活泼的报道形式，得到不少读者、网民的点赞。

人民网《两会进行时》融媒直播

《新京报》在2015年、2016年的全国两会报道中，依托新技术手段，引入短视频、3D动画、直播等多种形式，在报道方式上创新，推出了一批代入感强、活泼新颖，适合移动传播的融媒体新闻产品，刷新了两会报道的表达方式。其中，2015年的全国两会动新闻产品《别人春节胖十斤 强哥加班改报告》，不仅上了多家视频网站的首页，还被中国政府网转发。

2016年的两会动新闻《印在总理报告封面的二维码原来藏着这么好看的动画》的二维码被印上政府工作报告，该片运用时下最潮流的动画形式，设计与国际接轨，生动展现2016年政府工作报告主要量化指标的完成情况，大气端庄，又浅显易懂。[1]

地方媒体的全国两会报道，也非常讲究体裁的多样和报道形式的新颖。例如，《湖南日报》《新华日报》等地方党报，每年全国两会期间推出的两会报道，不仅运用消息、专题、评论等常规体裁，也有意识地尝试使用诸如“两会花絮”“散记”“两会选粹”“侧记”“特写”“发言摘编”“专访”“亲历式报道”“新闻故事”“新闻漫画”等相对活泼、新颖的体裁形式，以使报道能够让读者更加喜闻乐见。

（五）注重图文结合，增强“悦”览体验

会议的文字报道往往因为比较抽象而易使读者产生疏远感，适当地利用图片、图表，形象地解读权威信息，巧妙地图文组合，调配密集信息，可以在凸显会议报道的可读性的同时，赋予会议报道以新意，增强受众的“悦”览体验，从而使报道收到事半功倍的效果。

会议新闻的摄影图片主要是以人为对象的，所以新闻人物往往成为会议图片的表现重点。人物在会场中并不是静止不动的，而是存在着语言、表情、肢体等方面的活动的，这为会议新闻摄影“活”起来提供了基础。会议新闻图片应该尽可能抓住新闻对象的瞬间细节来反映时代特征。

一方面，必须明确，新闻图片不仅传递信息，也传递情感。情感能强化信息的传播，这是新闻照片超越于文字的优势。现阶段，图像技术的发达与图片传播的盛行，使人们迎来了一个“读图时代”。“有图有真相”“有图才能吸引注意力”，已经成为人们对于当下新闻信息传播某些新特征的直观体认。所以，重视使用会议新闻图片，以显示人物的风貌，反映一些典型的历史瞬间，很有必要。

另一方面，会议新闻图片要注重细节，以小见大。细节被称为新闻写作的血肉。生动的细节可以使纸面上的文章留在人的心灵上、渗透到人们的情感中去。会议新闻图片讲求细节，即指使用特写的表现手法，在新闻现场选择新闻事件中的人或事件的某一局部和细节，以小见大，简洁、集中、概括地突出新闻人物和新闻事件，以引起受众的关注，从而起到深化主题、增强艺术感染力的作用。

此外，需要精心编排，力求创新。图片是调整版面不可或缺的重要视觉成分，事关版面是否能够“活”起来。用好新闻照片不只要搞好现场的拍摄，后期的版面编排也相当重要，这事关新闻照片能否实现对内容主题的最优表达。

会议新闻中图表的设计和使用，则要力求简约、直观、易懂，方便受众快速领会和理解会

[1] 王悦.《新京报》全国两会报道15年回顾思考[J].中国记者，2018(4)：50-52。

议新闻中的重要信息。

(六)优化版面编排,让受众更易找到“信息点”

会议报道传播效果的好坏,归根结底在于读者、听众、观众或网民爱不爱读、听、观看或阅览这条新闻。倘若会议报道的信息量很大,版面编辑可以通过优化版面编排,将其中可读性极强的新闻内容有机地分解出来,并巧妙地加以组合,以提高会议新闻的可读性和宣传效果。例如,2006 年 5 月 28 日,深圳市四届人大一次会议开幕,《深圳商报》在 A7 版对第三届人大常委会 5 年来的工作,从立法、监督、提案三个方面进行了回顾,标题用红色打底,非常醒目,使读者一目了然,独具特色。

从版面的处理角度来讲,一条新闻的重要与否,往往取决于它在版面中的位置和篇幅。对于关乎国计民生的重要会议新闻,版面编辑应当不惜版面加以突出处理,以凸显其与众不同的重要性。2010 年 12 月 10 日至 12 日,中央经济工作会议在北京召开,为“十二五”的开局之年 2011 年的全国经济工作定调:积极稳健、审慎灵活。《南方日报》《成都晚报》除了都在导读版刊发头条通栏标题新闻外,后面两个版面紧跟着进行详细的报道和解读。《重庆商报》以 4 个版的篇幅刊发中央经济工作会议的消息、解读及影响,每个版面均配有图表或漫画。图表使单一的数字变得灵活,漫画更使枯燥、专业的经济术语变得通俗易懂。这种“头版头条+全方位解读”的高规格编排处理,构成强烈的视觉冲击力。这时的版面编辑仿佛已冲出版面,登上台子,拿起高音喇叭,“高呼”读者阅读此条重要的会议新闻。会议新闻经这样编排处理后,想要人不读都难。

2010 年 12 月 7 日,中央宣讲团党的十七届五中全会精神报告会在广东省委礼堂举行。中央宣讲团成员、国家发展改革委宏观经济研究院原常务副院长、研究员林兆木做报告。按惯例,这种极其普通的会议新闻,版面编辑很容易将其处理成“八股”式,即中央宣读团在粤宣讲五中全会精神,××领导主持,××等领导出席。而《广州日报》的头版编辑在版面编排上进行大胆创新,把这条会议新闻给“编”活了。首先,版面编辑将主标题改为《后年 GDP 超美国?专家称不切合实际》,采用疑问式的标题,一问一答,问的是国人最为热切关注的话题,答的是国人应该冷静面对的现实,令读者“读”意顿浓。接着,版面编辑又不惜版面,将会议新闻中可读性最强的三个观点“后年超过美国太离谱”“2016 年人口红利现拐点”“2020 年中等收入者占多数”组成一个《报告会精彩论点》专栏,并加了一个套红框。正是版面编辑将会议新闻中最具可读性的部分进行了局部放大,使这条位于头版右下角的会议新闻成了版面中的一个亮点。

会议新闻若只有会议内容的报道,会显得严肃枯燥,难以引起受众的兴趣。因此,新闻媒体除了应刊载、刊发关乎会议重要内容的文字报道外,还可以将一些会议外和现场内的花絮、片段,以图片新闻、侧写、会议花絮等形式有机融合到版面中,增添会议新闻报道的丰富性和人情味。此外，还可以将比较有亮点的细节单独拎出来，呈现给受众。比如，在中共十九大报道中，人民网·中国共产党新闻网推出的H5作品《十九大报告中的“四个新”》，针对十九大报告提出的一系列新思想、新论断、新提法、新举措，对报告最新提出的四个重要判断（新时代、新思想、新变化、新目标）进行了言简意赅的展现，取得了良好的效果。

（七）多媒体联动，形成规模化传播效应

2005年以来，网络媒体在新闻传播中的影响力日益凸显。2005年9月25日，《互联网新闻信息服务管理规定》颁布实行，网站从事登载新闻业务被依法界定为“互联网新闻信息服务”。2006年，中国新闻奖首次将网络新闻作品纳入评选，网络新闻专题、网络新闻评论成为重要评选对象。这对于网络新闻的发展具有里程碑意义。网络新闻的发展，不仅改变了普通民众的生活，也为广大民众参政议政提供了新的平台。

2007年全国两会，以新华网、人民网为主的官方新闻网站成为两会报道中的中坚力量。他们通过网上访谈、博客、文字直播、图片直播、音视频直播、手机报、手机新闻等方式，使得网民、手机用户能够在第一时间获取两会信息。代表委员纷纷开通“两会博客”，成了当年两会的一个热点。

2010年全国两会，《人民日报》、新华社、央视等知名媒体推出了自己的微博，一些地方报纸还开辟了微博版块，选择重要的、贴近普通人生活的博文进行刊登，创新了两会报道的传播形式。

随着传统媒体与新兴媒体融合发展走向深入，融媒体新闻渐渐成为新闻报道的主流趋势。会议新闻报道理应顺应这一趋势，走融媒体传播的新路子，以便多媒体联动，形成规模化传播效应。

2014年全国两会报道中，人民日报社推出的《两会e客厅》就通过报、网、端、微及电子阅报屏等多渠道传播，打造了主流媒体的全方位传播矩阵，旨在实现两会报道的广泛覆盖和有效传播。2015年，《新京报》以全国两会为契机，打破以报纸为核心的两会报道二维空间，在坚守独家原则的同时，强调移动传播优先、视觉传播优先、互动传播优先，运用文字、图片、视频、动画、H5等多种形式，全时段、全方位、全媒体、全平台报道两会，取得了单一纸质传播无法获得的传播影响力和公信力。同时，《新京报》在机制上开启24小时全平台、多渠道、多形式滚动发布的两会报道模式，操作上采用一次采集、多种呈现、多元传播的方式，确立起“网络即时发布，视频传播引领，报纸精耕细作”的发布思路。以《政府工作报告》解读为例，记者提前独家专访报告起草组成员后，编辑根据报纸、网络、移动端的不同特点制作成各不相同的传播版本。3月5日上午9时40分开始，《新京报》通过报网、官方微信、官方微博、新闻客户端，并联动门户网站，推出《总理亲自将“有权不可任性”写进报告》《政府工作报告10大看点》《看总理报告如何给“换挡焦虑症”开药方》等多篇独家权威解读，迅速形成多平

台、全媒体、分层次、立体化传播的涟漪效果。

融媒体时代，许多传统主流媒体纷纷通过建立“中央厨房”机制，整合旗下包含报、网、端、微在内的所有传播渠道，构建起自己的立体传播矩阵，从而实现融媒体两会报道的广泛传播。这样的做法有助于整体发力、组合传播，最大限度地融合报纸、网站、微博、微信、客户端等媒体形式，提供主题一致、种类繁多的信息产品，打出组合拳。例如，2017 年 10 月 18 日至 24 日，党的十九大在北京召开，《湖北日报》聚焦党代表履职尽责风采，刊登出《代表心声》，精心创作了“党代表漫话十九大”原创漫画，制作了 H5 新闻，可看、可听、可互动，严肃之外显活泼，使会议报道耳目一新。另外，主流新闻媒体还可以借助平台优势，采用问卷调查、互动问答、小程序等形式提供不同于传统新闻产品的互动新闻产品。例如，《重庆日报》在十九大报道中，借助华龙网平台推出了新闻产品《你关心的，十九大报告里都给出了答案》，提炼十九大报告中的精华内容，以农民、教师、学生、企业家、机关事业单位人员、演员等多个角色类别设置群众关注的问题，让受众点击进入后，可以自主选择跟个人相关的角色，通过一问一答的形式获得与生活密切相关的内容，在增强趣味性和互动性的同时，营造了良好的舆论氛围。

当然，融媒体时代的会议新闻报道，尤其是在“中央厨房”机制下的报道，通常会面临素材相对有限、报道内容趋于同质化、受众黏度不高等问题。因此，对同一新闻源进行多角度挖掘，对同一新闻素材进行深层次加工，以生产出能够适应不同接收终端的特点和满足不同用户的需求偏好的新闻产品，成为主流媒体在融媒体传播模式下进一步推进会议新闻报道创新所要面对的核心问题。这方面的探索，需要媒体人不断给出新的答案。

本章思考题

1.作为未来的新闻工作者，如何理解会议是新闻的“富矿”？

2.会议报道的主要特点有哪些？会议报道具有哪些主要作用？

3.简要阐述我国会议报道的现状及其改进对策。

4.联系实际谈谈如何确定会议新闻的报道内容。

5.在会议报道中，如何把握报道定位，力争“两头”满意？

6.在融媒体时代，怎样创新会议报道，以实现多媒体联动，形成规模化传播效应？

第六章 节假纪念日报道策划

本章要点

· 节假纪念日报道策划的性质与特点

· 政治性节日的报道策划要领

· 民族传统节日的报道策划要领

· 社会公益性节假日的报道策划要领

· 职业性节日的报道策划要领

· 纪念日与其他特定日的报道策划要领

· 专题报道与假日经济报道策划要领

在社会生活中,由于种种原因而产生了许多不同于日常的节日、假日、纪念日与其他特定日等特殊日子,由此也产生了一种特殊的新闻报道,即节假纪念日报道。它包括各种节日、假日、纪念日新闻报道和其他一些特殊日子的新闻报道,如国庆节的报道,元旦、春节的报道,儿童节、教师节、记者节、重阳节(老人节/敬老节)、国际消费者权益日的报道,植树节、环保日、无烟日、戒毒日、防艾滋病日的报道,一年一度的高考,四年一度的亚运会和奥运会的报道,纪念中国人民抗日战争暨世界反法西斯战争胜利周年的报道,纪念建党周年的报道,各种法律、法规、著作、作品发布出版的报道,纪念各种英雄人物、知名人物诞生、逝世的报道,还有各个地区、各个城市的重大节日活动和各种特定日子的报道等,这些都可以纳入此类报道策划范畴。

第一节 节假纪念日报道概述

随着社会的发展和进步,节假日、纪念日对于人们生活的意义越来越突出。人们围绕、依托、利用节假纪念日所组织、开展的各类社会活动也越来越多,这推动了节假纪念日新闻事件的增多。由此,节假纪念日新闻报道逐渐成为新闻媒体日常报道的重要组成部分。

一、节假纪念日报道的性质

相对于常规报道而言,节假纪念日报道属于可预见的、具有周期循环性质的新闻报道。很长时间以来,一些新闻工作者对节假纪念日报道要么不以为然,觉得太多程式化的内容,没有什么真正有价值的新闻好报道;要么觉得这类报道总是循环往复,难有新意,于是心生厌倦,随便应付一下了事。这些态度、看法和做法,实际上都是对节假纪念日报道存在认识上的误区。

的确,节假纪念日通常是循环往复的,今年有此节假纪念日,大体上明年还会再来,后年仍然会有……而且一些节假纪念日的活动内容通常也是大同小异地多次重复进行,这导致经历节假纪念日对于普通民众(包括新闻工作者)而言难以产生新鲜体验;加之,在节假纪念日期间,人们多半会外出休闲、游玩,在一定程度上减少了接触传媒的时间,使得节假纪念日期间的新闻报道在社会关注度方面相对于工作日而言有所降低,由此弱化了部分新闻工作者对于节假日报道的重视程度及精力投入。

诚然,节假纪念日报道是新闻媒体的一种常态内容。年年岁岁花相似,因为周而往复地循环进行,难以出新出彩,所以被视为新闻报道中的四季歌。不过,俗话说,思路决定出路。应当看到,随着我国科学技术的长足发展和国人生活水平的不断提高,各种节日、假日、纪念日以及一些地方性的重要节庆、大型会展活动,在一年中占了将近一半时间,成为新闻报道取之不尽、用之不竭的“富矿”。数以百计的节假纪念日往往主题突出、特色鲜明、内涵丰富,对于各级新闻媒体而言,富有特色地做好重大节假纪念日的新闻报道,能在一定程度上推动我国经济建设与改革开放向纵深发展,不断满足人民群众日益增长的精神文化需求。因此,新闻媒体有计划、讲步骤、求特色地做好重大节假纪念日的宣传报道非常重要,很有必要,也是其义不容辞的社会责任。现在越来越多的新闻媒体意识到了做好节假纪念日报道的特别意义,加强了对节假纪念日报道策划的重视,通过创新报道角度、拓展报道内容、变换报道方式和报道手法,使得四季歌常唱常新,悦耳动听。

二、节假纪念日报道的类型

根据节假纪念日性质的不同,可以将节假纪念日报道分为政治性节日报道、民族传统节日报道、社会公益性节日报道、职业性节日报道、纪念日报道及其他特定日报道等几种类型。

1.政治性节日报道

政治性节日报道即针对因政治原因而出现的节日,如国庆节、国际劳动妇女节、国际劳动节、五四青年节、国际儿童节、建军节等的来临而推出的报道。政治性节日报道，通常要围绕节日之际的相关政治活动、社会活动展开报道，将对节日的政治、社会意涵的阐发与引导、教育整个社会关注、珍爱当下来之不易的安宁生活、权益保障有机结合起来。

2.民族传统节日报道

民族传统节日报道即针对民族传统节日，如春节、清明节、端午节、中秋节等节日的来临而推出的新闻报道。民族传统节日报道，通常要围绕节日之际的相关庆祝活动、文化活动、民俗景观展开报道，将对节日的民俗文化意涵的阐发与营造、表现民众节日期间的生活面貌、烘托浓浓的过节气氛等有机结合起来。

3.社会公益性节日报道

社会公益性节日报道即针对社会公益性节日，如植树节、环保日、国际消费者权益日、无烟日、禁毒日、世界艾滋病日等的来临而推出的新闻报道。社会公益性节日报道，一般须紧扣当年的节日主题、围绕人们组织开展的相关社会活动而展开报道。

4.职业性节日报道

职业性节日报道即针对某些职业性节日，如教师节、记者节、护士节、医师节等而推出的相关新闻报道。职业性节日报道，一般需要表现该职业群体对社会的贡献，并对该职业群体中涌现的新事物、新现象、新风尚或存在的问题予以必要关注，引导社会各界关注、关爱该职业群体。

5.纪念日报道

纪念日报道即针对某一纪念日，如中国人民抗日战争胜利纪念日、改革开放40周年、城市解放纪念日等而推出的新闻报道。纪念日报道，一般要把握纪念日的主题，在回溯历史中，引导人们沉思、警醒、自我鞭策，从而铭记过往，展望未来。

6.其他特定日报道

其他特定日报道即针对其他某些特定日，如世纪之交、高考日、“双十一”购物节等而推出的相关新闻报道。此类报道，一般应立足于普遍的社会心理，关注、报道特定日期间出现的一些新鲜的、非常态的事物。

三、节假纪念日报道的特点

与一般的新闻报道相比，节假纪念日报道通常具有以下特点。

1.报道时段相对固定

无论是政治性节日、民族传统节日、社会公益性节日、职业性节日、纪念日或其他特定日，每年发生的时间都是固定的，这就使节假纪念日报道的推出时间也相对固定，一般都是在节假纪念日前后陆续推出。当然,如果遇到逢五逢十的节庆或重大纪念日,节假纪念日报道持续的时间会有所扩展。不过,总体上看时间是比较固定的。

2.报道集中度高,呈现一定的传播强势

节假纪念日具有很强的社会集合效应。人们在节日、假日、纪念日等特定日子里,通常会精神焕发、情绪高涨,会主动举办、开展一些具有瞬间集聚效应的社会活动,借以表达、宣泄喜悦、庆祝、缅怀、追思等情感、情绪,引来媒体的集中关注和报道。所以,与一般的新闻报道相比,新闻媒体对节假纪念日报道集中度高,有时甚至令新闻媒体的其他报道为其“让路”而得到优先进行报道的安排,在特定的时间段内呈现一定的传播强势。

3.报道内容具有一定的程式化、同质化色彩

无论是在政治性节日、民族传统节日、社会公益性节日、职业性节日,还是在纪念日或其他特定日,人们一般都会组织、安排或开展一些程式化的仪式活动,或者自发形成一些带有浓厚情境化意味的社会活动。而这些活动通常会顺理成章地引来许多新闻媒体的关注并且程度各异地进入不同新闻媒体的报道视野。如此一来,节假纪念日报道不免呈现出一定的程式化、同质化(内容大幅度雷同)色彩。由于节假纪念日通常是等时距地进行,即每隔一年或每隔一段时间就要重复进行报道,报道方式重复比非常高,年年都是一个模式、一类内容,所以,有时报道难有新意,令人感到乏味,也就不足为奇了。

4.可以提前策划,报道方式通常带有较为明显的设计感

由于节假纪念日都是可以事先预期的,所以,新闻媒体通常会提前策划,未雨绸缪,对节假纪念日报道进行有目标、有方案的安排、部署,使得节假日报道与一般报道相比,在报道方式上带有较为明显的设计感。同时,既往一些新闻媒体的报道经验,往往很容易被其他媒体在此后的循环报道中援用为对同类报道进行策划、设计而加以借鉴、套用的“模式”。这也是需要加以注意的。

第二节　节假纪念日报道策划要领

常见的节假纪念日报道策划主要有政治性节日的报道策划、民族传统节日的报道策划、社会公益性节日的报道策划、职业性节日的报道策划以及纪念日与其他特定日的报道策划等。

一、节假纪念日报道策划的基本要求

尽管政治性节日报道策划、民族传统节日报道策划、社会公益性节日报道策划、职业性

节日报道策划以及纪念日与其他特定日报道策划所依托的节假纪念日的性质不同，但它们都具有节假纪念日报道策划所共通的特点，也需要遵循一些共同的要求。

1.紧扣节假纪念日的核心要义

任何一个节假纪念日，都有其特定的文化内涵、社会意义。节假纪念日报道不论采取何种方式、报道什么具体内容，都必须与该节假纪念日的核心要义能够形成紧密的对应关系。否则，就不能成其为自身。比如，春节的报道必须紧扣“春节”这一岁末年初之际，万象更新、春回大地，人们喜迎新春、欢度佳节，喜庆、欢乐、团圆、送祝福等成为主导氛围这一核心要义，报道人们在此期间发生的社会活动，出现的新事物、新风貌。国庆节的报道，必须紧扣“举国同庆共和国生日”这一核心要义，报道国家经济建设、社会发展成就以及人们生活面貌的巨大变化，张扬爱国情怀和奋进精神。

2.彰显节假纪念日的时代价值

节假纪念日的设立，一般都是缘于某一特定的社会需要，承载着人们的某些精神寄托、价值诉求、情感归依。然而，时代变了，当初设立节日的自然环境、社会环境、历史条件也已经发生了改变。那么，节日的当下价值如何体现？这就需要在进行报道策划时，要注意彰显节假纪念日在今天对于人们的时代价值。

3.立足于以人为本

新闻报道既要报道新近发生的新闻事件本身，也要关注新闻事件的社会意义，既要呈现世界的变化与发展，同时也要反映出这些变化、发展对于人们的生存与发展的意义和影响。实际上，关注人、表现人、注重反映人的生存与发展状态，一直被视为新闻媒体推出新闻报道的一个重要价值支点。节假纪念日报道也不例外。节假纪念日的形成，离不开人们的生产、生活及其他社会实践活动。人是各类节假纪念日的魂。所以，在节假日纪念报道中，立足于以人为本，注重报道普通民众生发于其间的有价值的行为、活动，反映他们的所思、所想、所感、所悟、所虑，进而在全社会形成共鸣、共情效应，是一项非常契合节假纪念日自身属性的报道要求。《潇湘晨报》在2007年3月18日“世界水日”(每年3月22日)来临之际推出专题报道——《水伤》，关注三湘大地生态环境忧患，向读者传递先进的自然生态理念。“水伤”系列追问的是屈原自沉的汨罗江、沈从文笔下的清水江这样的河流，发现受伤的不只是河水，还有人心。该专题报道在地理和环保的主题之下，牵涉一系列的文化展示、历史反思以及深切的生态关注与人文关怀，耐人寻味。

4.注重创新

节假纪念日报道，如果不注重创新，顺水推舟、随波逐流，也容易陷入程式化、同质化的怪圈。这一方面是因为报道内容局限于重复上面制定的条条框框，不具体、不生动、不活泼，缺少深度，缺少说服力；另一方面是因为这种报道很多属于“同题作文”“周期作文”，硬新闻的产出有限，在新闻资讯的报道量和报道模式上很容易陷入“重成就宣传、轻信息传播，重庆典活动、轻社会关注，重领导活动、轻百姓参与”的老套路，使读者兴味索然，甚至厌倦。可以说，创新既是节假纪念日报道策划的重点，也是策划的难点。不过，思路决定出路！实践表明，转换报道思路，回归节假纪念日的本真，立足于节假纪念日期间人们特有的社会活动、文化活动，进行“接地气”的报道策划，进而实现报道内容与报道方式的创新，是十分可行的。

5.未雨绸缪，要有提前量

节假纪念日报道策划属于可预见报道策划、周期性报道策划，具有事先可以预知、能够提前做准备、进行精心策划的特点。我国新闻媒体关于节假纪念日的报道大体上涉及以下内容：一是节日渊源、传说、演变、习俗介绍，二是专题集中报道各地开展的节日活动，三是大型或特殊节日仪式现场的全程直播或转播，四是节日庆祝晚会。所以，倘若不提前做足准备，有些报道很难完成好。同时，由于节假纪念日报道一般是按一定周期进行循环、具有一定程式化的报道，所以，要不落窠臼、出新出彩，十分不易。这亦要求在进行相关报道策划时，一定要有足够的提前量，以便有充分的时间未雨绸缪，搜寻材料，调配资源，部署采访，安排刊发、刊播计划，进而在报道中掌握主动，使报道能够取得理想的社会效果。

二、政治性节日的报道策划要领

所谓政治性节日，是指那些因与特定的政治活动、政治事件、政治人物紧密相关而产生的带有政治色彩的特定日子。对于生活在现代社会的人们而言，政治性节日是一种比较常见的节日类型。在我国，5 月 1 日的国际劳动节、10 月 1 日的国庆节、7 月 1 日的建党日、8 月 1 日的建军节等都属于此类。新闻媒体围绕政治性节日而推出的新闻报道也十分多见。因此，掌握政治性节日的报道策划要领，做好政治性节日的报道策划，对于新闻从业人员而言亦是一门重要的“必修课”。

（一）国庆节报道策划

国庆节报道是新闻媒体经常面对的重要题材，也历来是媒体报道的主要着力点，特别是遇五逢十的年份——国庆大典期间的报道，是我国新闻媒体大力弘扬爱国主义、宣传国家建设成就的最佳时机。

每逢国庆节来临，新闻媒体除了要关注和报道节日期间出现的重要政治活动、庆祝活动以及其他社会活动外，通常需要开展祖国发展、建设成就的报道策划，推出相应的成就报道，以迎接中华人民共和国的生日。由于迎国庆成就报道是全国所有的新闻媒体年年都要做、年年都争取出新的报道，所以，了解和总结其间的主要做法和经验，对于做好相关报道策划是大有好处的。

1.主题报道宏观大气,既报道"硬"成就,也关注"软"成就

重视报道、宣传国家的建设成就,是多年来我国新闻媒体国庆报道的一大特色。纵观改革开放以来40多年的国庆报道,重视从宏观的角度全面展示祖国的建设成就是一种常态做法。

2009年,中华人民共和国成立60周年,中国新闻社策划推出了"六十年·中国风"专题报道,通过中国外交、中国军事、两岸关系、公民社会、人物访谈、人民大会堂五十年、中国经络、述说财富、中国新阶层、中国故事、侨胞访谈录、国庆阅兵等一系列栏目,以世界的眼光、历史的标尺、新闻的切入,从政治、经济、军事、社会、民生等各个方位,展示中国的变化,引领人们重读擦肩而过的岁月,展望扑面而至的未来。人民网、新华网、中国经济网等网站策划推出"部长访谈录""新中国影像志""共和国历次大阅兵珍贵图集""全国百家经济开发区网上联展"等系列特别报道,新浪网、搜狐网、网易网、腾讯网等推出"我是中国人之大国万家""中国制造""追寻现代中国""中国传奇"等系列报道,这些报道虽然手法不同,但都从各个方面全景再现了中华人民共和国成立60年来政治、经济、文化、社会等各个领域取得的辉煌成就。不过,宏观层面的报道多从政府部门的角度着眼,宣传味浓,可读(看)性不强,也比较缺乏感染力,难以有效吸引受众关注。同时,既往的成就报道比较多地集中在工程建设、城市发展等"硬"内容上,而在制度建设、文化振兴、生活水平提高这样一些"软"内容的报道上,显得不足,表现出一定的重"硬"轻"软"、"软""硬"不均的倾向。所以,如何提升国庆成就报道的贴近性且"硬""软"兼顾,使人们既看到国家硬实力的不断上升,也感受到实际生活的巨大变化,需要进行报道策划上的创新。

在2019年的新中国成立70周年报道中,人民网推出的"70年70问"大型全媒体系列报道和新华社制作的"70秒说70年"系列短视频在力求宏观大气、"硬""软"兼顾地全面回顾中华人民共和国成立70周年各行各业所取得的发展成就的同时,也十分注意"接地气",讲求贴近性。"70年70问"系列报道,涵盖政治、经济、文化、社会、生态等多个方面,每一问都坚持"大主题、小切口"的原则,在大视角下讲小故事,从小事件中见大背景,将可亲可感的人物、故事、场景与权威理论、观点、数据相结合,解读新中国70年历史性变革中蕴藏的内在逻辑,讲明历史成就背后的中国特色社会主义道路、理论、制度、文化优势。"70秒说70年"系列短视频自2019年9月1日起陆续推出,讲述了30个发生在你我身边的光阴的故事,同样"以小见大",用小切口梳理大历史,用小故事讲述大时代,呈现出一幅丰富、生动、立体的人民生活改善、经济社会发展的历史画卷。[1] 人民网、新华社的成就报道,不仅内容做得有新意,而且把握了当下人们碎片化、移动化的阅读习惯,采取短篇文字稿、短视频的报道形式,获得了广泛好评。

---

[1] 黄楚新,郑智文.新中国成立70周年融媒体报道观察[J].教育传媒研究,2020(1):73-76。

2.选择民众看得见的事实呈现国家日新月异的面貌

选择民众看得见的事实来展现成就,不仅可以使推出的报道更具有说服力,也大大增强了报道的贴近性。2012年国庆期间,央视《焦点访谈》栏目"国庆记忆"系列报道,选取了6个与国庆相关的民生话题,分别是"红旗飘飘""国之盛宴""歌唱祖国""火树银花不夜天""鲜花盛开的广场""在天安门前留个影"。这六个方面与人们的日常生活非常贴近,但报道内容却能新人耳目。比如"红旗飘飘",报道的是升旗仪式的演变和发展;"国之盛宴",报道的是国宴的发展历程和国宴观念的转变;"歌唱祖国",报道的是该首歌的创作经历;"火树银花不夜天",讲述的是天安门国庆焰火的发展和变化;"鲜花盛开的广场",报道的是历年国庆天安门花坛的变化;"在天安门前留个影",是以对比的手法报道相同的人于不同的时代,以同样的姿势和心情在天安门留影的故事。这种以平民化的视角报道普通民众看得见的、与他们生活紧密相连的国庆记忆,并借此展现新中国发生的巨大变化、迎来的可喜面貌的做法,既具说服力,又显贴近性和亲和力,自然能够产生良好的传播效果。

3.让枯燥的数字活起来

数字是国庆报道中一个必不可少的要件,通过一个个具体的数字最能充分而客观地反映共和国的进步。然而,数字的运用又是新闻报道中的"痼疾",因为数字通常比较枯燥,而新闻报道要求鲜活、生动。所以,运用数字进行国庆报道时,需要借助相应的技巧,让数字在版面上活起来、美起来,达到"化枯燥为神奇"的效果。从《人民日报》《经济日报》《光明日报》、中央广播电视总台等新闻媒体多年来的国庆报道中都可以看到巧妙运用数字、让数字活起来、借助数字"说"出事实所取得的良好报道效果。例如,2006年10月1日,《光明日报》在2版刊发了一条既贴近民生,又能反映出祖国数十年巨变的文章——《谭老师的"恩格尔系数"账本》。该文从一个普通居民的账本的开销记载入手,以小见大地反映我国居民生活水平的普遍提高。除去文字外,报道中还配发了谭老师与经济学家袁钢明的照片,既使版面显得生动活泼,又增强了文章内容的可信度。由于账本是普通家庭平日开销的记录依据,因此,人们能够透过账本上小小的数字感受到祖国的发展进步。

当前,数据可视化技术的运用,更方便了在"喜迎国庆"的报道中使用数字来直观地展示中华人民共和国成立以来人民生活的空前变化、社会的巨大进步。

4.立足于个体视角呈现祖国的发展变化

与报道宏观成绩、宣传建设成就互为补充,在国庆报道中,立足于个体的微观视角呈现祖国的发展变化,能够有效拉近与受众的心理距离,使报道更显亲和力、更具感染力。

《人民日报》《光明日报》《经济日报》等新闻媒体在多年的国庆报道中都举办过个人征文。这些征文往往是从普通个体(家庭)的角度入手,从微观的侧面反映中华人民共和国成立以来我国人民的精神面貌和生活状况发生的深刻变化,具有可亲、可信、贴近性强的特点。

2009年,新中国迎来六十华诞之际,《成都日报》推出了"辉煌60年,寻访成都足迹大型新闻策划",向市民发出三道"征集令":"我的搬家故事""我的全家福""祝福共和国",发动市民讲述"我与共和国共成长"的故事,征集今昔对比的老照片,引领市民感受生活的巨变和城市的发展。"征集令"报道历时20多天,消息来源主要是民间,都是从城市的普通群众中选择个体见证者,通过这些普通个体之口用故事化叙述的方式讲述自己感同身受的变化。"征集令"故事的讲述者也不仅仅是讲述了自己生活的变化,还将对于这个城市变化的感慨和这种变化对自己生活的影响融入故事的讲述中。《成都日报》的"征集令"报道,通过个体记忆串联城市记忆,让城市记忆激发个体回忆。"对于中老年读者来说,在读报中与大家一起回忆,见证变化;对于年轻的读者,听见证者讲述变化。于是,大家都会得出结论:现在的我们是幸福的。"[1] 这样,报纸所确立的"人民生活越来越好"的报道目的就达到了。

过往的国庆报道一直存在选题陈旧、角度单一的缺陷,同质化现象较严重。立足于个体视角呈现祖国的变化、发展,这种"以小见大"的报道方式能够在一定程度上增进国庆节成就报道的新鲜感、贴近性、亲和力与感染力,有助于彰显各家媒体的多样风格和多元个性。

当然,针对国庆节的成就报道,还可以继续在报道策划方面探索新的思路。2019年7月,为迎接即将到来的新中国成立70周年,央视《新闻联播》策划推出了系列报道"新中国的第一",将新中国70年发展进程中诞生的一批中国第一、世界第一,如第一条自主建设的铁路、第一个大型油田、第一款国产自行车、第一个大型水利工程等给予了系统呈现,记录新中国砥砺前行的奋斗历程,见证新时代开拓创新的精神力量,产生了非常好的社会效果。2020年国庆节期间,央视《新闻联播》推出了《"十三五"成就巡礼·坐着高铁看中国》,不仅角度新颖,而且对成就的选取、报道也十分大气舒展,获得了广泛好评。可见,此方面的探索和创新,远没有止境。

"新中国的第一"系列报道二维码如下。(手机扫码可观看相关视频)

新中国的第一——成渝铁路

新中国的第一——南京长江大桥

新中国的第一——飞鸽自行车

[1] 贺晓航.《成都日报》国庆六十周年的报道策划[J].新闻爱好者,2010(4):56-57。

（二）“七一”建党节报道

“七一”建党节，也是重要的政治性节日，特别是逢五逢十周年之时，主流媒体都会将其作为新闻宣传的重头戏。打开“七一”前后的报纸，闪烁着智慧光芒的独家策划、特色报道，可谓多种多样、精彩纷呈。归纳起来，建党日报道策划有如下成功思路。

1.纵览辉煌党史，抒写革命英杰的风云过往

2011年建党90周年之际，《广州日报》推出“红色足迹在广东”“领袖在广州”“纪念西藏和平解放60周年”三个大型主题系列报道，刊发新闻报道20多篇。这些报道既有政治高度，又突出了广东和广州的地域特色，既有历史的纵深感，又有鲜明的时代气息。

“红色足迹在广东”大型系列报道，以记者实地重寻红色足迹的形式，回顾过去、审视现在，呈现建党90年来，在广东大地上的红色往事和今昔变化。报道涉及的红色足迹包括新民主主义革命时期的第一次劳动大会、第一次国共合作、第一个苏维埃政权、广东第一个党支部、广州第一个党校等。不仅揭示了中国共产党人从建党之初到1949年中华人民共和国成立之前在广东的革命活动，挖掘展示了过去许多鲜为人知的史实，如《周恩来大佛寺开高级培训班》《广州最早“党校”藏身素波巷》《〈新青年〉曾南迁至广州昌兴街陈独秀在这里吹响革命号角》《广州市委第一任机关走出两对真假夫妻》等，而且彰显了广东特别是广州在民主革命斗争时期独特的历史地位和作用。整个报道大气磅礴，影响深远。

“领袖在广州”系列报道，挖掘从1949年广州解放到2007年党的十七大召开期间，毛泽东、邓小平、江泽民和胡锦涛等党的领导人在广州的视察、调研活动。这一组系列报道，对领袖数次到广州的考察、调研进行深入报道，采访当年事件的亲历者，发掘有历史意义和新闻价值的文字、图片和重要文献，从领袖当年随员中寻找鲜为人知的有趣的历史故事，对比采访领袖人物当年足迹到达地的历史变迁，内容很是新颖。同时，该系列报道创新了新闻报道方式——采用全媒体报道，纸媒、网络、微博联动推出，受到读者的肯定。

《广州日报》在策划建党90周年系列报道时，正值2011年5月23日，为西藏和平解放60周年，于是便将纪念西藏和平解放60周年的报道纳入纪念建党90周年的系列报道。报社派出报道小分队奔赴西藏，沿着解放军当年入藏的路线，重走解放军进藏路，足迹遍及昌都、林芝、山南、拉萨、日喀则等地，历时半个多月。随后，以两个整版的篇幅，将“交通”“医疗”“教育”“传统工艺”“古老糌粑”“居民生活”“广东援藏”等作为关键词，全方位、立体式地展现了西藏和平解放60年来各族人民生活的全新变化。[1] 这样，通过报道西藏的60年巨

---

[1] 文远竹.突出地域特色，以红色足迹和伟大业绩激励读者——《广州日报》建党90周年大型新闻报道的做法和体会[J].中国编辑，2011(4)：31-33。

变，从一个侧面反映出中国共产党的伟大业绩。

2.着眼普通党员，讴歌时代先锋

着眼普通党员，讴歌时代先锋，也是新闻媒体为迎接建党日到来常用的报道策划思路。

为迎接建党90周年，2011年6月1日起，《新疆都市报》特别策划《勇立潮头——那些充满朝气的新生代党员》，并发起"推荐您身边优秀的年轻党员"活动。报道策划将目光聚焦在基层普通的年轻党员身上，通过他们的所作所为展现新疆新生代党员的动人风采。如2013年6月9日刊登的《"新生代"党员成农村致富带头人》，报道了新疆塔城地区沙湾县柳毛湾镇一群年轻党员勤奋、负责，积极为群众排忧解难的事迹。

为迎接建党95周年的到来，2016年6月14日起，《三秦都市报》策划推出纪念建党95周年系列报道"先锋的力量"，同样聚焦基层普通党员，讴歌时代先锋，如对"爱心大哥"张自平的报道等。《湖北日报》推出的系列报道，如《父子接力 深山凿路四十二载——记土家"愚公支书"王光国(1)》《决战贫困 上下求索闯富路——记土家"愚公支书"王光国(2)》《以心换心 甘做村民"提鞋人"——记土家"愚公支书"王光国(3)》，让人们看到了一个为群众踏踏实实办实事的基层党员干部的先进形象。

3.寻访报道——纪念党的峥嵘历史的另类方式

2006年，《南方日报》在建党85周年来临之际推出的"寻访报道"——纪念长征胜利70周年系列报道，就极具特点与创意。《南方日报》把该系列报道的主题定在"人"上，这些"人"既可以是亲历长征的老红军战士，也可以是老红军战士的后代，还可以是长征的目击者，能够从不同侧面反映老一辈共产党人的高尚情操和革命本色。整个报道持续一个多月，图、文和资料相配合，增强了阅读效果，是寻访报道的代表之作。

2011年，建党90周年来临之际，《新京报》推出主题报道"重访1921"，寻访中国共产党最早的一批党员，再现他们的青春、故事和足迹，还原他们的个性、激情与信念。该报道以90年前的党小组为脉络，重走他们的理想路，找出党史中一个个动人瞬间，让历史重回现实的怀抱，使记忆不再遥远。《光明日报》推出的"家国志"系列报道，6路采访小分队奔赴祖国的各省、自治区、直辖市，各撷取一个家庭，记录他们90年来的风雨历程，以此昭示国家富强、民族复兴的历史必然，如《地下党·貂头支书·留学生——诸城老孙家三代党员的不同故事》《"小裁缝"赶上大时代——浙江"红帮裁缝"江继明家的故事》（图6-1）、《愿有"丹心"代代传——刘志丹家的故事》《造车全家总动员——老红军曹新一家三代与一汽的故事》等，产生了良好的社会反响。

《愿有"丹心"代代传》
（光明日报）

光明日报　大视野　05

"小裁缝"赶上大时代

——浙江"红帮裁缝"江继明家的故事

1921—2011

台湾地区"塑化剂"风波发生后,有学者提出,应加强"环境激素"研究——

别再让"塑化剂"害人了

图 6-1　《"小裁缝"赶上大时代——浙江"红帮裁缝"江继明家的故事》(《光明日报》,2011 年 6 月 9 日)

(三) 五一劳动节报道

五一劳动节是我国法定节日。每到这一天,各地通常都会举行各种庆祝集会或文体娱乐活动,并对有突出贡献的劳动者进行表彰。常规情形下,除了报道劳动模范、先进工作者表彰大会以及人们的相关庆祝活动、休闲活动外,聚焦各级劳动模范、平凡岗位上的劳动者,讲述他们的感人事迹,也是新闻媒体进行劳动节报道策划的常态做法。

不过,需要注意的是,以往的劳动模范报道多以记者视角、以第三人称的方式来讲述,平铺直叙,缺乏新意,样本程式化,容易让人产生审美疲劳。2018 年五一劳动节,《楚天都市报》推出的节日报道,采用了一主一副的双行题——《你的奖章将我照亮(主) 一家人眼中的劳模印象(副)》。[1] 这个双行栏题,透出此次策划角度设计的独到之处——双角度。主题角度是从事与理的关系出发,继续沿用以小见大的做法,通过奖章这个细小的载体,展现

[1] 张仕武,曾振求,宋克顺.把握三组关系 寻找精巧角度——楚天都市报 2018 年节假日策划报道的启示[J].新闻前哨,2019(3):8-9。

劳模精神传承的主题立意。副题角度，则是从人与人的关系出发，对叙事视角进行了巧妙转换。众所周知，人是新闻故事的主角，但新闻报道中，还有人物关系的问题。新闻中的人，除了有主角，也有配角。主角与配角的关系转换，可以构成新的写作视角。该报道视角的转换，就是将劳动模范放在家庭人物关系的背景中重新审视而得到的。在这个背景中，劳模作为有家庭的普通人，他们在工作岗位上取得的业绩，离不开家人的理解与支持，劳模也有居家日常的一面。报道劳模，劳模是故事的主角，但却可以转换方式，借家人之口，讲述劳模工作与生活中的故事，让家人变成讲述的主角。从家人看劳模，该策划寻找到了一种独到的报道视角。事实也证明，这样的操作揭开了劳模许多不为人知的“幕后”，可以使报道别开生面，更为精彩。

五一劳动节是劳动者的节日，而有些劳动者却要在节假日坚守岗位，所以，五一劳动节报道，许多新闻媒体通常以反映各行各业职工坚守岗位、加班加点、辛勤劳作为重点，似乎已成惯例。广东《中山日报》还曾策划推出“走近夜班岗位”系列报道，记者兵分几路，零距离接触那些值夜班的劳动者，体验他们节日坚守岗位的辛劳。这些群体包括巡警、交警、急诊室护士、出租车驾驶员、供电局 95598 坐席员以及小区保安。“走近夜班岗位”系列报道，包括《不眠的“平安卫士”》《电话一响就要出警》《夜班护士守护他人健康》《的哥的姐幸福的忙碌》《接供电热线是个技术活》《女保安一晚站岗 12 小时》6 篇报道。该组报道聚焦那些节假日依然忙碌的身影，听他们讲述平凡而感人的故事，以连续报道的方式向那些节假日期间仍坚守岗位的特殊职业群体致敬。报道发出后，引起广大读者的热烈反响。

随着时代的进步、劳动者素质的提高，“爱岗敬业、争创一流，艰苦奋斗、勇于创新，淡泊名利、甘于奉献”的劳模精神有了新的诠释，劳模评选逐渐从“吃苦度”向贡献度转变。因此，新闻媒体对于劳动模范、先进工作者的报道，也应该注入新的时代内涵。2018 年五一劳动节来临之际，《湖北日报》本着“聚焦深化改革、创新创造”的题旨，甄选 5 名最具代表性的劳模进行采访，将报道刊发在《劳动者赞歌》和《幸福奋斗者》专栏中。这些劳动模范都战斗在改革创新第一线，是知识型、技能型、创新型劳动者的典型代表，如铁路检车工匠罗明铭，听音辨“症”，每天诊断数万个零部件，一干 23 年；汽车维修技术员谢金平，打破国外技术垄断，为公司节省 3400 多万元；电力高级工程师阮羚，从学徒成长为享受国务院特殊津贴专家，带领创新团队创造了 20 项电力工程“世界第一”，让中国技术走向世界。他们任劳任怨，是劳动筑梦、实干圆梦的践行者和倡导者。“摩托书记”安金祥，不当厂长当村长，骑坏 4 台摩托车，创新思维带领穷山村脱贫致富奔小康；司法所所长亢铃，扎根社区 29 年，为 8 万人调解纠纷，探索“阳光三重奏”工作法，实现“矛盾不上交”。这几位劳模虽然职业不同、年龄各异、身份有别，但他们都有理想守信念、懂技术会创新、敢担当讲奉献，在全面深化改革、推动高质量发展、维护社会稳定中发挥了积极作用，展现了新时代劳模的崭新形象。

三、民族传统节日的报道策划要领

民族传统节日形式多样，内涵丰富，其中，春节、清明节、端午节、中秋节并称为中国四大传统节日，它们都是中华民族悠久文化的积淀。但类似节日民俗新闻报道年年做，家家做，年年岁岁话相似，众家媒体文趋同。如何从新角度报道出新意蕴呢？一方面，要善于抓住当年节日的新热点、新现象，进行报道策划；另一方面，则要在报道形式上有创新。

（一）春节报道策划

春节，是中华民族最隆重的传统佳节。春节，即农历新年，是一年之岁首、传统意义上的年节，俗称新春、新年、新岁、岁旦、年禧、大年等，口头上又称度岁、庆岁、过年、过大年。春节历史悠久，由上古时代岁首祈年祭祀演变而来。春节的起源蕴含着深邃的文化内涵，在传承发展中承载了丰厚的历史文化底蕴，它集中体现了中华民族特有的思想信仰、理想愿望、生活娱乐和文化心理。在春节期间，全国各地均会举行各种庆贺新春活动，带有浓郁的地域特色，热闹喜庆的气氛洋溢；这些活动以除旧布新、驱邪攘灾、拜神祭祖、纳福祈年为主要内容，形式丰富多彩。春节也是一个欢乐祥和、亲朋好友欢聚的传统佳节。受到中华文化的影响，世界上一些国家和地区也有庆贺新春的习俗。据不完全统计，已有近 20 个国家和地区把中国春节定为整体或者所辖部分城市的法定节假日。

春节报道，通常需要关注人们的各种与节日有关的庆祝活动。既往的春节报道主要涉及成就类（包括各地区各行业的发展经验、成就介绍、城乡风貌变迁等）、喜庆类（各种形式的慰问、联欢、送温暖活动报道）和服务类（各地的物资供应、水电服务、交通情况报道等）三大内容。这三大内容，虽然现在仍然需要给予适当关注，但新闻媒体更需要就节假日期间出现的各种新气象、新面貌、新事件等进行报道。2010 年春节前夕，《新华日报》经过精心策划酝酿推出的“春节专题报道”就对当年的节日新气象进行了及时关注。众所周知，置办年货是人们在春节期间的一件大事，一提到这个，很多人就会联想到停车难、排队难、出行难等一系列的现实窘境。《新华日报》在 2 月 13 日刊出了一篇《网上办年货：购遍天下时鲜》，报道及时捕捉到年轻一族和白领一族置办年货的新选择：网购年货。网购具有方便快捷、价格优惠、产品丰富等显著优势。据一份研究数据表明，2010 年春节，64.3%的网络用户都选择了网购年货。该报道敏锐及时，对人们节假日的消费购物是一次贴心实用的指南。2010 年春节期间，《新华日报》策划推出了一组具有浓郁人文情怀的“春节专版”，其中 2 月 18 日刊出的《拜年的变迁》，从远古时期拜年风俗的最初形成开始，细数了这一传统风俗在不同历史时期的悄然演变。对于其在当代的表现形式，更是从 20 世纪 60—70 年代开始写起，讲述了百姓从电报到电话而至网络拜年的习俗流转。而不管用何种形式拜年，都是对春节传统礼仪和节日文化的独特演绎与传承。这种报道突破了以往节假日报道“重经济现象解析、轻文化内涵解读”的做法，颇有新意。2月21日的春节专版还推出了一篇《如何远离春节综合征》，提醒人们在七天长假过后要及时对生活规律、生活节奏、社会角色进行调整，以防“春节综合征”侵袭日常生活和工作。报道还“链接”了《“假日综合征”与“动力定型”说》，文章熔科学性、知识性于一炉，可读性极高。

近年来，一些新闻媒体本着贴近实际、贴近生活、贴近群众的“三贴近”原则，策划推出了“新春走基层”系列报道（图6-2），在社会上产生了广泛反响。

图6-2 朝闻天下“新春走基层·蹲点日记”
（CCTV-13，2014年1月26日）

新春走基层·蹲点日记

作为春节中的重头报道，央视“新春走基层”系列报道已持续多年（2011年春节始），受到社会的普遍关注，成为观众体察时代气息的新窗口。人们在屏幕上看到围炉团聚、走亲访友、欢声笑语、坚守岗位、返乡团圆等场景时，一种春节的情愫油然而生，这情愫里也有着自己对春节的美好回忆和期盼。从播出的报道来看，内容几乎涉及了百姓生活的大事小情、祖国建设的各个领域、国家大政方针的诸多方面，如《新春走基层·春运故事》、《新春走基层·在岗位上》、《新春走基层·乡风文明新气象》、《新春走基层·有你的地方才是家》、《新春走基层·在主战场上》（关注扶贫）、《新春走基层·幸福都是奋斗出来的》、《新春走基层·天下父母》、《新春走基层·祖国不会忘记 解密三线》、《新春走基层·心有百姓》（关注基层党员干部）等。

在春节这样一个特殊的时间节点，“新春走基层”系列报道以家国情怀为价值取向，紧扣“幸福是奋斗出来的”主题，表达对祖国的由衷祝愿、对民族英雄的缅怀纪念。观众在画面中看到为祖国的繁荣付出努力的群像，一种历史认同感和民族自豪感便油然而生。可以说，“新春走基层”展示了一种富有时代气息与人文关怀的中国特色的春节图景，这些千姿百态、生动感人的生活图景也让人们感受到来自国家主流媒体的温度。

当然，由于每年春节前，许多新闻媒体都会策划“新春走基层”系列报道。年年走基层，如何做出新意就成了一个问题。2018 年，恰逢改革开放 40 周年。如何通过小切口唱响时代主旋律，讲好新时代春天的故事？《楚天都市报》策划班底反复酝酿，将报道角度锁定在两个“新”字上。众所周知，搬新家、过新年是我国多地传承千百年的一个民俗。家是最小国，国是千万家。放在改革开放的时代背景下，小家新变，背后是国家的时代变迁；新年新愿，奔涌着老百姓向往美好生活的时代潮音。当年 2 月 9 日，小年当天，一组以“我的新年，我的新家”为栏题的系列报道正式启动。在这组报道中，记者深入基层，选择 10 个城乡家庭，讲述他们“搬新家，迎新年”的动人故事，较好地表达了“小家之新，大国之变”的时代主题，产生了良好的反响。

（二）清明节报道策划

清明节又称踏青节、行清节、三月节、祭祖节等，节期在仲春与暮春之交（每年公历 4 月 5 日前后）。清明节源自中华民族上古时代的祖先信仰与春祭礼俗，兼具自然与人文两大内涵，既是自然节气点，也是传统节日。清明节既是一个扫墓祭祖的肃穆节日，也是人们亲近自然、踏青游玩、享受春天乐趣的欢乐节日。因此，扫墓祭祖与踏青郊游一直是清明节的两大礼俗主题。特别是在清明节扫墓祭祀、缅怀祖先，是中华民族源远流长的优良传统，不仅有利于弘扬孝道亲情、唤醒家族共同记忆，还可促进家族成员乃至民族的凝聚力和认同感。除了中国，世界上还有一些国家和地区也过清明节，如越南、韩国、马来西亚、新加坡等。

清明节期间，人们通常都会前往陵园、墓地，扫墓、祭祖，祭奠逝者，缅怀英烈，表达追思、怀念之情。因此，关注清明祭扫活动，是新闻媒体清明节报道策划的常规动作。然而，由于长期沿袭下来的一些古老的殡葬习俗、祭扫风俗存在着一定的与现代文明不相容之处，近年来对殡葬、祭扫新风的关注成为新闻媒体报道策划的一个主要侧重点。例如，2010 年 4 月 2 日，河南商丘日报社主办的《京九晚报》在清明节之际特别策划推出了专题报道——《清明祭扫各纷然》，报道新近出现的鲜花祭奠、种树祭奠等值得倡导的文明祭奠方式，十分具有社会意义。

缅怀英烈，铭记革命先辈的爱国情操，引导人们珍惜今天来之不易的幸福生活，也是近年来不少新闻媒体进行清明节报道策划的一个重要立足点。2015 年，恰逢中国人民抗日战争暨世界反法西斯战争胜利 70 周年。70 年前，无数中华儿女为了民族存亡、国家独立，“舍小家保大家”，献出了自己宝贵的生命。央视在清明节期间（4 月 1 日至 12 日）推出系列报道“重读抗战家书”，缅怀 70 年前在抗日战场上为国捐躯的英烈们，弘扬他们的爱国精神，引起了广泛的关注，网络上也展开了有关“抗战家书”的热烈讨论。受众纷纷表示对这段尘封的抗战岁月感触颇多，直言被革命先烈至死不渝的爱国精神以及烽火岁月中对家人的眷恋不舍所打动。“重读抗战家书”以抗战英烈在战火中写给父母、妻子、儿女的家书为切入点，做到了以小切口展现大主题。家书本是家人之间相互往来的信件，是通信不发达时期维系家人情感的重要载体。家书是中华文明的重要组成部分，中华民族在 2000 多年前就有鸿雁传书的记载。除了沟通信息、联络感情外，家书还具有保存民俗信息、记载当时社会状况的重要功能。“在这个意义上，家书就成了民间历史的记录者，是对正史的有力补充，任何一封家书都带有一定的时代特征，一封家书也就代表着一段历史。”❶书写于战火纷飞年代的家书，有着更加突出和鲜明的时代感，重读抗战家书似乎也是在重读抗战历史。左权在家书中写道：“此间一切正常，惟生活较前艰苦多了，部队如不生产简直不能维持，我也种了四五十棵洋姜，还有二十棵西红柿，长得还不坏。”寥寥数语真实反映了当时战争的残酷、部队生活的艰苦。彭雪枫在家书中写道：“这一次在战略上是胜利的，打破了敌人包围合击聚歼的计划，主力部队没有受到损失，而且在敌后尽力扰袭，使敌人顾前而又顾后，疲于奔命。”这里准确记载了当时我军的对敌方针，具有重要的历史研究价值。用这样一种态度去阅读抗战家书，读者仿佛穿越了时空，感受到了战场上的硝烟。“重读抗战家书”系列报道，以平民化的视角拉近了英雄和受众的距离。抗日英烈心系国家，也牵挂小家；他们是父母的孩子，也是孩子的父母；他们是英雄，也是普通人。从这些家书中，我们除了能够感受到英烈们为国赴死的毅然决然，还能感受到他们为人子、为人父、为人母、为人夫的浓浓亲情。家书的作者中既有共产党的将领左权、吉鸿昌、赵一曼、彭雪枫，也有国民党的高级军官张自忠、郝梦龄、谢晋元、蔡炳炎、戴安澜，还有普通士兵褚定侯以及自愿抗日的海外华侨符克、白雪樵，有男性也有女性，体现了对历史的尊重。

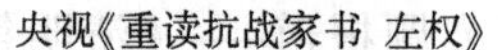

央视《重读抗战家书 左权》

央视《重读抗战家书 赵一曼》

央视《重读抗战家书 张自忠》

《人民日报》的清明节缅怀英烈报道也十分富有特色。2018 年清明节期间，《人民日报》开设专栏“为了民族复兴·英雄烈士谱”，集中报道了邹容等 793 位（组）革命英烈，刊载他们的事迹，传承他们的精神，引起了广泛的社会关注。2019 年清明节，《人民日报》依托第六批在韩中国人民志愿军烈士遗骸回国与四川凉山火灾中 30 名同志英勇牺牲事件，推出了祭奠英烈的专版报道。

（三）端午节报道策划

端午节，又称端阳节、龙舟节、正阳节等，为每年农历的五月初五，源自天象崇拜，由上古

❶ 张步中，鲍恩.重读抗战家书 弘扬家国情怀——央视清明节《重读抗战家书》系列报道特色探究[J].电视研究，2015(8)：66-68。

时代祭龙演变而来。其起源涵盖了古老星象文化、人文哲学等方面的内容，蕴含着深邃丰厚的文化内涵；在传承发展中杂糅了多种民俗，节俗内容丰富。赛龙舟与吃粽子是端午节的两大礼俗，一直传承至今。传说战国时期的楚国诗人屈原在五月五日跳汨罗江自尽，后来人们亦将端午节作为纪念屈原的节日；也有纪念伍子胥、曹娥及介子推等的说法。总的来说，端午节起源于上古先民择“飞龙在天”吉日拜祭龙祖、祈福辟邪及夏季时令“祛病防疫”的风尚。

新闻媒体对端午节的报道策划，一般围绕民间的赛龙舟、食粽、插艾草、驱邪防疫等礼俗活动展开。不过，随着时代的发展和社会的进步，人们对端午节文化内涵的发掘也日趋走向深入。屈原精神的当代传承，由此也成为一些媒体关注的焦点。这种情况不免也影响到了新闻媒体的报道趋向。

2011 年 6 月 6 日是端午节，中国新闻网推出报道《如何重拾端午传统？发展成公共卫生节或诗人节?》，通过对专家、学者的采访，就“该如何重拾这个古老节日的传统精神”“如何更好地传承端午文化精神的内核”进行了深度解读，并配发了北京市民来到龙潭湖公园放河灯感受端午文化的图片。该报道激起了人们的广泛热议。

在民间传说中，端午节也是祭奠伟大爱国诗人屈原的节日。屈原精神的当代传承，由此也成为一些媒体关注的焦点。2018 年端午节之际，湖北《楚天都市报》推出专题报道“寻访屈原后裔”，将报道视角转移到屈原后人身上，通过对屈氏宗亲绵延下来的“端午情结”的呈现，传递出一个民族的追思，给这一传统节日报道赋予了新的时代内涵。

除了常规报道思路外，倘若当年端午节前后出现了一些涉及节日的其他新问题、新现象、新事物，新闻媒体则需要围绕这些新问题、新现象、新事物进行报道策划，推出相关报道。

（四）中秋节报道策划

每年农历八月十五，是中国传统佳节中秋节。中秋节，又称祭月节、仲秋节、月光诞、月夕、拜月节、月亮节、团圆节等。中秋节源自天象崇拜，由上古时代秋夕祭月演变而来。中秋节自古便有祭月、赏月、吃月饼、玩花灯、赏桂花、饮桂花酒等民俗，流传至今，经久不息。中秋节起源于上古时代，普及于汉代，定型于唐代初年，盛行于宋代以后。中秋节以月之圆兆人之团圆，为寄托思念故乡，思念亲人之情，祈盼丰收、幸福，是中华民族珍贵的文化遗产。受中华文化的影响，中秋节也是东亚和东南亚一些国家，尤其是当地华人华侨的传统节日。

作为我国四大传统节日之一，中秋节是一个象征团圆的节日、一个富有诗意的节日。人们在节日里祭月拜月、庆丰祈福、团圆欢聚……中秋节承载着人伦孝悌的血脉亲情，寄托着国泰民安和社会和谐的美好愿望，具有浓厚的历史文化底蕴。

对中秋节的报道策划，新闻媒体可以以中秋节的习俗为着眼点，抓取中秋节期间的赏月、团圆、亲情等元素，报道人们过中秋的种种情状，在与受众话中秋、品中秋中，诠释和传扬中秋佳节所蕴含的深厚文化内涵，进而展现民族传统文化的迷人魅力和当代价值。

追求中秋节报道的文化品位，一直为诸多新闻媒体所重视。2010 年 9 月 22 日，《北京晚报》推出中秋节特刊报道“月满京城”，整个报道共由 5 个专版、10 多个篇章组成(图 6-3)，充满诗情画意，极富文化意蕴。

北京晚报

17

月满京城

18

月满京城

北京晚报

时时花弄影

双手捧出“圆月”来

兔儿爷庙里上“山”

图 6-3 《北京晚报》2010 年中秋节特刊报道“月满京城”的部分专版

专版一：月满京城(中秋散文，总领本期中秋节特刊)

专版二：时时花弄影(由两篇报道构成)

双手捧出“圆月”来(通过专访报道中秋月饼的传统手工制作方法)

兔儿爷庙里上“山”(通过专访报道北京中秋形象大使“兔儿爷”)

专版三：处处月含情(由三个篇章构成)

天天伴月为“嫦娥”(通过专访报道嫦娥卫星工作人员“嫦娥”的故事)

镜中逐月映清辉(通过专访介绍摄影人李培华赏月的故事)

桂花香薰颐和园(通过专访介绍颐和园盆景大师周国梁与中秋的故事)

专版四：满把婵娟意(由两个篇章构成)

婆媳：隔街看新景(通过专访讲述婆媳的团圆故事)

爷儿俩：常回家看看(通过专访讲述爷儿俩团圆的故事)

专版五：都付一家中(由三个篇章构成)

中秋：向大家靠拢(通过专访讲述家人团圆的故事)

老家儿：又见老街坊(通过专访讲述团圆的故事)

大家庭：过节不跨区(通过专访讲述团圆的故事)

将中秋节报道与时事有机结合,进行报道策划,也是不少媒体的成熟做法。例如,2016年中秋节,央视《新闻联播》以"但愿人长久"作为节日报道主题,在中秋节当天,把综合消息《【但愿人长久】中秋团圆 天涯同庆在此时》放在头条位置播出,并连续安排了《"天宫二号"准备就绪 22点04分发射》《残奥会金牌 给祖国和亲人的节日礼物》《【但愿人长久】西安一家人:好家风传四代》等消息。在中秋节第二天和第三天则安排了《月圆之夜 我国成功发射"天宫二号"空间实验室》《中秋乐团圆 共享家国兴》《【但愿人长久】理想有力量 铸就战友情》《【但愿人长久】相思隔千里 青藏月更明》《【但愿人长久】万里赴戎机 月光照铁衣》《每逢佳节倍思亲 残奥赛场传佳讯》《中秋假期 尽享休闲好时光》《【但愿人长久】家庭党支部 家风来育人》等消息。这组报道既洋溢着普天同庆的节日氛围、欢乐团圆的人间温情、但愿人长久的诗情画意,又彰显着浓厚的家国情怀。

除以上报道思路之外,在中秋节报道策划中,还有"另辟蹊径"之举。众所周知,中秋节是我国最具诗情画意的传统佳节,历史上与中秋有关的名诗成百上千。但这些诗词名篇,哪一首、哪一句更具"点"上的特殊性?2018年中秋节期间,《楚天都市报》记者在采访专家的过程中敏锐地把握住本地化这个"点",从众多篇什中发掘出了湖北因素。根据专家注解,唐代诗人张九龄名篇《望月怀远》,其实是在湖北荆州写的。其中,就包含那段最著名、对后世影响最大的名句"海上生明月,天涯共此时"。记者围绕这个特殊"点",突出处理,据此策划推出了一篇颇有文化价值的报道——《"海上生明月"原来是轮湖北月 这些古诗词都跟湖北有关》(见附录2)。记者精巧的角度设计十分吸引人眼球,也放大了这则新闻报道的传播价值,让人过目难忘。

当然,中秋节报道策划也可以与一些社会问题结合起来进行考虑,如关注月饼质量问题、节日市场消费问题、中秋节外出旅游问题等。

四、社会公益性节日的报道策划要领

社会公益性节日,如植树节、世界环境日、国际消费者权益日、无烟日、禁毒日等来临,各地有关部门通常都会组织开展相应的活动,以示重视,并借此唤起社会各界对相关问题的关注。新闻媒体在进行报道策划时,一要注意紧扣当年的节日活动主题,二要力求在报道方式上有所创新,三要尽量使报道能够贴近生活,服务大众。

(一)世界环境日的报道策划

世界环境日(World Environment Day),也称世界环境保护日、世界环保日,为每年的6月5日。1972年6月5日,联合国在瑞典首都斯德哥尔摩召开了联合国人类环境会议,会议通过了《人类环境宣言》,并提出将每年的6月5日定为"世界环境日"。同年10月,第27届联合国大会通过决议，接受了该建议。联合国系统和各国政府，每年都在6月5日这一天开展各项活动来宣传与强调保护和改善人类环境的重要性。

世界环境日的设立，其意义旨在强调保护和改善人类环境的重要性，反映了世界各国人民对环境问题的认识和态度，表达了人类对美好环境的向往和追求。联合国环境规划署在每年6月5日选择一个成员国举行世界环境日纪念活动，发表《环境现状的年度报告书》，并根据当年的世界主要环境问题及环境热点，有针对性地制定世界环境日主题。世界环境日，是联合国促进全球环境意识、提高政府对环境问题的注意并采取行动的主要载体之一。自2005年开始，中国每年都会响应世界环境日的号召，结合中国实际的环境问题，发布世界环境日的中国主题。

随着中国社会各界对环境问题的日益重视，开展环保主题方面的新闻报道，逐渐成为众多新闻媒体的常规功课。特别是每年世界环境日来临之际，不少新闻媒体都会有针对性地策划推出一些比较有分量的新闻报道，以唤起大众对环境保护问题的关注，推动、助力相关环保工作的深入开展。其中，有些报道还产生了比较大的社会反响。

2006年6月5日世界环境日到来之际，《中国环境报》紧扣这次世界环境日的主题"莫使旱地变荒漠"以及中国的主题"生态安全与环境友好型社会"，推出了2006年"6·5世界环境日"的专题报道。该专题报道，将宏观审视与微观分析相结合，既有对中国政府重视保护生态安全的报道，如介绍国家环保总局对外发布《中国生态保护》白皮书的情况，也有对全球环境问题的审视，如所做报道《世界环境日全球现在进行时》关注全球很多城市在这一天的纪念方式，还有以中国的母亲河黄河做个案分析，唤起读者对环境问题的重视，如刊发了5篇讲述黄河故事的文章——《甜乳汁 变了味》《聊城飞沙使人愁》《黄河水，黄金水》《生态兴 黄河兴》《黄河水 价太贱》，表现了现代人的一种缅怀和反思。

2013年世界环境日，联合国环境规划署确定的主题为"思前·食后·厉行节约(THINK·EAT·SAVE)"，旨在倡导反对粮食浪费，减少耗粮足迹和碳排放，使人们意识到粮食消耗方式对环境产生的影响。而中国主题则确定为"同呼吸 共奋斗"，旨在释放和传递建设美丽中国人人共享、人人有责的信息，倡导在一片蓝天下生活、呼吸的每一个公民都应牢固树立保护生态环境的理念，切实履行好呵护环境的责任，自觉从我做起，从小事做起，尊重自然，顺应自然，增强节约意识、环保意识、生态意识，养成健康合理的生活方式和消费模式，激发全社会持久的环保热情，为改善空气质量，实现天蓝、地绿、水净的美丽中国而奋斗。《新京报》就此推出了4个专版的报道，其中社论《莫让环境污染挑战民众承受极限》呼吁政府部门从重从快解决环境污染问题；专题《全国地下水水质监测57.3%为差》报道了我国地下水污染严重的现状，《村内垃圾如山 清运车遇翻盖房"阻路"》报道了北京城乡接合部周边几个村子垃圾乱堆乱放、治污清污艰难的情况。可以看出，《新京报》的报道策划思路，实质上是以非常具体的事实报道来呈现"同呼吸 共奋斗"的主题，使受众感受到环境污染给所有人带来的压力。

2019年世界环境日聚焦“空气污染”主题，中国为活动主办国，主场活动设在杭州，世界环境日的中国主题是“蓝天保卫战，我是行动者”。杭州电视台策划推出了“2019世界环境日全球主场活动专题报道”，包括《“数”说环境变化 精准高效管控》《从源头治污 浙江省机动车排放标准提前进入“国六时代”》等系列报道，对杭州市开展的治污举措及其成效进行了专门报道，产生了良好的社会反响。

纵观近年来我国新闻媒体有关世界环境日的报道，涉及节能减排、白色垃圾污染及其治理、绿色消费、水污染及其治理、雾霾及其治理、PM2.5治理、生物多样性减少及生物保护、气候变化、土壤污染及其治理、垃圾分类及其治理等众多主题，既有深入揭示、曝光所存在的种种环境问题，唤起人们重视和警醒的，也有反映环境保护工作的进展和所取得的成效的，催人奋进。这两方面的报道经验，对于做好世界环境日的报道策划，都不无可资借鉴之处。

（二）国际消费者权益日的报道策划

1983年，国际消费者联盟组织确定每年的3月15日为国际消费者权益日（World Consumer Rights Day），目的在于扩大消费者权益保护的宣传，使之在世界范围内得到重视。

1984年12月26日，中国消费者协会成立；1987年9月，中国消费者协会被接纳为国际消费者联盟组织的正式会员。

1993年10月31日，第八届全国人民代表大会常务委员会第四次会议全票通过了《中华人民共和国消费者权益保护法》。1994年1月1日，《中华人民共和国消费者权益保护法》正式实施，标志着我国消费者权益保护工作走向法制化轨道。中国消费者协会从1997年起，通过每年确定一个主题的方式，开展“年主题”活动。2014年3月15日，新修订的《中华人民共和国消费者权益保护法》施行，主要从四个方面完善消费者权益保护制度，如强化经营者义务、规范网络购物等新的消费方式、建立消费公益诉讼制度等。从此，我国消费者权益保护进入新的历史阶段。

我国新闻媒体对国际消费者权益日的关注已经有较长时间。1991年3月15日，中央电视台经济部推出现场直播国际消费者权益日消费者之友专题晚会。之后多年里，3·15直播晚会成为CCTV-2的一个影响广泛的品牌节目。从开播以来，晚会通过一系列调查性报道揭穿了无数的骗局、消费陷阱、黑幕以及假冒伪劣商品，维护了社会公正，改变了无数人的命运和人生。从某种意义上说，每年的3月15日，央视3·15晚会都会为保护消费者权益发出强烈呼声。

策划推出调查性报道（舆论监督报道），几乎是近年来诸多新闻媒体在国际消费者权益日的常规动作。当然，调查性报道的选题，应当紧扣当年的热点问题、热点事件，应着眼于揭露黑幕、揭穿骗局、曝光假冒伪劣产品，给民众以提醒和警示，维护社会的公平、正义，维护广大消费者的合法权益。

2015年“3·15”来临之际,上海《新闻晨报》从3月10日至14日,连续推出《好车凭空产生“大修记录”!这家4S店为何这样做?》《4S店强收上牌费125元最高翻40倍》《太“坑爹”:4S店保养只换不修》《防尘罩断裂500元能修好却花1.5万》《“闷包”式的套餐,其实陷阱早挖好》5篇调查报道,向4S店“黑幕”宣战,揭露所存在的“假单猫腻”“霸王收费”“过度保养”“小病大修”“悄打闷包”五类不良现象。这组报道全部采用调查求证的方式,有案例、有调查、有求证、有比较,层层剥笋,每一篇都卡中了问题的根子。这5篇调查报道在《新闻晨报》上刊发的同时,延续了线上线下联动的模式,继续以H5的形式借助网络传播,其在4S店业界所引起的震动早已超出上海,辐射全国。主题式监督,层层剥笋式的调查,彰显出传统媒体的公信力;线上线下联通,融合报道的经典样本。这组报道切中了广大市民、车主心中多年的痛处,更击中4S店的软肋,相关部门和行业亦针对报道中所涉及的问题进行整顿,为广大市民赢得了一个透明的规范的市场消费环境。该组报道荣获第二十六届中国新闻奖二等奖。

2015年,新华社推出的“3·15”报道《史上最牛零食调查:疯狂的辣条》,也是一次非常成功的报道策划,形成了一次“3·15”的强势传播:百度热词榜排名首位、优酷点击量近千万、上百家媒体采用、数十家电视媒体播出。其成功经验值得学习和思考。新华社此次“3·15”报道将选题锁定为辣条,有两方面的主要原因:一是它符合对准当前社会热点问题——群众最关心的食品安全问题这一要求。二是通过问卷调查、街头采访调研获得消费者对辣条的印象两极分化:“火得不得了”和“脏得不得了”,而后者占比超过70%。既然存在严重安全隐患,为何这款零食还卖得那么火?显然,这既令人惊奇,又值得探究。通过对辣条销售端的抽样调查,记者发现“辣条主要销售地是在中小学附近和城乡接合部,消费群体以缺乏分辨能力和维权意识的中小学生及留守儿童为主,这更加深了我们对辣条食品安全问题的担忧。为保护好下一代,我们有责任到辣条产地将真相搞个水落石出”。[1] 可见,锁定这个选题彰显了主流媒体的社会责任意识和浓厚的人文关怀,而新华社的此次报道也充分体现了主流媒体新闻工作者的暗访能力。没有线人提供线索,辣条生产厂商地址不详,无法圈定调查地点,辣条厂安保“全副武装”,以及有相关部门当保护伞的情况……种种难题都在考验调查记者的胆识、获取信息和线索、与人周旋、收集证据、完善新闻要素等能力。新华社记者通过有针对性地乔装身份、配备道具、提前摸清行业信息进行相应的知识储备,以及精心准备暗访设备(两套视频暗访设备和多支录音笔,以备在较为复杂的暗访环境里得到尽可能多的信息和画面)、进行事前风险评估等,加上巧妙地实际应对,最终成功地完成了此次暗访报

---

[1] 李德欣,毛伟豪,刘宇鹏.新华社融合报道《“史上最牛零食”调查:疯狂的辣条》背后——“数据化”策划、“地毯式”暗访、“融合型”传播[J].中国记者,2015(4):17-19。

道。新华社的这次报道所呈现的形式、内容、风格等也都符合时下90后、00后等互联网一代接受信息的行为偏好和阅读习惯。在文字报道中，文章不长，文字干脆利落、文风活泼简明，并配有视觉冲击力强的图片。既有记者暗访"辣条生产环境脏"的冲击力，也有"网友连吃10包辣条"等趣味性小案例穿插其中，以四两拨千斤的轻巧，牢牢抓住受众的眼球，进而在消费者心中敲响了食品安全的警钟。整个报道将趣味性、批判与反思、人文关怀很好地结合在了一起。

五、职业性节日的报道策划要领

职业性节日的报道策划，涉及的职业性节日主要有教师节、记者节、护士节、医师节等，这里主要介绍一下教师节和记者节的报道策划。

（一）教师节的报道策划

教师节，旨在肯定教师为教育事业所做的贡献。当今世界，多数国家都有自己的教师节。在中国近现代史上，曾出现过多次以不同的日期作为教师节的做法。1985年1月，第六届全国人大常委会第九次会议通过了关于建立教师节的议案，正式确定了每年9月10日为教师节。建立教师节，标志着教师在中国受到全社会的尊敬。每年的教师节，各地都会有一些相应的庆祝活动，但并没有统一、固定的形式。

多年来，新闻媒体对教师节的报道，以领导慰问、社会关怀、庆祝活动、教师表彰之类的主题居多，立足于尊师重教、师道尊严、教书育人楷模、感念师恩、师德师风等题材策划推出相关报道，反映各界人士对教师群体的尊崇，关注教师的社会处境和待遇，宣扬模范教师的典型事迹以及讴歌他们的奉献精神和人格魅力，等等。如《人民日报》推出的报道《教师肩负着光荣的历史重任 李先念给全国教师写信祝贺教师节》《敬礼，光荣的人民教师——献给教师节》（1985年9月10日）、《教师节里谈"重教"》（2003年9月10日）、《下辈子还要当教师——记"全国模范教师"殷雪梅》（2005年9月10日）、《难忘师恩》（2007年9月10日）、《今天，怎样重塑教师尊严》（2010年9月10日）、《代课教师 路在何方》（2013年9月12日）、《网络时代，如何做老师》（2016年9月9日），等等。

教育是民族振兴、社会进步的重要基石。长时间以来，在普及农村义务教育、杜绝农村适龄孩童失学、推动我国基础教育均衡发展方面，乡村教师起了很大的作用。正是因为有了一群群乡村教师默默奉献、坚守岗位，用辛劳和汗水无怨无悔地耕耘，才有了广大农村孩子实现人生出彩的机会。因此，关注乡村教师的发展，唤起各界对乡村教师的重视，媒体有责任也有义务。2012年教师节，中央电视台和《光明日报》联合启动了"寻找最美乡村教师"大型公益活动报道策划，专门以乡村教师这一特殊群体作为报道对象。此次公益活动历时100

多天，行程10多万公里，涉及22个省（自治区、直辖市）。中央电视台共拍摄了5万分钟的节目素材，在《新闻联播》《新闻直播间》等节目中开设《走基层·寻找最美乡村教师》专栏，共播发报道60余篇，报道乡村教师20多位。《光明日报》开辟专栏，发动50多名记者深入乡村，共刊发报道近40篇。两家媒体还联合举办了"寻找最美乡村教师"大型公益活动颁奖典礼，并进行了电视直播。该报道推出后，社会更加关注偏远农村的学校和教师，一些乡村学校和教师得到了资助，社会反响甚好。

近年来，教师教书育人之外的非教学事务偏多、偏杂、偏重，引起了社会的广泛关注。2019年第35个教师节来临之际，CCTV-13《新闻1+1》栏目不失时机地策划推出了《教师减负，如何减？减什么？》专题节目，聚焦中小教师的不合理负担，连线教育领域的相关专家学者，深度解析为中小学教师减负的必要性、面临的难点及可行举措，击中了社会的痛点，产生了良好的社会反响。这种瞄准当前教育领域中的热点、痛点问题，有针对性地推出专题报道的做法，也是教师节报道策划的一种有益思路。

（二）记者节的报道策划

记者节同教师节、护士节、医师节、中国农民丰收节一样，也是一个职业性节日。记者节早在新中国成立前就有，但当时没有确定记者节的具体日期，因此长期以来我国新闻从业人员一直未过记者节。2000年，国务院正式批复中国记者协会《关于确定"记者节"具体日期的请示》，同意将中国记者协会的成立日11月8日定为记者节。按照国务院规定，记者节是一个不放假的工作节日。不过，每年11月8日记者节来临之际，各地或多或少都会有一些庆祝活动。有的新闻媒体会借此策划推出一些相关报道，以迎接记者节的到来。

记者节是记者群体的特殊历史时刻，新闻媒体在这一刻一般会围绕记者群体策划、推出相应的新闻报道，内容通常涵盖党和国家、社会公众和职业群体本身对记者这个群体的社会作用和价值的推崇和认可、新闻工作者的职业信仰、记者的品质、新闻业的行业生态、记者的风貌、记者们在其新闻报道生涯中的种种心路历程等，报道形式则涉及会议报道、人物报道、调查报道、评论、侧记等多种形式。

2009年11月6日，在第10个中国记者节来临之际，作为行业大报的《中国新闻出版报》推出了专版，除刊发会议新闻《第10个中国记者节暨颁奖报告会在京举行　李长春：做党和人民满意的新时代新闻工作者》、消息《新闻出版总署已发放新版记者证87413个》和图片新闻《云南新闻界承诺"做负责任媒体"》外，还刊发了专访《笔墨当随时代 忠诚书写历史——在第十个中国记者节来临之际专访新闻出版总署副署长李东东》，并策划推出了主题报道《光荣与使命》，就记者节的来历、新闻与历史的关系、中国记者的现状、互联网给新闻行业带来的挑战、职业记者存在的价值等公众关心的问题进行了深入报道，共使用了7个专版（图6-4）。该报道具体由以下内容构成：

· 新闻出版总署已发放新版记者证87413个(消息)

· 李长春:做党和人民满意的新时代新闻工作者(会议新闻)

· 云南新闻界承诺“做负责任媒体”(图片新闻)

· 笔墨当随时代　忠诚书写历史——在第十个中国记者节来临之际专访新闻出版总署副署长李东东(专访)

· 以扎实工作切实服务凝聚记者——访中国记协党组书记翟惠生(光荣与使命)

· 我们,推动时代的车轮(光荣与使命)

· 关于记者的职业考问(光荣与使命)

· 这一天,我们吸引世人目光(光荣与使命)

· 这一刻,我眼中噙满泪水(光荣与使命)

· 这一生,我无怨无悔(光荣与使命)

· 这十年,我们收获掌声(光荣与使命)

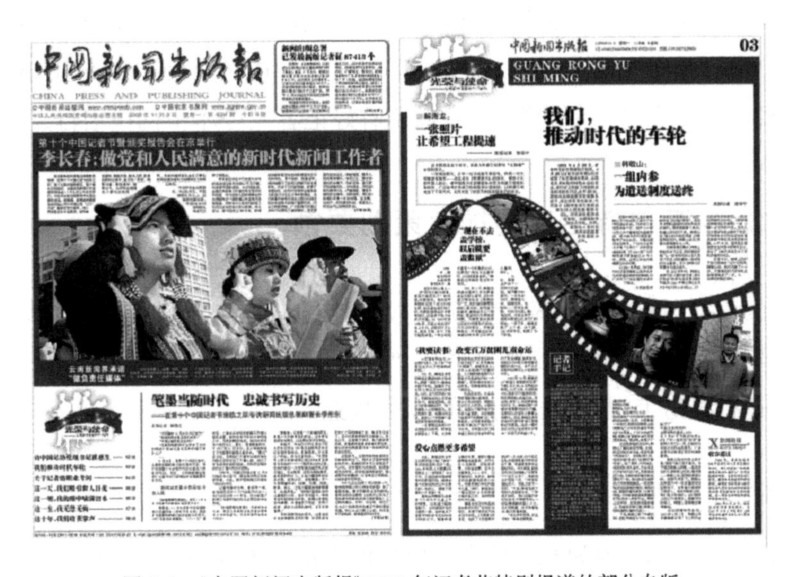
中国新闻出版报
CHINA PRESS AND PUBLISHING JOURNAL
第十个中国记者节暨业务报告会在京举行
李长春:做党和人民满意的新时代新闻工作者
笔墨当随时代　忠诚书写历史
光荣与使命
中国新闻出版报
03
GUANG RONG YU SHI MING
我们,推动时代的车轮

图6-4　《中国新闻出版报》2009年记者节特别报道的部分专版

其中,《我们,推动时代的车轮》专版,以回顾方式谈论新闻记者的报道对于社会的价值;《关于记者的职业考问》专版,就“人人都能当记者吗”“记者这个职业会消亡吗”“记者仅仅是记录历史吗”“假如没有记者,世界将会怎样”“您心中的名记者是”“现在我们身边还有名记者吗”等热门话题进行深入解答;《这一天,我们吸引世人目光》等其他几个专版围绕记者的担当、记者的奉献与付出、记者的职业信仰等主题配发多篇文稿,特色鲜明。

近年来,在新闻界,有偿新闻、有偿不闻、新闻敲诈、假记者、虚假新闻、报道失实等问题不断出现,关注新闻行业生态、关注记者品质、关注新闻工作者的职业道德和职业操守,成为新闻媒体开展记者节报道策划时的一个重要维度。《南方日报》2007年的报道《在解放思想的旗帜下书写历史苍黄》，2008 年的报道《我们的言说因为真实才有力量》，2009 年的报道《以平常心看待记者职业》中均强调记者要说真话，秉持职业操守。2010 年记者节期间，《中国青年报》发表社论《这个记者节不写假新闻》，亦强调了记者的职业操守，使作风建设和职业道德建设成为新闻界讨论的热门词语。此后，2011 年记者节《中国青年报》发表社论《不苟且有担当方对得起记者称号》，2013 年发表社论《守住底线，在利益纷争中呵护公平正义》，2016 年发表社论《比新闻理想更接地气的是坚守准则》。从这些发表在记者节的社论可以看出，《中国青年报》从 2010 年之后，一直有意识地在新闻界宣扬一种注重职业操守、加强新闻工作者职业道德的风气。

2014 年记者节，全国新闻战线广泛开展"好记者讲好故事"演讲比赛，记者的采访故事通过银幕被集中传达给观众。"好记者讲好故事"活动一度成为新闻媒体在记者节期间关注和报道的主要内容。

虽然时代在不断发展，社会在不断进步，人类的信息传播环境也发生了翻天覆地的变化，但新闻记者的存在价值却丝毫没有减损。枪林弹雨中，他们坚守战场前线；地震台风时，他们赶赴灾难现场；黑暗冤屈前，他们守望公平正义。2018 年 11 月 8 日，第 19 个记者节来临之际，人民日报微博推出了专题视频"致敬所有好记者"，令不少网民泪目。

六、纪念日与其他特定日的报道策划要领

纪念日，如九一八纪念日、中国人民抗日战争胜利纪念日、香港回归 20 周年、纪念毛泽东诞辰 120 周年等以及其他特定日如高考日、"双十一"等，都有很大的关注价值，因此，新闻媒体通常也会进行报道策划，以推出相应的新闻报道。

（一）纪念日报道策划

纪念日的形成，通常是因为某一重大历史事件或重要人物，目的或为纪念、或为反思、或为庆祝，它往往依托相应的仪式活动赋予某一政治、宗教或社会团体内部的个体及其所在的集体凝聚力与存在的意义。纪念一般具有抚平人们的心灵创伤，调整人们的精神状态，强化人们的理想及美好愿望，弘扬正义、勇敢、仁爱，激励奋进的功能。通过一次次的纪念，纪念日最本质的功能——精神补偿和情感代偿作用得以发挥。正是因为纪念日具有一定的精神补偿与情感代偿作用，人类需要它并代代相传，使其成为同一群体内部共享的习俗。纪念日的类型多种多样，其意义和价值也各有差异。

纪念日报道依托对历史的纪念而生，它是在纪念日围绕特定的历史主体而展开的有意义的报道。因此，纪念日报道，需要以某一纪念日为新闻由头，对相关历史事件及人物进行挖掘、整理与重新审视，并通过寻找报道对象与当下的衔接意义来安排报道内容。相比于普

通的新闻报道的“未知性”,纪念日报道往往要求新闻媒体能够围绕某一纪念主题,以创造性的策划和多种多样的表达形式来展开报道。这里主要介绍两种类型的纪念日报道策划。

1.中国人民抗日战争胜利纪念日报道

史学界有一句俗语,“一切历史都是当代史”。所以,从时代需要出发,从当代人的角度来书写和解读,进而产生某种预期的纪念意义,应是纪念日报道策划的立足点。

2015 年是中国人民抗日战争胜利 70 周年,《人民日报》对此进行了全方位、多层次的报道。在有关部署下,《人民日报》围绕“铭记历史、缅怀先烈、珍爱和平、共创未来”的大主题,结合与抗日战争有关的重要事件节点策划出一个个小的主题,经过这种“串联”,抗日战争这一宏大历史在《人民日报》中重新呈现在了人民面前。《人民日报》的中国人民抗日战争胜利 70 周年纪念报道,时间长、跨度大,体裁多样,题材丰富,议题多元,版次分布广,刊发了多个专版、专栏内容,并且全媒体方阵齐上阵,报道在国内国外都产生了巨大的影响。

不同于以往的是,《人民日报》此次的纪念报道不再停留于灌输、说教式的宣传教育报道格局,而是立足于用事实说话、用史实说话,更多的是呈现真实的历史事件、历史人物以及相关的权威历史资料。《铭记》《致敬抗战老兵》《民族记忆 · 你不知道的抗战故事》《军史钩沉 · 抗战经典回放》《不朽的英雄番号》《外国人眼里的中国抗战》《今天我们如何纪念抗战》等专栏专版的报道,使得抗战历史不再是冷冰冰的宣传载体,而变成了一个个故事场景浮现在人民的脑海中,而历史事件及历史人物本身所具有的意义和启示也自然而然地为受众所接受,报道和宣传有机统一起来。《重访抗战胜利受降地》《日本侵华战争遗孤与他们的中国亲人》《我的抗战记忆》《抗战时期的中国哲学家》等多个专栏专版作为大主题的有机组成部分,更加形象、具体、生动地“还原”了抗战历史。另外,值得关注的是,此次纪念报道中援引我国档案局、历史研究院等相关权威机构发布的一系列抗战历史档案、抗战史料,如《日本侵华战犯笔供选》等,让人们能够更直观地看到历史的本来面貌,极具权威性和影响力。

议题的呈现更趋多元化,也是《人民日报》中国人民抗日战争胜利 70 周年纪念报道的一个主要特色。其中的主要议题涉及:一是正确的历史观,这一议题在报道中提到的最多。正确的历史观指向两个面向,一个是对内要铭记历史,从历史中吸取经验教训,实现中华民族的复兴;另一个是对外,主要针对以日本为首的歪曲历史的不合法行为,敦促日本政府正视历史。二是抗战精神,引导中国人民正确认知和传承抗战精神,为国家的复兴提供精神支持。三是和平与发展,展示中国坚守和平的立场,与友国合作共赢,以图发展的愿望,以及对“中国威胁论”等不和谐声音做出回击。四是苦难与牺牲,强调战争期间中华民族遭受的苦难,以及中国人民在抗日战争中做出的牺牲。五是地位与贡献,从世界历史的角度重新解读中国在第二次世界大战中的历史地位,作为东方主战场的中国在第二次世界大战中所做出的牺牲和贡献。

此次报道,人民日报社结合自身的媒介形式打造了对抗日战争全方位、立体式的全媒体呈现,发挥其旗下不同媒介的优势,使中国人民抗日战争胜利 70 周年这一纪念性事件以视觉、听觉甚至是触觉的形式出现在人民大众的日常中。在此次纪念报道中,“人民媒体方阵”表现活跃,充分展现了新媒体的力量,人民日报微博、微信、手机客户端,人民网,环球网等媒介上发布的信息阅读量迈过 20 亿大关并创下多项历史新高。其中,9 月 3 日大阅兵当天,《人民日报》“两微一端”通过发起相关话题、推送相关文章、图片、视频吸引了超过 12 亿人次的阅读量;人民网及其两微平台利用新技术对“9·3”的阅兵进行汉语、英语、俄语、西班牙语多种语言直播,其直播观看和点播的阅读量超过 10 亿,创历史新高;海外网打造实时直播和图片、文字、短视频相结合的新模式,创造了访问量超 3500 万人次的新纪录。

中国国际广播电台(即现在的中央广播电视总台·国广)2015 年的中国人民抗日战争胜利纪念日报道也亮点纷呈。中国国际广播电台围绕重要时间节点,以开阔视野和多元视角开展大气磅礴的深度报道,挖掘鲜为人知的历史故事和感人细节,体现了国家媒体的责任担当和宏大情怀。自 9 月 4 日起,国际台即策划推出《二战启示录:超越、并肩、砥柱》百篇图文音频大型系列报道,在全台 65 种语言多媒体平台集中播发。《超越》篇聚焦欧洲、北非战场,从“中国作用”“亲历者专访”“遗址重访”“战后反思”四个层次,通过鲜活的小故事、大量的史实细节、记者的观察和体会,拉近中国听众与第二次世界大战欧洲战场的距离。《并肩》篇通过多路记者实地寻访抗战老兵及其后代、相关知情人、专家学者和抗战墓碑、旧址、纪念物等,结合海内外专家研究成果,再现第二次世界大战期间中国与苏联、美国、英国合作抗战的激情岁月。《砥柱》篇调动驻外记者积极采访当地学者、国际友人、国际政要,评价中国及中国共产党在抗日战争中的中流砥柱作用。其中,国际台旗下的环球资讯广播联合 20 家省市电台,推出 60 集系列讲述节目《铭记》,采访各省市级档案馆、文史研究部门及历史当事人、见证人及专家学者,从国际国内两个维度,追寻抗战记忆。华语广播实施“古城、战事与家书”大型系列采访活动,通过抗战家书、家庭故事、古城老照片等,以“小家书、大文化”体现中华民族抗战史,反映“位卑未敢忘忧国”的深厚情怀;推出“听,战火中的嘹亮歌声”系列专题,讲述知名抗战曲目背后的故事;制作《文学中的抗战记忆》专题节目,邀请著名抗战题材作家做客直播间,缅怀抗战将领、爱国人士和普通民众。国际在线策划系列专稿《洋眼看阅兵》,从外媒及海外网友角度,对中国在第二次世界大战中的作用及阅兵进行深度分析评论。英语广播推出系列报道和高端访谈,重点聚焦战后世界格局;短片《70 年后的今天》以街访形式,反映中国民众对纪念日的认识和对战争的思考。可以看出,国际台的此次纪念报道不仅内容丰富、形式多样,而且视角新颖,手法灵活。

中央电视台(即现在的中央广播电视总台·央视)2015 年的中国人民抗日战争胜利 70 周年报道也十分富有特色。除全程现场直播中国人民抗日战争暨世界反法西斯战争胜利 70 周年纪念大会和“9·3”大阅兵之外,央视《新闻联播》9 月 3 日 19 时 2 分还推出主题报道《纪念中国人民抗日战争暨世界反法西斯战争胜利 70 周年大会在京隆重举行》,社会反响强烈。相关新闻在央视网、央视新闻客户端全网总阅读约54.4亿次。对于该新闻报道，全体创作人员从广场仪式到城楼讲话，从阅兵现场到端门迎宾，精心策划每一个镜头机位和编辑效果。编辑与摄像数次实地考察，力求每一个镜头精益求精，编辑方案万无一失。正是因为前期策划到位，各位编辑在制作时间紧、播出压力大的情况下，面对80余台现场机位、近10路分级切换信号的海量素材，能够做到心中有数、精心选材，把常规新闻变成视觉盛宴。在这则新闻中，编辑突破了解说的限制，重点强化了现场声音的选择和运用，如习近平天安门讲话同期声，编辑选取“正义必胜！和平必胜！人民必胜！”的点睛之笔，向世界发出中国声音、表达中国意志，传递中国和平发展的决心；战机呼啸、坦克轰鸣、士兵齐声致敬等大量现场背景声，不仅渲染了现场的热烈气氛，还成为各段落间起承转合的自然衔接。该报道在27分钟的时长里既呈现了纪念大会的庄重热烈，又细致刻画了从历史中走来的抗战老兵，充分展示了扬我军威的我军现代化武器装备，并展现了我领导人大国领袖风范以及各国元首风采，全景式地还原了整个纪念大会活动，成为国家实力、军威和民族精神“三位一体”的展示。该报道荣获2015年度第二十六届中国新闻奖特别奖。除了以上现场直播与主题报道之外，CCTV-13还策划推出“抗战影像志”“人民英雄”“奖章背后的故事”“人民不会忘记”“共同的纪念”“重返抗日战场”“中流砥柱”等多个报道系列，通过真实、鲜活的抗战影像让国人看到70多年前国难当头时“中国人的选择”，形成了对纪念日全方位、多角度的密集报道态势。

可以说，2015年中国人民抗日战争胜利70周年报道，新闻媒体以媒介记忆的方式使70年前人类的那场反法西斯战争在再次全面审视中出现在民众的视野里，强化了人们对于这段历史的铭记，也引导了年轻一代对这段历史的深刻体认。

2020年8月15日，迎来日本投降75周年，央视《朝闻天下》栏目推出“浴血抗日　历史丰碑”的专题报道，回顾和讲述了中国军民奋起抗日，终获胜利的英勇事迹，以此作为对这一历史性日子的纪念。

2020年9月3日，是中国人民抗日战争胜利75周年纪念日，也是世界反法西斯战争胜利75周年纪念日，新华网刊发时政要闻《习近平同俄罗斯总统普京就世界反法西斯战争胜利75周年互致贺电》，报道了中国国家主席习近平与俄罗斯总统普京在纪念日互致贺电的情况。人民网、央视网、光明网、中国网、华龙网、浙江在线等众多中央及地方主流新闻媒体纷纷转载。《环球时报》微信公众号，以《刚刚，习近平普京互致贺电》为题，对该要闻进行推送；同时，刊发“番外”——《今天，我们一起纪念!》，以图文融合的形式对中国人民14年的浴血抗战历程进行了简要评述，告诉国人“铭记历史，开创未来！振兴中华，不负担当!”，感染力十足。而CCTV-1、CCTV-13及时刊播时政要闻《习近平同俄罗斯总统普京就世界反法西斯战争胜利75周年互致贺电》《习近平出席纪念中国人民抗日战争暨世界反法西斯战争胜利75周年座谈会并发表重要讲话》，并对习近平等党和国家领导人出席向抗战烈士敬献花篮仪式进行了现场直播。《中国教育报》策划推出特别关注《今天是抗日战争胜利75周年，这些数字和名字,请告诉孩子!》,提醒国人教育孩子铭记历史、铭记英雄,也比较具有自身特色。

2.城市解放纪念日报道

城市解放纪念日,通常具有一定的政治、文化、社会、历史价值,因此,有针对性地策划推出相应的纪念日报道,也是新闻媒体理应做好的一类事项。城市解放纪念日报道,可以让人们从历史的回顾中更加确切地体认当前所处的发展方位与发展现状,展望未来发展的方向和前景,进而坚定信念、鼓舞士气,明确今后奋斗的目标。

2009年11月30日,重庆迎来解放60周年,《重庆日报》推出了专题报道《江山今朝看风流——纪念重庆解放60周年》,以时间为贯穿线,分别从“剑指重庆:描绘多娇江山第一笔”“椽笔初试:建设人民的生产的新重庆”“豪情挥洒:挺起新中国的脊梁”“再绘宏图:站上中国之路最前沿”“新重庆:承前启后书写多娇江山”五个历史阶段,报道重庆从解放初期至成为中国第四个直辖市后进入发展快车道的60年间的巨大变化,大气舒展,沉稳厚实,产生了不错的社会反响。

2014年5月16日,是武汉解放65周年纪念日,《长江日报》策划推出了20个专版的“将星闪耀大武汉”特刊,介绍20位开国将帅在武汉的光荣历史,以此作为对这座英雄城市的纪念,报道特色鲜明。

可以看出,纪念日报道策划要做好,既需要立足于历史的深度,也需要着眼于材料的广度。进行此类策划通常还要注意以下几点:一是选择的纪念日要准确,二是要选择在这一天发生的典型人物和事件,三是要注意照片、图片的适当运用。

(二)其他特定日的报道策划

1.高考日的报道策划

高考,即普通高等学校招生全国统一考试的简称,是中国大学(港、澳、台地区除外)最重要的入学考试。1952年,中国建立起全国统一高等学校招生制度,并组织了新中国的第一次高考,同时也确定了高考的时间是8月中下旬,考试日期为3天。1955年,高考时间进行了第一次改革,确定为7月中下旬,同样是3天时间。1966年到1970年,高校没有招收新生;1971年到1976年,国家采取推荐工农兵学员上大学政策;1977年全国恢复高考。1979年起,全国高考日期确定为7月7日至9日。为避开酷暑天气、保障高考顺利进行,2003年教育部将高考时间从每年7月提前至6月,即每年的6月7日至9日。不过,由于现在高考普遍只需要2天时间,每年6月7日、6月8日为考试日,部分省(自治区、直辖市)高考时间为3天。高考由中华人民共和国教育部统一组织调度或实行自主命题的省级考试院命题。

在中国,高考关系到千千万万年轻学生的人生命运,也关系着无数普通家庭的梦想和寄托,因此,社会关注度非常高。特别是对高考政策、考试安排、考试公平、考生状况、考场动态等问题的关注，是近年来新闻媒体进行报道策划的侧重点。

应当看到，在特定日的报道策划中，新闻媒体由于自身的特殊原因，在某些事件或问题上常常有较为丰富和难得的历史资料(照片、图片、文字乃至音频、视频等)的积累和储存，将这些宝藏挖掘出来，使用文献资料集萃的方法进行有机组合，能够使报道产生意想不到的良好效果。这其中的道理就在于：历史是连绵不断发展的，将历史上曾经发生、出现的情况，选择在某一特定日进行集中呈现、报道，可以使材料更加集中、更加精粹、更加典型。这种策划既能深刻地突出主题，也能给人以更深刻的印象，而且极具收藏价值。所以，对于做好某些特定日报道，新闻媒体有意识地使用这种方法，不仅讨巧，而且十分管用。

2011 年 6 月 7 日，全国高考日来临之际，《潇湘晨报》推出高考专版“考势”(图 6-5)，除刊发《今明高考，严厉打击发送疑似答案》等动态新闻外，还策划推出了《四个人的高考，四个时代的记忆》(60 后、70 后、80 后、90 后的高考记忆)、《外国人的高考有些不一样》等专题报道，将过往的高考情形和国外的相关做法进行了宏观梳理，既有历史记忆的纵深感，又有域外信息的新鲜感，颇有特色。

2011年6月7日星期 二

考势

A06

四个人的高考，四个时代的记忆

[60后]

[70后]

[80后]

[90后]

图 6-5　2011 年 6 月 7 日《潇湘晨报》推出高考专版“考势”的部分版面

2017 年是我国恢复高考 40 周年。在这样一个时间点，怎样才能推出一部既深刻又有新意的报道，可谓全国媒体共同的一道考题。北京电台新闻广播 6 月 4 日制作、播出的《穿越四十年对话高考》，采用新、老高三两位嘉宾直接对话的形式，讲述 40 年间高考的变革以及对考生个人人生和社会的影响，在全国同主题报道中没有与之相似的节目形态，可谓新颖十足。节目没有按照常规由主持人串联引导全部话题，而是设定部分访谈提纲，在一次性的节目采制过程中，让两位对话的当事人带着对彼此的好奇与关切，去追忆、讲述高考40年的变革以及对自身、对社会的影响。回顾1977年冬天的高考故事、探讨高考改革的今天、思考高考与人生的关系的明天三部分内容最终在两位嘉宾的谈话中生成。节目中还串以高考40年的“大事记”配乐旁白，增强了节目的历史厚重感和思想深度。

2017年6月5日，人民日报社为纪念恢复高考40周年，推出《高考40年，有努力就有远方》网络专题（图6-6），通过原创短视频、海报、H5小游戏、手绘长图等一系列作品，讲述恢复高考40年来的时代故事，致敬每一位努力过的学子。同名短视频选取了1977年、1987年、1997年、2007年、2017年的5位考生，讲述了他们因高考而改变的人生命运，将微观视角与历史变迁巧妙勾连，传递了“高考四十年，奋斗一直是人生的底色”这一价值观。H5小游戏《这是一份神秘的高考试卷》注重个性化定制与场景化体验，选编历年考题生成一份特殊试卷，趣味性和互动性都很强。页面总浏览量400余万，传播层级高达140，跨度大、辐射面广。手绘长图《一图看尽高考四十年》采用年轻用户喜欢的长图形式，展现了40年来的政策变化、社会变迁。不同年代的准考证、交通工具、服装、场景都真实可信，画风细腻时尚，富有历史感。该专题作品属于一体策划、多种生成、多元分发的全媒体形态。该专题是人民日报社对重大主题进行新型融合报道的一次成功尝试，入选全国报刊媒体融合创新优秀案例100佳，并荣获第二十八届中国新闻奖二等奖。

1977-2017
高考40年
有努力就有远方

图6-6　2017年6月5日人民日报社推出网络专题《高考40年，有努力就有远方》

2020年，由于新冠肺炎疫情的影响，全国高考时间延期，各地新闻媒体对这种特殊情势下的高考都给予了充分关注。新华网推出了“2020高考”（http://education.news.cn/dynamic/2020gaokao.htm），聚焦本年度高考中的热门话题，推出专题报道“2020不一样的高考”，以简短的文字说明+短视频的形式，关注全国各地的高考情状，充满温情和感人的力量。重庆华龙网发布《高考开考 重庆18万多考生参加考试 所有考点设置体温检测点》，就疫情下的这场特殊高考进行了报道。

2020 年 6 月,一场有关十余年前高考顶替事件的网络舆情铺天盖地而来,人民网有鉴于此,在 7 月 6 日的高考日有针对性地刊发了《人民网评:致敬高考,以公平的名义》,就高考问题发声、表态,体现了主流媒体在舆论引导方面应有的社会责任与担当。

新华网“2020 高考”

人民网评:致敬高考,以公平的名义

关注高考语文作文试题,是近年来新闻媒体涉高考报道的一个主要特点。2020 年的高考,仍然有多家媒体对语文作文试题给予了较大关注。澎湃新闻推出的《今年高考语文作文试题大汇总:你怎么写疫情中的距离与联系?》等报道,就是如此。

2.“双十一”报道策划

“双十一”,即时下人们常说的“双十一”购物狂欢节,是指每年 11 月 11 日的网络促销日,源于淘宝商城(天猫)2009 年 11 月 11 日举办的网络促销活动,当时参与的商家数量和促销力度有限,但营业额远超预想的效果,于是 11 月 11 日成为天猫举办大规模促销活动的固定日期。在 2015 年,“双十一”购物节创造了“24 小时单一公司网上零售额最高”等 9 项吉尼斯世界纪录。经过 10 余年的培育,“双十一”已成为中国电子商务行业的年度盛事,并且逐渐影响到国际电子商务行业。

聚焦“双十一”期间的交易额,报道此间的电商促销大战、消费者抢购的种种情状以及电商平台的各种新动向,一直是近年来新闻媒体开展“双十一”报道的主要立足点。例如,2014 年 11 月 11 日 20 时 30 分到 22 时 25 分,CCTV-2 对“双十一”网购狂欢节进行了特别报道,全程聚焦网购改变中国、经济增长出现新亮点。2016 年 11 月 11 日,CCTV-2 在 20 时 30 分推出大型直播特别节目,聚焦“双十一”,通过消费者、电商企业、权威机构、海外市场四大维度,呈现该年度电商发展的新特点、新趋势。节目除在北京、深圳、南京等地多点直播外,还与纽约、伦敦、东京等地展开全球连线,展示“双十一”的影响如何走出国门。该直播报道容量大、内容丰富,在观众中引发很大反响。

近年来,每逢“双十一”网购狂欢节的时候,有关先涨后降等虚假促销、商家的霸王条款及商品“以次充好”等问题的“声讨”就此起彼伏。对此,《中华工商时报》提前刊发专栏文章《治理“先涨价再打折”还需用重典》(2019 年 10 月 30 日第 003 版),呼吁监管发力,处罚从严,遏制“先涨价再打折”的消费欺诈行为,切实维护广大消费者的合法权益,切实维护公平公正的网络交易秩序。而人民网在“双十一”到来之际推出《理性“双十一”之一——“真优惠”还是“老套路” 购物狂欢需让消费者买得放心》和《理性“双十一”之二——透过“双十一”数据单 看中国消费市场新活力》两篇“人民观察”,也非常富有特色。前者指出有部分商家仍在玩“先涨价后降价”的招数引消费者上当,消费者应理性看待促销,不盲目跟风消费才是健康的消费行为;后者肯定电子商务已经成为推动我国经济增长的新动能,但指出电商平台和平台内经营者在尽享中国消费升级带来的营收红利的同时,更应秉持诚信经营理念,着力在供给侧结构性改革、创新驱动提质增效上下足功夫,推动自身高质量发展,从而更好地满足人民日益增长的美好生活需要。这两篇报道基于透彻的样例分析和援引翔实的数据来表达对于“双十一”期间身处于促销热浪中的消费者理性消费与商家诚信经营的关切,引导人们全面、公正看待“双十一”购物节对我国经济发展的贡献,体现出了主流媒体应有的责任担当。《河南日报》刊发的评论《电商平台应该回归“初心”》(2019 年 11 月 11 日第 005 版),呼吁商家不要把促销玩成“套路”,要回到“初心”——帮中小企业节省运营成本,为广大消费者提供更多物美价廉的商品,强调只有为消费者提供平民化、品质化的商品与服务,电商平台才能行稳致远。该评论也十分富有现实针对性。

“双十一”期间消费者的购物安全也受到不少新闻媒体的重视。2019 年 11 月 15 日《湖南日报》刊发了报道《谨防“双十一”后快递骗局》,提醒人们注意“双十一”后因存在庞大的快递件需要递送,不法之徒可能趁机作乱,借助快递设置陷阱,侵害消费者的权益。

关注“双十一”期间的新事物、新现象是新闻媒体推出有价值的报道的必然要求。2019 年 11 月 18 日,《经济日报》推出了《“绿色双十一”不能光靠自觉》的报道,关注当年出现的“绿色双十一”现象——在“四通一达”和菜鸟等快递公司和物流服务平台的共同发起下,全国约 4 万个菜鸟驿站和 3.5 万个快递网点开展了纸箱回收活动。“回箱计划”使得一个个相对完整的快递箱重新回到物流循环中,再次装满了货物,送到下一个收件人手中。这一快递行业绿色行动计划,在大学生中引起了积极反响。该报道强调,当全社会都来关注、共同参与快递业绿色转型,我国快递业才能在跑出世界纪录的同时,引领绿色发展。这则报道不仅内容新鲜,富有新意,而且具有良好的社会传播价值。

第三节 专题报道与假日经济报道策划要领

随着某一节假纪念日等特定时日的到来,新闻媒体通常会推出一些应时应景的专题报道。当然,并非所有的专题报道都与节假纪念日等特定时刻有关联,如政府部门新近出台了某些方针、政策,某重要会议召开以及遇到某一突发事件、社会上出现了某些值得人们特别关注的现象等,也会时常引发新闻媒体推出专题报道予以专门报道。同时,节假日的来临,通常会刺激人们在衣、食、住、用、行、游等方面的消费活动，带来一定的假日经济效应，由此也催生了一种特别的新闻报道——假日经济报道。因此，在此有必要对专题报道与假日经济报道的策划要领进行探讨。

一、专题报道及其策划要领

专题报道也是一种常见的新闻报道类型，专题报道牵涉的领域比较广泛，时政、经济、文化、民生、体育等方面的新闻事件、热点问题、特别现象，都可以纳入专题报道的范畴。

(一)专题报道的界定与主要类别

专题报道，是指新闻媒体在相对集中的时间和篇幅里围绕某一新闻事件、某一特定人物、某一现象或某一问题，运用多种表现手法所进行的具有较大容量、较深层次、较强力度的专门主题或专门内容的报道。专题报道是新闻报道中一个重要部分，也是新闻媒体更好地展示自己在队伍、设备、技术、领导等方面综合素质的一种好形式。专题报道策划，是新闻资源集约化开掘的一种强有力手段。从广度上看，经过高水平的策划后，许多未曾考虑的选题可以展现亮点；从深度上看，经过认真开掘之后，许多一般的选题可以挖掘出给人启迪和思考的东西。明确专题报道的类别，抓好专题报道的选题策划，为专题报道确立一个好的主题以及懂得运用恰切的专题报道方法等，以推出有质量的专题报道、取得良好的传播效果，是搞好专题报道策划的必由之路。

根据专题报道的内容性质，可以把专题报道大致划分为展现企事业发展与社会建设成就的专题报道、重大事件的专题报道、典型人物的专题报道、阐释形势政策的专题报道、开展批评揭露的舆论监督专题报道、进行问题现象研究的专题报道、节假日和特定日活动的纪念专题报道、服务性专题报道等主要类别。

(二)专题报道的策划要领

根据上面对专题报道的分类，以下介绍5类比较常见的专题报道的策划要领。

1.建设成就类专题报道

建设成就类专题报道是一种重要的专题报道类别。一些新闻工作者对于成就报道已经总结了不少具有特色的思路和方法。不过，在新闻实践中，成就性报道常常令不少记者、编辑感觉难做，主要在于这类报道往往缺乏新闻性，容易陷入“炒冷饭”的境地。尤其是对“成就”的褊狭理解，也使得有些新闻工作者在成就报道中倾向于取宏观视角，采用宏大叙事方式，令报道缺乏阅读亲近感。另外，采写成就性报道“一不留神就会犯任意拔高、脱离实际升华主题的毛病，有时甚至把努力方向和对工作的要求当作已经发生的新闻去报道，使读者对其真实性产生怀疑。”[1] 所以，对于建设成就类专题报道，在策划时要讲究客观全面，报道求实，注重用较为全面的视角来看待问题，能够将宏观的成就落实为一个个与民众生活紧密相关的实际领域中的具体事项，使报道内容具有充分的广度与深度，十分重要。比如，2006年10月江苏《扬子晚报》在省第十一届党代会前夕精心推出的一组题为“富民强省这五年”的系列报道，就具有一定的典型性。该报道将成就细化为富民、消费、交通、教育、居住、沿江开发、环保、医疗、社会保障、平安江苏10个专题，从2006年10月30日起至11月8日省党代会正式开幕，以专版形式连续刊出，共计刊出15个整版，近10万字。这组报道由于重点从老百姓感受深刻的各个生活侧面反映近5年来江苏全省经济社会发展取得的重大突破、重要成就，内容翔实，并灵活运用了图片、表格等多种表现手段，版式既庄重大气，又富有冲击力，给读者留下了十分深刻的印象，取得了良好的社会效果。2018年11月3日，湖南广播电视台卫视频道《午间新闻》推出报道《十八洞村这五年》，用真实的影像生动完整地讲述了2013年11月3日习近平总书记视察十八洞村，提出“精准扶贫”重要论述以后的5年时间里该村干部群众在扶贫工作队的带领下如何凝聚人心、选定产业，破解资金难题，怎样把猕猴桃种植做出不一样文章的艰难曲折的故事。该报道用事实雄辩地回答了十八洞村脱贫不是“搭风景、造盆景”，更没有搞“特殊化”，真正实现了总书记提出的“可复制、可推广”要求，已经开始进行周边村寨以及整个湘西州的扶贫工作，产生了良好的示范和带动作用。专题报道《十八洞村这五年》，可谓是建设成就类专题报道的另一种样本。报道展现出了温度、深度、广度和力度，播出之后引起了强烈的社会反响，十八洞村自力更生、艰苦奋斗的故事，为各地精准扶贫工作提振了信心、鼓舞了士气。该报道荣获第二十九届(2018年度)中国新闻奖一等奖。

当然，建设成就类专题报道的策划还要讲究发散思维、报道求变，注重使用新颖的思路和手法，对成就进行呈现。不然，在建设成就类专题报道中同一类型的事件或大致相同的情况会连续不断地、周而复始地运动和发展着，倘若按照同一思路和方法表现，读者会有似曾相识的感觉，缺乏新鲜感。因此，新闻工作者要善于变换或者创新报道思路和手法。

2.重大事件类专题报道

重大事件类专题报道可以分为两类：自然性重大事件专题和社会性重大事件专题。自然性重大事件专题，通常以大自然的奇特现象、自然灾害、生物种群的繁衍生息为主要内容。比如，2004年12月26日印度洋发生里氏9.0级地震并引发海啸、2010年8月7日甘肃省甘南藏族自治州舟曲县城东北部山区突降特大暴雨引发特大泥石流灾害、2020年重庆特大洪

[1] 霍小光，钟昊熹.从五中全会报道看正面报道、成就报道创新[J].中国记者，2005(11)：24-26。

水事件等，国内众多主流媒体都推出了相关专题报道。

社会性重大事件专题则通常以社会生活中新近发生的有重大价值的新闻事件为主要内容。比如，2005 年 4 月 26 日至 5 月 3 日，中国国民党主席连战访问大陆，国内媒体争相报道。中国新闻网推出了专题报道《中国国民党主席连战访问大陆》，该报道获得第十六届中国新闻奖三等奖。在这个专题中，网民可以在第一时间及时了解到连战访问大陆的最新消息，同时可以掌握大陆与台湾方面对该事件的反应和评价。不太了解历史的网民还可以通过该专题提供的背景资料更好地了解眼下台湾问题的情况。该专题还在网页右下角设立了信息检索，网民只需要输入关键字，就可以任意搜索与台湾问题相关的信息内容。这不仅让网民倍感贴心，同时也提高了中新网其他新闻消息的点击率。2016 年 9 月，G20 峰会在杭州召开期间，CCTV-1 推出的 G20 杭州峰会特别报道，也属于此类专题报道。

对重大事件的报道策划，要关注社会各界了解全局的需要，要考虑报道的时效性和深度。记者、编辑要注重从宏观上把握和反映事件，要能够站在全局的高度、善于从整个社会系统的视角观察事件、呈现事件，并通过整合相关新闻资源快速、详尽地分析和解读事件，使新闻报道能够深入、透彻，充分满足受众探知的欲望。

3.政策阐释与形势分析类专题报道

政策阐释与形势分析类专题报道，主要是指新闻媒体对国家或地方政府在一段时间里推行的方针、政策和做出的决策部署以及某个地区或某个领域突然出现或表现突出的事物、现象等进行阐释与分析的报道。这些方针、政策、决策以及事物、现象，通常关乎民众的政治、经济、文化、社会权益或衣食住用行等方面的切身利益。这些方针、政策、决策出台的背景是什么，用意何在？在执行中会有哪些问题？这些表现突出的事物、现象出现的背景是什么？对民众的工作、生活来说有何影响？应该如何看待和应对？这些都是老百姓关心的，同时也是方针、政策、决策的发布者以及相关管理部门所关心的。这给媒体留下了巨大的采访报道空间。媒体推出此类专题报道，可以帮助民众认清自己所处的外部环境，从而合理把握自己的工作、学习和生活。

政策阐释与形势分析类专题报道需要有较强的声势，适宜采取连续报道的方法，为群众释疑解惑，增强报道的贴近性和群众性，发挥良好的新闻舆论引导效应。2007 年 6 月 29 日，第十届全国人民代表大会常务委员会第二十八次会议通过了《中华人民共和国劳动合同法》，并从 2008 年 1 月 1 日起正式施行。新华网、人民网、央视新闻频道就此纷纷推出了“聚焦劳动合同法”等专题报道，对该法出台的背景、相关法律条款等进行分析和解读，帮助民众认识和理解。这也属于政策阐释与形势分析类专题报道。

政策阐释与形势分析类专题报道，讲究分析深入、说理透彻，它需要使人在了解政策、形势的同时，能够洞悉政策、形势背后的推动因素，并领悟政策、形势所带来的深远影响。

4.舆论监督类专题报道

开展舆论监督是新闻媒体的一项重要社会职能。注重加强舆论监督报道的策划，尽可能多地推出高质量的舆论监督类专题报道，是新闻媒体在当前日趋激烈的竞争形势下有效提升自身影响力的重要抓手。比如，CCTV-13 就一直比较重视做好舆论监督类专题报道。2018 年 4 月 1 日，CCTV-13《新闻直播间》推出的《如此整改的“扶贫路”》，就曝光和揭露了甘肃省折达公路这条事关百姓福祉的扶贫路(总投入近 16 亿元)存在严重的偷工减料的质量问题，被责令加固整改后，刷个涂料就草草了事及其背后暴露出来的推诿扯皮、玩忽职守等政风问题。该报道播出后，央视新闻客户端在首页进行了推荐，包括新浪、搜狐、腾讯、人民日报客户端、今日头条等各家网站纷纷转播，影响巨大。针对央视报道的内容，相关部门迅速派出调查组前往调查处理。此外，前文所述新华社 2015 年推出的“3 · 15”报道《史上最牛零食调查:疯狂的辣条》，也属于此类专题报道。

当然，舆论监督类专题报道是专题报道中比较难的一种，其关键在于报道常受到各方面的干扰和限制，新闻单位要受到各方面的压力，报道者要处理好促进社会进步和保证社会稳定的关系，等等。一些新闻工作者在长期的舆论监督报道中总结出以下几点体会:一是实事求是，把握好度;二是晓之以理，动之以情;三是要有法可依，有据可查。从调查工作入手时起，就要做好打官司的准备，要千方百计做到自己的监督内容符合法律、有根有据。

5.问题与现象研究类专题报道

问题与现象研究类专题报道通常是基于人们社会生活中的热点、痛点、难点、疑点、盲点等问题，是媒体人对于某一新闻事件或某一社会现象的存在进行深层观察、思考或深入调查的情况下而推出的。研究类专题的取材范围很广，如经济振兴问题、科技创新问题、教育平等问题、环境保护问题、生态安全问题、社会保障问题、腐败问题等，都可以纳入其中。这些问题的研究、解决，通常关系到广大民众的利益。

2016 年度第二十七届中国新闻奖二等奖作品、新华社郑州分社的调查性报道《产粮大省何以出现“买粮难”》，就属于此类报道。作为全国最重要的小麦主产区，河南省 2016 年小麦再获丰收。此前，河南省小麦已连续 13 年增产。然而，记者在基层采访时发现，虽然小麦连年丰收，农村粮堆高筑，部分地方出现卖粮难问题，不少面粉加工企业却表示“守着粮仓缺麦子”，难以买到符合要求的小麦。小麦市场何以出现这种“两难”并存的奇怪现象？记者对此进行了深入采访，发现根本原因在于小麦种植结构和市场需求不对称甚至严重脱节，“种出的小麦不是面粉加工企业需要的”。报道指出，小麦市场“卖难又见买难”的窘境凸显了当前粮食生产面临的结构性矛盾，亟待有关部门重视，加快进行农业供给侧结构性改革。

报道通篇以事实和数字说话，采访扎实，论据充分，具有较强的说服力和决策参考价值。

研究类专题所研究的问题，从短期或长远看，通常关系到亿万群众的切身利益，关系到改革的进程和社会的稳定，处理时稍有不当，就可能制造矛盾，引起不必要的麻烦，成为党和国家团结稳定与发展建设的阻碍。因此，策划此类专题时，媒体要注意集纳专家意见、受众呼声、业界反馈等多方观点，发挥多方面舆论合力的效应，使报道处处展现权威的、正确的、贴近民众的观察视点和理念，引导民众对相关社会问题、社会现象进行理性的分析、思考，在看清事件的本质的基础上能够冷静、正确对待。

（三）专题报道策划中的选题技巧

专题报道的内容并没有特殊的指定，只要是社会上发生、受众关注、传媒有能力做的报道均可纳入其中。一般来说，新闻单位在做专题报道的选题策划时，有这样一些常用方法，即善于在释疑解惑中发掘选题，注意从热点和冷点中寻觅选题，积极运用正向和逆向思维求取选题以及通过做好信息的综合归纳获得选题。

作为新闻报道的一种重要形式，新闻专题报道是新闻媒体以某一关注程度较高或持续时间较长的新闻事件、人物、现象等为特定主题进行的集合式的报道。这种专题的主题是统一的，但体现的形式可以是多种多样的，通常运用消息、通讯、背景资料、评论等多种体裁。在当前融媒体环境下，专题报道可以灵活使用文字、图片、音视频、动漫、网页等多种传播方式，调用网络论坛、留言板、在线调查等互动手段，对新闻主题进行多角度的、连续的、立体的、详尽深入的综合报道，以充分发挥其新闻报道优势。

二、假日经济报道的策划要领

1999 年 9 月 18 日，国务院修订发布了《全国年节及纪念日放假办法》，使全国每年的法定节日放假由 7 天增加到 10 天。按规定，全体公民放假的假日如果适逢星期六、星期天，应当在工作日放假。这使得春节、“五一”“十一”由于放假前后的合并使用了周六、周日的时间，出现了休息七天的“长假”概念。由于“长假”能够刺激消费，对拉动地方经济具有较为明显的作用，于是，“假日经济”报道开始浮现于人们的视野。

所谓假日经济报道，简单地说就是指新闻媒体围绕假日消费以及假日期间与人民群众的生活密切相关的经济活动进行的报道，目的在于引导消费、服务市场。

人们在假日的消费活动、旅游出行活动及其他经济活动不仅为假日经济新闻的产生创造了前提，也为后者的发展带来了机遇。时下，一些新闻媒体对假日经济新闻的报道存在一些问题，如常常把假日经济简单地等同为旅游经济，出现了诸多名为新闻、实为软广告的假日消费报道等。因此，新闻记者在实际工作中应加强策划，开拓假日经济新闻的报道范畴，将假日经济报道的重点放在服务民众的假日活动、服务节日市场上，如要把假日中的天气、交通、酒店住宿状况、旅游景点的活动项目、游览安排、资费以及人流、车流状况等最新动态信息及时传递给受众，要能够对假日经济中出现的新情况和暴露的新问题进行及时报道，并予以正确的舆论引导等。

综上，做好节假纪念日报道的策划，需要运用正确的思维方式和适当的操作方法，善于抓好相关官方活动报道、民间活动报道、商家活动报道；需要紧扣当年的新热点、新现象、新动向，有针对性地策划推出富有新意和特色的主题报道。诚然，面对节假纪念日新闻资源的同质性问题，怎样策划推出能够引起社会关注、获得受众广泛认同的报道，显然需要人们持续的探索。不过，对于受众来说，信息雷同和重复是损害其阅读兴趣的一个根源。在日益激烈的传媒竞争中，对于新闻独创性的追求要求媒体将“不打无准备之仗，不打同质化之仗”内化为一种意识自觉。时下，越来越多的媒体人已经深刻认识到在传播时间和传播目标等具有共性特点的节假纪念日报道中，更加需要个性化的媒体报道策划技巧。因此，对自身的受众因素、环境因素、采编条件、媒介风格等进行全面分析，以找出与同类媒体的差异性，并运用这种差异设计独家的报道选题、报道角度、报道方式和表现风格，力求为自己的受众提供更有针对性的信息服务的同时，也使自己更易于为公众好评和关注，正在成为众多新闻媒体在进行新闻报道策划时的一种明智选择。由此，一个策划水平高低体现传媒职业化水准的时代即将到来。

当然，无限夸大新闻策划的作用，也是不切合实际的。因为新闻策划毕竟只是新闻报道工作的一种手段，而不是新闻报道工作的目的，更不是全部的新闻工作。

本章思考题

1.何谓节假纪念日？节假纪念日报道具有怎样的性质？

2.举例介绍节假纪念日报道主要有哪些具体类型。

3.联系实际谈谈节假纪念日报道具有的特点。

4.节假纪念日报道策划通常有哪些基本要求？

5.简要阐述节假纪念日报道要“出新”，主要应从哪些方面着手？

6.何谓专题报道？联系实际谈谈不同类别专题报道的策划要领。

第七章 介入式报道策划

本章要点

- 介入式报道的含义、类型与作用
- 体验式报道的策划要领
- 暗访报道的策划要领
- 促成式报道的策划要领

第一节 介入式报道概述

介入式报道,具体包括体验式报道、暗访报道和促成式报道,是多年来新闻媒体逐渐培育、发展起来的一种新闻报道形式。由于它满足了新闻媒体进行市场竞争的需要、影响社会舆论与进行舆论监督的需要以及受众渴望探求真实内幕的需要,深受新闻媒体和广大受众的偏爱。

不过,由于在介入式报道中,采访者通常会有意识地对所报道的新闻事实施加一定的影响,因而对新闻报道的客观性、真实性、公正性原则构成了一定的冲击和挑战。所以,应该如何正确使用这种报道方式,避免将其滥用、乱用,以免引发不良的社会后果,需要新闻媒体及新闻人特别加以注意。

一、介入式报道的兴起

从广义上来说,一切新闻报道都可以称为“介入式报道”,因为没有哪一篇报道不是记者、编辑介入被报道的人、事或物,与之发生接触、联系并对其加以报道的。不过这里的“介入式报道”有其特定的含义。

(一)介入式报道的界定

所谓介入式报道,指新闻媒体根据报道需要,派员以特殊的社会角色,或公开体验,或隐蔽暗访,或介入报道对象的活动之中,对需要报道的对象或事物,采取接触、参与等方式进行深入体验、感受或加以适当的组织、引导,并在遵循事物发展规律和新闻报道普遍原则的前提下以独特的社会身份予以反映的报道方式。

对于介入式报道而言,报道者在报道相关新闻事实时表现出明显的主观参与意识,并且力图通过对某一新闻事件或问题进行报道,有意识地对事件的发展态势施加一定的影响,最终促进问题的解决或达到某种社会效果。在此期间,记者的“介入”也称记者的“参与”,是指记者在新闻报道中不仅以旁观者、记录者身份在场,而且直接出入和参与到事件进程中,以亲身体验、感性触摸甚至以“策划者”的方式,紧跟事件发生、发展、结局的全过程。

在具体的新闻实践中,介入式报道因其“介入”的目的、方式和作用的不同,又有体验式介入、揭秘式介入(暗访)、促成式介入等类别之分。

体验式介入,是指记者直接参与某一事件,或者就是事件当事人,以亲身体验的方式经历事件发生、发展、结局的全过程。在体验式介入中,事实都是记者亲自经历、体验的,记者与事实融为一体,而只需“将新闻(亲身经历)说出来给人看”。如果记者把自身参与某事的体验写进报道中,即为体验式报道,西方一般称之为“个人经历报道”。体验式介入虽然也以个人在场为特点,但这种“介入”的主观人为性不强,而且记者为了强调报道的客观性,通常采用各种手法(包括背景资料、细节等)减少“进入”事件的印象。

揭秘式介入,是指记者利用自己的职业优势,深入到事实的“幕后”,去揭开一般受众不可能揭开的真相面纱。在这类“介入”中,新闻事实仍按照本身的规律展开,记者的行为不对新闻事实直接产生影响,只是“将新闻揭开来给人看”。记者的“介入”是围绕新闻进行的。揭秘式介入中,记者进入事件的内部,往往与事实十分贴近,因而也使读者倍感亲近而具有“冲击力”。揭秘式介入不是一件容易的事,记者通常需要伪装身份,以暗访的方式深入现场,与采访对象感同身受,进而披露社会问题。因而,记者要具备处变不惊、沉着应对的心理素质,所冒风险是很大的。

促成式介入,是指记者对在一定的时间、地点、人物、背景下可能发生的事件或其中的若干情节进行预先设计,然后或以某“角色”身份或以记者的本色“介入”事件之中。在这类“介入”中,整个事件的展开是记者(新闻媒体)引导、推动的结果,记者成了新闻事件促成者的角色,新闻报道也通常围绕记者的活动展开。当然,这类“介入”,其合理性必须满足几点要求:一是相关策划须以客观事实和新闻线索为立足点,报道内容也客观存在;二是事件的进展虽然是由于报道者的介入而促进的,但这一发展并未超出、违背而是顺应了事物发展的自然规律;三是这种介入体现了媒体和记者的社会责任,其主观能动性的发挥也没有背离客观事实这个基础。

(二)介入式报道的渊源

体验式报道、暗访(揭秘式)报道和促成式报道等介入式报道并不是什么全新事物,在中外新闻史上很早就有关于它们的记载。

19世纪中叶,英国《泰晤士报》记者威廉·霍华德·拉塞尔(William Howard Russell)有关克里米亚战争的战地报道,可谓介入式报道的较早实践形态。因介入沙皇俄国与奥斯曼帝国之间爆发的克里米亚战争,1854年3月,英国最终向俄国宣战。宣战之后,英国社会上下掀起了一股战争狂热。他们自认为英国军队是世界上最强大、最精锐的部队,可以无敌于天下。战时报道迎合政府和读者口味是当时的一大通病。作为随军记者的拉塞尔却不是这样。他经历艰险,深入前线,观察部队状况和战场情景,发现了英国军队存在的致命问题——医护条件恶劣,部队给养不足,许多伤病员得不到及时治疗和妥善护理,甚至"病人照料病人,生命垂危的人照料生命垂危的人",士兵们饥寒交迫,苦不堪言,处于极度困苦之中。他毫无顾忌地向报社发回了反映这些严酷事实的详细报道,《泰晤士报》的编辑们也有勇气刊登他的报道——报社的总编辑约翰·德莱恩(John Thadens Delane)本来就批示他采访"一切事情的真相"。拉塞尔深入战争前线采写的披露报道,引起了英国社会的一片哗然。在舆论的压力下,阿伯丁勋爵的政府班子辞职,陆军大臣被撤职,英国军队状况得到改善。现代护理学的奠基人南丁格尔(Florence Nightingale)也正是看到了拉塞尔刊发在《泰晤士报》上的报道,才毅然出于人道主义精神,组建了一支志愿护士队,前往战地医院服务的。"在我们中间难道就没有肯献身的妇女能够并且乐于站出来帮助那些有病痛、苦难缠身的士兵吗?"拉塞尔报道中的这样一些情辞恳切、富于感召力的话,促成了南丁格尔志愿奔赴克里米亚前线,从而拉开了她一生事业的序幕,由此开创了现代护理工作。拉塞尔的战地报道为《泰晤士报》也为自己争得了荣誉,在读者心目中,也在新闻界同行中,树立了记者的真正形象。此外,拉塞尔前往美国采访南北战争时,还受到美国总统林肯的接见,这种待遇在当时的新闻记者中是很少的。

介入式报道作为一种报道方式,获得新闻媒体的特别青睐,可以追溯到西方19世纪末至20世纪初黄色新闻浪潮盛行的时候。当时的报业竞争使一些报纸为吸引读者而大量刊登凶杀、色情等刺激性新闻,并常常为追求轰动效应而有意渲染事实,甚至还亲自参与制造轰动性的新闻事件。1889年,普利策领导的《世界报》(*The World*)就曾派女记者娜丽·布莱周游世界,并跟踪报道,使之成为一件举世瞩目的特大新闻。娜丽·布莱在《世界报》工作期间,还曾扮成一位精神病患者,突破纽约一家精神病院的封锁,冒险打入该院,了解到该院许多虐待精神病人的内幕。后来,她逃了出来,将许多鲜为人知的内幕公之于众,引起社会舆论的大震动。政府不得不对该院进行整顿，改善了精神病人的待遇。为此，伊利莎丽白·科克伦（笔名娜丽·布莱）的事迹被写进了《普利策卷》和《美国新闻史》。颇具代表性的还有1898年《纽约日报》（*New York Journal*，也译作《纽约新闻报》）的赫斯特对戈登索普谋杀案的报道。当时，一个名叫戈登索普的男子被人杀害并碎尸，肢体被扔在了不同的地方。赫斯特悬赏1000美元，让记者去调查死者姓名，并派30名记者去侦察包裹肢体的油布的来历和谁是买主。结果，最后发现凶手是死者的旧情妇和她的新情人。对这一富于刺激性的案情，《纽约日报》做了连续报道，在整个报道中，赫斯特不断地渲染紧张气氛，并一步一步将案情推向高潮。同时，报纸版面上还配有多幅木刻插图，加以烘托，以追求更大的刺激效果，成为当时极为轰动的独家新闻。

随着新闻事业的发展，往日那种出于商业炒作目的而对大众不负责任的导演新闻、制造新闻的"介入"事件的方式，已经被各国新闻界有识之士摒弃。但是，通过新闻报道去影响事态发展方向的介入式报道则作为报道方式保留下来，并已成为当今中外新闻工作者在实践中常常采用的报道方式。

在中国，1923年出版的邵飘萍的专著《实际应用新闻学》对"显隐"做过精辟的论述。该书第八章《探索新闻之具体方法》中谈的第一个问题为"个人朋友与资格之隐显"。这里说的"资格"即记者身份。邵飘萍在论述交友之重要性后写道："外交记者显示其资格与否，当视情形不同而临机决定。有若干人不喜欢彼言者披露于报纸，亦有若干人唯恐报纸不采其所言，苟误用则两失之矣。故探索新闻，问及附近之知其事者，有时直告以我乃某社社员，有时又只能作为私人询问，而勿令知我为新闻记者。凡此亦临机应变之一端，求达探索新闻之目的而已。"在邵飘萍看来，是用显性采访还是用隐性采访，要视具体情况而定，不可乱用。在今天看来还是正确的。

（三）介入式报道兴起的动因

介入式报道在当今的兴起和发展有其内在的必然性。当今，新闻界普遍认为，现代新闻事业引人注目的成果之一，就是新闻媒介成为社会的影响者和监督者，负有监督社会、影响社会的职能。新闻媒体不仅通过报道来揭示整个社会体制中存在的缺陷和疾病，并且试图通过报道寻找克服这些问题的办法，用积极的态度去引导舆论，影响社会。介入式报道正是适应这一需要而得以发展的。

1.新闻媒体自身发展的需要

现今，新闻媒体的数量越来越多，市场竞争也越来越激烈。新闻媒体需要不断提高新闻报道的质量和水准，不断优化其对公众的信息产品供给，不断提升其新闻传播活动的成效与受众认同，这样才能真正实现其相应职能。介入式采访报道，正是在这种情况下得以发展的。介入式报道的运用，有助于新闻媒体提升其新闻报道的市场竞争力，增强其新闻报道的说服力、感染力，吸引和抓住受众。事实上，介入式报道是新闻媒体获得某些独家新闻的重要手段，是记者获取一些新闻事实的必要方式，也是新闻媒体吸引受众的有效载体。

介入式报道这种新闻采写形式不满足于守株待兔地捕捉新闻，而是新闻报道者主动地利用自身的影响，围绕某一主题进行采访活动——写护士，就去护理病人；写掏粪工人，就背着粪桶与掏粪工人一道去居民区掏粪；写售货员，就穿上工作服去商场、超市站柜台；等等。在介入中体验某一行业、领域工作人员的酸甜苦辣，把真切的感受如实告诉读者。这样的报道自有一种魅力，与平常以记者身份采访所得不大一样，因而也就具有了新鲜感。对于介入式报道的适当运用，客观上也有利于增进记者的内在素养，提高记者的写作水平。

2.社会有序发展的需要

目前，我们的社会发展还存在诸多不尽如人意之处。社会的有序发展，离不开新闻媒体发挥好作为社会的瞭望者、守望者、记录者、引导者的角色。在社会生活中，既有不少需要讴歌和传扬的新闻人物和事件出现，有待新闻媒体给予关注，也有不少需要曝光、深掘的问题、现象、事件发生，有待新闻媒体去披露。特别是随着我国社会主义民主法治建设的日益发展和完善，舆论监督越来越成为党领导人民纠正自身错误、解决问题、改进工作的重要武器。通过新闻介入，形成舆论，对社会不良现象、对党和政府的各级组织工作中的缺点错误开展新闻批评，促使其修正错误，已经成为现今社会生活的必需。这些都给介入式报道的兴起和发展提供了现实的社会条件。

2006 年 7 月 1 日，举世瞩目的青藏铁路全线试运营。青藏铁路是世界上海拔最高、线路最长的高原铁路，是人类铁路建设史上的奇迹。为了详细、深入、生动地报道这一世界级新闻，突出报道特色，中央电视台在此之前就联合台湾东森电视台、台湾中天电视台、台湾TVBS 电视台、香港亚洲电视台和澳门广播电视有限公司，推出“千里走青藏”大型系列体验式采访活动（图 7-1）。从 5 月 23 日开始，几家电视台的主持人、记者、制作人员分两个报道小组同走青藏线，历时 20 天，从青藏线起点西宁出发到终点拉萨，让 7 位主持人体验工程之伟大、地理之艰险、人文之丰富，并对工程亮点、技术绝招、人物事迹、环境保护、人文地理等内容进行体验式采访报道。2006 年 7 月 3 日，大型特别报道——“千里走青藏”开始播出。“千里走青藏”体验式采访报道，突出了“华人媒体聚焦青藏之路”这一主题，取得了良好的宣传和传播效果，对于提高青藏铁路的公众认知度，扩大其运营后的社会影响，助力地方经济社会的发展都能起到一定的积极作用。

众所周知，一般的采访都和被采访对象事先打招呼，常常是事先约好时间、地点，通报采访的内容，这样被采访对象事先就有了充分的“准备”，当然是件好事。但这种采访也有不利的一面，即给了被采访对象充裕的准备时间以做“应对”，不利于记者了解原初的情状、事件的本真。这对于开展批评报道以及一些通常需要进行深入采访挖掘以揭露真相的报道，则更无法完成。在这种情势下，有必要运用体验式报道、暗访报道之类的介入式报道，以获得真实情报。比如，体验式报道能增强现场感和真实感，让人身临其境；对人物形象的刻画，特别是对人物心理活动的描写更加深刻、逼真，给人以强烈的冲击力。这样的报道是能够感染人、有利于问题解决的。暗访报道，则可以借助隐藏采访者的身份获取一些难得的事件内幕、事实真相。

▪ 摄制组站在青藏铁轨上　▪ 主持人张羽、卢秀芳正在采访

▪ 中央电视台主持人 张羽　▪《千里走青藏》大队人马

图 7-1　央视“千里走青藏”体验式采访活动

在介入式报道中，记者既是新闻传播者，也是社会活动的参与者，他们可以将自己从报道对象那里获得的体验、感受、经历细致、生动地报道出来，反映报道对象不为人知的心声、境遇，以求得社会的认同、理解、关心和帮助乃至施以行动。在这里，记者对事件的直接、主动介入，是其发挥自身特殊社会角色作用的表现，是社会有序发展所需要的。从近年来介入式报道已经在舆论监督报道以及各地媒体参与的一些社会救援行动、社会公益活动等报道中被广为采用可以看出，它事实上已然构成了推动我国经济社会有序发展的一种力量。

3.受众获悉外界信息的需要

介入式报道作为一种报道方式，能够满足广大受众的接受心理和接受需要。毋庸讳言，受众有真切了解各种新闻事实的心理。介入式报道是对受公众关注的事件进程的介入。对事件进程、对人物命运的关切，几乎是人类共有的趣味。在介入式报道中，新闻事件、人物命运的发展变动状况和结局如一个巨大的悬念，牵引着受众，不断地激起公众的探知欲望。同时，介入式报道又通过一连串新闻报道不断地满足受众的这种探知欲望，这是介入式报道能够为广大受众接受和欢迎的重要原因。同时，对于某些相对隐秘的新闻事件而言，介入式报道是满足受众知情权的必要手段。此外,受众对社会上的不良现象及违法乱纪行为都深恶痛绝,他们希望新闻媒体能对这些丑恶现象进行及时的披露。而对于这类问题,采用介入式报道的形式,往往能取得较好的效果,这些可以说都是介入式报道兴起和发展的内在动因。

当然,今天在我国兴起的介入式报道,与100多年以前西方“黄色新闻”时期对报道事件的“介入”有着很大的区别。报道的根本目的不是单纯为扩大销量、为赚钱,而是实现作为党和人民喉舌的新闻舆论监督、引导功能;报道所追求的效果不是扩大事态,制造事端,激化矛盾,煽动舆论,而是为了对最终促成问题的妥善解决施以积极的影响;报道所采用的手段也不是那种任意打扮、制造事件以及放任的夸张、煽情,而是在尊重客观事实基础上的“介入”。例如,浙江电视台的《范大姐帮忙》、河南电视台的《小丫跑腿》、安徽电视台的《帮女郎》等栏目都对介入式报道方式进行了有益探索。这类节目通过记者主动介入社会个体、家庭、社区等,关注民生急事、难事,引导社会各界人士为百姓排忧解难,体现了媒体的人文关怀,具有鲜明的地方特色,使新闻贴近生活、贴近百姓,拉近了与观众的距离,反映并解决与普通老百姓生活息息相关的民生问题,取得了良好的社会效益。

二、介入式报道的特点

介入式报道涉及体验式报道、暗访(揭秘式)报道和促成式报道。尽管这几类介入式报道都有着各自不同的特性,但它们也存在着一些共同的特点。

(一)介入式报道主要用于处于进展中的新闻事件的报道

介入式报道偏向于选择那些可以激发公众的了解欲望或参与热情的,处于发展中的新闻事件(包括人物命运)作为它的题材。介入式报道的这一特点也是同受众的接受心理同步的。我们知道,任何事物都有一个从发生、发展到结局的过程。而介入式报道是对事件进程的介入,对人物命运走向的介入,注重的是事件的展开过程,而不是事件的结局。一个已经完结的事实,介入式报道是不会去注意的,除非这一事实正在成为一个新的事件的开头。这方面比较典型的有参与社会救助行动的介入式报道。在这类报道中,往往是新闻媒体发现了某个处于困境或危难之中的急需实行社会救助的对象,便对其所处的困境和危难进行报道,以引起社会的广泛关注,呼吁全社会群策群力、奉献爱心,实施救援活动,最终使被救助对象走出困境,解脱危难,促成问题的圆满解决。《广州日报》1997年刊发、获中国新闻奖二等奖的新闻《寂寂烈士坟 纷纷春雨泪》,对广州银河革命公墓公安坟场的烈士陵墓无人无钱修葺,坟头残缺不全,被黄土掩没了部分碑文的状况和近在咫尺的豪华墓园进行了对比报道,以强烈的反差,触动读者的情感,激起富裕起来的人们对在保卫人民、对敌斗争中牺牲的人民警察的深切缅怀。此稿在清明节当天见报后,立刻引起了社会各界的强烈反响。《广州日报》及其他媒体连续对该事件进行了8个月的追踪报道。整个报道过程在市民中不断升温，成了越“炒”越热的新闻。最后，终于促成有关各方出资40万元重建了烈士墓，也使这一激起强烈反响的介入式连续报道有了一个圆满的结局。另外，介入式报道时常关注的舆论监督题材也有类似特点，舆论监督报道的问题、事件，也是正在展开的、呈进展性的新闻事实，而不是已经解决的问题。运用新闻介入常常是为了参与有关负面问题的解决，对促成社会各方的关注，特别是有关管理部门的重视，并最终促进问题的解决具有重要作用。

(二)介入式报道多以连续报道的方式推出

由于介入式报道多用于正在展开的、处于进展中的新闻事件或问题，报道所介入的事件都有一个由事件的产生由来到事件的发展变动，直到事件最后结局的系列过程。舆论监督所涉及的问题，也有一个从揭示问题到分析展开问题，再到最终解决问题的过程。因而，介入式报道是一种全过程的报道，是有始有终的介入，不能半途而废，有始无终。1997年河南郑州《大河报》对“张金柱案件”的连续报道，从该恶性案件事发当晚到肇事者张金柱归案，直到张金柱最终受到法律严惩，一直持续跟进。对这一事件发生、发展到最终处理结果，《大河报》连续发表了18篇追踪报道，共4万多字，可谓是进行了全过程的介入。

(三)在介入式报道中，报道者有着较为明确的报道思想和预期目的

在介入式报道过程中，报道者有着较为明确的报道思想和预期目的，并力图通过报道最终实现这一目标，如媒体对“张金柱案件”的报道，其目的是努力将事实真相搞清楚，辅助司法机关使肇事者受到应有的制裁，给公众一个满意的交代，还社会以公平、正义。该恶性案件发生的当晚，报社在基本案情清楚，肇事者的残暴行为、横蛮作风激起民愤，但其背景尚不明了的情况下，决定配加评论，曝光该事件，并不断地推出有关案情进展的报道，努力将事实真相搞清楚，最终用舆论监督的力量辅助司法机关将肇事者绳之以法，使肇事者受到了应有的制裁。央视《焦点访谈》“罚要依法”的报道，目的是将交警乱收费及蛮横粗暴执法的问题公之于众，督促有关部门加以整治，还过往驾驶员一个公道、令人放心的公路执法环境。《广州日报》关于“莫忘豪华墓园旁堆堆黄土”的报道，其主旨是让为民牺牲的公安英烈安息，让正义永远闪光。文章开头提及的男孩寻亲的报道，是为了唤起人们的关爱之情。由于报道者的报道思想始终贯穿于报道过程中，有效地保证了预期目标的实现。

(四)介入式报道中渗透着报道者鲜明的主观倾向

记者在进行介入式报道时，对其报道的新闻事实所持有的观点、评价，不像一般新闻报道那样不动声色，把观点倾向隐蔽起来，而往往要以明确的是非态度和爱憎感情去影响公众，力图以自己的态度情感去左右公众的态度情感，以达到介入式报道的预期目的。《寂寂

烈士坟 纷纷春雨泪》一文，正是以堆堆黄土的烈士墓和近在咫尺的豪华墓园的强烈对比，表达了记者的鲜明情感，并深深地打动了读者，收到了预期效果。央视《焦点访谈》的很多介入式舆论监督报道也渗透着报道者明确的态度倾向，不论是对不良现象进行尖锐的批评，还是对腐败行为加以猛烈抨击，都鲜明而有力度，对激起全社会的关注，并最终促使问题的解决起到了很好的作用。

三、介入式报道的作用及负面影响

介入式报道发展到今天，更加凸显了其特殊的作用。在实际生活中，记者通常既是新闻传播者，又是社会活动的参与者。记者的基本职责固然是通过采访报道，及时、客观、公正地传播世界变动的信息，但由于其工作的特殊性，他们在从事客观报道的同时，由于近距离地摄照和观察事件，往往也会主动投入或被动带入事件之中，这也是一种常见现象。所以，即便记者介入新闻事件之中，但只要不违背事物发展的客观规律，没有背离新闻报道的基本准则，而是顺应规律推动事物向人们期望的方向发展，在一定意义上也是可行的，是可以为人们所接受的。这一点已经为无数新闻实践先例所证实。

（一）介入式报道的作用

介入式报道具有多方面的作用，具体如下：

其一，可以增进新闻媒体的竞争实力，提升新闻媒体的形象。100 多年前，普利策发起的为“自由女神”募捐活动，被认为是一次非常成功的介入性报道。正如他所说：“忠于最高使命的报纸，必须关心明天应该发生的事，下个月、下一年要发生的事。必须让应该发生的事情发生，不应该发生的事情不发生……”通过介入被报道的事件之中，影响甚至改变事物发展轨迹，或者策划和组织社会公益活动，并对它们进行跟进报道，新闻媒体的竞争实力能够得到有效的拉升。可以说，一次成功的介入式报道，可以提高媒体知名度、在受众中的影响。例如，四川《华西都市报》在其办报初期策划的一起在四川、河南两省之间展开的对被拐卖儿童的救援行动——“孩子回家行动”，把被拐卖的四川籍儿童接回报社，并帮助他们寻找亲人，使该报迅速取得社会效应和业内口碑，成为全国闻名的都市报。其实，报社对于此事的报道，最初只是一般的客观新闻报道，并未策划介入，但是当他们发现获救孩子的返家问题一直无法解决时，就决定发起援救行动，促进事件发展，并得到了理想结局，使其有社会责任感、有爱心的社会形象得以迅速树立。

其二，可以引导社会风尚，密切新闻媒体与受众之间的联系。新闻媒体不仅要及时传递新闻信息，更要以提高社会道德水平为己任。21 世纪初，新闻媒体对于“刘涌案”“宝马车撞人案”等重大事件的介入式报道引起社会广泛关注。虽然在这些事件中，新闻媒体介入程度的正确与否尚存争议，但是人们从中不难发现，这一系列报道不仅充分重视并尽可能地满足了受众的知情权，使受众对事件有了更加全面的了解，使一些被掩藏的事实得以公开，而且随着事件的发展，网络媒体上网友的评论，传统媒体报道过程中受众的参与，使媒体与受众之间的互动大为增加，在一定程度上密切了新闻媒体与受众之间的联系。

其三，可以提高新闻工作者的新闻敏感度和社会责任心。介入式报道需要新闻工作者具有相当的新闻敏感度和社会责任心。当某种有示范意义、全局意义的动向刚刚露头，当某一事件拨动了众多民众的心弦，新闻工作者就要以极大的新闻敏感与预见能力紧紧抓住这些新事物、新动向、新趋势加以报道，从而形成舆论力量。尤其是发现社会疑难问题、社会不公现象时，记者更应该积极发挥舆论监督作用，推进、促使社会的相关纠错机制来消除这些问题和不公。

（二）介入式报道的负面影响

作为一种报道方式，介入式报道在革新新闻报道理念、创新新闻采写思路、拓展新闻报道维度等方面都有值得肯定之处。但在具体实践中，介入式报道既有其积极意义，也存在一些负面影响，对此，不应该忽视。

一是容易导致记者权利越位。由于职业的特殊性，记者在进行介入式报道时常常有借助媒体的特殊作用而滥用新闻权利的情况。例如，随意评判是非，不按法定程序实施新闻介入等。毫无疑问，新闻媒体应该为社会进步和人民幸福而鼓与呼，但作为“时代的记录者”，新闻媒体又必须忠实于社会生活。新闻媒体有选择事实、选择报道方式和报道时机的权利，却无权驾驭新闻事实、干预新闻事实。在新闻事件中，媒体的介入就意味着事先采取行动，并在一定程度上改变事物发展规律的客观、自然进程，或者利用客观事物及其发展规律为我所用，这就极易走向驾驭事实、虚构现实或制造现实。新闻媒体沉湎于所谓的“介入”，容易造成新闻界浮躁，新闻从业人员职业道德失范。这不仅容易导致新闻侵权现象的出现，而且会干预其他部门工作的正常开展，在本质上构成一种非法的“越位”行为。记者的介入，有着自身的职业特点，既不同于政府的行政“干预式”介入，也不同于法官依法行事的“强制性”介入。记者主要是社会信息的传播者，其介入功能总体上应以“影响舆论”的方式实现。

二是会让新闻报道带上明显的主观倾向和个人情绪。在介入式报道中，记者深入生活、体验角色，由于受主客观条件的限制，他所体验的未必客观、公正、真实，所谓“不识庐山真面目，只缘身在此山中”。局部的真实不等于整体的真实，记者根据自己的体验写成报道，主观性强且不免夹杂个人情绪，容易一叶障目、不见泰山。在介入式报道中，对于一些事实，记者虽是“亲眼所见”“亲身所感”，但却是片面的情况，报道出来容易误导舆论。因为记者“偶一为之”的行为带有偶然性、片面性。记者深入生活，沉下去容易，浮上来却难，如果仅仅局限于自己的经验，把自己等同于某一行业、某一事件的当事人，而不能站到更高的层次上去发现问题、分析问题和解决问题，就会只见树木，不见森林。例如，你最近在医院看病被医生误诊了，对病情治疗有所延误，却并不能据此得出“现在的医生都缺乏责任心”的结论。特别是对重大问题的调查，更不能仅靠记者目睹的一两个事例就下结论。且不论许多事件根本无法体验，如飞机失事等天灾人祸；就是那些记者能够去体验的，也未必就能了解到真实的情况。这是由记者体验的随机性或偶然性决定的。比如，你当一天（或一段时间）的售货员、环卫工人或交通警察，不一定就能体验到他们的酸甜苦辣，你所体验的未必就是他们的真情实感。记者毕竟是记者，变不成售货员或环卫工人，临时客串一下角色并把自己的体会写成报道，真的就是他们的所思所想吗？记者当一回出租车驾驶员，他的体验式报道有可能会过分渲染这一行业苦的一面。何况许多事件已经发生，事后去报道、印证，记者所体验的只是他自己的感受而已，与当事人彼时彼地的真实感受并不能等同。“人不能两次踏进同一条河流。”记者以自己的体验揣度他人，虽然可以深入到人的内心世界，展示人的心理活动，但难免有构造之虞。诚然，新闻报道是人这个认识主体对事物客体的反映，每篇报道中都渗透了记者对所报道事件的是非观念、情感态度和审美取向等。但介入式报道不像传统新闻报道那样靠潜意识主观选择，而是直截了当、不加掩饰地表露新闻制作者的观点、倾向，是将自己放入新闻成品中与读者直接见面。所以，介入式报道很容易让新闻报道带上明显的主观倾向和个人情绪，进而在一定程度上影响报道内容的客观、公正。

三是在舆论监督中容易造成“媒体审判”。舆论监督是通过新闻媒体的独特作用，帮助公众了解政府事务、社会事务和一切涉及公共利益的事务，并促使其沿着法治和社会生活共同准则的方向运作的一种社会行为。它主要是通过舆论的影响作用使社会各部门的工作能够规范、有序地进行，而不是要求记者自身去解决某些问题。2001 年 3 月，被国内众多媒体热炒的湖南“蒋艳萍特大经济犯罪”一案中，仅开庭审理的 4 天期间，采访的中央及省市新闻媒体就多达 51 家，长沙电视台自始至终对庭审情况进行了现场直播，一些媒体在报道的过程中，纷纷“充当”起法官，为案件“定了案”。媒体声势强大的报道让这桩还没有被宣判的案子已经在老百姓心中有了结论，极大地影响了法庭的正常审理，这就是媒体舆论监督介入司法活动而导致的“媒体审判”。众所周知，新闻舆论监督的本质在于客观和公正地报道事件真相和揭露有关问题，通过曝光的形式来满足和维护公众的知情权、表达权和监督权。所以，新闻媒体的使命在于充分满足和保障公民的知情权、表达自由权和批评建议权，而不是去干预司法行为，进行所谓的“维护司法公正”。在法庭进行判决之前，新闻媒体实施舆论介入，进行“媒体审判”，会给参加审理的法官造成很大的心理压力，从而干扰独立审判，影响案件的公正审理。“媒体审判”违背了法治社会的社会主体各司其职的精神。同时，根据我国法律“无罪推定”的原则，犯罪嫌疑人在法院尚未做出判决之前，始终是无罪的。而蒋艳萍一案正在审理期间，一些媒体的报道便称其为“犯罪人员”“三湘头号巨贪”，有的甚至以“枪毙还少了”为标题，这些行为均违背相关法律规定。新闻媒体在进行舆论监督时容易形成情绪化倾向，并做出倾向性明显的报道或评论；一些媒体甚至会以“包青天”自居，动辄就进行所谓“代表正义”的“媒体审判”。对此，新闻人应该保持足够的清醒，无论出发点如何，这种“介入”都是有违法治精神的。

四是影响法治社会的有序构建。“依法治国”是党领导人民治理国家的基本方略，而依法治国、建立社会主义法治国家，最为基本的一条就是全体社会成员在法律授予的权责范围内各司其职、各尽其责。为使国家的权力真正按照人民的意志进行活动，必须运用法律形式为国家权力的行使规定必要的原则和程序，确定不同权力系统之间的合理分工及其相互关系，使之依法行使职权，从而防止对国家权力的滥用。就我国的新闻工作者而言，其工作职能的确定，也需要符合社会规范化运作的基本要求。脱离了这样一条规范化的轨道，社会的运行就有可能出现混乱。而介入式报道则违背了“各司其职”这个法治社会对每位社会成员的基本要求。介入式报道的出现确实解决了部分具体问题，但一旦对这种现象加以鼓励和提倡，使之成为普遍现象，就会使社会分工出现重叠或虚空。由于记者干了某些工商、法院、市政部门的工作人员应该干的事，与这些部门的工作出现重叠，记者该干的工作却出现了虚空。介入式报道的行为会鼓励社会成员遇到社会不公时，都去找记者帮助解决，而不是依法寻求相应社会管理部门给予解决。这种解决不是通过舆论监督的作用，按法定程序解决，而是记者挺身而出，具体去干预某事。这就在社会成员中潜在地倡导着这样一种价值取向：新闻媒体和新闻记者就是帮助社会成员消除社会不公的，他们能够通过新闻媒体的特殊作用实现这样的目的。于是，法治社会所倡导的法治原则、社会分工、各部门各司其职的权力分工关系，就会因这种误导而受到消解，而“新闻媒体至上”就会在这种形势下得到虚浮的膨胀。

第二节　介入式报道策划要领

尽管体验式报道、暗访（揭秘式）报道和促成式报道都属于介入式报道的范畴，但是对它们的报道策划却有着各自不同的思路与要求，因此需要分别加以介绍。

一、体验式报道的策划要领

所谓体验式报道，是指记者以被采访对象的身份深入到被采访对象的工作、生活和经历之中，亲身体验和感受其间的情状，然后将自己的所见、所闻、所感报道出来，以求得社会对被采访对象的认同、理解、关心和帮助的一种报道方式。在体验式报道中，记者通常需要在某一时间进入某一行当中扮演或充当其中的一个角色，或亲自参加事件的全过程，或亲身体验行业的甜酸苦辣,叙述角度一般采用第一人称。

体验式报道与目击式报道存在着一定的联系。与目击式报道一样,体验式报道也是在报道内容上注重过程胜过结论,也强调展示一个场景、记录一段经历,在了解报道的全过程后自己得出结论。但从采访手段上看,它比目击式报道更进了一步,即记者不仅是在“旁观”,而是亲身“参与”,报道的重点不仅是“我看到”了什么,而是“我做了”什么、“我感觉到”了什么。由于一切素材来自记者的亲身经历,所以,体验式报道也被称为“亲历式”或“个人经历式”报道。1920年,瞿秋白以北京《晨报》特派记者的身份到十月革命胜利后的俄国实地采访,先后发表了35篇通讯,并写出了《饿乡纪程》和《赤都心史》两部作品,开创了体验式新闻的先河。1935—1937年,范长江冒着生命危险采写了闻名于世的《中国的西北角》《塞上行》。1936年6—10月,美国著名记者埃德加·斯诺(Edgar Snow)对陕甘宁根据地进行了实地考察和采访,写成了《红星照耀中国》(*Red Star Over China*,也译作《西行漫记》)。这几部作品都初步具备了体验式新闻的特征。

从新闻报道改革与创新的角度看,体验式报道能培养记者深入基层的好作风,增强记者的平民意识和责任感,提高新闻报道的真实性、影响力。

在一般情况下,记者扮演的是“你做我写”的角色,不直接参与被报道者现实的活动。这是由记者职业的特点决定的。记者不可能对他所报道的对象从事的社会实践事必躬亲,然后再去报道。但是“你做我写”,记者获得的只是间接知识,缺乏亲身体验,不能不说是个缺憾。体验式采访报道则可在一定程度上弥补这种缺憾,变“你做我写”为“我做我写”。尽管每一次体验的时间有限,但对常年扮演“你做我写”角色的记者来说还是非常有益的。特别是对那些只有书本知识,又刚踏进新闻行业门槛的青年记者,更显必要。体验式报道,有助于记者眼睛向下,尽快接近采访对象,密切记者和采访对象的关系,同采访对象在生活上打成一片,在思想上沟通;有助于记者获得真知,更深入地了解客观实际;有助于记者思想作风的锻炼和敬业精神的培养;有助于记者把报道写得真切感人、有血有肉;有助于记者积累生活经验、生产经验、工作经验。在当前经济社会转型时期,有些记者受经济利益驱动而轻视职业道德,或热衷于泡会议、跑场子,采访浮在上层,做出的报道主要靠将第二手材料编编写写。在此情况下,提倡体验式采访,不失为一种富有积极意义的举措。

与此同时,还应当看到,社会上存在诸多行业、领域,存在多种多样的职业,其中不少行业、领域和职业、岗位是大家并不熟悉的。况且,不同的人其生活、工作和经历也是千姿百态的。记者采取体验式报道的方式将它们反映和呈现出来,理所当然会吸引民众关注。

新华社前社长郭超人曾在西藏工作多年,他采写的《英雄登上地球之巅》是对我国登山运动员首次登上珠穆朗玛峰活动的出色报道。为了做好该报道,郭超人亲自体验了登山运动员的生活。他先后两次参加高山适应性行军,攀登岩壁,翻越雪坡,到达海拔高度直抵6600米的“珠穆朗玛峰的大门”——北坳冰墙之下。后来,郭超人总结说:“事实证明,这两次高山行军是有收获的。我们爬过岩坡，翻过雪地，亲眼看到珠穆朗玛峰山中神秘而壮丽的自然景色，深刻地体验了登山队员的生活，获得了许多仅仅访问无法得到的素材。此外，更重要的是进一步了解了登山队员们的思想感情和精神风貌，与他们打成一片，为以后的报道创造了很好的条件。”❶

1995 年 8 月 1 日创刊的《大河文化报》，试刊时就推出了《记者打工》专栏，专门发表记者到各行各业体验后采写的新闻报道。从 1997 年 4 月 2 日起，《人民日报》在第二版开辟了《体验三百六十行》专栏，要求记者体验“较少为人们所知，较少受到社会关注”的“一些行业、一些岗位”，能够“深入现场采访并参加到被采访者的实践中去，亲身体验这些岗位上人们的甘苦，在体验中捕捉生动情景”，希望记者“与许多平凡劳动者交朋友、说知心话，从中领略他们的不平凡的经历，向他们学习”。记者们分别体验了长江航道工、铁路列车员、首都机场安检员、保险公司营销员、殡仪馆殡仪工、驯犬员、寻呼台话务员、报社校对、大凉山马班邮路员、林区伐木工、长途贩菜人、消防队员等的生活。他们写的报道给人们展示了一个个平凡但又多姿多彩的岗位，既颂扬了普通劳动者的平凡劳动，又写出了自己的感受，颇为动人。而后，《深圳晚报》在一版的醒目位置推出了《记者一日》专栏，每天刊登一篇记者深入不同职业岗位跟班作业后采写的报道。由于得到了媒体的大力支持，体验式新闻从数量到质量都有了明显的提高。

时至今日，体验式报道在广大受众中受到关注和好评，一方面说明了我们过去的新闻报道在视角上、文风上都存在脱离生活、脱离群众的缺陷，体验式报道以平视百姓生活、求真务实为要旨，恰恰填补了过去留下的空档；另一方面，在我们国家，社会生活的主体其实是广大普通百姓，以他们作为报道对象，正是贴近事实、返璞归真、紧扣时代脉搏的表现，符合新闻自身的内在发展规律。

体验式报道是一种非常直接而深入的采访报道方式，是寻找新闻感性魅力的最佳手段。体验有益于思考，深入体验的过程就是一个人从感性升华到理性的过程；经过体验，发掘出丰富的感性化语言来写作，才能以色彩丰富的作品打动读者。

2007 年 4 月 27 日，《人民日报》(海外版)刊登了通讯《我住进了东北棚户区》，这是一篇典型的体验式报道。记者住进吉林省辽源市的棚户区，成为低保户李志刚一家的“编外”成员。他住进他们老少三代 4 口人不到 30 平方米的房子里，与他们同吃、同住、同生活。夜晚，记者的脸冻得发麻，厚厚的棉被散发出浓重的潮湿气味。这是记者“一生中感觉最冷的夜晚”。早晨，几百户人家共用一个露天厕所，记者也去排长队，但实在等不及，“我只好返回来，用门边那个丑陋的黑塑料马桶解决了问题”。在采访期间，记者也从棚户区“乔迁”到新楼，实地体验被称作“人间仙境”的仙城小区。正在包饺子的洪旭和晓明夫妻带女儿从棚户

❶ 蓝鸿文.体验式采访——新闻采访的基本方式之四[J].新闻与成长，1999(2)：22-23。

区搬进了两室一厅的楼房。红彤彤的地板,锃亮的铝合金橱柜,微波炉正在给准备上学的女儿热牛奶……洪旭夫妇还在客厅镶了占了一面墙的大镜子,专门给上舞蹈学校的女儿练舞用。洪旭说:“过去,连我自己都不愿回家,现在恨不得让全世界的人都来看看我们的新家。”记者经过实地体验,以对比的方法揭示棚户区的变迁。辽源市中心的摩天大楼与一片灰黑的棚户区相比较;一幢幢楼宇的仙城小区与破旧不堪的棚户房屋相对照;乔迁新楼的洪旭一家与仍在用大帆布遮门窗、住土房的李志刚一家相对比,揭示出了今昔两重天。于是,记者发出由衷的感叹:“要是我没有先到李志刚家体验,我能体会到洪旭一家人那种从未有过的满足和幸福感吗?”❶

2011 年 8 月 9 日,中宣部等五部门决定在新闻战线开展“走基层、转作风、改文风”活动。由此,全国各地出现大量走基层的报道。记者们走向田间、工厂、街道、社区……亲身体验各行各业各类人群的生活,涌现出一大批真实感人、生动饱满的体验式报道。这其中,《人民日报》《光明日报》、新华社和央视连续多年推出的“新春走基层”系列报道特色尤其突出(图 7-2)。它们大量采用体验式(亲历式)、行进式报道方式,记者跟随环卫工人、快递小哥、铁路服务人员、交警、边防战士、消防官兵等,深入田间地头和边关哨卡,体验和记录下他们的工作、生活,以典型细节和生动场景营造感人瞬间,赢得了广大受众的点赞。

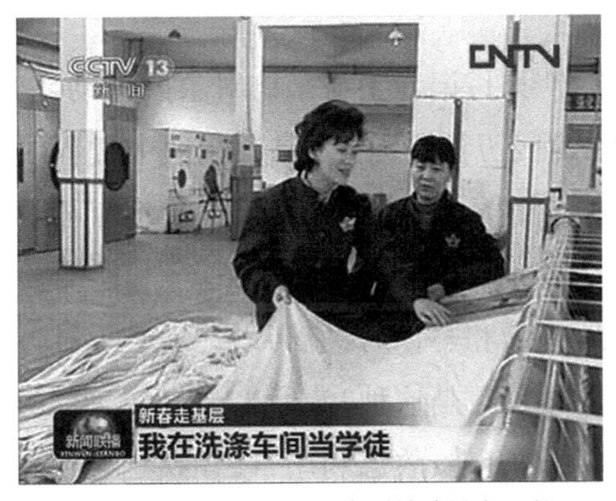

图 7-2 央视记者海霞走进郑州铁路局客运段洗涤车间,跟着师傅们当学徒

新春走基层

需要注意,体验式报道与一般新闻报道的最大不同在于它是以记者的主观感受和体验为主线展开报道的。所以,在体验式报道策划中,往往以“我”为主线,注重对“我”所见、所闻、所思的描述与表达。此刻,记者实际上具备两种身份,一是作为记者——新闻报道的主体,一是作为当事人——新闻报道客体的一部分。这种新闻报道主体客体化和客体主体化的过程,又融合于记者的亲身体验之中,通过进入报道对象的角色,记者从旁观者变成局内人,视角由从外往里看变成了从里往外看,不仅可以得到常规性采访中得不到的材料,而且

❶ 宋木仁.体验式采访出佳作[N].人民日报·海外版,2007-05-26(2)。

可以获得常规性采访中体会不到的情感。

2019年，央视推出的《相约在零点37分》报道，视频虽然只记录了1分52秒的碰面瞬间，但却是记者跟随两位铁路工作者数天拍摄完成的。几位记者亲身体验铁路工人耗时长、家人相聚难的工作特点，不仅记录下他们的工作生活状态，展现了极具情感冲击力的感人场景，而且在镜头表达中具有更直接的情感体验，让报道更加具有现场感和体验感。该报道在《新闻联播》播出后，引发了网友的强烈情感共鸣，迅速在网上引发刷屏之效。[1]《人民日报》在"新春走基层"系列报道中推出的《桥吊班长的年三十》《人和家顺事事兴》《红旗坪来了贴心人》等报道也均较好地体现了体验报道的优势。

在体验式报道中，记者的体验实际上是对受众知情诉求的一种回应，即在一定意义上，记者是代替受众去体验的。一篇成功的新闻报道，不仅要明之以事、晓之以理，还要动之以情。体验式报道中的"体验"，正是令报道能够逼近生活的原生状态，表现人们的饥寒饱暖、酸甜苦辣、喜怒哀乐，抒写平常人对人生、对生活的真实态度，进而赢得受众由衷喜爱的核心元素。一方面，记者通过体验达到了与采访对象的心灵互通；另一方面，记者由此写出的报道往往也能达到与受众的心灵互通。有人称赞体验式报道是"把目光对准普通老百姓，通过平凡折射出人性的真善美，缩短了人与人之间的距离"，这正是体验式报道的成功"秘诀"。

在体验式报道策划中，策划者应当明白：记者参与采访对象的活动或介入新闻事件之中，其目的是体验他人生活或他事的发展历程。因此，记者在这个过程中，应努力融入所扮演角色的生活，把自己当成他们中的普通一员，在与人交往或参与某事时，应尽量低调处理自己的记者身份，只有这样，记者才能获得某种独特的经历和感受。当然，记者也不应忘掉自己的本来身份，在进行思考、判断和写作时，应当以记者的思维方式清醒、客观地去分析某人某事。记者的体验式采访过程正是这种"忘我"与"不忘我"的相互结合、循环往复的过程。相反，如果记者介入某新闻事件，故意利用自己的职业优势或影响力推波助澜，不恰当地引导新闻事件的发展甚至导演新闻事件，再利用媒体加以传播，这种行为或多或少有造假新闻的嫌疑，这是作为体验者的记者需要注意的。当然，记者在体验式采访过程中，遇到特殊情况或紧急情况、有必要利用自己的记者身份或优势时，也不可袖手旁观。此刻，将"我"融入采访对象之中，做一些力所能及的事，也应是体验式报道者应尽的职责。

在体验式报道策划中，策划者要向体验者交代：必须较好地实现与被采访对象的角色转换，只有这样才能写出有真情实感的好文章来。同时，也须强调：在完成角色转换，体验愈深时，愈要防止情感化、主观化的倾向，时刻保持记者的意识，客观公正地进行采访

---

[1] 贺俊浩.人民日报、新华社和中央电视台2019年春节报道观察分析[J].中国记者，2019(3)：47-49。

报道。

二、暗访报道的策划要领

暗访也称隐性采访，它是新闻记者为了某种特殊的需要，不公开自己的身份，不公开采访目的，不公开自己的采访工具，深入被采访的对象和事件之中挖掘材料、弄清真相的一种采访报道方式。暗访近年来备受新闻工作者的青睐，在实际生活中，尤其是在新闻舆论监督和揭露社会阴暗方面越来越广泛地被采用。

众所周知，新闻舆论监督有着一种特殊的威慑力。"不怕上告，就怕上报"，从一个侧面说明了舆论监督的影响，而暗访是实现新闻舆论监督的有效形式之一。暗访记者不是警察，却时常会与犯罪分子打交道；不是演员，却要能以假乱真，迷惑对手；不会十八般武艺，却不得不"潜入虎穴"；他们哪怕心生恐惧，也必须鼓起勇气坚持到底。他们是新闻队伍中的舆论监督"尖兵"。暗访记者根据掌握的信息，以隐藏真实身份的形式进行采访报道，有助于深入事件之中，反映事件的过程，披露事件的真相，达到坚守正义、弘扬正气、扶正祛邪、改进工作的目的。央视《焦点访谈》《新闻调查》《经济半小时》《每周质量报告》等栏目，都曾推出过多部产生了广泛社会影响的暗访报道。

需要注意的是，我国现行法律中没有专门论述暗访的条款。多年来，暗访报道一直是在需求与争议中前行。不过，这并不意味着暗访的法律地位及其权利的合法性就完全没有依据。

《中华人民共和国宪法》第三十五条规定："中华人民共和国公民有言论、出版、集会、结社、游行、示威的自由。"第四十一条规定："中华人民共和国公民对于任何国家机关和国家工作人员，有提出批评和建议的权利。"新闻出版署 1999 年第 1031 号文件《关于非新闻出版机构不得从事与报刊有关活动的通知》第一条规定："经国家批准设立的新闻出版机构，有权依法从事新闻出版、采访、报道等活动。"可见，记者的采访权、报道权在现行法律中可以找到法律依据，而隐性采访是新闻报道中的一种采访方式，适用于新闻报道的法律规范对于隐性采访活动同样具有法律效力。同时，在我国现行法律、法规中，也同样没有任何禁止隐性采访的规定。没有法律明令禁止的行为，可以被视为应允。另外，隐性采访作为一种有效的采访方式，能够更加真实、准确地采集新闻事实，报道新闻信息，在一定程度上适应了满足公众知情权的需要，因而深受公众欢迎。特别是对于一些仅靠公开采访无法获取的信息，将直接影响到公众知情权的实现和了解、参与国家事务管理权利的实现。这时，运用隐性采访就成为满足公众享有其应有权利的必要方法。当然，隐性采访具有为法律所许可的地方，也有受到法律限制的方面，这是新闻工作者需要注意和把握的。

新闻报道中之所以要用到暗访，在于暗访作为一种采访报道方式，具有多方面的作用。

首先，暗访可以获得许多鲜活、生动的新闻事实。毫无疑问，暗访有利于避开采访中的障碍。记者平时的采访，常常会遇到被采访对象不配合的麻烦。尤其在开展批评报道时，更会人为地给记者设置许多障碍。如果采用暗访的方式，这些麻烦和障碍就有可能避免。比如，记者听到反映，说一些加油站为了牟取暴利，掺杂使假。为了顺利弄清事实真相，记者就可以进行暗访：开一台车，装作某单位过路办事的工作人员，到路边的几个加油站加油。这样，加油站的人员就不会戒备，说出的一般都是实话。于是，记者就能顺利了解到真实情况，进而为批评报道提供有力证据。尤其需要注意的是，记者在暗访中获得的材料，不仅对报道有利，有时还能成为有关部门或法律部门处理问题的有效证据。央视《焦点访谈》就采用过暗访的方式，获得了大量鲜活的新闻，把诸多真实、具体的场面直接展现给观众，给人一种如临其境的可信感觉（图 7-3、图 7-4）。

图 7-3　2013 年 1 月 27 日央视《焦点访谈》播出《问"水"牛 横行到何时》曝光石家庄牛肉随意注水加药

图 7-4　2015 年 10 月 5 日央视财经频道《经济半小时》记者暗访"杭州一日游"

其次，暗访有利于避开新闻报道中的人情干扰。记者平时采访时，尤其是进行批评报道时，常常会遇到说情者，只要一去采访，说情者就蜂拥而至。这就要求记者在采写批评报道时一定要注意方法。采取暗访"战术"，就是一个回避人情干扰的好方法。因为采用暗访这种方式，被采访对象一般不知道是在采访他。有时直到报道发布出来后才明白，但等他找来时一切早已"木已成舟"。所以，记者在开展批评报道时，采用暗访的方式进行，往往会得到事半功倍的效果。

再次，暗访可以曝光丑恶现象，对被曝光者形成强大的舆论监督压力，促使其纠正不良做法或停止不端行为。暗访在舆论监督方面的独特功能，就在于能够突破采访环境的封闭性和事实本身的隐蔽性，一针见血、击中要害地抓住问题的实质，向人们推出寻常难以见到的真真切切、有血有肉的事实内幕——新闻真相。在央视《焦点访谈》《每周质量报告》《经济半小时》播出的诸多揭批性报道中，如果不是采用暗访的方式进行采访，被采访对象无论如何都不会将自己的违法违规、不道德行为表现得那么淋漓尽致。特别是对于一些特殊场合、行业中存在的违法违规、背离社会道德伦理的问题和现象，新闻媒体倘若试图对其进行调查和揭露，如歌舞厅、美容店、宾馆等场所的色情问题，茶馆、酒店、休闲会所中的地下赌博问题，黑作坊中的假酒、劣质食用油问题等，都不宜沿用公开采访的方式。在这些场所进行公开采访，被采访对象通常都不会向记者提供真实信息，记者也不可能依靠分析线人提供的情况、观察被采访对象的公开表现及活动，就可以掌握这些场所里所发生的事件的过程。这便需要记者隐去身份，深入现场暗中观察，以普通人的角色亲历事件，了解内幕，掌握第一手材料，进而揭穿真相，开展舆论监督。暗访的这种独特功能是明访不可比的。

最后，暗访可以强化记者的社会责任感与事业心，助力记者进一步成长。记者平日公开采访有时很是风光，出入楼堂馆所、市井街铺，听汇报、观活动、阅材料、做访问，还时常被人迎来送往。但是暗访则不同，没有前呼后拥、殷勤接待，没有笑脸相迎、拘礼客套，反而经常遭到冷遇、仇视，甚至威胁，接触的环境和条件也往往比较恶劣，甚至很危险。但这些恰恰能够考验记者的责任感、事业心。2012 年 4 月 15 日，央视《每周质量报告》播出了节目《胶囊里的秘密》，对“非法厂商用皮革下脚料造药用胶囊”的恶行进行了曝光。记者历时半年，10 多次前往调查点，发现一些企业用生石灰处理皮革废料，熬制成工业明胶，卖给一些企业制成药用胶囊，最终流入药品企业，进入患者腹中。皮革在工业加工时，要使用含铬的鞣制剂，因此这样制成的胶囊往往重金属铬超标，伴随药品被人服用后，会对人的身体健康带来极大隐患。该报道播出后，产生了强烈的社会反响，记者正是在隐藏真实身份的条件下才获取有关采访对象的真实材料，拿到采访对象那些坑人害人、危害社会的关键事实，激发维护社会公平、正义，还受害者以真相与公理的强烈的社会责任感与事业心，进而把所看所听所想采取纪实的方式披露给社会，唤起人们的关注，从而让弱者得到帮助，让作恶者受到惩罚，让悲观者奋起前行。

当然，暗访也有其必须遵循的相关要求，具体来说有以下几个方面：

第一，不得随意伪装身份。隐瞒身份是消极隐瞒还是积极伪装有很大区别。记者在暗访中需要隐藏真实身份，但也应尽量不伪装身份，特别是无权伪装成具有公职权力身份的人物。因为伪造身份已构成欺骗行为，新闻信息的获得如果是建立在欺骗的基础上，其可信度要大打折扣。记者的职责是采集新闻事实，而不是收集犯罪证据；在暗访中，记者应以观察者身份介入，不应成为新闻事件的决定性力量，更不能干涉事件的发展、影响事件的进程，否则有制造假新闻的嫌疑。

第二，不可夸大暗访的效应。暗访作为公开采访的补充形式，是一种非正常手段，属不得已而为之。当前有一种暗访扩大化的错误倾向，是因为一些人认为隐性采访效果好、有卖点，能够获得轰动效应。尤其是在广播电视领域，已有过多过滥之嫌。暗访应主要针对特殊人群的特殊活动使用，对一般性事件和普通人的正常生活，没有必要采取非常手段采集新闻。滥用暗访不仅容易导致侵权，还会助长记者的特权意识和公众的偷窥欲。因此，应该提倡公开采访与隐性采访相结合，反对将暗访常规化。

第三，守住法律底线。在法律允许的范围内从事采访和报道工作是搞好新闻工作的一个重要前提，暗访也不例外。从事暗访的新闻工作者必须严守国家法律，严格执行有关规定。但是在实际操作中，一些记者、编辑没有形成依法报道的观念，片面强调受众的认可程度，认为暗访是实行舆论监督的最佳手段，只要受众欢迎，就是合理可行的。这种观念不利于暗访的正确运用和依法保护。与公开采访一样，暗访同样必须遵守法律、法规。我国宪法规定的若干原则，民法典的基本精神，刑事、民事、行政三大诉讼的明确规定，以及保密法、未成年人保护法、妇女权益保障法等的相应规定，都为新闻传播界指出了隐性采访的具体禁区。尤其是暗访活动存在着一些容易与公民或法人的权利发生冲突的情况，应特别加以注意，其中最常见的几种侵权行为是：①侵害公民的人身权利，如名誉权、隐私权、肖像权等，这是暗访最容易发生的侵权行为；②泄露国家秘密；③侵犯商业秘密；④侵害未成年人和妇女的合法权益；⑤使用不法手段获取信息，包括使用录音、录像、照相器材，违背《中华人民共和国国家安全法》的有关规定。妇女和儿童作为有专项法律保护的特定人群，享有特殊法律保障，因此，在以这些特定人群为采访对象时，要慎用暗访，以避免发生侵权行为。比如，中小学校园是未成年人集中的场所，在此进行偷拍或偷录，极有可能违反《中华人民共和国未成年人保护法》的有关规定，从而导致侵权。由于我国的新闻法尚未出台，新闻工作者在调查采写和报道中应特别慎重。新闻记者是一个比较特殊的职业，负有舆论监督的特殊使命，但他们在行使职责的实践中，一定要注意他律与自律的结合，一定要掌握好分寸，要有法律底线意识。任何暗访行为都要受法律制约，这是最基本的界限。暗访活动不可以“参与”犯罪，如果“参与”了，无论是有意去做还是无意而为都是犯了罪。

第四，妥善应对相关道德问题。由于暗访手段的特殊性，即使是在法律允许的范围内，也应考虑科学、合理地使用，注重报道的社会效果，不逾越道德规范。在国际上，新闻媒体大多都比较注重暗访的新闻伦理问题，认为隐性采访是在采访对象未被告知真相的情况下进行的，被报道者处于被动地位，缺少保护自身权益的能力，因此双方地位是不平等的，这时，即使记者行为完全合法，仍有用“不诚实”方法获取信息的嫌疑，可能引起道德质疑。因此，采用暗访，须妥善应对相关道德问题。首先，应该本着公共利益原则，即必须以社会中大多数人的利益为出发点。“不管在何种情况下，公共利益是衡量是否必须使用隐性采访方式的一个主要依据。”[1]这也是人们能够对隐性采访保持一定宽容的道德根基。其次，应该本着“最后选择原则”或“不得已原则”，即暗访只能作为次优考虑。由于这是一种天然带有道德过错的权变之策，只有在其他采访手段都可能无法获取事实真相时才使用。最后，应该本着适度原则。暗访毕竟是一种秘密采访，过多或不分情节的轻重、事情的大小，动不动就用，会

[1] 顾理平.隐性采访论[M].北京：新华出版社，2004：117。

弄得人人自危，影响社会安定。在运用暗访手段之前，应分析此事件是不是具有典型性或普遍性，要抓大放小，审慎地对待公众的知情权和好奇心。

诚然，要顺利完成暗访报道，须提前进行充分策划，将一切细枝末节都事先考虑进来，使采访报道方案尽可能尽善尽美、没有瑕疵，经得住实践检验。

进行暗访报道，必须做好暗访前的准备工作。首先是知识准备，也就是大家通常说的"做功课"，掌握尽可能多的背景材料。记者需要事先搜集有关被采访对象的信息、资料，了解和掌握所要暗访的行业、领域的相关知识，做到心中有数。具备什么样的知识水平，就可以饰演什么样的身份。这个身份不需要太特别，能顺利地进行采访就可以了。知识的准备，除了进行上网搜索等文案功夫之外，还需要掌握一些贴近被采访对象实际生活的相关知识。其实，很多时候新闻事件的爆料人就是最好的老师。尤其是涉及一些揭黑的报道时，爆料人往往就是行业内的一员。记者要深入暗访，向爆料人学习相关的专业知识，甚至让他帮忙安排接触的途径，都是非常好的选择。准备工作的另一项重要内容是易容。暗访中的易容，主要有两个目的：一个是出于对记者自身的保护，尤其是平时很少做暗访，却经常出镜的记者；另一个就是要让自己的容貌气质符合要扮演的角色。要达到第一个目的不算太难，男记者留点胡子、改个发型，女记者加个眼镜、化点淡妆，都能轻易改变自己的容貌。而要达到第二个目的就没那么容易了。身处某个环境时间长了，会自然形成与该环境相匹配的做派，这是很难模仿的，需要记者真正深入生活，去实地体验暗访对象的生活，去模拟对方独特的气场。甚至，在一些比较重大题材的暗访调查中，记者需要一段较长的时间来适应这个虚假的身份，乃至尝试忘掉自己记者的身份，去融入一段并不属于自己的生活。工欲善其事，必先利其器。暗访成功的重要一环，就是暗访的拍摄设备了。现在的科技日新月异，各种新式的拍摄设备层出不穷，如何依法选择与运用适宜暗访的拍摄设备，关系到暗访能否顺利进行。在各式各样的暗访设备中，如何选择合适的，也是有讲究的。如果你扮演收购潲水油的老板，却背个运动背包型的拍摄设备，这无疑是不合适的。选择设备还要看场合。如果是在光线昏暗的场合进行暗访，则必须选择带有红外夜视功能的拍摄设备。如果暗访地点是宽敞开阔的场地，则不适用摄像笔、摄像眼镜等小型的拍摄设备，应尽量选择带广角功能的包型的录像设备。如果暗访地点嘈杂的话，除了使用偷拍机外，还可以考虑专门使用一支带降噪功能的录音笔来录音。

进行暗访报道，需要掌握一些暗访的操作技巧。暗访要取得成功，除了之前所陈述的前期准备工作外，现场如何操作也是很有技巧的，也是一门学问。所谓"未虑胜、先虑败"，暗访的过程必须有充分的安全保障。很多时候，暗访的环境是十分危险的。尤其是一些涉及地下赌博、六合彩等非法行业的时候，暗访记者可以说是冒着生命危险在工作。所以在操作上，必须以确保记者的人身安全为第一考虑。除了设备的隐蔽性、身份安排的合理性等方面外，暗访尽量不要一个人进行，最好安排人员接应。在某些危险场合，除了暗访的一线记者要谨慎细心外，外围的记者要随时做好报警和接应的准备。万一记者身份暴露，必须第一时间把人抢出来。在某些场合，如果能得到公安、质监、工商等单位的配合，安全则更有保证。在暗访技巧上，一线采访记者要善于把握被采访对象的心理。尽量让自己具有高度的亲和力，要能够在不经意间提出自己的问题，让被采访人自己觉得合情合理并回答你的问题。对于如何把握被采访对象的心理，则要视对方的身份和性格而定。记者要充分发挥语言艺术，满足不同采访对象的不同心理，才有利于得到更多重要信息。有爱慕虚荣的，暗访记者就要想办法抬高对方；属于弱势群体的，暗访记者可以尝试以同情者的身份与之沟通；警惕性强的，要放慢采访的节奏，直至对方的戒备心降低再做考虑。性格直爽的，不妨单刀直入地问到点子上。根据不同人采取不同的采访策略，暗访的成功率就会更高。

进行暗访报道还可以视具体情况，将明查和暗访有机结合起来。一切新闻报道都须经得起在“阳光”下考验。在暗访得到了足够信息和证据的情况下，在保障记者人身安全的情况下，应尽量安排另一组记者以真实的身份对新闻事件进行正常采访。有了暗访的资料垫底，明查过程中，不论对方的态度如何，怎样应对，都能更有力地衬托出事情的真相，也彰显了新闻报道的公开、公正、透明。

三、促成式报道的策划要领

在新闻实践中，除了报道已经发生、正在发生的新闻事件之外，新闻记者还可以介入尚未发生但可以有所预见或正在发生但其发展趋势尚不明朗的事件之中，发挥自身的影响与被报道对象一起催其产生和促其圆满与完善，尔后再予以报道。这种采访报道情形便属于促成式报道。促成式报道，也是介入式报道的一种，但它较为明显地带有新闻媒体、记者对新闻事件的“催生”“促成”效应。正因为如此，促成式报道常常会让人们有意无意地将其与“策划新闻”“制造新闻”等联系起来。一些人甚至认为，这种由新闻媒体牵头策划、组织而催生、促成的新闻事件，违背了新闻工作者应当是新闻事件的客观报道者、见证者、记录者而不能是导演者的行为准则，应当坚决摒弃，否则将导致大量“生造新闻”“伪新闻”“假事件”情况的发生，进而给整个新闻行业造成混乱。

诚然，把新闻媒体、记者从新闻事件发生的缘由中排除出去，应该说有利于从源头和理念上防止伪新闻、人造新闻的出现，有利于维护正常的新闻职业道德、新闻伦理，严肃新闻行业的职业操守，但也存在着限制了新闻媒体、记者的主观能动性的问题。倘若新闻媒体、记者一概不能促成事件的发生（或让某种事实不发生），等于完全“屏蔽”了新闻媒体和记者干预新闻事件、社会生活的能力。要知道，世界上的所有事件，如若按人是否介入了其中来划分，则都可以划分为两大类：自然发生的事件和人为促成的事件。毫无疑问，人是设计、策划、促成和改变事件的重要因素。世间发生的大多数事件，其实都是在人（包括新闻记者）的影响、干预乃至策划下促成、生成或形成的。在现实生活中，新闻媒体、记者的一项重要职责就是运用舆论力量，促成于公众有益的事情，改变或阻止危害公众利益的事情。所以，问题的根源并不在于新闻媒体、记者是否可以在事前、事中对新闻事件施加影响或介入其中，而在于这种影响或介入是否合乎应有的规范，是否顺应了事物发展的规律，是否符合事理逻辑，是否符合公众的利益，以及是否适应了社会和谐、健康发展的要求。新闻记者应该报道真实事实、揭露虚假事实，促成于社会于公众有益的事情发生，改变或阻止于社会于公众有害的事情发生。当然，新闻人绝不能滥用这种设计、策划、促成的方法和手段。凡事都有两面性，在新闻实践中，的确也存在不少由记者、新闻媒体策划的"新闻事件"，扭曲事情的本来面貌，背离事物发展的规律，违背基本的事理逻辑，是策划者出于功利目的炒作、生造的产物，对此应该坚决反对。前文所述"茶水发炎""纸馅包子""史上最毒后妈"事件等（见第一章），就属于此类范畴。

在信息社会里，新闻记者的作用已经不再仅仅是扮演简单的社会记录者的角色，他们要十分敏感地感知、捕捉外界信息，从中发掘可以形之成文的线索；要深入研究社会，根据可能出现的社会活动，介入其间，促成活动发生乃至走向圆满，进而予以报道。这是记者应该做的也是可以做好的工作。所以，促成式报道确有其存在的必要性与合理性。

时下，人们经常可以看到这样的报道，某某企业与某某高校合作开展了一项技术攻关，填补了某领域的一项空白；某某乡村小学请来了一位外籍华人从事英语教学，颇受小孩子们的欢迎；某报开辟《寻找》栏目，帮助不少失散亲人团聚，让沉睡地下多年的革命烈士找到他们的妻女儿孙……其中有不少就是由于媒体、记者牵线搭桥、穿针引线，促其成为现实，而后在事实发生的基础上予以报道，受到社会普遍欢迎的。

2003年4月，湖北省巴东县中医院45岁的普通女护士王飞越被复诊为肺癌晚期。11月下旬，王飞越向《武汉晚报》求助，要求捐赠自己的眼角膜。受王飞越和深圳狮子会眼库委托，《武汉晚报》在报上征集王飞越角膜的接受者。同样，受委托的武汉艾格眼科医院决定：帮助王飞越完成角膜捐献手术，并特地开通了应征者报名热线。在报社、眼库、医院的共同努力下，2004年2月下旬，王飞越在走到人生的终点后，依照事先的约定由医生帮助其实现了生前遗愿。

在促成式报道中，除了自身的介入外，记者也可以策划、组织、发动社会人士（非新闻工作者）参与事件之中，完成新闻工作者想完成但限于自身条件完成不了或完成不好的任务。实践表明，只要组织策划到位，这种做法也同样会收到好的效果。

2009年12月，在中国民主同盟中央委员会牵头下，温州日报报业集团联合温州医学院、温州市慈善总会等组织机构和社会团体策划推出了"爱心温州 善行天下 明眸工程"大型公益活动（简称"明眸工程"），旨在帮助中西部贫困地区眼病患者重见光明。明眸工程实施3年，产生了突出的社会效果，先后帮助1万多名贫困眼病患者复明。2012年4月，"明眸工程"荣获第七届中华慈善奖"最具影响力慈善项目"。温州日报报业集团所属媒体对该活动进行了持续跟进报道，产生了良好的社会反响。该活动也引起了全国媒体的广泛关注，《人民日报》、新华社、《光明日报》、中央电视台、《人民政协报》等中央媒体以及各省（区、市）媒体多次报道明眸工程。

2013年12月12日，长春遭遇大雪袭城，吉林日报社旗下的《城市晚报》联合共青团长春市委、长春市志愿者联合会，一起发起《做个志愿者一起来清雪》的公益活动，组织大学生志愿者、社会志愿者、网络志愿者、企事业单位志愿者开展清雪活动并配发后续报道。活动志愿者累计达千余人，得到政府部门的支持和市民的好评。之后，该类公益活动在长春延续进行了多年。可见，《城市晚报》的这起促成式报道策划起到了良好的社会作用。

近年来，在开展促成式报道策划方面，福建《海峡导报》推出的“把国旗迎回家”主题报道活动，颇有许多可圈可点之处。

2019年，新中国成立70年周年之际，《海峡导报》不走寻常路，跳出常规思维，别出心裁地策划推出了一个仪式感极强的“把国旗迎回家”大型活动，成功通过一面国旗将宏大“硬”叙事切换为个体及家庭的情感“软”激发，让这个国庆策划极具互动性、贴近性与参与性。活动“红”遍厦门，冲出福建，走向全国，点燃了广大市民的爱国之情，创意诠释了盛世中国70年给人民带来的满满幸福感和获得感。

《海峡导报》系福建日报社（报业集团）主办、全国唯一以对台报道为主的市民报，与其他传统纸媒一样，《海峡导报》早在2019年3月就开辟新中国成立70周年庆的专栏，设计统一栏头，宣传各区各领域的建设成就。但是随着国庆的临近，《海峡导报》的编辑、记者们意识到，如果就这样报道下去，虽然也能“圆满”完成歌颂祖国的任务，却与70周年这样的大型节庆很不相称，应该跳出常规思维，深入思考如何把这个大型时政题材做“软”，做出创意。于是，他们把策划目光聚焦到五星红旗上。国旗是国家主权的象征，国庆节讴歌国旗也是惯例。“我们意识到，经过70年的打拼，中国人民从站起来、富起来到强起来，群众的幸福感和获得感空前提高，在我们的身边已经有零星市民在家中挂国旗，表达身为中国人的自豪感。”[1] 2019年8月27日，《海峡导报》头版刊发整版倡议书，郑重向广大市民倡议《这个国庆 让国旗在家家户户飘扬》，一个创意策划就此引爆全城。

好的创意是一个策划成功的基础，而执行到位则是成功的保证。倡议书发出后，如何把纸上的倡议转化成市民的行动，让更多家庭参与进来？《海峡导报》紧紧把握住互动性和参与性两个关键点，巧妙设计，深度造势，取得了巨大的社会效应。

首先，让倡议书“转”起来。《海峡导报》从发出倡议第一天起就“设计”了一个互动环节：拨打《海峡导报》新闻热线或把倡议转发朋友圈的读者将有机会获得一面4号国旗，4号国旗每面价格不足10元，但别小看这小小“福利”，正是它引爆了读者的热情，也印证了《海

---

[1] 陈创业，陈卫星.从宏大“硬”叙事到情感“软”激发——海峡导报创意策划70年国庆报道[J].新闻战线，2020(2)：88-89。

峡导报》编辑、记者们策划思路的正确。倡议一发出，想领旗的读者打爆导报热线，远超预料。《海峡导报》"紧急"向社会各界求援，厦门莆田商会率先响应，送来了数千面国旗。领旗的第一天，1500 多名读者涌进报社，出现排队领旗的盛况。第二天，国旗再次"告急"，厦门三明商会接力支援，大唐地产等房地产企业也踊跃参与进来，一位 86 岁的党员老奶奶闻讯后，也颤巍巍拿出自己省吃俭用攒下的 5566 元（寓意"国家兴兴旺旺顺顺大顺"），让报社代买国旗送读者。这个小"福利"的设计让报社与市民、企业充分互动起来，一送一领，把整个活动一下子炒热了，吸引了数万市民的关注和参与。紧接着，《海峡导报》的工作人员开始走家串户，寻找往年挂过国旗的家庭，征集他们与国旗同框的故事。9 月 11 日，报社邀请武警厦门国旗班的官兵和厦门岛内外多个街道、社区工作人员及 123 个小区的居民和物业代表近 200 人齐聚报社，大家激情满满，共叙爱国情感，齐唱爱国歌曲，并共同在倡议书背景板上签字，让一纸倡议变成全城行动。

其次，从线上到线下，让国旗走入千家万户。迎国旗回家倡议由点到面、由个人到集体，经过层层推进，高潮迭起，进而从线上走到线下。9 月初，厦门岛解放时第一面国旗插上的地方——厦门神山社区带头行动起来，社区所属的几个小区家庭阳台纷纷挂出国旗，吸引周边居民前来留影；多所中小学在开学第一天响应《海峡导报》倡议，举行了隆重的升旗仪式，有所小学还特邀 86 岁的党员老奶奶到学校授旗。随后，位于厦门市中心的沙坡尾等三大"网红打卡地"也飘起猎猎红旗。临近国庆，厦门六个区、漳州两个区的区委宣传部发动所属的几十个街道社区和小区参与进来，海投集团、漳州水务集团等多家企业也激情跟进，纷纷联合《海峡导报》举办迎国旗仪式。一面面在居民小区飘扬的国旗，一幅幅国旗辉映的全家福，一句句发自肺腑的祝福话语，让厦门在这个国庆成为一座"网红"城市。由于独具创意，时代感强，互动性、参与性足，"把国旗迎回家"活动影响力持续飙升，走向全国。例如，远在南京的新华报业传媒集团旗下《江苏经济报》获悉这一活动后，主动跟进倡议。9 月 10 日，《江苏经济报》在南京隆重举办了"把国旗迎回家"的仪式。湖北电视台经济频道同样被这个活动深深吸引，也在武汉提出了迎国旗回家的倡议。

再次，融媒体运作，充分放大活动影响力。在新媒体勃兴的今天，海峡导报社早已不是一家单纯的传统纸媒，旗下拥有《海峡导报》、海峡导报官微、台海网、《海峡商业》杂志、海峡导报视频新媒体等媒体，还搭建了包括今日头条、微信公众号、抖音、微博、人民号等 17 个网络新媒体平台。作为大型的国庆活动策划，"把国旗迎回家"活动也充分运用了导报官微、微博、今日头条等新媒体平台。倡议书发出的第一天，编辑、记者们就在导报官微上发送，并同步推送"小福利"。当天，倡议书就引爆厦门朋友圈。官微平台的传播，对吸引读者领旗发挥了巨大作用。在此后推进的每个关键节点，《海峡导报》都借助官微的力量，让活动家喻户晓。在活动深入各个社区的时候，《海峡导报》又充分利用新媒体，录制了居民欢天喜地插挂国旗和为祖国庆生的画面，发送到头条号和抖音等各个平台。在国庆当天，《海峡导报》还精心制作了把国旗迎回家的庆祝视频，聚焦各个小区插挂国旗的精彩镜头，在朋友圈深受欢迎，被大量转发。国庆前一天，《海峡导报》推出了一个厚重的迎国旗回家特刊，并以 H5 的形式在朋友圈播放展示，让“把国旗迎回家”活动的影响力达到最高潮。

《海峡导报》“把国旗迎回家”策划一炮打响后，从政府部门、社团到企业都有意愿和《海峡导报》合作，共同推广这个活动。《海峡导报》借势运作，通过“转让”创意方案，配送国旗旗杆的方式与政府宣传部门和企业展开版面合作。《海峡导报》极富创意的新中国成立 70 周年报道策划，做到了政府、企业和市民三方喝彩，取得了社会与经济效益双丰收，更创制了一个为共和国庆生的新仪式，一个可以“复制”的政治新习俗。从这个意义上说，《海峡导报》的这个策划可谓是促成式报道策划的成功典型。

四、介入式报道策划的注意事项

世界上任何事物都是多侧面、多形态、多属性的，正所谓“横看成岭侧成峰，远近高低各不同”。目前，改革开放的实践丰富多彩、纷繁复杂，但各种社会问题也互相交织，生活中充满了矛盾冲突，得与失的权衡，利与弊的共存，权与法的较量，风险与收获结伴而行，“阵痛”与欢快交错来临。记者如果不体谅实际工作的甘苦，就很难做恰当的、有意义的报道。比如，下岗职工再就业问题、交通和住房难的问题等，仅凭记者简单的采访，难以把握矛盾的方方面面。因此，提倡亲身体验很有必要。

介入式报道就是要求新闻媒体的记者能够在体验上下功夫：要了解铁路部门、电力行业，就亲自当一当列车乘务员、电力检修工；要了解环卫工人的辛苦，就亲自去环卫部门跟车装卸垃圾；要了解冬储大白菜上市情况，就要冒着刚刚袭来的寒潮，去跟班卖一回大白菜；等等。通过实地考察、综合分析，用客观的态度进行呈现、解释，使报道由表层向深层拓展，从单一信息型向集束信息型转换，从而避免“非白即黑、非黑即白”之类的简单判断，引导人们进行多角度的深沉思考。这样的新闻报道，读者读起来才会觉得“解渴”“过瘾”“信服”。但是，介入式报道毕竟有着自身的适用范围：介入式报道必须在事件进行过程中才能实行，而记者采访、报道的许多新闻事件是已经发生过的事实，在这种情况下，就需要记者通过采访涉事人物、到现场观察、查阅有关资料来获取素材，完成采访报道任务。同时，客观事实的变化和发展是遵循其自身特有的规律进行的，而介入式报道是需要记者结合自己的需要来安排的，这两者并不总是能够吻合。比如，记者要参与体验，需要花费较多的时间和精力，这不是所有的记者都能承受的。有的职业和岗位需要工作人员具备特殊的技巧和本领，这亦不是所有的记者都能胜任的。此外，介入式采访并不一定都能写出好的报道来，这和记者自身的素质有很大的关系，受到记者思想、业务、心理、职业素养等各方面条件的影响。

开展介入式报道策划，须注意以下几方面。

(一)明确目的,选准介入方式

介入式报道要求记者以当事人的身份直接参与某一活动,记者具有采访者和当事人的双重身份。因此,这种采访报道方式具有一定的局限性,需要有针对性地妥善运用。

记者的能力有限,许多事难以体验、参与,如不会开车,就不能当驾驶员;没有强健的体魄,就不宜参加探验活动;社会经验不足,缺乏斗智斗勇的心性,就不适合对违法犯罪行为进行暗访。所谓三百六十行,记者纵有三头六臂,也只能选择力所能及的几类、几十类进行实践。介入式报道的方式有多种,有的需要隐瞒身份通过暗访探察实情,有的需要角色换位来体验该角色的酸甜苦辣,有的需要参与组织活动使报道更具特色,等等。介入方式的确定,需要从有利于采访、报道出发,而不是从个人或小集团的利益出发。至于具体采取哪种方式,还要从媒体和参与者自身的条件及外部环境要求出发,统筹考虑。有的体验式采访可能会取得轰动效果,但是对参与者的设备要求和个人素质要求太高,如果记者个人、所在单位无法承担这样的选题,就不宜安排这样的介入式报道;有的行业领域、组织机构,记者无法公开"介入",了解情况、进行采访,但又确须将其间的真相报道出来,让民众知晓,则可以考虑采用暗访的介入方式;有的事件在法律和道德的范围内都不允许报道或暂时不允许公开报道,则不宜贸然介入。

新闻实践表明,明确目的,选准介入方式,是保证推出的介入式报道策划获得成功的首要前提。所以,新闻媒体在策划推出介入式报道之前,都要组织编辑、记者深入讨论:做这个选题的意义是什么?这个选题是不是与广大民众的利益相关?是否能引起广泛的社会关注?采取这种报道方式是否最佳?能否取得预期效果?总之,在策划和组织介入式报道时要慎之又慎,对策划方案、人员组成、采访设备、报道计划等都必须做通盘考虑,充分论证。

(二)客观公正,防止片面报道

在介入式报道中,要坚持客观公正,防止因主观倾向性和情绪化而造成片面报道。

介入式报道,容易带有比较明显的主观色彩、非理性成分。比如,体验式采访,有时因记者个人素质、经验的关系,容易"钻得进,跳不出来",使观察和体验产生片面性,影响报道的客观公正。近距离的介入,本意是为了加强报道的深入性和真切性,但在实践中却时常因感性触摸与主观体验的融入,导致情绪的弥漫和感性的泛滥。人们注意到,一些体验式报道因为"我"的介入,表面看增强了新闻的贴近性和感染力,但也会使记者在强调"人性化写作",不断强化感受、体验的同时,在一定程度上忽略了事实的客观性,坠入了片面化和过于感性化的泥淖。这样写出的报道,固然可以以强烈的主观意识和感情色彩让读者看后得到一时之畅快,但却因缺乏冷静思考和理性分析,对社会、对不明就里的民众不会有任何益处。这也提醒我们，在介入式报道中，当记者进入某一角色之后，不能被一人一事牵着鼻子走，进而产生片面的认知和不理性的同情心，而应当站得高，看得广，把宏观和微观结合起来，把感性体验与理性分析综合起来，不能将自己完全变为某一行业、某一事件的代言人。

介入式采访受到许多因素的制约：客观对象的捉摸不定，记者自身的经验、观念、知识结构、心理结构以及社会角色、职业角色和个人角色的骤然变换等都会给采访成效带来影响。这从主体角度向新闻媒体和记者提出了很高要求。介入新闻事件的记者，在处理问题时必须充分听取各方意见，不能先入为主、偏听偏信；要能够分辨出各种意见中的片面性和局限性部分，逐步形成能够反映客观实际的意见；要善于熔各种智慧火花于一炉，提炼出富有创造性的思想。在具体报道时必须理智，不能乱下断语，肆意充当评判官。如果媒体偏袒新闻事件某一方，显示出对其的态度倾斜，会使社会公众(尤其是了解内情的人)对它的真实性、客观性和公正立场产生怀疑。

介入就有了自己的观点、态度、认识，在报道过程中难免渗入自己的情感、立场。所以，在开展介入式报道时，记者必须在对事实的运用模式、情感模式、价值观的表达模式和语言模式等各个方面，确立起一套科学、有效的规避机制，以便让自己在“介入”被采访对象的活动时，既能够“入乎其内”，进行真切感验、贴近观察，又能够“出乎其外”，进行理性思考和宏观判断，防止让个人的感受、情绪、立场片面、非理性地支配采访报道的全过程。

(三)尊重客观规律，切忌越俎代庖

在介入式报道中，记者、新闻媒体的“介入”是有限度的，它必须尊重客观规律，切忌越俎代庖。记者的介入必须把握两个原则：一是尊重事物发展的规律，二是恪守新闻报道的运作规律。在介入式报道中，记者参与活动之中，发挥主观能动性和创造力，促成事物发展过程的圆满和完善，为尔后的报道奠定基础，但这并不等于可以主观臆造、夸大虚构或任意摆布“事件”。2007年发生的“兰州女孩杨某追星”的悲剧，就与一些记者、新闻媒体罔顾事物发展的客观规律，也不恪守新闻运作的规律，肆意炒作、生造事端密切相关。

新闻工作者的职责在于真实、客观、公正地反映事实，所提供的事实也应该是独立存在的。记者有选择事实、选择报道方式和报道时机的权利，也有资格利用自身的舆论引导、舆论监督影响“介入”新闻事件的发生、发展，却无权肆意生造新闻事件、操控新闻事实。而且，记者对新闻事件的介入，必须既尊重事物发展的规律，又严格依照新闻报道的运作规律来进行，即始终立足于通过报道事实对社会舆论进行调控来影响新闻事件，推动其改变或向前发展，此外无他。否则，就是“越位”行为。当然，要注意到，介入式报道这种做法客观上会造成鼓励社会成员遇到社会不公时，都去找记者帮助解决，而不是向相关职能部门寻求解决办法。这无疑有悖于法治社会所倡导的法治原则、基于社会分工所形成的各司其职的社会管理机制。所以，不是自己“权限”范围的事，记者大可通过提供“牵线”“搭桥”服务，为社会成员联系有关职能部门来解决问题，切忌越俎代庖，自己“包办一切”，进而背离了本分。

(四)依法行事，注意安全，保护自己

在进行介入式报道策划时，对所要报道的对象，是不是介入、能不能介入、该怎样介入，不仅是一个技术问题，更是一个需要用“规则”加以限制的问题。

一方面，记者要遵守国家的法律法规，自觉接受法律规范的约束。在新闻采访活动中，记者始终应当依法行事，不能事事都亲身体验一番。要时刻谨记，在法律面前，任何人都没特权，违法必究，记者也不例外。所以，即便是暗访违法犯罪活动，也不能以身试法，必须时刻把握住“介入”的分寸，不能为了做出报道、揭露真相而逾越法律红线。在针对司法活动的报道中，记者的介入应主要着眼于客观公正地报道事件和揭露相关问题，保障公众的知情权和表达自由权，不能利用自身的影响搞“媒介审判”，给正常的司法审判带来干扰。在报道涉及采访对象的隐私及其他正当权益时，须采取适当的处理措施，避免侵犯采访对象的隐私权，避免因报道而使采访对象的权益遭受不应有的伤害。

另一方面，记者必须强化安全意识，学会自我保护。记者在进行介入式报道时，固然需要勇于“入虎穴”的精神，但是，面对种种可能遇到的风险，一定要加强防范，注意安全，最好事先留置一些应对举措，从而有效地保护好自己。特别是在一些揭露性批评报道中，某些领域的采访是具有很大危险性的，对此，记者和所在新闻媒体一定要做到心中有数，要有充分的准备和应对之策。必要时，甚至可以商请政府相关执法部门、公安机关给予协助或采取联合行动，以便既能顺利完成报道，又能确保记者的人身安全。

本章思考题

1.介入式报道具有怎样的性质？有哪些具体类型？

2.结合实例，谈谈介入式报道的主要作用。

3.谈谈暗访中通常要注意哪些法律问题。

4.试着策划一次体验式的采访报道，谈谈要注意的问题。

5.联系实际，阐述促成式报道存在的必要性和合理性。

第八章

新闻摄影与图片运用策划

本章要点

· 新闻摄影与图片运用的现状

· 新闻摄影与图片运用策划的基本要领

· 新闻图片专题策划的相关要求

· 新闻摄影与图片运用策划者的素质要求

新闻摄影与图片运用,是报纸、网络媒体新闻传播的重要一环。现代人生活节奏的加快和报纸版面、网站网页的不断增多,使得读者、网民对报纸、网站文章的阅读方式也从传统的精读式过渡到了速读式。而新闻摄影照片、图片以其直接和快捷获得信息的优势,能够使报纸、网站网页一改昔日以文字为主、图片为辅的模式,转变为以大而清晰的照片、图片来快速传递视觉信息。特别是随着“读图时代”的到来,各报社、网站利用新闻照片、图片产生的视觉冲击力,争夺读者、网民的视线,以提高发行量、阅读率、点击率。由此,新闻摄影报道越来越受到新闻人的关注,新闻摄影与图片运用策划的重要性也日益突出。

特别是进入21世纪以来,广大新闻记者、编辑和传媒的负责人都越来越重视对照片、图片的运用和新闻摄影报道的策划。不少报纸、网站原来没有摄影部,只有摄影记者或摄影组。现在,不仅成立了摄影部,有的还建立了包括版面在内的视角中心,设立了图片总监等。摄影队伍在扩大,摄影器材设备也今非昔比了。

读图时代,照片、图片在新闻报道中的重要作用不言而喻。因而,精心选择新闻图片,提高新闻图片的质量,加强对新闻摄影与图片的运用已经成为当下新闻编辑记者的又一项重要工作。

第一节　新闻摄影与图片运用概述

一、新闻摄影与图片运用的作用

目前,新闻传播活动中运用的图片主要有新闻照片和新闻图表两大类,它们在新闻报道中有着各自的特点及作用。

(一)新闻照片的特点及作用

新闻照片,是新闻形象的现场摄影纪实,是一种视觉新闻形式。随着照相技术的发明与普及,照片日益成为媒介传播信息的一种重要形式,而电视的发展与生活节奏的加快,进一步强化了人们接收"视觉"信息的习惯。人们称现在已进入"读图时代"。印刷媒体为了与电视竞争,也开始大量运用图片。在报纸、新闻网站上,新闻照片的比重也在日益提高。

1.新闻照片的特点

新闻照片的特点,主要表现在以下几方面:

首先,新闻照片是一种"易读"的信息。文字信息要能被接收理解,有一道门槛,它需要读者具有一定的文化水平,即能识字、能理解文字的含义。相对来说,在新闻照片的接收上,门槛则要低得多,人们总是能或多或少理解新闻照片所传达的信息。也因此,新闻照片是一种"国际性"的语言,不同国家的人都能通过同一幅新闻照片获得相同或相似的信息。

其次,新闻照片是一种简洁而有力的信息表现手段。从表现力方面看,新闻照片往往超出文字。"一图值万言"这句人们耳熟能详的话,充分说明了新闻照片所具有的表达能力。用同样的篇幅,新闻照片所能传达的信息无疑要比文字多得多,特别是一些好的新闻照片对于瞬间的记录,可以产生长久的震撼人心的效果(图 8-1)。

图 8-1　1991 年《中国青年报》摄影记者解海龙拍摄的希望工程"大眼睛"照片

最后,新闻照片一般是客观的呈现。文字信息是主观地描述对象的符号,而新闻照片往往是客观地呈现对象的符号。因此,用新闻照片表达,不会像文字那样要损失掉其中的一些信息。相对来说,新闻照片具有"证实"的作用。当然,随着现代科学技术的发展,新闻照片也不再是绝对真实客观的。经过技术处理的照片,同样也可能"说谎"。这也对新闻照片的使用者提出了更高的要求。一方面,它要求人们高度自律,不滥用技术。另一方面,它要求信息的传播者具备更高的辨别真伪的能力。

2.新闻照片的作用

在报纸中,新闻照片可以强化视觉冲击力,吸引读者阅读,可以与文字报道相配合,使新闻报道更具生动性和感染力,可以活跃和美化报纸版面。

在网站网页上,新闻照片的作用也是多方面的:其一,可以作为导航的手段。利用“图像映像”的方式,还可以在一张新闻照片上实现多个链接,因此,新闻照片可以演变为新闻报道中的一种组织手段,即将一张新闻照片分解成若干引出新闻报道的链接。与简单的文字报道的堆积不同,以新闻照片来组织文字报道,具有更强的直观性、更强的表现力,文字与新闻照片的结合也更紧密。其二,对于网站来说,新闻照片还是一种活跃页面、调节人们情绪的手段。其三,在网络中,新闻照片不是绝对静态的。在传统的平面世界,新闻照片只能静止地呈现在读者面前,如何看新闻照片,完全由个人来决定。而在网络中,新闻照片可以一次性地呈现在人们面前,也可以用动态的方式来表现。例如,运用 Flash 技术等可以在推介新闻照片时产生“推”“拉”“摇”“移”的镜头效果。这些处理手段决定了人们观看新闻照片的角度与顺序,也就对人们解读新闻照片的含义产生了重要影响。运用 Flash 等手段,还可以将一些静态画面组合起来,使之具有类似视频的效果。合理地运用这些手段,可以使新闻照片的力量得到加强,但是误用与滥用则可能带来负面影响。另外,数字化时代,人们还可以使用 360 度全景照片。它可以让人深入到某一个特定的现场,环顾四周,身临其境的感觉更加接近于视频的效果,如果运用得当,能产生出强烈的效果。由于新闻照片特有的表现力,以及网络技术手段对它表现方式的进一步开掘,新闻照片已成为网络多媒体新闻报道中必不可少的一种手段。

(二)新闻图表的特点与作用

新闻图表是指具有新闻价值或者可以传达、解释新闻信息的图表。它的特点是形象性与直观性。图表的作用,在现在的大众传媒中已日益得到重视。目前,有些媒体甚至把图表作为一种独立的报道形式。

目前,新闻媒体常用的新闻图表主要有两类,一种是示意图,其中最常见的示意图是地图,另一种是电子表格软件生成的各种统计图。

示意图在新闻传播中所运用的场合已经越来越多,也有着不同寻常的表现力。在网络中运用的示意图有两种:静态示意图和运用 Flash 技术制作的动态示意图。在网络新闻中运用示意图的作用表现为:一是可以作为新闻事件的图示材料,显示事件的经过、当前形势、事件进展、地理背景等。二是运用 Fash 技术的示意图,可以作为新闻素材的组织手段,它能将不同时间、不同来源的新闻内容或稿件有机结合。

运用 Excel 等电子表格软件生成的柱形图、直方图、扇形图等统计图表，是把抽象、枯燥的数字和情况具体化、形象化的一种有效手段。在数字成灾的现代信息社会，这些图表无疑可以帮助人们更好地理解各种各样数字的内在含义。同时，形象、生动、色彩鲜艳的图表也可以很好地吸引人们的眼球，加强人们对相关信息的记忆。

总体来看，新闻图表在新闻媒体中的运用方式主要有以下几种：作为与文字新闻配合的辅助信息；作为多媒体报道中的一种表现形式；作为一种整合其他形式信息的手段，构成多媒体报道的主要框架。

当然，除了图片与图表，在新闻报道文本中嵌入动图、短视频等，以呈现文字内容所难以传达和承载的新闻信息，增强新闻报道的现场感、既视感，提升新闻报道的吸引力，也是近年来新闻摄影与图片运用策划中颇值得关注的一种趋向。这种“文字+图片+动图+短视频”的文本架构形式，可以视为媒介融合时代新闻报道模式的一种创新。不过，限于本书篇幅，这里就不展开介绍了。

二、新闻摄影与图片运用的历史及其发展变化

在新闻媒体上对照片的运用，是人们的认识深入和设备出新所致。1880 年 3 月 4 日，纽约《每日画报》首次刊登了一张照片——牛顿拍摄的《纽约棚户区违章建筑》。这是新闻摄影报道史上印刷技术最重大的突破，为新闻照片的使用开辟了新天地。

在此之前，报纸上用的图片都是画家根据照片的画面，用手工刻在木板上或雕在锌版上而印成黑白两色构成的图画，照片的灰色中间色调表现不出来。网版印刷法发明后，纽约《世界报》发行人约瑟夫·普利策认识到了插图对于报纸销路的作用，报纸开始由一栏增加到四至五栏的篇幅刊登照片。此时，《世界报》成了第一家首先大量使用网版印刷的报纸，发行量迅速上升。到 19 世纪 90 年代后期，网版印刷法已被报纸天天使用。1910 年，手雕制版逐渐被废除。

进入 21 世纪，中国与世界大多数国家一样，在新闻摄影报道方面都发生了翻天覆地的变化。综合国内相关新闻摄影专家的看法，我国的新闻摄影报道具体经历了以下几方面的变化。

1.按新闻规律办事，图片报道呈现多元化

过去很长一段时间里，新闻摄影报道变成了一些不切实际的政治口号的宣传机器，致使报纸上出现了不少虚假浮夸的照片，新闻摄影报道严重失实。

阅览当今报纸、网站上的图片，读者感受最深的莫过于内容的丰富和形式的多样。过去那种单一化、图解式的图片越来越少，取而代之的是内容充实、形象生动、可视性强的图片。其报道内容涉及国内、国际、历史、现代，既有社会热点焦点，又有凡人琐事；既有宣传教育，又有批评鞭挞，许多图片勾勒出当今社会变革与发展的多彩画卷。新闻图片已经开始或正在改变过去那种以政治教育为单一功能的模式，代之以尊重新闻规律为前提，“用事实说话”“让图片形象说话”，使新闻摄影报道真正发挥其记录历史、反映现实的作用。

新闻照片和图片的使用，不仅使版面变得生动、多样，而且能够直观地反映新闻内容。为了增强竞争力，赢得更多的读者市场，许多报纸一方面加强报道内容，增加可读性；另一方面改头换面，纷纷以彩色印刷纸的形式吸引读者。而彩报的中心便是彩色新闻图片（图8-2）。彩色图片的使用，既提高了新闻报道的真实性和可视性，也增强了报纸的装饰性和艺术性，在一定程度上起到了美化版面、吸引读者的作用。

天府早報

暴雨预警 救灾响应 升级

广西柳州
超警戒水位
江水漫进城区

福建三明
山体大滑坡
救援遇险群众

一群“采花大盗”
竟采绿化带栀子花卖

婚姻家庭咨询师
最高时薪达1500元

唯一女刑警队长
蹲守厕所两月寻证据

欧洲“世纪婚礼”
瑞典王储下嫁平民

长虹空调

荷兰VS日本
1:0
澳大利亚VS加纳
1:1
1:1
0:0

福彩开奖

图8-2 《天府早报》(2010年6月20日)头版刊发的“广西柳州江水漫进城”大幅照片

2.讲究新闻的真实性，以抓拍为主

新闻照片的拍摄到底以抓拍为主还是以摆布为主这个本来不成问题的问题，在我国新闻摄影报道界却争论了20年。经过新闻摄影报道理论的“拨乱反正”，现在已逐步形成了新闻摄影报道应以抓拍为主的共识。

3.注重人文内涵，背景图片、资料性图片的运用受到重视

新闻照片要注重人文内涵，应该以人为本，从人与自然、人与社会的关系的视角真实地展现人的面貌，反映人的生存境遇、生活状态，尤其要关注普通人的命运和生存状态。例如，《中国青年报》记者解海龙拍摄的《大眼睛》(1991年)、《海南日报》记者李英挺拍摄的《屋顶上的功课》(2005年)、新华社江西分社记者周科拍摄的《孩子，妈妈带你回家》(2010年)、澎湃新闻记者谢匡时拍摄的《无罪之后》(2016年)等新闻摄影作品，都是因关注社会底层普通人物的命运和生存状态，充满人文内涵，而引发广泛反响的。

当前，背景图片、资料性图片在新闻报道中得到了越来越多的应用。这方便了读者对新

闻事件、新闻人物形成更加客观、清晰、立体、完整的认知，也推动了摄影报道在人文内涵上的日趋深化。在近年来国内外比较重大的一些新闻报道中，如“9·11”事件10周年、印度洋海啸15周年、英国脱离欧盟、中国“嫦娥二号”探月卫星发射成功等，资料性图片都得到大量应用，使得这些报道显得更加信息丰富，生动翔实，意蕴深刻。

4.积极采用高新技术，传播效率显著提升

在信息资讯越来越重要的今天，人类的影像处理技术也在不断进步。各种高新技术的运用推动了数字化影像技术的加速发展。3G/4G/5G手机、专业数码相机、笔记本电脑、CF卡、移动硬盘、便携式光盘刻录机、海事卫星电话……新闻摄影记者的数字化装备不断升级。

新闻摄影报道的生命力在于时间，而数字化影像技术的出现给了新闻摄影报道第二次生命。其中，数码相机可使记者拍到编辑部截稿前的最后几分钟的新闻。这使新闻摄影报道的拍摄、传送、传播进入以往无法达到的境界。毫无疑问，数字化影像技术快速简捷的特点大大提高了报纸、网络媒体在新闻传播业中的地位和竞争力，使它们在争时间、抢新闻方面大有可为。数字化影像技术还大大简化了新闻图片的档案管理。以往，在传统的影像技术条件下，新闻照片的分类、保管、检索都须手工操作，随着时日的递增，资料库存越来越大，手工操作的难度越来越大，不仅费时又费力，而且效率不高。同时，由于照片、底片容易受温度、湿度等因素的影响，一般难以保存长久。而数字化影像技术的使用，则可以大大提高新闻照片档案管理的效率，且可以使照片的保存变得更方便、更长久、更可靠。

数字化影像技术的使用，不仅给新闻摄影报道带来极大的便捷优势，同时也给新闻照片的后期处理提供了巨大的空间。但是，由于数字化影像技术可以让人们随心所欲地对照片进行后期处理，从而为“假新闻照片”的制作提供了便利，进而给新闻的真实性带来冲击和威胁。一些专家指出，新闻照片首先必须强调新闻事实成立，倘若照片中所定格的决定性的瞬间存在被偷梁换柱的成分，那么这个新闻事实就是不成立的。所以，新闻照片“打假”是现今新闻摄影报道界需要应对的新问题。

5.视界开阔，国际新闻图片的使用量大增

在过去相当长时间里，国内报纸上的国际新闻图片可谓寥若晨星，偶见一两张图片，不是时过境迁的旧闻，就是为填充版面而使用的“注脚”。现如今，随着中国改革开放进程的加快，中国的传媒业已经与世界传媒业发展前沿接轨。随着越来越多的国人走出国门，每年奔赴世界各地进行采访报道的中国记者也越来越多。中国新闻记者的视界变得越来越开阔，他们在新闻报道中使用国际新闻图片的情况也变得越来越寻常。国际新闻图片不仅在报纸的国际版上随处可见，就是在报纸头版上也经常可以占到一席之地。不少报纸的国际版上采用的国际图片一般在三张以上，多时可达六七张，使版面内容一下子活跃了许多，增强了可读性。在网络媒体上，国际新闻图片的运用更是十分多见。许多国际新闻报道都是记者

(或雇请留学生)在海外拍摄的原始新闻照片,不仅时效强,而且抓拍的质量也很高。可以说,国际新闻图片已成为国内媒体新闻摄影报道中不可或缺的内容。

第二节 新闻摄影与图片运用策划要领

在新闻摄影与图片运用越来越重要的今天,懂得其运用技巧,掌握其中的相关策划要领,十分具有现实意义。

一、新闻照片与图片的筛选

新闻摄影是摄影中一种,但是由于它与新闻传播结合在一起,又呈现出一些与普通摄影不同的特点。对于新闻照片,新闻质量控制是首要的。从新闻摄影的主题来看,需要考虑的新闻性因素包括新闻性、真实性、直接性、及时性等特点。

所谓新闻性,是指摄影记者所确定的摄影报道的主题,应是具有新闻价值的事物。新闻摄影报道应该最大限度地追求照片的新闻信息量。

所谓真实性,意味着拍摄的事实是真实的,照片应符合事实或人物的本来面目。此外,新闻摄影最好是人物在特定环境中自然流露的瞬间形象,一般应当是抓拍到的,应避免“导演”“摆拍”的现象。在数字时代,尤其要防止用相关技术制造的伪新闻图片或篡改新闻事实的图片。在数字时代,对新闻照片的真实性判断是一件最为困难的事。但是,如果具备一定的计算机图片处理知识,熟悉相关技术,又善于观察,还是可以在伪图片中发现蛛丝马迹的。

所谓直接性,指的是所拍形象应该直接来自现实生活和新闻事件发生现场,直接呈现给读者,不经过再创作或加工。

所谓及时性,是对新闻报道的基本要求之一,新闻摄影也不例外。因此,新闻摄影同样是对新近发生的事实的一种报道。

众所周知,判断一篇文字稿件的价值高低,不仅要看它报道的对象是否具有新闻价值,还要看它的谋篇布局与文字水平如何。同样,除了新闻价值的判断外,评判一张新闻照片的好坏还要考虑照片的内部形式的好坏。根据相关专业人士的看法,好的新闻照片应该在内部形式上具有以下特点。❶

❶ 盛希贵.新闻摄影教程[M].北京:中国人民大学出版社,2003:107。

1.具有瞬间的张力

任何事物的发展都有一个过程，但是，一张照片只能抓住这一过程中的某一瞬间。如果这个瞬间抓拍得好，人们就能透过它感受到事物的全貌和发展、演化的过程，从瞬间中感受到事物发展的连续性、情节性。在新闻摄影中，瞬间可以有以下几种。

①瞬间的黄金点：指的是高潮到来之前的那一刻。这一瞬间，可以最大限度地调动人们的想象力，引起悬念。

②高潮瞬间：即激情达到顶点的那一瞬间，这一瞬间往往具有强烈的感染力。

③高潮后的瞬间：这一瞬间大多含蓄、深沉，令人回味。

④情节瞬间：即情节正在展开的时候，这时以人物的动作、姿态、表情、神态，人物之间的联系，人物与背景、环境之间的关系等展示事物的情节或表现人物的情感、性格等。

2.具有强烈的现场气氛

好的新闻照片，应该能将新闻事件发生现场和新闻人物活动现场的气氛如实记录，可以让人如临其境、如见其人、如闻其声。

3.体现人物的情感与性格

新闻摄影记者应该将典型人物置于典型环境之中，用具体的、恰当的摄影语言表现人们的情感和性格。

此外，所挑选备用的新闻照片与图片，必须满足成像清晰、构图合理、富有新意、色彩适中等要求。

二、新闻照片与图片在新闻报道中的运用方式

新闻照片与图片在报纸、网络中常常不是孤立的，它与其他形式的新闻报道元素之间有着紧密而广泛的联系。报纸、网络中的新闻照片与图片的应用形式主要包括以下几种。

（一）简单图文组合

多数情况下，新闻照片在报纸、网络中的使用是采用简单图文组合的方式，这又包括两种情况。

1.以新闻照片配合文字新闻

在一个简单的多媒体报道单元中，最基本的配置是文字+新闻照片。这时，新闻照片应该能达到以下目标：

①能恰当地陪衬消息、烘托文字新闻的气氛。

②能吸引读者注意，引起他们阅读文章的兴趣。

③能够对文字内容起补充或证实的作用。

2.以文字说明配合新闻照片

在很多新闻网站都有图片频道或专栏。在这里，图片是主角，而文字是作为图片说明起配合作用的。很多摄影工作者都十分看重图片说明的作用。图片说明可以加深图片的印象，补充图片的不足。图片说明写作的基本要求是：图片说明要解释与补充图片未能充分揭示的信息，图片中已有的信息通常无须在图片说明中简单重复，图片说明要简洁，图片说明要准确，图片说明与图片的基调应该一致。

（二）焦点新闻图片

焦点新闻图片是目前国内报纸、新闻网站在其首页或新闻频道的首页普遍采用的一种图片表现方式。它出现在页面的显著位置（通常是报纸版面、网页屏幕的左上位），形成版面、页面的一个视觉中心。焦点新闻图片是表达编辑意图、吸引受众注意力的一种重要方式。选择与处理焦点新闻照片，除了要遵循新闻照片处理的一般原则外，还需要突出以下几点。

1.新闻价值重大

从某种意义上说，焦点新闻照片是报纸、网站新闻页面中另一种形式的头条。尽管很多报纸、网站都设置了文字新闻的头条，但是，由于图片的视觉效果，焦点图片往往更容易吸引人们的目光。因此，只有具有较大新闻价值的照片才能放在焦点图片的位置。某些时候，焦点新闻图片与文字头条的报道对象是相同的。当然，判断新闻照片的价值是否重大时，还需要充分考虑受众的需求。

2.足够的视觉冲击力

虽然焦点新闻图片处于页面中的重要位置，但是，由于报纸、网站新闻页面的信息量很大且图片过大时会增加传输负担，给予焦点新闻图片的空间并不是很充分。在挑选焦点新闻图片时，应该尽可能选择那些具有强烈视觉冲击力的图片，让人在一瞥之中就被牢牢抓住。有些情况下，可以通过图片的剪裁来获得更好的视觉效果。但是，为了不损害原照片的真实性，应该提供与焦点新闻图片链接的原始照片。

3.讲究以少胜多

焦点新闻图片应该能够通过有限的篇幅表达尽量多的内涵，但这并不意味着画面中表现的对象或信息要很多，因为过多的信息很可能会削弱对主体的表达。过于追求信息的完整，也可能削弱画面的冲击力。

4.进行恰当烘托

焦点新闻图片在页面中是否能够吸引人，不仅取决于图片自身，也取决于相应的编辑手段。新浪网在实践中总结出这样一条经验——通过给图片加上细线框,更好地使图片在页面中凸显出来。此外,与图片相配合的文字的处理也十分重要。一些网站将说明文字或文字标题作为普通文字处理,放在照片的下方。而有些网站则将文字与图片合成一体,用黑体等视觉冲击力强的字体,有时加上勾边效果,这些手段都有助于烘托焦点新闻图片。通常,围绕焦点新闻图片也可以组织起一个报道单元,以形成更强大的报道声势。

(三)新闻图片专题

新闻图片专题是多张照片加上相关文字构成的一个报道,是报道摄影中的一个类别。“它的创作要求把许多照片根据一个主题组织起来,以便更深刻、更充分、更完美、更强烈地表达这个观点,这是单幅照片办不到的。”这些照片放在一起丰富并强化了主题,整体效果大于局部之和。简言之,就是“多张照片组成的报道”。❶

新闻图片专题可以分成组合报道式专题与图片故事两大类。

组合报道式专题是针对某一个特定的主题,形成若干个报道单元(通常一个单元是一个图文组合),从不同侧面、不同角度或不同空间对主题加以表现。相对而言,组合式专题的报道单元之间的关系较弱。例如,国内一些摄影记者进行的专题尝试中,每个图片及其说明都是独立的,甚至所有的独立单元之间几乎没有联系,而每个独立的单元之间依靠主题连接和组合,是“主题”将它们集纳在了一起。也可以理解为一条时空或者逻辑上的主线,将一些看似没有关联(其实有内在的联系)的事件串联起来。这一做法被一些研究者称为“主题集约式”或“散点透视式”,如图8-3所示“疫情之下重启的影院”图片专题。

图8-3　中新网图片频道发布的图片专题“疫情之下重启的影院”(2020年7月20日)

---

❶ 巩志明.浅谈摄影报道的四种形式[N].中国摄影报,2002-10-11。

图片故事是运用一组图片及相关文字说明来反映新闻事件、讲述新闻故事或者表现一种社会现象。图片故事的线索集中，图片之间有着强烈的逻辑关系。

三、新闻图片专题策划的要领

从编辑的角度看，要做好新闻图片专题需要注意以下几方面问题。

1.做好选题策划

新闻图片专题需要动用较多的资源，要想使专题报道的投入与产出成正比，就需要精心做好选题的策划，在个性化的思路下进行创造性的图片报道活动。

新闻图片专题通常针对以下几种题材：重大新闻事件、热点问题、人的生存状态、人与自然的关系、人文与自然景观等。其中，重大新闻事件或热点问题是各个媒体都会关注的题材，为了避免同质化竞争，体现自己的个性，提高报道的深度，在这类题材的策划中，需要思维更加发散，视野更加开阔，在一个大的主题中找到更多的个性化的切入点或题材的延伸点。在选题策划时，可以以某一题材为原点，构筑出一个以时间、空间和社会影响等因素为轴的坐标系，从中寻找某一个适合采用新闻图片专题方式进行报道的区间。

2.恰当安排内容结构

一个新闻图片专题应该由哪些内容组成，它们之间的结构关系如何，这是新闻图片专题策划与编辑中的重要问题。图片故事的逻辑性强，对于内容结构要求也高。美国《生活》杂志要求一个图片故事要包含以下类别的照片，由它们完成对一个故事的渐进的刻画：[1]

全景：或对主题带有介绍性的照片；

中景：对一群人或一些活动的描写；

近景：把镜头集中到专题中的一个元素；

肖像：或是人物表情丰富、处于情感高潮的面部特写，或是人物处于他的生活环境中的照片；

关系照片：表现人物之间交流的照片；

典型的瞬间：对这个专题具有概括意义的照片；

过程照片：包括开端、经过、结束，或者前后的对比；

结论性照片：专题的结尾。

相对而言，组合式专题，视角更多元，发挥创意的空间较大，它类似于散文，但是要做到形散而神不散也并非易事。过于机械或过于随意，都不能使新闻图片之间产生效果的相互提升。因此，组合式专题同样需要进行结构的策划，这种策划往往与选题策划是相辅相成的。

---

[1] 曾璜，任悦.图片编辑手册[M].北京：中国摄影出版社，2003：36。

3.精心配写图片说明

新闻图片专题中的文字说明是串起所有图片的线索，它可以用来揭示照片上难以表现的思想、情节和背景材料，加强主题的深度、广度，丰富报道。专题中的图片说明不仅要注意与单张图片之间的相互配合，还需要在一定程度上注意各个图片的文字说明之间的内在联系。特别是对于图片故事来说，文字说明应该起到黏合剂的作用。

【案例】

2005 年 4 月 29 日 15 时 6 分，时任中共中央总书记胡锦涛在人民大会堂北大厅会见了时任中国国民党主席连战一行。这是 60 年来中国共产党和中国国民党最高领导人的第一次会见。胡锦涛与连战的握手，是时隔 60 年两党最高领导人的历史性握手。连战率团访问大陆，引起了全世界和海内外华人的极大关注。摄影记者贺延光的作品《两党一小步 民族一大步》记录了这一历史瞬间，该作品荣获第十六届中国新闻奖摄影组一等奖。

《两党一小步 民族一大步》

与众不同的拍摄视角，意蕴十足的画面内容，配以贴切、形象、精炼的标题，使得该摄影作品令人印象深刻，自然也在众多同类作用中脱颖而出。

4.强化版面设计

在专题中，新闻图片之间的关系并非仅仅是内容上的关系，也是空间上的关系。每一张图片的尺寸多大，它们的位置关系如何，什么样的图片放在核心位置，版面的构成如何引导观看者的视觉走向，这些都关系到图片的效果能否如愿发挥出来。

在报纸和杂志中，新闻图片专题发展相对成熟，专题的版面设计也已经体现出了一定的水平。而在新闻网站，新闻图片专题缺乏成型的版面设计，图片与文字常常是简单地堆砌在一起。因此，网络新闻图片专题的版面设计，还需要加强对传统媒体成熟做法的学习与借鉴。

四、新闻摄影与图片运用策划者的素质要求

近年来，我国的新闻媒体由单纯的注重文字报道向图文并重、两翼齐飞转变，这是大的趋势。为了更好地让新闻摄影这一翼硬起来，加强摄影报道的策划，提高摄影的表现技术和技巧是十分重要的。而要做到这些，离不开新闻摄影与图片运用策划者（通常就是摄影记者、摄影编辑）的素质。从事新闻摄影报道，除了和其他新闻工作的要求一样外，还有新闻摄影专业的特殊要求，特别是要从事有新意的摄影报道策划。

1.注重培养新闻发现力

新闻记者都要注重培养新闻发现力，没有了发现，也就没有了新闻报道。但是，对于新

闻摄影记者来说，新闻发现或许更加重要。因为，文字记者如果一时漏掉了新闻或许还可以事后弥补，而摄影记者如果漏掉了一瞬，就很难再现。摄影记者具备良好的新闻发现力，可以使新闻图片运用策划，更具新闻报道的敏锐性和新闻内容呈现的独到性。

2.努力培养创新意识

新闻摄影记者与文字记者一样，需要时刻更新自己的思维方式，努力培养创新意识。有了创新意识，就能突破陈旧的思维模式，多一些灵感，多一些新颖的观察视角、拍摄角度，就能拍出富有创新性的好照片，并将其不失时机地运用到新闻报道之中。

3.不断提高审美情趣

新闻摄影报道虽然不是艺术创作，但是，追求美的情趣却是题中应有之义。实践表明，人们在接收新闻照片传达的新闻信息时，常常会触发自己的审美体验，产生情绪上的或愉悦、或严肃、或悲伤、或憎恶、或兴奋、或压抑、或同情、或鄙夷等反应。一张完全缺乏审美信息的新闻照片，是不会对受众产生什么震撼力的。而提高摄影记者的审美情趣，有助于他们在新闻摄影报道中有意识地重视作品的审美意蕴，使他们能够在拍摄时将作品的新颖度和受众的可理解度进行最优化的组合考虑。可以说，提高审美情趣，有助于新闻摄影记者拍出既有一定的审美层次，又能为广大受众喜爱的新闻照片，用于新闻报道之中。

4.加强文学修养

新闻摄影与图片运用，不能只重视照片、图片，而轻视标题和说明文字。一张(组)好的照片，没有一个好的标题和一段好的文字说明，也是有欠缺的。然而，在一些新闻媒体中，还存在不重视图片标题或不擅长写图片标题的现象。有的照片根本就没有标题，或者说做不出好标题。至于文字说明，也存在只是交代照片的拍摄过程和照片反映的事实就算完成任务的情况。这些都是当前新闻摄影报道中需要改进的环节。这里，除了媒体管理者和记者自身的重视程度不够外，还有一个很重要的原因就是摄影记者的文学修养不够。

一般来说，对新闻照片，读者每每是先看画面形象，后看标题和解释说明。因此，新闻照片的标题应起到画龙点睛、揭示画面形象所包含的主要内容的作用。这就要求照片标题做到图文一致，开门见山，简练、生动。

好的文字说明，对画面形象不仅仅是补白、解说，还应对新闻形象有所升华。既不会游离于画面，又不单纯复述画面内容，而是有所充实、丰富，或揭示内涵，或深化主题，或拓展意境。这就要求记者能够把摄影的造型技艺与文字表达的技巧融为一体，把动与静、虚与实、形与意巧妙地结合起来，从而使得照片形象与文字文采相得益彰。因此，摄影记者应当有适当的危机感、紧迫感，加强自己的文学修养。

5.恪守职业道德

新闻记者要讲究新闻职业道德，这是毋庸置疑的。在新闻摄影与图片运用策划中，新闻

摄影记者也同样应当恪守职业道德。具体要求主要有:

一是要做到摄影作品的真实性。在新闻摄影中不得作假、不得虚构事实,不能对拍摄内容进行导演、摆布,不得在后期处理中对照片中的内容元素进行移花接木、添枝加叶的处理。

二是要处理好新闻摄影与担当社会责任之间的关系。在现实生活中,一些摄影记者见利忘义,为了追求轰动效应,不惜拍摄格调低下、内容低俗的照片,罔顾社会道德伦理;有些摄影记者为了抓住瞬间,拍出出彩照片,成就个人名利,眼见他人处于危险境地或痛苦之中也不施以援手,只顾完成自己的拍摄任务;还有的摄影记者为了确保能够拍到具有视觉冲击力的照片,粗暴地对弱者强行拍摄,丧失了基本的人文关怀意识。这些情况都是不合理的。在任何时候,摄影记者都不能以完成摄影报道为借口,放弃其理应担当的社会责任。

三是要守好法律底线。在新闻摄影报道中,记者必须具备基本的法律意识,注意保护采访对象的名誉权、肖像权和隐私权。

本章思考题

1.谈谈新闻照片、新闻图表的特点和作用。

2.简要介绍新闻摄影与图片运用的历史及其发展变化情况。

3.如何进行新闻照片与图片的筛选?

4.介绍一下新闻照片与图片在新闻报道中的运用方式。

5.谈谈新闻摄影与图片运用策划者需要具备的素质要求。

第九章
新闻策划书

本章要点

- 新闻策划书的类型与作用
- 新闻策划书的写作要领

第一节 新闻策划书的类型与作用

一、新闻策划书的类型

新闻策划书,或称新闻策划方案,是新闻策划活动的具体安排的一种书面化呈现形式,即文本形态,是组织实施和执行新闻策划的操作蓝本。

既然在具体的新闻实践中,新闻策划实务即新闻业务运作策划,可以划分为宏观层面的新闻媒体(报刊、广播频率、电视频道、新闻网站、微媒体)的创办策划,中观层面的媒介产品单元的设计策划(报纸版面、专栏的设计策划,广播与电视栏目的创办策划,新闻网页及网络专栏/专版的策划等)以及微观层面的新闻报道策划,那么,新闻策划书也可以分为新闻媒体创办策划书、新闻媒介产品单元设计策划书(新闻专栏、专版、新闻网页策划书)和新闻报道策划书三种类型。

新闻媒体创办策划书,主要用来阐明报刊、广播电视频率频道、新闻网站、微媒体的创办规划及其相应的具体安排,需要清楚媒体的具体定位与整体报道方针(或办报方针、办台方针、办网方针、办微信公众号方针),内容设置、形象包装、运作实施、反馈完善等方面的基本安排。它是某一新闻媒体创办策划的操作蓝本。

媒介产品单元设计策划书,主要用来阐明新闻媒体下设的媒介单元,如版面、专栏、新闻网页、微信公众号菜单的筹建、设计与制作等方面的基本安排。

新闻报道策划书,主要用来阐明新闻媒体针对某一时期、某一热点问题或新闻事件的报道所进行的有创意的设计、指挥和调控活动的基本安排。

从本质上讲,以上三类新闻策划书都是为确保新闻媒体的内容生产及其传播活动能够达到预期效果、增进新闻媒体的传播效益(社会效益与经济效益)服务的。

二、新闻策划书的作用

新闻策划书是因新闻策划活动而存在的,而新闻策划活动是为了提高新闻媒体的新闻业务运作效益而服务的,因此,新闻策划书的具体作用也就体现于其间。

1.有助于指导和调节媒体新闻业务运作活动的有序开展

当今世界已经进入了高度信息化的阶段,作为信息载体的传播媒介在人们社会生活的重要性日益突出。而与此同时,随着传媒业的发达,大众传播间的竞争也越来越激烈和残酷。在新闻传播活动中,那种等到事件发生后再去做新闻的传统做法已经远远不能适应现代媒体竞争的需要。为了抓取独家新闻,在竞争中获取"第一时间"进行报道的眼球优势,媒体必须发挥主观能动性与创造性思维,通过运作新闻策划使自己能够更好地发掘和利用新闻资源,乃至在新闻竞争中控制新闻源,或者控制新闻进度,达到做独家报道新闻或者以独特视角报道新闻的目的。这样,才能在激烈的新闻大战中保持竞争优势。而新闻策划书恰是对如何一步步地运作新闻策划的书面化表达、文本化呈现。它能够将新闻策划活动中零碎的、片段的策划灵感、思绪、主张加以充分地组织化、系统化、规范化,使之成为严谨、规整的定型化的文本,进而可以为新闻人所组织、进行的媒体创办、专栏设计、新闻报道活动提供行为指引、行动参照服务,从而有助于指导和调节新闻业务运作活动的有序开展。

2.方便管理部门对新闻策划活动进行规范管理和提供相应支持

新闻策划书作为某一新闻策划活动具体实施前的拟订方案,可以报送相关主管部门,供其审核、签批(不排除在此过程中提出有益建议、促使责任人加以完善),以便作为接下来实施该策划活动的"合法性"依据,并据此来获取相关部门的支持与配合。众所周知,在新闻界,无论是推出媒体创办策划,或是媒介产品单元的设计策划,或是某一具体的新闻报道策划,其实施都需要占用一定的人力、物力、财力资源,需要相关部门给予一定的支持和配合才能顺利运作。而有了经过审核、签批、认可的正式的新闻策划书作为备案材料,策划人就可以为策划活动的开展"合法"地使用人、财、物资源,并请有关人员、部门给予支持与配合。这样,不仅有利于管理部门对新闻策划活动进行规范管理,而且方便管理部门通过开展相应的组织、协调工作为策划活动的全面推开提供相应支持，助其成功。

3.有利于新闻人深化对新闻业务运作规律的认识，改进相关工作

新闻策划书作为组织实施和执行某一具体的新闻策划业务的操作蓝本，它必然要求策划人对新闻策划活动的相关实施流程、主要环节、操作要领、注意事项等进行精细化的考量，并在经同人多次集体讨论、反复斟酌、查漏补缺、修改与完善的基础上对方案的具体文本予以定型化。这一过程本质上也是相关记者、编辑与同人就某些新闻业务运作活动不断进行思想碰撞、经验爬梳，相互激发想象力、创造力，凝聚共识，提出具体行动思路的过程。这一过程必然会推动新闻人深化对新闻业务运作规律的认识，增进他们对某些新闻业务活动具体成效的预判能力，有利于他们沉淀感性认知，升化理性认知，进而更有效地改进相关工作。同时，还可以通过对策划实施实际情况与策划书原拟方案的对比、检视，就新闻媒体的某些新闻业务运作问题提出一些带有规律性的认识、理论见解等，从而为今后改进和做好同类工作提供有益的指导和借鉴。

第二节　新闻策划书的写作

一、新闻策划书的写作程序

如前所述，新闻策划书(方案)有多种类型。不过，无论何种类型的新闻策划书，它们的写作程序都不复杂。一份新闻策划书或新闻策划方案的写作通常包括准备、写作、修改、定稿四个环节。

(一)准备

在新闻策划书写作的准备阶段，需要对写作中可能触及的问题进行提前分析，及时做好处置安排，既而理清思路，准备写作。

在写作新闻策划书(方案)之前，首先要理清下面一些问题：

策划的是什么？

策划的主体是谁？是为谁策划？

策划的客体(对象)是什么？为什么要做这个策划？

这个策划的主要目标、内容是什么？

这个策划的创意或者创新点在哪里？

策划靠谁组织实施？实施的时间、地点、步骤、方法是什么？

实施该策划需要哪些条件？成本开支是多少？

策划实施的结果会是怎么样？

理清这些问题，也就理清了策划书写作的基本思路了。

（二）写作

这一环节是新闻策划书的具体写作阶段，一般需要将新闻策划活动所涉及的相关重要事宜都交代清楚，以便让执行者按图索骥地去进行操作。

（三）修改

这一环节主要是对前一阶段中已经写好的新闻策划书进行适当的检查、审阅，对其中存在的问题、纰漏及时进行相应的处理和修改，以便使其完善，符合相关的规范要求。

（四）定稿

策划书经过修改、完善后，就可以进行定稿了。定稿后的策划书如果容量比较大、所占页数比较多，则一般需要为其专门设计一个封面、添加一个目录，然后再将它们与策划书正文部分一起装订成册，便于阅览、存档。当然，还可以视情况在正文之外，添加一个附录，将参考资料、策划实施备忘录、预算明细表、相关人员联络表、危机处理预案等内容收纳其中，作为策划书正文的重要补充。

二、新闻策划书的写作结构

新闻策划书的写作结构，一般由“标题”和“正文”两部分组成，具体写法如下。

（一）标题

写作新闻策划书，首先要写出新闻策划书的标题（要为策划书拟定一个名称），标题通常可以采取“××策划书”“××策划方案”的形式，如：

“世界环境日”报道策划书

“重庆直辖20周年”专题报道策划书

2018浙江两会报道策划书

“爱眼日”专题报道策划方案

《法眼看天下》专栏策划书

《新闻60分》栏目策划方案

《华商报》创刊策划书

有时，还可以根据具体情况在前面加上策划机构的名称，如：

华龙网端午节报道策划方案

中新网2019年全国两会报道策划方案

央视新闻频道《新闻会客厅》栏目创办策划书

（二）正文（内容）

不同类型的新闻策划书，其正文部分的写作在写法上有着较大的不同，下面分别加以介绍。

1.新闻媒体创办策划书的正文部分

新闻媒体创办策划书的正文部分的写作，一般包括以下几方面内容。

（1）创办目的和意义

新闻媒体创办策划书，是因策划创办某一新闻媒体而萌生的，因此，它首先需要介绍创办该新闻媒体的用意何在，即讲清楚创办的目的和意义。

（2）媒体定位

媒体定位即阐释清楚所拟创办、创建的新闻媒体的媒体定位。一般应简要说明该媒体的服务对象是谁，该媒体为这些服务对象做什么以及该媒体要在服务对象心目中树立怎样的形象。换句话说，即应当讲清楚拟办（建）媒体的受众（用户）定位、功能定位和形象定位。当前，传媒业的竞争日趋激烈，适恰的媒体定位是媒体创办成功的重要先决条件。所以，有关媒体定位的阐释一定要具备充分的合理性和信服力。媒体定位的具体操作，详见本书第二章中的相关内容。

（3）编辑方针与内容设置

编辑方针与内容设置即阐述拟办、拟建新闻媒体的编辑方针和它的内容设置安排。编辑方针，是指媒体根据自己的定位与发展策略所制定的编辑工作准则，它涉及新闻传播的服务对象、传播内容、传播水准及风格特色等。新闻媒体的编辑方针有时与其办刊（办台或办网）理念大体一致，如《新民晚报》的编辑方针“宣传政策、传播知识、移风易俗、丰富生活”就是如此。每一家新闻媒体的编辑方针都各有不同，即便是目标受众与功能定位都比较接近的媒体，它们也不大可能采取相同的编辑方针。讲清楚编辑方针，实际上也就讲清楚了拟创媒体的稿件编发准则。至于内容设置方面，则需要讲清楚拟创办的媒体在刊发、刊播、刊载文字稿件、图片、音视频节目方面所做出的规划、设计和安排。（编辑方针与内容设置的具体操作要领，详见本书第二章中的相关内容。）

（4）实施进度安排

需要讲清楚拟办媒体的工作团队的组建、资金筹集、人员分工、设备调度、部门协调、资源配置和出刊（试刊）、开播（试播）、上线（网络新媒体）等方面的安排情况以及出刊、开播、上线运行前后的宣传、推广事宜的安排部署等。一般应按照一定的时间节点,将实施进程划分为几个具体阶段,然而分别讲清楚各个阶段的主要工作,安排需要完成的相关事宜。

(5)其他

新闻媒体创办策划不能指望“毕其功于一役”,它需要在正式“面市”前的试刊(试播或试运行)过程中(具体实施策划方案)查找问题、发现问题、处理问题,并根据受众(用户)及相关专业人士的信息反馈,不断做出调整、修改,需要在今后的正式发行、播出、运营过程中不断接收有效的信息反馈,并据此推出相应的修改、完善措施或方案。另外,媒体的创办毕竟是一项较为复杂的系统工程,需要同时开展多方面的工作,因此,难免还有其他一些事项也需要在策划书中予以交代、体现。这些都可以在“其他”中给予必要的说明。

2.新闻媒体下设单元产品的创办策划书的正文部分

新闻媒体下设单元产品的种类虽然较多,不过,这其中尤以专栏的创办策划频次较高,所以,这里仅以专栏的创办策划为例来进行介绍。

(1)栏目创办目的和意义

栏目创办目的和意义即讲清楚创办该专栏的意图,也就是交代明白栏目的宗旨。比如,央视综合频道 1994 年 4 月推出的《焦点访谈》,就是央视为了加强对社会热点问题的关注和报道,提升新闻舆论监督水平而启动的。

(2)栏目定位

栏目定位即讲清楚拟办栏目的内容定位、受众定位。定位,体现着栏目的针对性,即给哪些人看,传播什么样的内容,也影响着栏目的调性。比如,央视《焦点访谈》的栏目定位是:时事追踪报道,新闻背景分析,社会热点透视,大众话题评说。据此,栏目也确立起了自己的调性——用事实说话。

(3)栏目的资源配置

栏目一经设立,就要为其配置相应的人力、物力等方面的资源,以便其能够运作起来。因此,有必要讲清楚专栏的采编队伍如何组建以及所需软硬件设施、新闻采编资源如何配置等方面的情况。

(4)栏目的运作

栏目的运作,需要持续发掘、策划一个个有价值的选题,进而围绕选题接续策划推出一系列有质量有品位有影响的稿件或节目,在创造良好社会效益的同时,也给媒体带来不错的经济效益。因此,需要讲清楚栏目的选题范围、稿件(节目)的特色及相关报道或传播要求,以便强化所在媒体“人无我有,人有我优,人优我特”的独特品质。

栏目在运作中进行适当的“包装”是十分必要的,因此应该对此予以必要的交代。比如,报刊、网页专栏的包装涉及栏头、栏题、栏目版式、留白、字体、字号等方面的创意设计。广播电视专栏的包装涉及形象宣传片、片头、间隔片花、片尾、角标等诸多方面。专栏上的这些包装元素在创意设计上应服从和服务于版面或频道频率的整体包装风格，做到既有版面、频道频率的共性，又有专栏的个性。对此方面的情况，策划书也应当给予适当的介绍和阐述。

此外，专栏所具备的位置稳定和时间连续的特征，是其成为名专栏的基础条件。《中国新闻奖评选办法》对新闻名专栏的基本参评要求之一就是"已连续刊播一年以上且年度内刊播不少于48周，每周刊播或更新不少于一次"。所以，也应当讲清楚拟办专栏所占据的版面位置或节目时段。专栏在打响品牌并取得一定成效后，还要考虑如何在维持品牌实力的基础上利用品牌效应创造出最大的价值。对这些情况，策划书中也可以适当做些介绍。

(5)其他

专栏的创办，需要考虑多方面的因素，创办过程中难免存在一些安排不够周全的事项、需要同步推进的事宜及其他应当补充交代的内容。这些都可以在"其他"中予以必要的说明。

3.新闻报道策划书的正文部分

新闻报道策划书正文部分的写作，一般包括以下几方面的内容。

(1)选题价值

在选题价值中，需介绍推出本选题的背景情况，阐述本选题的主要价值(新闻价值、宣传价值)。当然，可以适当交代一下该选题与现阶段的宣传报道思想是否吻合，是否是人们实际工作、生活中需要关注和重视的问题。

(2)报道的目的和意义

开展新闻报道策划，是为了围绕既定选题组织相关的新闻报道，因而，新闻报道策划书需要阐明为什么要组织这起报道，即要介绍组织该报道的目的和意义。在这部分中，可以就报道所涉及领域、报道对象以及拟推出的报道会产生什么社会影响和作用，进行相应的交代。

(3)报道拟采取的形式

既然这起报道值得组织，那么，采取什么形式进行报道的问题就自然提出来了。新闻报道策划书中必须讲清楚本次报道拟采取的形式，是特别报道、专题报道、系列报道、连续报道还是单篇报道，是用消息形式、通讯形式、述评形式还是深度报道；是否需要评论、新闻摄影的配合？如果是广播电视报道，是否需要现场录音、主持人出镜报道？这些都需要视具体情况予以介绍、交代清楚。

(4)报道活动的组织与实施

新闻报道策划书应讲清楚本次采访报道队伍的人员组成，采访的具体时间与进程安排，采访实施应注意的事项等。当然，在采访报道活动中，如何进行采访以深挖材料、广集信息？是公开采访还是隐蔽采访？是事后采访还是现场采访、介入式采访？采访实施过程中如何调整采访计划？另外，还有前方报道团队与后方编辑部门、技术部门的联络与沟通等等。这些情况及相关安排,也都应当适当予以交代。

(5)稿件(节目)的编辑与刊发(播)

新闻报道策划书应讲清楚稿件的编辑与刊发的相关安排,包括稿件质量、篇幅,节目质量、时长等方面的要求和稿件、节目刊发或刊播的具体时间、版面安排等方面的情况。如果是广播电视类稿件,还包括是否需要进行重播,首播、重播各安排在什么时段等。

(6)其他事宜

新闻报道活动牵涉面较广,报道实施过程中不免有考虑欠周详之处,需要及时发现后进行补救或改进;同时,也可能存在其他若干需要同步解决、完成的事项。这些都可以在其他事宜中予以补充交代或说明。当然,一些起补充说明作用、供参阅性质的材料也可以用"附录"的形式随文附后。

三、新闻策划书的写作要求

新闻策划书的写作主要有三个方面的要求,具体如下。

1.科学性要求

新闻策划书是有关新闻业务运作的点子、创意的文字表现。其中涉及的每个点子、创意都应符合科学性要求,即通常应该是基于对实际调研、过往经验、同行成功范例的感悟、总结、创新的基础上生发出来的,必须合乎相应的事理逻辑和价值规律,不能牵强附会、闭门生造,更不能完全基于主观臆想。科学性还表现在材料中所涉及的有关数据、信息的采集的可靠性和准确性上,不能似是而非,不能想当然,更不能凭空编造。

2.可行性要求

所谓可行性,即可以用来实施、实行。新闻策划书是新闻策划活动的具体操作脚本,必须具有可行性。新闻策划书中的相关设计、安排,主要工作环节的部署,都应该是切实可行的、能够付诸实践的。

3.语言文字要求

新闻策划书在语言文字上应力求准确、简洁、形象、生动 ,意思表达不能模糊、含混,文句使用应当尽量避免冗长、晦涩。

四、新闻策划书写作案例

在新闻实践中,新闻策划书的具体案例可谓数不胜数。限于篇幅,这里仅提供 2 份案例,以供学习者参考。

【案例1】"家乐福踩踏事件"新闻报道策划方案

一、选题分析

2007年11月10日上午,重庆市沙坪坝区家乐福商场在自行组织的店庆促销活动中,发生一起因争抢特价食用油造成的踩踏伤亡事故(注:本次事件是一起突发事件,属于非可预见性新闻策划)。此次事件引起了广泛的关注,社会影响较大,其背后的问题也值得深思,新闻媒体理当对该起事件及其相关处置情况及时公开报道,以回应社会舆论、回应民众关切。

二、报道方案设计

1.报道的范围和重点

报道重点:以此次家乐福踩踏的整个具体事件为重点,突出报道事件的原因、深入调查报道事件经过及本质;辅以事件发生后各方的连锁反应,包括家乐福的自身负责人、各级政府部门、商务部和受害者以及顾客;加强事件的后续报道、各种措施的实施情况的报道。

报道范围:此次事件的具体经过、时间地点、事发缘由以及各方反馈,链接其他关联事件,揭发背后所隐藏的社会问题;链接以往是否有类似事件的发生,做一个系列报道并加以整合集中;剖析现象,找出解决问题的对策方案。

2.报道规模与进程

第一阶段:立即赶往现场。进行现场取证,采访事件目击者、事故店及其工作人员和负责人、伤者及其家属和周边事件者,获取初步原因结果、伤亡状况和急救情况。进行事件的初步报道,即事件本身的报道,搜集现场图片配以报道。

第二阶段:追踪报道。继续跟进事件的发展进行报道,首先要了解事故店的解决办法,赔偿情况、新出台的制度规章,并且及时掌握事故店由此做出的反应(如是否公开道歉或者停业情况);其次,与各个部门取得联系,获取它们对此的反应、看法及公开言论等;再次,到医院了解伤者的救治和恢复情况以及家属的意见反应;最后是普通民众的看法和意见反应。

第三阶段:社会各界人士的评论分析或者由此事故而出台的新制度等。

整个报道规模持续7~10天,配以适当数量的记者进行各方面的系列采访调查。

3.报道结构与报道方式

报道结构可以是两种:

线型结构——单由此次事件为切入口对事件的发展进程进行报道直至最终结果,报道方式为连续式。

网状结构——由此次事件链接到其他类似事件(全国各地的),进行分析揭示其最后的社会问题(深化主题),报道方式为组合式。

4.发稿计划

稿件类型:以消息和评论体裁为主,表现形式以文字稿件加大幅图片为主;同时,还可向外约稿搜集更多信息。

版面安排:前2天(当天一定要头版头条)用头版头条进行报道并配以大图片,以达到相应的视觉冲击效果,并且体现媒体对此事件的重视程度。

之后,跟进报道的内容可排在二版或三版。当然,具体要视情况而定,也不排除将相关内容排在头版。

5.报道力量配置

立即组成报道小组,开展相关协调工作,进行人员分工,为相关报道岗位或者报道内容配置报道力量。

三、新闻报道的实施与调控

由于本次事件是突发事件,所以在做初步决定后就应该马上实施进行报道以获取时效性,并在中途搜集各方面的反馈信息(报道者、报道对象、有关部门和受众),以便在实施过程中可以据具体情况调整报道方案(如报道规模、方式、内容或机制等)。

本次事件新闻报道版面如图9-1所示。

聚焦:家乐福火爆促销酿踩踏惨剧

重庆市民亲历家乐福踩踏事件

一位名叫何鱼的年轻小伙子回忆说,超市一开门,
油品区,提了4桶新元素籽油准备前往结帐,往外挤时
所幸他死死抓住了另外一人的衣服才未被严重踩伤。但
明显的淤清。[全文] [为什么重庆的家乐福会出事]

重庆家乐福10周年店庆促销发生踩踏事故

记者从正在沙坪坝区政府召开的新闻通报会上获悉
福沙坪坝区店在自行组织的10周年店庆促销活动中,其
踩踏安全事故,截至目前已造成3人死亡,医院收治31.

出售特价食用油引发踩踏3人死亡

善后:家乐福为何在赔付中隐身

家乐福中国区总裁飞抵重庆

11日,家乐福集团顾问、重庆市市长顾问团顾问
配合事故调查组开展工作。他已与沙区政府领导进行
今天傍晚,刚刚从法国飞赴重庆的家乐福中国区总裁
场,了解事故的详细情况,处理善后事宜。[全文] [

重庆市紧急排查公众聚集场所安全防范措施

据新华社重庆11月11日电 为吸取10日发生的“
政府昨天晚上发出紧急通知,要求全市各地紧急排查
所安全防范措施。另外,按照国家有关规章,重庆市
性活动前,必须取得当地公安机关的安全许可。[全文

商务部就踩踏事件发布紧急通知

反思:家乐福促销悲剧源于社会责任缺失

从家乐福踩踏事故反思营销文化

此次引发踩踏惨剧的超市促销活动,便折射出一种低劣的营
下,将商品降价销售向顾客让利,似乎是一种值得肯定的“善举”
然,所谓“羊毛出在羊身上”,超市不会做赔本买卖,所谓的“
定“归零”。

换言之,即便嘴里喊的是“让利于民”、“顾客是上帝”,
消费者着想,而只不过是追求广告效应,为自己聚拢人气——
效应,便肆意利用人性的弱点,置消费者的身心健康于不顾,这
道德的表现吗? [全文] [家乐福促销悲剧源于社会责任缺失]

家乐福悲剧是蔑视秩序的致命苦果

对商家来说,为什么必须敬畏秩序?很简单,是商家就应该
集场合,采取必要措施保证消费者安全是当仁不让的责任。停业
积累的声誉毁于一旦,终是灭顶之灾。再者,无视秩序,坐看混
易发展成“哄抢”,到时又该如何收场?

重庆家乐福超市自食其果,消费者伤痕累累,这样的局面,
弱,更暴露了安全管理的漏洞。作为一个蔑视秩序引发的苦果,
反省的起点。[全文] [超市踩踏事故呼唤民生关怀]

从经济学角度看重庆家乐福促销悲剧

图9-1　重庆市沙坪坝区家乐福踩踏伤亡事故报道版面

【案例2】江南时报《回望胜利的那一刻》系列报道策划方案[1]

此案例虽是来源于一位硕士生的媒体实作，但看得出来，整个策划方案做得颇显功底，十分扎实、细致，具有良好的完成度，也有一定特色和创新，值得提供给相关学习者参阅。

一、选题价值

2015年9月3日，是中国人民抗日战争暨世界反法西斯战争胜利70周年纪念日。70年前的这一天，对整个中国社会来讲，具有重要而深远的意义。抗战胜利70周年纪念日，对新闻媒体而言，这样一个历史性事件是一个"大同题作文"，选择什么样的视角来切入、通过什么样的方式来呈现，是抗战胜利70周年系列报道中的关键思量和核心课题。围绕抗战胜利时刻，根据江苏省13个城市每个地区的不同特点来挖掘新闻点形成新闻选题，撰写"回望胜利的那一刻"系列报道策划方案，以多种方式从不同侧面呈现抗战胜利时刻的江苏大地上的胜利情景，追溯抗战记忆、书写抗战故事，反映胜利前后的社会文化、经济、生活等动态。

毫无疑问，当前新闻媒体之间的竞争越来越激烈，尤其是面对抗日战争胜利周年这样的大型纪念性专题报道，市场上从来不缺乏新闻内容，但不可否认的是许多同题材新闻内容往往都面临着同一个问题——大量同质化内容的生产和再生产。因此，着眼于一个新颖的报道视角，进行系统性的新闻策划，挖掘一手史料使新闻报道更加具有可读性、趣味性、贴近性，这样才能有助于在众多同题材新闻报道中取得竞争力，赢得关注度。

江苏，作为当时中国军民敌后抗战的主战场，留存着大量关于抗战的记忆。通过前期的资料搜集和整理，可以发现江苏的13个城市——南京、无锡、徐州、常州、苏州、南通、连云港、淮安、盐城、扬州、镇江、泰州、宿迁，都有着与抗战胜利时刻相关的历史记载，这为本次新闻策划提供了可行性基础。《回望胜利的那一刻》即是在这样的背景之下展开的，意在以江苏省内的读者为主要受众，整合报社资源，通过对抗战胜利时刻的回望，以点带面地挖掘江苏13个城市的胜利记忆，定格这一特殊时刻的历史意义，讲述关于江苏各地市的胜利场面、抗战故事、抗战英烈、逸闻趣事、文化生活等，记录并"见证"伟大抗战中的江苏篇章。

二、报道主题

(一)主题：回望胜利的那一刻

"回望胜利的那一刻"是围绕1945年8月15日—9月3日前后这一时间点，进行横向和

---

[1] 张雪娇.《回望胜利的那一刻》系列报道策划方案、深度报道及采访手记[D].南京：南京大学，2016。

纵向的延伸，横向即是从空间上着重表现这一胜利时刻社会各界的动态，纵向即是从时间上定格胜利时刻，但并不局限于这几天，而是以此为切入点，追溯抗战胜利的记忆，并以点带面地挖掘过往抗战记忆或展现抗战胜利后的社会动态，讲述和记录关于江苏各地市的胜利场面、抗战故事、抗战英烈、逸闻趣事、文化生活等，以此呈现江苏13个城市的胜利记忆，定格这一特殊时刻的历史意义。

(二)关于胜利时刻的时间节点

很多人将8月15日作为抗战胜利的日子，即日本宣布无条件投降的日期，但是从严格意义上来说，日本正式签字投降的次日9月3日才是真正意义上抗战胜利的日子。尽管1949年中华人民共和国成立后，胜利日一度被改为8月15日，两年后(1951年)，当时的中央人民政府政务院重新将9月3日确定为抗战胜利纪念日。2014年，十二届全国人大常委会第七次会议经表决通过，将9月3日确定为中国人民抗日战争胜利纪念日。关于“胜利时刻”有几个重要的时间节点，1945年8月14日，日本政府正式照会中、美、英、苏四国政府，表示接受波茨坦公告;8月15日，日本天皇以广播形式发布《终战诏书》，宣布无条件投降。值得注意的是，尽管8月上旬就有日本投降的消息传出，但是直到8月底，局部地区仍有日军负隅顽抗，中华大地上的战争并未完全平息，呈现出既有庆祝胜利也有继续作战的场面。但是日伪残留的力量并没有嚣张太久，9月2日，日本代表在美国军舰“密苏里”号上签署投降书，次日，也就是9月3日，中国举国欢庆。1945年8月21日芷江受降，9月9日中国战区日军投降签字仪式在南京举行。

三、报道形式设计

(一)报纸专题报道

1.报纸版式设计

制作抗战胜利70周年专题页头：在长期历史形成的传统文化感官中，红色代表着喜悦、庄严、胜利之意，是主色调，因此在报纸版面设计的时候仍然选用红色为主色调；以红旗、抗战人物雕塑为元素进行图案制作，显示在抗日战争中抗战军民不屈的意志和奋战的艰辛过程；此外对“回望胜利的那一刻”几个字进行题头设计。每一个版面都采用该专题页头刊发，页头写“回望胜利的那一刻+地名”。版面设计时注意整个版面色彩的协调性，使其不但符合读者的视觉习惯又能够较为直观地传播视觉信息。

2.组版形式

每个城市根据内容的不同设置2~6个版面，预计总共约45版，其中灵活运用图片、表格等形式。开栏设“开栏的话”，组建专家团队在每期报道最后撰写点评或评论文章。每个城市的报道主要由编者按、主要报道、记者手记、专家点评四个部分构成。

(1)配评论

无论是“开栏的话”里的开宗明义,还是每组报道里的编者按或个人署名评论,都是弥补新闻之不足。通过阐明观点或论证来说明蕴含在新闻报道之中的思想、规律及意义,它既是表明对一个事物或一种现象的态度,也提示新闻事件的社会意义。在每组报道中配专家评论以起到提纲挈领、揭示新闻报道所蕴含的社会意义的作用。

(2)配资料

由于纸媒篇幅的限制,有时报道中难以涵盖新闻事件的历史渊源及其发展或其他较为重要的名词术语等内容。在必要的情况下,可以在版面适合的位置通过配资料的方式,增加新闻事件的新闻背景、新闻地理、名词解释等内容,从而拓展报道的宽度或起到为新闻报道注释的作用。尤其是对于历史性新闻报道而言,对于一些历史背景、著名战役、拓展阅读等内容,都可以通过配资料的方式得到进一步补充,使得今天向明天延伸、点向面扩展、符号向知识转化。

(3)配图片

图片的形象化特征常常使其比文字更具有冲击力。配图的形式既可以是新闻照片,也可以是历史档案资料截图或其他图表。在一个版面中,要注意配图的位置与整个版面协调并遵循一定的规律,一版只有一张配图时尽量居中靠拢,两幅时互相呼应,三幅时考虑三角定位与对角成线。如果是多幅或成组的照片,则要注意与版面中的文字内容穿插和对应,使得整个版面保持均衡。考虑到历史性新闻报道题材,每版报道中尽量有3幅以上图片,以抓住读者的注意力。

(二)新媒体展现

①通过报纸电子刊、网站、官方微博、官方微信、手机报等手段多途径呈现。

②专题网页:初定与腾讯·大苏网进行合作或依托于已有的新华传媒报业集团的资源制作专题网页,共同展现本期系列新闻报道的文章、采集的图片及音频视频。

③微信新闻产品:由于近年来微信的流行和普及,可以制作微信端的新闻产品,比如H5内容展示页面;或制作基于地理位置(LBS)的微信新闻产品,制作“离我最近的江苏抗战老兵”或“离我最近的抗战胜利图景”,呈现江苏地图样式,通过点击某一个城市来展示胜利时刻的某一城市的要闻、图集和抗战人物。同时,为了将纸媒和新媒体展现形式有效打通,可以在报纸版面上设置专题二维码页面,通过扫描该二维码能够直接找到该期报纸对应的专题网页报道,也能通过网页上的日期选择跳转到其他城市的报道。

四、报道内容设计

(一)报道主线

根据已查阅到的相关资料的整理和分析,《回望胜利的那一刻》13个城市的报道中,每一个城市可以参考遵循这样一条报道主线。

①胜利时刻再现：当地军民是如何得知胜利消息的、如何庆祝胜利的、市民及各界的反应、与该城市相关的胜利前后及胜利当日的报纸报道。

②胜利时刻重要事件：如受降仪式，胜利前的最后一役等。

③挖掘该地区抗战胜利前后有趣、有料的故事、逸闻趣事。

④胜利前后该地区的经济、文化、市貌、市民生活等动态。

⑤该地区战役的书写或重访抗战遗迹、采写抗战故事。

⑥老兵口述历史、抗战英烈事迹报道等。

（二）江苏13个城市具体内容策划

在这样一个策划思路下，还应注重共性下的个性，注重挖掘江苏省13个城市每个地区的不同特点来找寻新闻点形成报道，从不同侧面共同展现胜利时刻的情景。以下对每一个地区的报道方案进行细化。

1.南京

第一版：黎明破晓前的南京——《电台技术员冒死播送胜利电讯，日军次日“追谣” 胜利后的几天：南京依然是“虎穴”》

报道主线：日军投降时的情景；投降南京大方巷里，日军中国派遣军司令部全体人员排出了向东京皇宫遥拜的队形，按照通知规定的时间收听了天皇的《终战诏书》。胜利后的几天：南京依然有日军布岗，维持秩序。

趣闻：当时南京“伪中央广播电台”收听到重庆广播电台播发出的胜利消息后偷偷转播。

可采访的对象：抗战老兵石儒存、南京大屠杀幸存者倪传仁；江苏省中国近现代史学会副会长、研究员刘晓宁。

第二版：南京，天终于亮了！——《抗战胜利后，南京街头挂起了“四强”领袖的巨幅画像 新六军举行盛大“入城式”，军民祝捷》

报道主线：南京市貌，受降仪式前后的南京，胜利时刻的新六军入城举行重大欢庆仪式、军民欢庆的场景。

趣闻：报纸登载庆祝胜利的打折活动信息，餐厅推出“胜利”套餐。

可采访的对象：南京人民广播电台退休播音员刘光坤；抗战老兵王楚英；封宇平（亲历南京受降仪式老兵封仁中的儿子，通过微博联系，可采访）。

重要抗战遗址：侵华日军投降签字仪式旧址（现为位于南京市黄埔路的南京军区大礼堂）。

第三版：凯旋声中等待新生——《1945年10月：南京外围缴械完毕 凯旋声中的革新诉求》

报道主线：国民政府“还都”南京，后方的人踏上回家的路，战后的政治、经济、文化。

可采访对象：抗战老兵石儒存；战争亲历者张又文老先生(81岁，现居南京，讲述了他们一家逃亡的经历以及在抗战胜利后从重庆化龙桥黄桷村回到南京的过程。)

第四版：日本宣告投降前的最后一役：张家岗战斗 南京工委南京“发传单”吓得伪军惶惶不安

报道主线：张家岗战斗。

可参考的资料：《南京沦陷八年史(上下册)》《1945：决战之前》《南京百年风云(1840—1949)》。

2.无锡

第一版：连放两天爆竹欢庆胜利 无锡东亭许巷召开群众大会

报道主线：无锡城里欢庆的场景、无锡东亭许巷召开群众大会庆祝抗日战争胜利的场景。

可采访的对象：“老无锡”华钰麟，(民国时期无锡地方记者)。

可参考的资料：《无锡市志》《无锡人的抗战记忆》。

第二版：10万农民参与“先天道”暴动震惊江南 “能打鬼子”农民争先恐后加入

报道主线：“先天道”本是地方“恶霸”，后逆转矛头，因号称“能打鬼子”吸引农民争先恐后加入，引领无锡一带广大群众的自发抗日运动。

可参考的资料：《江苏革命史料》《江阴人民革命史》。

第三版：“江抗”东进开辟出军民抗日根据地

报道主线：江南抗日义勇军(简称“江抗”)收编了地方游击武装，无锡县成立抗日民主政府。迫于战争形势，新四军北撤。

可参考的资料：《无锡人民革命史》《宜兴革命史》。

第四版：黄土塘打响新四军东进首仗

报道主线：1939年5月30日的黄土塘战斗，是“江抗”东进征途中与日寇交战的第一仗，也是最早的一场胜仗，因此意义非凡。

重访革命圣地：重访黄土塘战斗纪念碑、无锡市革命烈士陵园、锡东革命烈士陵园。

3.徐州

第一版：胜利了！徐州城内日军垂头丧气参加受降

报道主线：胜利当天的欢庆场面和受降经过，通过黄埔通信兵科毕业生、第五战区苏鲁豫皖边区总部无线台台长陈玄翰所写的回忆录，呈现日军无条件投降的全部过程；当天新闻报纸内容。

可采访的对象：抗战期间的地下工作者赵雁萍老人。

第二版：“芷江洽降”将徐州划定为受降地，徐州受降仪式临时改在安徽蚌埠报道主线：由于当时局势的复杂，苏北相对稳定，皖北变化较大，受降地临时由徐州更改为蚌埠；受降仪式过程（受降仪式参加的人员、仪式的程序）；约7万日军被遣送回国。

可参考的资料：《徐州抗战画史》。

第三版：国民革命军第六十军官兵英勇抗日 敌军大本营都赞叹的中国铁军

报道主线：抗日英烈的信函和佳话（第一八三师旅长陈钟书、严家训团连长黄人钦），表现争取战争胜利不怕牺牲的爱国精神。

趣闻：第六十军在台儿庄战役禹王山阻击战中的英勇作战，受到了当时国民政府的嘉奖。就连日方报纸也承认："自'九一八'与华军开战以来，遇到滨军猛烈冲锋，实为罕见。"日本东京大本营称："第六十军是唯一的中国铁军。"

第四版：英烈

报道主线：抗日女杰赵毓政，临死前还在喊抗日口号。台儿庄大战空军烈士何信，带伤撞日机同归于尽。"请母亲刺字"趣闻：何信离开母亲和妻儿，奔赴战场。临行时，他请求母亲效仿岳飞的母亲在其背上刺字明志，母亲靳永芳说："儿呀，不用刺你背了，我早已刺你心里了，不刺你也能做得到！"

4.常州

第一版：店家门头扎鲜花 喜迎胜利溧阳体育场开万人庆祝大会

报道主线：中山纪念堂举办两场音乐会，常州大剧院上演《还我河山》，全城欢庆，热闹非凡。据《溧阳革命斗争史》记载，1945年9月15日，溧阳约有万余军民在南口体育场举行了各界庆祝抗日战争胜利大会。当天晚上，还有提灯会、戏剧表演。当时，苏浙军区一纵队文工队还演出了《中国人》《山乡曲》等戏剧。

可采访的对象：当地老人虞建安。

可参考的资料：《溧阳革命斗争史》。

第二版：溧阳水西村的传奇报道主线——溧阳水西村的传奇故事。新四军在溧阳水西村成立的新四军江南指挥部，是江苏抗战的发源地。日寇偷袭水西村的阴谋被粉碎，陈毅、粟裕指挥保护水西村的战斗让人记忆深刻。

可采访的对象：当地老人。

第三版：革命烈士

5.苏州

第一版：1945年9月30日，受降仪式在苏州谢衙前第五师司令部举行

报道主线：庆祝胜利的场景，百姓放鞭炮、摇荡湖船庆祝。抗战胜利后，吴县各界在公共体育场庆祝"双十节"，吴县代表举行茶话会，庆祝抗战胜利。

可参考的资料：《苏州各界庆祝卅四年国庆日暨抗战胜利大会筹备会通知》。

第二版:接收之乱——5位县长同时接管吴县

报道主线:逯剑华带着江南行署委任状接管苏州。

趣闻:据说在沦陷期间,当时《苏州明报》主任张淑良把战前所出《苏州明报》藏在棺材内,得以保全。

可参考的资料:《苏州文史资料》。

第三版:"冲山之围"躲过浩劫

报道主线:新四军太湖游击队被围困20天,游击队5人隐蔽芦苇荡躲过浩劫。

抗战遗迹:新四军太湖游击队纪念馆。

6.南通

第一版:对日寇的最后一战,收复如皋城 94岁老兵见证受降仪式全过程

可参考的资料:延安《解放日报》关于解放收复如皋城的报道

可采访的对象:抗战老兵王永才(见证南通日本兵受降)。

第二版:军民火烧"竹篱笆"反清乡

报道主线:日伪"清乡"行动构筑200华里封锁线,四分区的军民积极响应了"不让敌人打篱笆"的号召,开始了一场声势浩大的破击战——"火烧竹篱笆"。群众开展了"三冬"运动,即"冬耕""冬防""冬学"。

可采访的对象:抗战老兵徐超。

第三版:抗战英烈白桐本,美人计酷刑,软硬兼施均不投降

报道主线:抗战英烈白桐本的故事。

可采访的对象:当地薛镜如老人(一直致力于帮白桐本著写传记)。

7.连云港

第一版:庆祝大会上的笑话——宣布胜利消息,断句差点起乌龙

报道主线:听闻胜利的场景。

趣闻:庆祝大会上的一桩笑话:一位领导将"热烈欢迎日本鬼子无条件投降"这句口号分成了两句话呼喊,第一句"热烈欢迎日本鬼子"一出口,台下的人们很震惊,停顿了一会儿,那位喊口号的领导又发出下半句口号"无条件投降"。顿时,台下欢呼声一片。

可采访的对象:刁云桂老人(当时在海陵县委当会计)。

第二版:铁匠李洪玉带兵破坏敌人运输路线

报道主线:铁匠出身的李洪玉,掌握全套拆除铁路的工具和技术,多次带领武装人员对日军控制的陇海铁路实施破坏,配合主力部队拔除日伪据点。

可参考的资料:连云港文史资料。

抗战遗迹:东海县安峰山烈士陵园纪念馆。

第三版:以植物代笔,抗日纪念塔碑文

报道主线:重走抗日山,1942 抗日烈士纪念塔落成,老人讲述建塔过程中发生的故事。

趣闻:当时需要碑文题字,战争时期很难找到这么大的笔。于是,武中奇灵机一动,就地取材,用苗麻在石头上写了出来。武中奇后来是我国著名的书法家。

抗战遗迹:连云港抗日山,位于连云港市赣榆区西部班庄镇,此山是我国唯一一座以抗日命名的山。

第四版:战役

8.淮安

第一版:新四军连夜编排街头剧劝守城伪军投降

报道主线:胜利消息传来,各界的反应。

趣闻:盘踞淮阴城的日伪军拒绝向新四军投降,新四军 3 师开赴淮阴和淮安城,除了用武力解放这两座城市外,还连夜编排街头剧劝守城伪军投降。新旅临时创作了一些欢庆胜利的歌曲,并根据当时对伪军头目潘干臣的捉拿编写排练了街头剧《活捉潘干臣,解放淮阴城》,在城外展开了宣传工作。

可采访的对象:学者郭家宁(从事淮安历史文化研究)。

可参考的资料:革命烈士王士英的回忆文章。

第二版:百姓用物资慰劳新四军,表达胜利喜悦 庆祝大会上百姓纷纷痛诉日伪暴行

报道主线:军民庆祝胜利的场景,胜利当日的新闻报道。

可参考的资料:1945 年 9 月 17 日、18 日、30 日《苏北报》上多篇关于抗战胜利的报道。

第三版:胜利后陈毅军长发来贺电高度评价

报道主线:两淮战役取得胜利后,陈毅军长贺电。战争亲历者讲述关于两淮战役中的深刻记忆。

第四版:为正义而战 日籍一反战士兵战斗中献出生命

报道主线:日反战士兵松野觉车桥战役中牺牲,身受重伤用身体堵枪眼的英雄徐佳标。

抗战遗迹:淮阴攻城阵亡将士纪念亭、车桥战役烈士纪念馆。

9.盐城

第一版:“焦土政策”烧毁一座千年古城 浴火重生,新四军军部在盐城重建

报道主线:皖南事变发生后,面对新四军番号可能会被国民政府军事委员会“撤销”的局面,中共中央军委决定在盐城重建新四军军部。

第二版:踩高跷、荡旱船庆祝胜利 打谷场上围成一圈享胜利会餐

报道主线:胜利时的场景、庆祝方式。打谷场上百姓围成一圈享胜利会餐,唱《我们都是

神枪手》。

可采访的对象:路广老人(当时盐城胜利时刻的见证者)。

第三版:伪军起义投诚;伪军“庆祝典礼”上,朱总司令的讲话传单四散

报道主线:打入伪军内部,率7000伪军起义,盐城和平解放。

趣闻:伪军“庆祝典礼”上,朱总司令的讲话传单四散。

可参考的资料:《盐阜大众报》。

第四版:战役和烈士

10.扬州

第一版:庆祝胜利 商贩以商品大减价

报道主线:商贩以商品大减价庆祝胜利,亲历者描述抗战胜利时刻的记忆。

可采访的对象:扬州市宝应县曹甸镇中学退休教师郝宇铭。

第二版:16岁投身新四军成为文艺兵 高邮受降仪式,她就站在粟裕身旁

报道主线:抗战女兵陈秀岚的故事,参加新四军时部队首长考虑到陈秀岚的年龄太小,安排其当护士;后来陈秀岚被分配到文工团,成为一名新四军文艺兵。陈秀岚老人讲述高邮受降仪式。

可采访的对象:抗战女兵陈秀岚老人(新四军文艺兵,称在受降仪式现场,她就站在新四军华中野战军司令员粟裕身旁)。

第三版:高邮战役为抗日战争画上圆满的“句号” 老兵亲述为抗战最后一场战役传达信息

报道主线:高邮战役,在高邮独立团某营当通讯员的夏桂安讲述70年前的亲身经历。

可采访的对象:老兵夏桂安(高邮独立团某营通讯员)。

第四版:战斗回忆

11.镇江

第一版:中国军队坐火车到镇江受降 市民夹道欢迎

报道主线:老人回忆:胜利后,日军穿着破军靴垂头丧气地在走着在街上,小孩子上前打他们,日军不敢还手。镇江受降时,中国军队坐火车到镇江受降,市民夹道欢迎。

可采访的对象:当地王钢金老人(见证镇江胜利时刻)。

可参考的资料:《镇江市志》《镇江文史资料》。

第二版:镇江商界名流陆小波光复后贴钱办商会

报道主线:商人陆小波参与抗战胜利后的活动或举措。

第三版:镇江抗战烈士

抗战英烈:第一任镇江市市长王龙。

抗战遗迹:王龙亭,它和附近的王龙桥都是为纪念中国共产党任命的第一任镇江市市长

王龙而建;镇江烈士陵园。

第四版:韦岗战斗,脱手斩得小楼兰

报道主线:韦岗战斗胜利,陈毅将军写下了《卫岗初捷》一诗:"弯弓射日到江南,终夜喧呼敌胆寒。镇江城下初遭遇,脱手斩得小楼兰。"

可参考的资料:《镇江党史》。

12.泰州

第一版:胜利时刻,泰州战斗仍在继续

报道主线:1945 年 9 月 4 日《人民报》报道抗战胜利同时,也刊载了正在发生的泰州战斗。

可参考的资料:1945 年 9 月 3 日《苏中报》上题为《庆祝兴化大捷》的报道。

第二版:群众连夜赶做烧饼送到前线 黄桥烧饼成名于黄桥战役

报道主线:以少胜多的著名战役——黄桥战役,粟裕将军魂归黄桥决战地。

趣闻:当地群众连日赶做烧饼,冒着敌人的炮火把烧饼送到前线阵地,黄桥烧饼成名于黄桥战役。

可采访的对象:当地居民。

13.宿迁

第一版:1945 年 8 月 18 日驻守宿迁的日军全线溃逃

报道主线:抗战胜利的消息传来后几天,宿迁的日军全线溃逃;宿迁城内市貌发生的变化。

可参考的资料:《中共宿迁地方史(1919—1949)》。

第二版:朱家岗保卫战

报道主线:朱家岗保卫战——宿迁以少胜多的著名战役,500 人大败 1500 名日军,罗应怀中弹后仍坚持指挥抗敌。

抗战遗迹:朱家岗烈士陵园。

五、具体实施

(一)资料采集组

1.寻找资料的途径

江苏省委党史办公室、档案馆、方志馆、第二历史档案馆、南京民间抗日战争博物馆、南京图书馆及 13 个地级市的党史办公室、档案馆、方志办查找相关资料。

2.查找什么资料

搜集整理与 13 个地级市相关的 1945 年 8—10 月的报刊资料、地方志、图书、文件通知、抗战战报、日记书信、战斗总结等资料。

搜集的内容：如报刊新闻、商业广告、庆祝文件通知（如苏北区党委《关于召开庆祝抗战胜利大会的紧急通知》）、受降档案、抗日民主政府的判决书、其他社会各界庆祝胜利时刻的举措及其相关图片、音视频等。从搜集到的资料中挖掘新闻点，尤其是一些小报的内容，它们在一定程度上真实地反映了抗战时期的一些动态，包括抗战胜利时刻的逸闻趣事。如在民国三十四年（1945 年）的一份《中国民报》第一版广告栏中，有“庆祝抗战胜利，大放盘三日以资庆贺”的广告。登这则广告的是安徽屯溪的大同餐堂，商家还特别标注“选料考究出品丰美大宴小酌应有具备”，“大放盘”即大减价。通过报纸上的商业广告的小细节，可以从一个有趣的侧面反映该城市的胜利。

3.涉及的报刊

对 1945 年在刊的国内报刊进行梳理，在此列出这些报刊的创刊和停刊日期，有助于了解 1945 年胜利前后报刊的变动情况，以便于搜集和挖掘一手史料。由于当时沦陷区报刊受到日伪的控制，报刊较少且被监控，因此搜集资料时可以多关注 1945 年 9 月前后新四军及华中抗战根据地的报刊。

《中央日报》：中国国民党机关报。1928 年 2 月 1 日创刊于上海，1929 年迁至南京。抗战时期随国民政府迁重庆，日本投降后迁南京。

《申报》：原名《申江新报》，1872 年 4 月 30 日（清同治十一年三月二十三日）在上海创刊，抗战胜利后被国民党政府接收，1949 年 5 月 27 日停刊。

《新华日报》：中国共产党创办的报纸，1938 年 1 月 11 日创刊于汉口，是抗日战争时期中国共产党在国统区公开出版的机关报。于 1949 年 4 月在南京复刊。

《时代日报》：1945 年 8 月 16 日在上海创刊，初名《新生活报》，同年 9 月 1 日改名《时代日报》。报刊宣传中共在抗日战争胜利后的主张、立场，1948 年 6 月 3 日停刊。

《拂晓报》：新四军第四师机关报，抗日战争时期新四军部队在淮北抗日民主根据地创办的油印报纸。1943 年春，与淮北区党委主办的《人民报》合并，报名仍为《拂晓报》。该报纸的主要内容是宣传中共的抗日救国主张。

《盐阜大众报》：1943 年 4 月 25 日在苏北盐阜农村创刊，是国内共产党机关报中历史悠久的地方党报之一，与《盐阜报》同是中共盐阜地委机关报。

《中国民报》：为了全面再现历史，江苏省档案馆 2014 年 9 月公布了关于抗战胜利纪念的相关史料，其中包括《中国民报》。

《苏中报》：1943 年 12 月 2 日创刊，1946 年 1 月中旬交苏中军区政治部主办，同年 4 月 20 日后因苏中军区指挥机关撤销停刊。

《江潮报》：抗战时期苏中根据地报纸。1941 年 7 月 1 日创刊于江苏省如西县（今江苏省如皋市），1945 年 9 月改名为《江潮日报》，同年 12 月与四分区《江海报》合并改组为苏皖边区一分区《江海导报》。

《江淮日报》:1940年12月2日在江苏盐城创刊。

《新华报》:1942年7月华中局在苏北阜宁创办,它是华中局的机关报,也是新四军军部的机关报。

(二)报道组

每一位抗战老兵都是一部活着的抗战史,而每一位亲历者的回忆都是带着温度的历史"活证"。采访老兵或战争的亲历者,听他们讲述抗战胜利的记忆,往往能让报道从故纸堆里跳出,是新闻报道必不可少的一部分。在江苏省13个城市中寻找多名战争亲历者进行采访,形成文字、声音、视频的多媒体采集资料。从亲历者讲述的故事挖掘抗战胜利的记忆及抗战故事。寻访的人包括:

①经历战争的老兵。

抗战老兵范围:新四军将士、国民党将领、地下党员、民兵模范、巾帼英烈。既可以是从事一线作战的军人,也可以是从事后勤保障的军人,也包括从事敌后情报工作及抵抗的人员。

②老兵的后代。

③亲历抗战时期的老人、胜利时刻的见证者。

(三)多媒体产品制作组

寻求与大型门户网站如腾讯·大苏网、中国江苏网合作,或者依托其新华报业传媒集团内部资源,共同制作专题网页,以文字、图片、资料、声频、视频等多种形式形成一个关于江苏胜利时刻的在线"抗战胜利纪念馆",提升新闻报道作品的覆盖范围和影响力。

微信新闻产品制作——H5新闻产品或基于地理位置(LBS)的微信产品,扩大该系列报道的传播范围。

微博、微信等多媒体平台信息推送——将每组抗战报道进行精编,制作为符合手机阅览习惯的报道推送。

六、创新点

(一)报道视角的创新

"抗战"对于大多数老百姓而言已经是一个太过遥远却又"听腻了"的话题,本次策划选择"胜利时刻"这一时间点,期望以点带面,利用故事性的、具有现场感的笔触反映当时社会各界的"情"与"景",在内容上突出一个"新"字。一个民族有一个民族的屈辱和荣耀,一个城市有一个城市的灾难和喜悦。从1931年到1945年,中国深陷苦难14年,人的命运、城市的命运和民族的命运从来没有这样紧密地联系在一起。抗战时期的社会状态和百姓的生存状态,是人们较少触及的报道领域,可读性和互动性很强。

（二）呈现方式的创新

新闻作品常常因为报道手段和方式的单一、枯燥，无法激起人们的兴趣。除了将刊出的40余版专刊报道以外，将用图画、表格、音视频、专题网页、交互设计等新媒体形式，新闻报道形态上突出一个“新”字。

七、人员分工及时间规划

从7月20日起，每周刊出两组报道（周一和周四），一直到最后9月3日以南京的报道作为结束。人员分工上，根据记者所掌握的人脉、资源及自愿选择的原则，在第一次选题编辑会上做出以下主要人员分工安排与出版时间。

（一）主要人员分工

苏州（7月20日，李晓静），盐城（7月23日，黄勇），镇江（7月27日，王琦），连云港（7月30日，童金德），泰州（8月3日，程岚岚），徐州（8月6日，刘丹平），宿迁（8月10日，刘浩浩），南通（8月13日，李志华），扬州（8月17日，童金德），常州（8月20日，李爽），淮安（8月24日，张旭），无锡（8月27日，徐昇），南京（9月3日，王梦然）。

（二）时间规划

时间上主要分为以下四个阶段。

第一阶段（6月）：前期资料搜集和梳理；与江苏省各市区党史办、档案馆等取得联系，进行资料整理归纳，提取新闻点。

第二阶段（7—9月）：7月7日启动，每周时间推进两个城市的报道，以7·7（抗战爆发纪念日）、8·15（1945年日本天皇广播《终战诏书》之日）和9·3（中国人民抗日战争暨世界反法西斯战争胜利70周年纪念日）为节点，围绕议题设置进行动态报道。

第三阶段（10—12月）：调查读者反馈，并对整个策划构思、执行、成果等多个方面进行系统的总结和反思，书写采写手记。

第四阶段（12月31日）：在《江南时报》年度特刊中规划两个版面，对全省13个城市刊发的《回望胜利的那一刻》新闻作品进行“回望”和总结。

八、系列报道成果

从《江南时报》6月初启动纪念抗战胜利70周年《回望胜利的那一刻》新闻策划到陆续刊发完13组报道，历时3个多月。这3个月中，报社整合社内社外资源，全方位采访、纸媒与新媒体融合报道，力图让这些报道成为江苏大地上的永恒记忆。截至9月3日，《回望胜利的那一刻》系列报道通过走访全省13个城市，刊发13组报道，共51个版面，翔实的史实资料、生动的历史故事，结合对战争亲历者的采访，在时空的纵深中将胜利的喜悦、成功的不易呈现在读者面前。

可以看出，《江南时报》的《回望胜利的那一刻》系列报道策划方案，做得颇为细致、周详，体现了策划者扎实、严谨、细致的新闻工作作风。事实上，这样的工作作风在任何一次新闻策划活动中都是不可或缺的。

本章思考题

1.新闻策划书有哪几种类型？联系实际，阐述新闻策划书的主要作用。

2.简要介绍新闻策划书的写作程序与写作要求。

3.假设你所服务的《青年之友报》拟开办一个服务大学生求职、就业的专栏，请你试写一份创办该专栏的新闻策划书。

4.假定你所在城市的一家电视媒体（××电视台）近期打算推出《寻找全市最美教师》系列报道，请代拟一份新闻报道策划书。

5.中秋节即将来临，你所在地方的一家主流网络媒体（××网）拟推出相应的节庆专题报道，请试写一份新闻报道策划书。

附录1

网站建设基本知识

一、网站概述

什么是网站？网站是在互联网(Internet)上通过超级链接的形式构成的相关网页的集合。简单地说,网站是一种通信工具,就像布告栏一样,人们可以通过网站来发布自己想要公开的信息,或者利用网站来提供相关的网上服务。通过网站,人们可以浏览、获取信息。现在,许多政府部门、企事业单位都拥有自己的网站,他们利用网站来进行宣传、产品资讯发布、招聘人才、提供服务等。

在互联网的早期,网站大多只是单纯的文本。经过数年的发展,当万维网出现之后,图像、声音、动画、视频,甚至3D技术开始在互联网上流行起来,网站也慢慢地发展成人们现在看到的图文并茂的样子。通过动态网页技术,用户也可以与其他用户或者网站管理者进行交流。

网站由域名、服务器空间、网页三部分组成。网站的域名就是在访问网站时在浏览器地址栏中输入的网址。网页是通过Adobe Dreamweaver等软件编辑出来的,多个网页由超级链接联系起来。然后网页需要上传到服务器空间中,供浏览器访问网站中的内容。

网站的域名就是在访问网站时在浏览器地址栏中输入的网址。一个网站必须有一个世界范围内唯一可访问的名称,这个名称还应该方便书写和记忆,这就是网站的域名。域名对于开展电子商务具有重要的作用,被誉为网络时代的“环球商标”。一个好的域名,会大大增加主办机构在互联网上的知名度。因此,如何选取好的域名十分重要。

从网络体系结构来讲,域名是域名管理系统(Domain Name System,DNS)进行全球统一管理的,用来映射主机IP地址的一种主机命名方式。例如,百度的域名是www.baidu.com,在浏览器地址中输入它时,计算机会把这个域名指向相对应的IP地址。同样,网站的服务器空间会有一个IP地址,还需要申请一个便于记忆的域名指向这个IP地址,以便访问。

(一)网站域名选取原则

在选取域名的时候,要遵循两个基本原则:

一是域名应该简明易记,便于输入。一个好的域名应该短而顺口,便于记忆,而且读起来发音清晰,不会导致拼写错误,还要避免同音异义词。

二是域名要有一定的内涵和意义。用有一定意义和内涵的词或词组作为域名,不但可记忆性好,而且有助于实现企业的营销目标。企业的名称、产品名称、商标名、品牌名等都是不错的选择,这样能够使企业的网络营销目标和非网络营销目标达成一致。选取域名时,有以下常用的技巧:

用企业名称的汉语拼音作为域名;

用企业名称相应的英文名作为域名;

用企业名称的缩写作为域名;

用汉语拼音的谐音形式给企业注册域名;

用中英文结合的形式给企业注册域名;

在企业名称前后加上与网络相关的前缀和后缀;

用与企业名不同但有相关性的词或词组作为域名;

不要注册其他公司拥有的独特商标名和国际知名企业的商标名。

(二)网站域名类型

一个域名是分为多个字段的,如 www.sina.com.cn,这个域名分为 4 个字段。域名中的最后一个字段,一般是国家字段。cn 是一个国家字段,表示域名是中国的;com 表示域名的类型,表示这个域名是公共服务类的域名;www 表示域名提供 www 网站服务;sina 表示这个域名的名称。附表 1-1 为一些常见的域名后缀类型。对于.gov 政府域名、.edu 教育域名等类型的域名,需要这些有相关资质的机构提供有效的证明材料才可以申请和注册。

常用的域名字段　　附表 1-1

字　段	类　型
.com	商业机构域名
.net	网络服务机构域名
.org	非营利性组织域名
.gov	政府机构域名
.edu	教育机构域名
.info	信息和信息服务机构
.name	个人专用域名
.tv	电视媒体域名
.travel	旅游机构域名
.ac	学术机构域名
.cc	商业公司域名
.biz	商业机构域名
.mobi	手机和移动网站域名

(三)申请域名

域名是由国际域名管理组织或国内的相关机构统一管理的。有很多网络公司可以代理域名的注册业务,可以直接在这些网络公司注册一个域名。注册域名时,需要找到服务较好的域名代理商进行注册。用户可以在搜索引擎(如百度)上查找到域名代理商。

(四)申请服务器空间

访问网站的过程实际上就是用户计算机和服务器进行数据连接和数据传递的过程,这就要求网站必须存放在服务器上才能被访问。一般的网站,不是使用一个独立的服务器,而是在网络公司租用一定大小的储存空间来支持网站的运行。这个租用的网站存储空间就是服务器空间。

1.申请服务器空间的原因

一个小的网站直接放在独立的服务器上是不实际的,实现方法是在商用服务器上租用一块服务器空间,每年定期支付很少的服务器租用费即可把自己的网站放在服务器上运行。租用服务器空间,用户只需要管理和更新自己的网站,服务器的维护和管理则由网络公司完成。

在租用服务器空间时需要选择服务较好的网络公司。好的服务器空间运行稳定,很少出现服务器停机现象,有很好的访问速度和售后服务。某些测试软件可以方便地测出服务器的运行速度。在网络公司主页注册一个用户名并登录后,即可购买服务器空间。在购买时需要选择空间的大小和支持的程序类型。

2.服务器空间的类型

不同服务器空间的主要区别是支持网站程序和支持数据库的不同。常用的服务器空间可以分别支持下面这些不同的网站程序。

ASP:使用 Windows 系统和 IIS 服务器。

PHP:使用 Linux 系统或 Windows 系统,使用 Apache 网站服务器。

.NET:使用 Windows 系统和 IIS 服务器。

JSP:使用 Windows 系统和 Java 的网站服务器。

不同的服务器空间支持不同的数据库,常用的服务器空间支持的数据库有以下几种。

Access:常用于 ASP 网站。

SQL Server2000:常用于 ASP 网站或.NET 网站。

MySQL 数据库:常用于 PHP 或 JSP 网站。

Oracle 数据库:常用于 JSP 网站。

在注册服务器空间时,需要选择支持自己网站程序与数据库的服务器空间。同时,需要注意服务器空间的大小,100MB 的空间即可存放一般的网站。

网站的域名与服务器空间是需要每年按时续费的。用户需要按网络公司规定的方式进行续费。域名和空间不可以欠费,如果欠费,管理部门会收回这个域名和空间,如被其他用户再次注册以后就很难再注册到这个域名,也可能导致自己网站的数据丢失。

(五)网页——静态网页和动态网页

网页又称 HTML 文件,是一种可以在 WWW 上传输,能被浏览器认识和翻译成页面并显示出来的文件。网页分为静态网页和动态网页。

静态网页是网站建设初期经常采用的一种形式。网站建设者把内容设计成静态网页,访问者只能被动地浏览网站建设者提供的网页内容。

静态网页特点如下:网页内容不会发生变化,除非网页设计者修改了网页的内容。不能实现和浏览网页的用户之间的交互。信息流向是单向的,即从服务器到浏览器。服务器不能根据用户的选择调整返回给用户的内容。

动态网页是指网页文件里包含了程序代码,通过后台数据库与 Web 服务器的信息交互,由后台数据库提供实时数据更新和数据查询服务。这种网页的后缀名称一般根据不同的程序设计语言而不同,如常见的有.asp、.jsp、.php、.perl、.cgi 等形式为后缀。动态网页能够根据不同时间和不同访问者而显示不同内容,如常见的新闻发布系统、聊天系统和购物系统通常用动态网页实现。动态网页制作比较复杂,需要用到 ASP、PHP、JSP 和 ASP.NET 等专门的动态网页设计语言。

动态网页一般具有如下特点:动态网页以数据库技术为基础,可以大大降低网站维护的工作量。采用动态网页技术的网站可以实现更多的功能,如用户注册、用户登录、搜索查询、用户管理、订单管理等。动态网页并不是独立存在于服务器上的网页文件,只有当用户请求服务器时才返回一个完整的网页。动态网页中的"?"不利于搜索引擎的检索,采用动态网页的网站在进行搜索引擎推广时需要做一定的技术处理才能适应搜索的要求。

互联网的快速发展使得网页设计越来越重要。设计网页时首先要选择网页设计工具软件。尽管用记事本手工编写源代码也能做出网页,但这需要对编程语言相当了解,并不适合广大的网页设计爱好者。由于目前可视化的网页设计工具越来越多,使用也越来越方便,设计网页已经变成了一件轻松的工作。Flash、Adobe Dreamweaver、Photoshop、Fireworks 这 4 个软件相辅相成,是设计网页的首选工具,其中 Adobe Dreamweaver 用来对网页排版布局,Flash 用来设计精美的网页动画,Photoshop 和 Fireworks 用来处理网页中的图形图像。

二、网站建设的基本步骤

创建网站是一个系统工程,有一定的工作流程,按部就班地来才能设计出满意的网站。

(一)网站的定位

在创建网站时,对网站进行定位是第一步。设计者应清楚建立站点的目标,即确定它将提供什么样的服务,网页中应该提供哪些内容等。网站定位,应该从以下三个方面考虑:

1.网站的整体定位

网站可以是大型商用网站、小型电子商务网站、门户网站、个人主页、科研网站、交流平台、公司和企业介绍性网站、服务性网站等。首先应该对网站的整体进行一个客观的评估,同时要以发展的眼光看待问题,否则将带来许多升级和更新方面的不便。

2.网站的主要内容

一般而言,综合型网站对于新闻、邮件、电子商务、论坛等都要有所涉及,这样就要求网页结构紧凑、美观大方。侧重某一方面的网站,如书籍网站、游戏网站、音乐网站等,则往往对网页美工要求较高,使用模板较多,更新网页和数据库较快。而个人主页或介绍性的网站,网站的更新速度较慢,浏览率较低,并且由于链接较少,内容不如其他网站丰富,但对美工的要求更高一些,可以使用较鲜艳明亮的颜色,同时可以添加 Flash 动画等,使网页更具动感和充满活力,否则网站没有吸引力。

3.网站浏览者的教育程度

对于不同的浏览者群,网站的吸引力是截然不同的,如针对少年儿童的网站,卡通和科普性的内容更符合浏览者的品位,也能够达到网站寓教于乐的目的;针对学生的网站,往往对网站的动感程度和特效技术要求更高一些;对于商务浏览者,网站的安全性和易用性更为重要。

(二)确定网站主题

在目标明确的基础上,需要完成网站的构思创意,即网站的总体设计方案,涉及网站的整体风格特色以及规划网站的组织结构。Web 站点应针对所服务对象的不同而具有不同的形式。有些站点只提供简洁的文本信息;有些则采用多媒体表现手法,提供华丽的图像、闪烁的灯光、复杂的页面布置,甚至可以下载声音和录像片段,好的 Web 站点还把图形表现手法和有效的组织与通信结合起来。要力争做到主题鲜明突出、要点明确,要能够以简单明确的语言和画面体现站点的主题,还要调动一切手段充分表达站点的个性和情趣,办出网站的特点。Web 站点主页应该具备的基本成分包括:页眉,准确无误地标识站点和企业标志;E-mail 地址,用来接收用户垂询;联系信息,如邮件地址或电话;版权信息,声明版权所有者等。

(三)网站整体规划

要对网站进行整体规划和设计,写好网站项目设计书,在以后的制作中按照这些规划和设计进行。通常需要从网站内容、网页美术效果和网站程序的构思三个方面进行网站的整体规划。

1.网站内容

在进行网站开发前,需要构思网站的内容。例如,个人网站,可以有个人文章、个人活动、生活照片、才艺展示、个人作品、联系方式等内容。此外,还需要明确哪些是主要内容,以在网站中突出制作的重点。

2.网页美术效果

网页美术效果往往决定一个网站的档次,网站需要有美观大方的版面。可以根据个人的喜好、页面内容等设计出自己喜欢的页面效果。如果是个人网站,可以根据个人的特长和才艺等内容制作出夸张的美术作品式的网站。

3.网站程序的构思

需要构思网站的功能依靠什么程序来实现。如果是很简单的个人主页,则不需要经常更新,更不必编程做动态网站。

(四)搜集资料与素材

网站的设计需要相关的资料和素材,有丰富的内容才可以丰富网站的版面。个人网站可以整理个人的作品、照片展示等资料。企业网站需要整理企业的文件、广告、产品、活动等相关资料,整理好资料后需要对资料进行筛选和编辑。搜集网站资料与素材的方法如下:

图片:可以使用相机拍摄相关图片,对已有的照片可以使用扫描仪输入到计算机,一些常见图片可以在网站上搜索或下载,应注意文字、图片的使用不侵权。

文档:收集和整理现有的文件、广告、电子表格等内容。对纸制文件需要输入到计算机形成电子文档。文字类的资料需要进行整理和分析。

媒体内容:收集和整理现有的录音、视频等资料。

(五)设计网页图像

在确定好网站的风格和搜集完资料后就需要设计网页图像了,网页图像设计包括 Logo、标准色彩、标准字、导航条和首页布局等。可以使用 Photoshop 或 Fireworks 软件来具体设计网站的图像。有经验的网页设计者,通常会在使用网页制作工具制作网页之前设计好网页的整体布局,这样就会在具体设计过程中胸有成竹,大大节省工作时间。

(六)切图并制作成页面

完成网页效果图的设计后,需要使用 Photoshop 或 Fireworks 软件对效果图进行切割和优化。完成切片后的效果图,需要使用 Adobe Dreamweaver 软件进行网站页面的设计,在这一过程中实现网站内容的输入和排版。不同的页面使用超链接联系起来,用户单击这个超链接时即可跳转到这个页面。

网页制作是一个复杂而细致的过程,一定要按照先大后小、先简单后复杂的顺序制作。所谓先大后小,就是说在制作网页时,先把大的结构设计好,然后再逐步完善小的结构设计。所谓先简单后复杂,就是先设计出简单的内容,然后再设计复杂的内容,以便出现问题时修改。在制作网页时要灵活运用模板和库,这样可以大大提高制作效率。如果很多网页都使用相同的版面设计,就应为这个版面设计一个模板,然后就可以以此模板为基础创建网页。以后如果想要改变所有网页的版面设计,只需简单地改变模板即可。

(七)开发动态网站模块

页面设计制作完成后,如果还需要动态功能,就需要开发动态功能模块,网站中常用的功能模块有搜索功能、留言板、新闻信息发布管理系统、在线购物、技术统计、论坛及聊天室等。

1.搜索功能

搜索功能可使浏览者在短时间内,快速地从大量的资料中找到符合要求的资料。这对于资料非常丰富的网站来说非常有用。要建立一个搜索功能,就要有相应的程序和完善的数据库支持,可以快速地从数据库中搜索到所需要的信息。

2.留言板

留言板、论坛及聊天室是为浏览者提供信息交流的地方。浏览者可以围绕个别的产品、服务或其他话题进行讨论。顾客也可提出问题、提出咨询,或者得到售后服务。但是聊天室和论坛是比较占用资源的,一般不是大中型的网站没有必要建设论坛和聊天室,如果访问量不是很大的话,做好了也没有人来访问。

3.新闻发布管理系统

新闻发布管理系统可以提供方便直观的页面文字信息的更新维护界面,提高工作效率、降低技术要求,非常适合用于经常更新的栏目或页面。

(八)发布与上传

网站的域名和空间申请完毕后,就可以上传网站了,可以采用自带的 Adobe Dreamweaver 站点管理上传文件。

(九)后期更新与维护

创建网站,是不可能一口气就制作完美的,由于市场环境在不断地变化,网站的内容也需要随之调整,给人常新的感觉,这样才会更加吸引访问者,并给访问者留下很好的印象。这就需要对网站进行长期的、不间断的维护和更新。

网站维护一般包含以下内容:

内容的更新:包括产品信息的更新,主办机构新闻动态更新和其他动态内容的更新。采用动态数据库可以随时更新发布新内容,不必做网页和上传服务器等麻烦工作。静态页面不便于维护,必须手动重复制作网页文档,制作完成后还需要上传到远程服务器。一般对于数量比较多的静态页面,建议采用模板制作。

网站风格的更新:包括版面、配色等各个方面。改版后的网站应当让客户感觉改头换面、焕然一新。改版的周期应当长一些。客户对网站也满意的话,改版可以延长到几个月甚至半年。一般一个网站建设完成以后,代表了机构的形象、机构的风格。随着时间的推移,很多客户对这种形象已经形成了定式。如果经常改版,会让客户感觉不适应,特别是那种风格彻底改变的"改版"。当然,如果对机构网站有更好的设计方案,可以考虑改版。毕竟长期沿用一种版面会让人感觉陈旧、厌烦。

网站重要页面设计制作:如重大事件页面、突发事件及周年庆祝等活动页面设计制作。

网站系统维护服务:如 E-mail 账号维护服务、域名维护续费服务、网站空间维护、与 IDC 进行联系、DNS 设置、域名解析服务等。

(十)网站的推广

互联网的应用和繁荣提供了广阔的电子商务市场和商机,但是互联网上大大小小的各种网站数以百万计,如何让更多的人都能迅速地访问到你的网站是一个十分重要的问题。机构网站建好以后,如果不进行推广,那么机构的产品与服务在网上就仍然不为人所知,起不到建立站点的作用,所以机构在建立网站后即应着手利用各种手段推广自己的网站。网站的推广有很多方式,篇幅所限,这里就不再赘述了。

附录2 新闻作品链接

“本地企业发展快，群众都坐着火车又回来了” 火车站见证兰考经济变迁

本报讯　(记者童浩麟)12 月 2 日下午 3 点 15 分，兰考县南彰镇徐洼村村民李麦花在新疆摘棉 94 天后，乘坐 K1352 次火车回到了兰考。

94 天挣了 6100 元，比去年少了 2000 元。“今年全国涌到新疆摘棉的人有 70 多万人，比去年又多了 10 万。”李麦花说。

“今年兰考到新疆摘棉的明显减少。”兰考县火车站总支书记何金峰说，“从火车站出发摘棉的约为 1.8 万人，比去年少了 8000 人。”

兰考县劳动和社会保障局统计数字显示，在 2008 年达到 18 万人次峰值以后，兰考劳务输出总数逐年回落。今年前 10 个月，兰考就地转移劳力 6 万人，本地就业和外出务工人数比例达到了 74∶26。

“兰考的劳务经济，已从劳务输出进入到回乡创业和带动就业层面。”兰考县劳动和社会保障局局长孔留书说，“劳务经济的变化和本地经济发展密不可分。”

自 2008 年起，兰考县委、县政府每年春节都举办“返乡创业明星评比活动”，在评出的 52 名创业明星中，无一不是 20 世纪 90 年代从兰考走出去的务工人员。

第五届创业明星古顺风回报家乡的是投资 1.5 亿元的生态农业科技园。“公司已促使 2500 亩土地实现流转。”古顺风说，“1 亩地 2 万元的效益，完全可以让村民不出村就挣钱。”

在古顺风生态农业科技园打工的城关镇姜楼村村民有 470 人，人均月收入 1600 元。“在家门口就能养家，还能顾家，俺咋还会舍近求远外出打工呢?”村民齐庆竹说。

“兰考火车站虽然是陇海铁路线上一座普普通通的县城车站。但却见证了兰考人民生存的几次改变。”焦裕禄纪念园管理处副主任董亚娜说，“1962 年焦裕禄来兰考的第一天，在火车站看到外出逃荒的群众直流泪。20 世纪 90 年代，百姓又一次坐上火车离开兰考，兰考进入劳务输出时代。”

“17 年共介绍了 2 万多人外出打工。”作为兰考最早从事劳务输出的游富田说，“因为本

地企业发展快，群众都坐着火车又回来了。今年我就不再介绍劳务外出了。"

"随着当地企业用工越来越多，企业用工空岗、用工备案在我局频率越来越快，从2010年的一年4次，发展到现在的一月一报。"孔留书说。按照规划，未来5年，兰考企业将全部消化本地富余劳动力。

2011年，兰考县财政一般预算收入完成5.1亿元，同比增长76%，由2008年的全省排名第103位上升到第42位；固定资产投资完成63.5亿元，增长30.7%，增幅居全省10个直管县第一位。

（《河南日报》2012年12月3日）

"海上生明月"原来是轮湖北月
这些古诗词都跟湖北有关

"海上生明月，天涯共此时。"许多人恐怕不会想到，国人在中秋时节最常引用的这句诗，恰恰诞生于一千多年前的湖北荆州。

除却这句往往被用来与中秋关联的句子，苏轼谪居黄州时所写的"人生如梦，一樽还酹江月"（《念奴娇·赤壁怀古》），孟浩然归隐襄阳时所作的"鹿门月照开烟树，忽到庞公栖隐处"（《夜归鹿门山歌》），杨万里为同僚赴任湖北所赋"黄鹤楼前作重九，水精宫里过中秋"（《送周元吉显谟左司将漕湖北三首》）等，写的都是在湖北看到的那一轮月亮。

古人为何好咏月？写于湖北的那些月亮背后拥有怎样的故事？古代诗人和词人为何青睐湖北这方水土？昨日，华中师范大学文学院副教授、湖北省古代文学学会理事、以唐宋文学及古代城市与文学为研究方向的学者陈燕妮接受《楚天都市报》专访，在中秋时节为读者释疑解惑。

从无情月到情感之月，穿越时空的特质让古人爱上月亮

"人生自是有情痴，此恨不关风与月。"提到为何古人喜欢在诗歌中以月亮为意象，陈燕妮特意引用了欧阳修的这句词。情痴无关风月，欧阳修此词说的是清风明月本就先于人存在，"只是因为人移情在清风明月之上，清风明月便成为古人寄托情感的最普遍对象"。

移情，让月亮最终变成常用的诗歌意象，而古人选择月亮来"移情"，在陈燕妮看来则是因为月的特质："月光是普照大地的，它可以充满在整个空间中，相隔天涯的人却能看到同一轮月亮，月就在无意之间连接起了两地的思念。"

由此，用遥望月亮来指代思念的做法，从先秦时便开始了。"月出皎兮，佼人僚兮。"《诗经·国风》中的《月出》，就是男子表达对女子的思念。而到了东汉时的《古诗十九首》，又有了女子思念男子的"明月何皎皎，照我罗床帏"。当然，月不只是情人间的思念，李白写给王昌龄的"我寄愁心与明月，随风直到夜郎西"诉说的是友情，而"露从今夜白，月是故乡明""但愿人长久，千里共婵娟"表达的则是亲情了。

陈燕妮说，从先秦到今天歌词中的"月亮代表我的心"，正是一代代诗人、词人强化了月亮“相思”的含义,使得月从“无情之月”变成了“情感浸淫之月”,因此才有那么多的诗歌用月来寄托情感。

海上生明月是最著名的湖北月,但其初心并非思念亲人

落脚到写在湖北的月亮,最著名、对后世影响最大的自然是拥有那句“海上生明月,天涯共此时”的《望月怀远》。陈燕妮提到,唐玄宗开元二十四年(736年),张九龄因被李林甫排挤遭到罢相,随后遭贬荆州,《望月怀远》正是写于此时。但她也特别提到,这首诗并不像常人解读的那样,是以“天涯共此时”来表达对亲人的思念。

“某种程度上,它表达的是张九龄在政治落败之时,一种与君王重新遇合的期待。”陈燕妮解释,其实从屈原的《楚辞》开始,所谓君臣遇合就常以男女情感的隐喻来表达。所以,《望月怀远》中的二联“情人怨遥夜,竟夕起相思”和四联“不堪盈手赠,还寝梦佳期”,表达的都是对“重回中央的期待”。

当然,消解掉这首诗歌的政治含义,《望月怀远》在表达对月相思的情感运用上是炉火纯青的。在陈燕妮看来,这首诗恰恰是月光打通了时间、空间的范本。

“海上生明月并不是指诗人在海边。这首诗写的是荆州长江边的月亮。张九龄站在长江边,看到的月亮与张若虚‘春江潮水连海平’的感觉类似,所以可以由江推及遥远的海面。”而在“天涯共此时”一句里,时间也被打通。

此外,此诗最后一联化用陆机“揽之不盈手”的诗意,传达出“相思却不能抵达”的遗憾,也恰恰能打动古往今来因距离阻隔无法相见的人们。

古诗词中最受欢迎的湖北元素,除却黄鹤楼,那就是襄阳

荆州月、襄阳月、黄州月、武昌月……再联想多首与黄鹤楼、三峡有关的名篇佳句,为何湖北会在古人的诗词中备受欢迎?

在陈燕妮看来,这个现象除了与湖北拥有黄鹤楼有关外,还与湖北地处长江中游,是为南来北往的要道有关。

她特别提到了襄阳,表示在自己的了解中,因为襄阳地理位置的关键,古代诗人词人多往来于襄阳。比如唐人就多经由汉水来到湖北境内,杜甫就写过“便下襄阳向洛阳”,而王维到过襄阳的汉江,还写下了“江流天地外,山色有无中”(《汉江临眺》)的美景。

“襄阳上流门户,北通汝洛,西带秦蜀,南遮湖广,东瞰吴越”,身为南船北马的要冲之地,襄阳也是古代朝廷贬谪官员的必经之地,一旦有类似情况的诗人、词人经过,他们留下的诗句其含义便更深广了,陈燕妮就提到宋之问《渡汉江》中的那一句,“近乡情更怯,不敢问来人”。

当然,除了地理位置,襄阳的历史名城地位、其境内的自然景观也是吸引众多文人到访的关键。此外,因为孟浩然的存在,后世不少追慕他的文人也纷纷踏迹襄阳,中唐诗人施肩吾就曾专程来到襄阳,写下“鹿门才子不再生,怪景幽奇无管属”。

而在襄阳多入诗之外,襄阳也出诗人,陈燕妮就提到,《全唐诗》中搜录的湖北籍诗人几乎全是襄阳人,除了孟浩然之外,张继和原籍襄阳的杜甫,都是名家。

(《楚天都市报》2018 年 9 月 23 日,记者张聪)

相关诗词链接

送周元吉显谟左司将漕湖北三首(其二)

〔宋〕杨万里

君诗日日说归休,忽解西风一叶舟。
黄鹤楼前作重九,水精宫里过中秋。
职亲六阁仍金马,喜入千屯看木牛。
绣斧先华谁不羡,一贤去国欠人留。

夜归鹿门山歌

〔唐〕孟浩然

山寺钟鸣昼已昏,渔梁渡头争渡喧。
人随沙岸向江村,余亦乘舟归鹿门。
鹿门月照开烟树,忽到庞公栖隐处。
岩扉松径长寂寥,惟有幽人夜来去。

中秋夜泊武昌

〔唐〕刘淑柔

两城相对峙,一水向东流。
今夜素娥月,何年黄鹤楼。
悠悠兰棹晚,渺渺荻花秋。
无奈柔肠断,关山总是愁。

主要参考文献

[1] 〔南朝宋〕范晔.后汉书[M].北京:中华书局,2007.
[2] 刘建明.当代新闻学原理[M].北京:清华大学出版社,2003.
[3] 〔美〕米切尔·斯蒂芬斯.新闻的历史[M].3 版.陈继静,译.北京:北京大学出版社,2014.
[4] 〔美〕迈克尔·埃默里,埃德温·埃默里,南希·L.罗伯茨.美国新闻史:大众传播媒介解释史[M].9 版.展江,译.北京:中国人民大学出版社,2009.
[5] 刘海贵.中国现当代新闻业务史导论[M].上海:复旦大学出版社,2002.
[6] 〔美〕卡罗尔·里奇.新闻写作与报道训练教程[M].6 版.钟新,王春枝,主译.北京:中国人民大学出版社,2012.
[7] 彭兰.网络新闻编辑教程[M].武汉:武汉大学出版社,2007.
[8] 蔡雯,甘露.新闻资源开发设计[M].北京:中国人民大学出版社,2007.
[9] 包国强.传媒策划与营销——基于市场整合与竞争的观点[M].北京:清华大学出版社,2007.
[10] 谢耘耕,曹慎慎,王婷.突发事件报道[M].上海:上海交通大学出版社,2009.
[11] 新华出版社.中国名记者传略与名篇赏析[M].2 版.北京:新华出版社,2010.
[12] 蔡雯.新闻编辑学[M].2 版.北京:中国人民大学出版社,2010.
[13] 杨秀国.新闻报道策划[M].北京:人民日报出版社,2012.
[14] 薛国林,张晋升.新闻报道学[M].广州:暨南大学出版社,2013.
[15] 石屹.媒介的尺度:经典侵权案例解析[M].北京:北京大学出版社,2013.
[16] 中共中央宣传部新闻局.中国媒体融合发展的实践与探索[M].北京:学习出版社,2015.
[17] 吴飞.新闻编辑学教程[M].2 版.北京:高等教育出版社,2015.
[18] 赵振宇.新闻报道策划[M].2 版.武汉:武汉大学出版社,2015.
[19] 岳淼,叶铁桥.转合:移动互联网时代媒体访谈录[M].北京:人民邮电出版社,2017.
[20] 唐绪军,吴信训,黄楚新.中国新媒体发展报告(2019)[M].北京:社会科学文献出版社,2019.
[21] 梅宁华,支庭荣.中国媒体融合发展报告(2020)[M].北京:社会科学文献出版社,2020.
[22] 中国新闻奖评选委员会办公室.中国新闻奖作品选(2018 年度·第二十九届)[M].北京:新华出版社,2020.